AF287838

Eltern sein aus ganzem Herzen

Bei Fragen zu einem oder mehreren Themen könnt ihr mit mir Kontakt aufnehmen
Autorin: Lida van Ruijven
Telefon: 0031 70 352 0828
E-Mail an: h.c.vanruijven@gmail.com
Oder unter: www.ouderschapvanuitjehart.com

Liebe Eltern,

ihr haltet ein Arbeits- und Anleitungsbuch in euren Händen. Für eure eigenen Notizen und Anmerkungen habe ich für das Layout einen breiten Rand gewählt, und damit die Seiten gut offen liegen bleiben, zum Beispiel weil ihr euch anseht, wie ihr euer Kind tragt, dann könnt ihr das Buch gut aufbiegen und den Buchrücken knicken.

Alles Liebe, Lida

Dieses Buch gibt keine medizinischen oder heilkundlichen Ratschläge. Eine Haftung der Autorin beziehungsweise des Verlags durch eventuelle Konsequenzen aufgrund des Lesens dieses Buches, des Ausübens von Übungen oder des Befolgens von Ratschlägen sind ausgeschlossen.

Eltern sein aus ganzem Herzen

Eine natürliche und praktische Sichtweise auf

- das Eltern sein
- das Tragen des Kindes
- das Schlafen
- das Stillen und Erziehen
- Nahrungsmittelallergien
- viele andere Themen

Lida van Ruijven-Bank

Foto Buchumschlag: Reinier den Hollander

Fotos Innenteil: Lida van Ruijven-Bank, außer anders angegeben

Deutsche Übersetzung: Ronald Matthijssen (C-link), Kerstin Dinse, Sarah Mohafez

1. Auflage 2024

Urheberrecht © 2018 Verlag Akasha, Eserveen, Niederlande
Lida van Ruijven-Bank, Den Haag, Niederlande

Bibliografische Information der Deutschen Nationalbibliothek: Die Deutsche Nationalbibliothek verzeichnet diese Publikation in der Deutschen Nationalbibliografie; detaillierte bibliografische Daten sind im Internet über dnb.dnb.de abrufbar.

Die automatisierte Analyse des Werkes, um daraus Informationen insbesondere über Muster, Trends und Korrelationen gemäß §44b UrhG („Text und Data Mining") zu gewinnen, ist untersagt.

All rights reserved. No part of this publication may be reproduced, stored in a retrieval system, or transmitted, in any form or by any means, electronic, mechanical, photocopying, recording, or otherwise, without the prior written permission of the publisher.

Verlag: BoD · Books on Demand GmbH, Überseering 33, 22297 Hamburg,
bod@bod.de
Druck: Libri Plureos GmbH, Friedensallee 273, 22763 Hamburg

ISBN: 978-3-7597-6078-4

Inhalt

Vorwort

Lida van Ruijven-Bank lässt euch, liebe Eltern, in diesem Buch an ihrer großen Liebe und ihrem Engagement für Babys teilhaben. Ihr Buch ist einer der wenigen niederländischen Ratgeber über Kinderpflege und Erziehung, der die Bedürfnisse des Kindes so eindeutig in den Mittelpunkt rückt.

Oft orientieren sich werdende Eltern vor allem an den materiellen Aspekten des Kinderkriegens. Mit großer Sorgfalt werden all die Sachen angeschafft, von denen sie meinen, dass das Baby sie brauche. Ein sehr schönes Ritual, aber eigentlich ist es viel wichtiger, sich schon während der Schwangerschaft mit dem zu beschäftigen, was das Baby tatsächlich benötigt.

Während der Schwangerschaft entsteht eine starke Verbindung zwischen dem Baby und der Mutter. Unter anderem gibt es ständigen Hautkontakt, das Baby hört den Atem, den Herzschlag, die Stimme der Mutter und spürt deren Emotionen. Die Geburt ist ein mit sehr viel Stress verbundener Übergang in eine Umgebung mit vielen neuen Reizen. Das Baby hat ein großes Verlangen danach, die ihm vertraute Verbindung wiederherzustellen.

Eine möglichst sanfte Geburt, Stillen (am besten nach Bedarf des Babys), häufiges Tragen im Tragetuch, gemeinsam mit dem Baby schlafen (sicher, an der Seite der Mutter), Reagieren auf seine Zeichen – das alles sind Faktoren, die von dem ausgehen, was das Baby braucht, um sich zu einem ausgeglichenen und glücklichen Menschen zu entwickeln. Wenn man diese Grundbedürfnisse befriedigt, wird dem Baby die Chance gegeben, sich zu einem Kind zu entwickeln, das mehr kuschelt, umsichtiger und einfühlsamer ist, mehr Rücksicht auf andere nimmt, mehr Selbstvertrauen hat und besser mit anderen als Kinder zusammenarbeiten kann, bei denen diese Bedürfnisse ungenügend befriedigt wurden.

In ihrem Buch beleuchtet Lida van Ruijven ausführlich die Faktoren des natürlichen Elternseins und ihre Bedeutung, darüber hinaus gibt sie zahlreiche praktische Tipps für den Alltag.

Außerdem umfasst Lidas Buch Informationen über das Stillen im Allgemeinen, die natürliche Erziehung älterer Kinder und gesunde Ernährung. Besonders bedeutsam sind beispielsweise ihre Erläuterungen zum Thema Vereinbarung von Arbeit und Familie. Sie schlägt vor, wie Mütter die Zeit der Trennung von ihrem Kind kompensieren können. Sie beschreibt zudem ausführlich, wie Allergien und Nahrungsmittelintoleranzen erkannt und verhindert werden können bzw. wie sie zu handhaben sind.

Lida van Ruijvens Buch hat einen großen Wert für alle (werdenden) Eltern und Interessierten.

Dipl.-Psych. Yolanda C. Schelhaas-Wolda
Entwicklungspsychologin und klinische Psychologin

Einleitung

Warum ich euch dieses Buch ans Herz lege
Künftige Väter und Mütter denken manchmal, dass es mit einem
Baby ganz unproblematisch sein könnte: Das Kind bekommt einige
Stillmahlzeiten, schläft wieder ein, und die Eltern können währenddessen ihren eigenen Beschäftigungen nachgehen. Nichts stimmt
weniger! Babys sind sofort präsent und melden sich, wenn sie in
deinen Armen oder im Tragetuch liegen wollen. Wenn die Eltern es
lernen, auf die Signale des Babys einzugehen, schaffen sie eine
Atmosphäre, die zur Entwicklung des Selbstvertrauens des Babys
beiträgt und es fühlen lässt: Das Leben ist gut.

In meinem Umfeld sehe ich viele ältere Kinder und Erwachsene, die
unzufrieden mit sich selbst und ihrer Umwelt sind, oft kenne ich die
Geschichten dahinter. Die Eindrücke, die ein Kind während seiner
ersten vier Lebensjahre sammelt, wirken das ganze weitere Leben
nach. Darum sind die ersten Lebensjahre so unglaublich wichtig.
Mit diesem Buch will ich einen Beitrag dazu leisten.

Mein Buch geht von einer großen Investition der Eltern in ihre Kinder aus – in Form des natürlichen Elternseins während der ersten
Lebensjahre. Meine Botschaft ist darum: Was du in dein Baby investierst, zahlt sich später doppelt und dreifach aus.

Ich beobachte oft, dass Eltern nach der Geburt ihres Kindes viele
Ratschläge – gefragt und ungefragt – bekommen. Nach dem Motto:
Das sollst du auf keinen Fall und das solltest du unbedingt tun. Es
wird geraten, dem Baby einen Schnuller zu geben, vor allem, um
dem plötzlichen Kindstod vorzubeugen. Es wird geraten, das Baby
im Wachzustand ins Bett zu legen, damit es weiß, wo sein Platz ist.
Oder auch, es nach einigen Wochen auf den Rücken zu legen, wiederum zur Vorbeugung gegen den plötzlichen Kindstod. Und es

wird zu Ruhe und Rhythmus geraten, gegebenenfalls auch mithilfe des Puckens. Die Wirtschaft braucht Mütter, die schnell wieder zum Arbeiten einsetzbar sind. Von Kindern wird erwartet, dass sie sich daran anpassen und sich zum Beispiel an geregelte Zeiten halten.

Dieses Buch ist für Eltern, die mehr wissen wollen. Was sind die Nachteile des Fütterns nach der Uhrzeit, des Schnullers und davon, wenn ein kleines Baby sich selbst trösten muss? Was sind dagegen die Vorteile von Zeit und Aufmerksamkeit, von Geduld und Körperkontakt?

Sozialarbeiterinnen können dieses Buch als eine Möglichkeit bei der Begleitung von Eltern verwenden. Es kann eine Stütze sein, um sich gut in die Situation von Eltern einzuleben und einen anderen Blickwinkel zu ermöglichen.

Kapitel 15 hat in diesem Buch einen Platz bekommen, weil die Ernährung bei Allergikerinnen eine große Rolle spielen kann. Jede:r Dritte im deutschsprachingen Raum hat die eine oder andere Allergie. Viele sind auf der Suche nach Mitteln zur Linderung der Symptome.
Die Ernährung in der Schwangerschaft und ab dem Beginn des Lebens bestimmt, wie sich eine allergische Anlage fortentwickelt. Dieses Kapitel ist für all jene interessant, die ihre Allergiebeschwerden lindern wollen – ob Jung oder Alt.

Ich verwende die Wortendung -innen, um deutlich zu machen, dass ich Frauen und Männer meine.

Ich selbst bin Mutter von fünf Kindern. Seit mehr als 30 Jahren berate und unterstütze ich werdende und junge Eltern, was das Stillen und den Umgang mit Babys und Kleinkindern betrifft.
Oft haben mich Mütter gefragt, ob ich mein Wissen nicht niederschreiben wolle. Vor vielen Jahren habe ich damit begonnen, was schließlich zu diesem Buch geführt hat. Ich habe es mit viel Freude geschrieben und all mein Wissen in diesem Buch zusammengetra-

gen – gesammelt durch Selbststudium, meine Arbeit in der Stillberatungsstelle, die Hilfeleistung für Hunderte von Eltern sowie durch meine eigenen Erfahrungen als Mutter.
Ich hoffe von Herzen, dass dir das Buch von Nutzen sein wird.

Lida van Ruijven-Bank

1 Vor und nach der Geburt

Die große Veränderung

In diesem Kapitel beleuchte ich, wie Eltern eine Entscheidung treffen können und auf welche Art und Weise sie das Elternsein gestalten wollen: natürlich oder weniger natürlich. Außerdem bin ich in diesem Kapitel Sprecherin für das Neugeborene und seine Bedürfnisse.

1.1 Vor der Geburt

Wenn du ein Kind erwartest, achtest du mehr als sonst auf den eigenen Körper. Zunächst bist du in den ersten drei Monaten schläfrig, dann verändert sich dein Bauch und damit auch die Kleidung. Du hast öfter Hunger und Durst, und manchmal musst du nachts alle zwei Stunden auf die Toilette.

Ich weiß noch, dass mein Rücken nachts so empfindlich war, dass ich nach jedem Aufstehen meine Schlafhaltung ändern musste. Das eine Mal lag ich auf der Lieblingsseite (des Babys), beim nächsten Mal auf der anderen Seite. Auf dieser ließ mich das Baby oft nicht schlafen, es begann zu zappeln und zu treten. Wenn ich auf dem Rücken liegen wollte, ging das nur, indem ich mir zwei Kissen unter den Kopf legte. Damals wusste ich noch nicht, dass mich das ständige Aufwachen in der Nacht für das spätere nächtliche Stillen vorbereiten sollte.

Stillen – ja oder nein?

Irgendwann beginnst du, dich langsam mit der Frage des Stillens zu beschäftigen. Ich kann dich beruhigen: Jede Mutter kann stillen. Es ist nur manchmal nicht so einfach, wie es scheint. Das Stillen muss gelernt sein, so wie jeder Mensch zunächst das Schwimmen erlernen muss. Deswegen ist es gut, schon vorher zu wissen, worauf zu achten ist. Eine gute Hilfestellung sind die Kapitel über das Stillen in diesem Buch. Du kannst auch eine Stillgruppe besuchen, die von der internationalen Organisation La Leche Liga organisiert wird. Es macht Spaß, zu beobachten, wie andere Mütter mit ihren Babys umgehen. Du kannst auch in die Stillberatung gehen und dort einem Kurs beiwohnen.

Besuch einer Stillgruppe –
zuschauen, zuhören, fragen

Ich plädiere dafür, dass alle Stillberaterinnen die Initiative ergreifen sollten, um mit allen werdenden Müttern das „richtige Anlegen" zu üben. Das funktioniert gut mit einer Puppe an der nackten Brust. Auf diese Art lassen sich über die Hälfte von Brustwarzenrissen vermeiden. Probiere es selbst aus und frage die Betreuerin einer Stillgruppe oder deine Stillberaterin, ob du es richtig machst.

Einige Frauen haben Beschwerden aufgrund von Schlupfwarzen. Eingezogene oder sehr flache Brustwarzen sind manchmal der Grund dafür, dass das Stillen nicht so funktioniert, wie man es gern möchte. Die Stillberaterin kann die werdende Mutter auf dieses Phänomen aufmerksam machen, ihr Übungen zeigen und Tipps für die Anschaffung von Brustwarzenformern oder einer Niplette geben. So erhält die werdende Mutter eine ganz persönliche Beratung. Jede Brust, jede Brustwarze und jede Haut sind schließlich anders. Eine werdende Mutter kann auch selbst aktiv werden und eine Stillexpertin bitten, ihr beim Üben mit einer Puppe zu helfen.

In der Schwangerschaft verändern sich die Brüste, weil sich ein Teil des Fettgewebes zurückbildet und sich das Brustgewebe entwickelt. Das heißt nicht unbedingt, dass die Brüste wachsen, aber es kann vorkommen.

In der Schwangerschaft kannst du die Brüste „vorbereiten", indem du beim Duschen wenig oder gar keine Seife verwendest. Die Brusthaut produziert selbst Fett in den Pickelchen um die Brustwarze herum (Montgomery-Drüsen). Wenn das Baby später an der Brustwarze saugt, massiert es mit seinem Mund das Fett aus den Drüsen, sodass sich ein Film über die Brustwarze legt. Dieser Film sollte unbedingt dort belassen werden, damit die Haut der Brustwarze nicht austrocknet.

Du kannst auch ab und zu auf einen BH verzichten. Denn durch die Reibung der Kleidung an der Brustwarze kann sich die Haut dort etwas verhärten. Auch eine Brustwarzenmassage beim Liebesspiel härtet die Brustwarzen ab. Versuche darüber hinaus, *täglich* zehn Mal ganz sanft die Brustwarzen herauszuziehen, es sollte jedoch nicht wehtun. Das Baby wird später die Warze mit dem Mund bis zu seinem Zäpfchen ansaugen – was ziemlich weit ist.

Manchmal wird beim Herausziehen etwas Kolostrum (Vormilch) aus den Brustwarzen freigesetzt, das ist ganz natürlich.

Macht Stillen die Brust hässlich?
Nein, zum Glück nicht! In der Schwangerschaft verändern sich die Brüste jedoch. Das Fettgewebe bildet sich teilweise zurück und das Drüsengewebe entwickelt sich. Wenn das Baby oft trinkt, werden die Brüste nicht „übervoll" und so können keine subkutanen Striae (Risse) entstehen. Vor allem während des Milcheinschusses um den dritten Tag nach der Geburt werden die Brüste sehr voll und das Baby sollte deswegen oft angelegt werden (siehe Kapitel 2.2).

Wenn Babys mit der Zeit weniger trinken, sollte es möglichst schrittweise weniger werden, damit sich die Brüste langsam anpassen können. In dieser Zeit nimmt das Drüsengewebe wieder ab und das Fettgewebe kommt teilweise zurück. So wird verhindert, dass die Brüste wegen eines plötzlichen Produktionsstopps schlaff werden. Oft folgt nach dieser Phase eine erneute Schwangerschaft, wobei sich der ganze Zyklus wiederholt.

Die Brüste verändern sich vor allem durch den Verlust an Fettgewebe, das nach der Schwangerschaft nicht vollständig wiederhergestellt wird. Auf diesen Vorgang hat das Stillen jedoch keinen Einfluss.

Nach den Zyklen des Kinderkriegens und Stillens ist eine Frau zwangsweise reifer geworden, was nicht nur an den Brüsten, sondern auch allgemein an ihrem Körper sichtbar ist. Beim genaueren Hinsehen lässt sich allerdings eine neue Schönheit entdecken.

Ich möchte an der Stelle gern hinzufügen, dass eine gesunde Ernährung den Körper geschmeidig hält (siehe dazu Kapitel 15). Insbesondere Vitamin E trägt zur Beweglichkeit des Körpers bei. Es gibt Vitamin-E-Kapseln, in natürlicher Form kommt Vitamin E zum Beispiel in Weizenkeimöl vor.

1.2 Nach der Geburt: Jedes Baby wünscht sich einen positiven Start

Was erwartet das Neugeborene?
Ein Neugeborenes ist zunächst ängstlich und voller Stresshormone. Es wünscht sich in diesem Moment einen warmen Bauch, auf dem es liegen kann, und Arme, die es festhalten. Das Baby erwartet, dass es in die Augen von Mutter und Vater blicken kann, um sich einzuprägen, wie diese Augen aussehen. Das Baby erwartet eine warme Brust, an der es saugen und die ersten Milchtropfen aufnehmen kann. Das Baby erwartet einen mütterlichen Geruch, damit es sich einprägen kann, was ein angenehmer und sicherheitsspendender Geruch ist.

Das Baby erwartet leise Stimmen um sich herum, damit es sich den Klang der Stimmen seiner Eltern einprägen kann. Die Stimme des Vaters ist ihm aus der Schwangerschaft bekannt, sie klingt etwas schwerer und verursacht mehr Schwingungen. Das ist auch der Grund, warum Babys so gern am Hals des Vaters liegen. Sie hören und fühlen die Schwingungen seiner Stimme. Wenn das

Baby in den Armen des Vaters in der Stillhaltung liegt oder mit dem Köpfchen in dessen Ellbogenbeuge, wird es hingegen oft unruhig – weil es dann erwartet, an der Brust trinken zu können.

Ein Baby, das nach der Geburt unruhig ist, hat das Bedürfnis, getröstet zu werden und sich sicher zu fühlen. In einem Bettchen fühlt es sich meist nicht sicher, anders hingegen in den Armen der Mutter beim Saugen an deren weicher Brust.

Ein Baby, das all diese obenstehenden glücklichen Momente verpasst, wird das oft auch weiter vermissen und durch ein bestimmtes Verhalten versuchen, dies zu kompensieren. Natürlich gibt es oft Umstände, durch die eine Geburt und die erste Zeit nicht so schön und natürlich verlaufen. Von der Kinderpsychologin J. Stades-Veth habe ich gelernt, dass du deinem Baby die Situation erklären und so probieren kannst, es ein wenig wiedergutzumachen.

Leider kommt es regelmäßig vor, dass ein Baby nach der Geburt für eine Weile in den Brutkasten gelegt wird oder im Krankenhaus bleiben muss. Der Vater kann es dann begleiten und zum Beispiel das Händchen oder Füßchen des Babys festhalten und seine Stimme erklingen lassen.

Glücklicherweise wird heutzutage auch in Krankenhäusern besonderer Wert auf das sogenannte Känguruhen des Babys gelegt. Das nackte Baby wird auf die bloße Brust des Vaters oder der Mutter gelegt, während er oder sie einfach ruhig dasitzen.

Nach einem Kaiserschnitt kann der Vater das nackte Baby, das in ständig nachgewärmte Tücher gehüllt ist, känguruhen. Das Baby sollte nackt bleiben, solange es noch nicht angelegt worden ist. Die Mutter sollte so schnell wie möglich mit dem Stillen beginnen.

Eine Freundin von mir bekam im Krankenhaus Zwillinge. Sie wollte ihre Babys gern immer bei sich haben, um sie ständig anlegen und umsorgen zu können. Im Krankenhaus aber konnte ihr Mann nicht dabei sein, und die Schwestern fanden es ganz normal, die Neugeborenen ins Bett zu legen. Das einzige Mittel, das meiner Freundin geblieben war, um ihre Babys bei sich behalten zu dürfen, war das Weinen. Weinen war das einzige Argument, auf das die

Schwestern hören wollten. Nur so gelang es ihr, ihre Babys bei sich haben zu dürfen!

Ich kenne Mütter, die sich zusammen mit einem kranken Baby stationär aufnehmen lassen, um das Kind jederzeit trösten und in die Arme nehmen und anlegen zu können.

Und wenn Mutter und Kind nach Hause kommen, rate ich immer: Verlängere das Wochenbett und bleib ein paar Tage länger im Bett mit Baby und Partner.

Der erste Augenkontakt

Es ist wunderschön, wenn das Baby nach der Geburt in deinen Armen liegen und dir in die Augen schauen kann. Das Neugeborene prägt sich die Augen derjenigen Person ein, die es als Erstes sieht, und natürlich will die Mutter, dass das ihre Augen und die ihres Partners sind. Marshall H. Klaus und Phyllis H. Klaus haben viel zum Thema Erstkontakt zwischen Mutter und Kind geforscht, eines ihrer Werke heißt *Das Wunder der ersten Lebenswochen*.

Ein Vater, der sich nach einer komplizierten Geburt um sein Baby kümmerte, erzählte später, dass er es nachher leichter beruhigen konnte als seine Frau. Wenn das Baby keine Gelegenheit hat, sich die Augen der Mutter oder des Vaters einzuprägen, wird es sich die Augen der Hebamme merken und denken, dass das seine Mutter sei. Ich habe eine Hebamme gesprochen, die das bestätigte und eine Situation schilderte, in der die Mutter schnell ins Krankenhaus eingeliefert werden musste und die Hebamme sich um das Baby gekümmert hat. Bei der Nachkontrolle sechs Wochen später weinte das Baby heftig. Die Mutter konnte es nicht beruhigen, doch sobald die Hebamme das Baby aufnahm, wurde es still. Das Baby hatte das Gefühl, dass es jetzt sicher war, denn es erkannte die Augen, den Geruch und die Stimme der Hebamme.

Wenn die Mutter nach der Geburt medizinische Hilfe braucht und sich nicht um das Baby kümmern kann, ist es deshalb wichtig, dass der Vater dies übernimmt und das Baby willkommen heißt. So hat das Baby das Gefühl, dass diese Person zu ihm gehört und es nicht verloren ist. Wenn ein Baby von niemandem willkommen geheißen wird und den Eindruck bekommt, es soll sich allein durchschlagen und muss alles selbst herausfinden, ist ihm das manchmal in seinem späteren Leben anzumerken. Als meine Freundin Zwillinge bekam, wurde das Erstgeborene in ein Bettchen gelegt, damit sich auf die zweite Geburt konzentriert werden konnte. Das erste Baby fühlte sich während seines weiteren Lebens immer schneller abgewiesen und ist auch jetzt noch öfter unsicher.

Auch deshalb ist das bereits erwähnte Känguruhen von Brutkastenbabys mit Mutter und Vater wichtig. Mehr als zwei nahe Kontakte sind hingegen sehr verwirrend für das Kleine. Ich habe mehrmals beobachtet, dass es dann geneigt ist, sein Köpfchen wegzudrehen.

Die Haut des Babys
Das Baby fühlt über die Haut, sie ist sein größtes Organ. Es gibt Untersuchungen über das Verhalten des Babys kurz nach der Geburt: Das Baby, das nackt auf den Bauch der Mutter gelegt wird, kann unmittelbar nach der Geburt erstaunliche Krabbelbewegungen machen. Es robbt Zentimeter für Zentimeter zur Brust und macht dabei kleine Schnappbewegungen mit dem Mund. Es findet die Brust, weil der Warzenhof während der Schwangerschaft dunk-

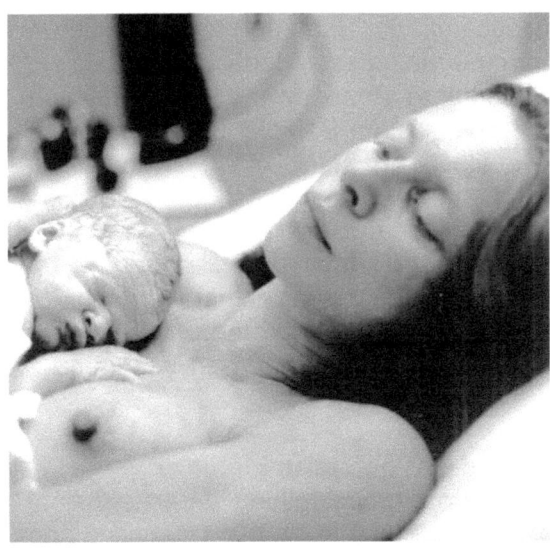

ler geworden ist. Außerdem hat die Brustwarze den gleichen süßen Geruch wie das Fruchtwasser. Einer Untersuchung zufolge waren die Babys auf diese Weise etwa 45 Minuten nach der Geburt an der Brust angekommen. Die Mutter hilft dem Baby dabei, die Brust gut zu fassen. Wird es hingegen sofort angezogen, wird es in seinen Bewegungen gehindert. Forschungen ergaben, dass angezogene Babys eine halbe Stunde nach der Geburt oft nicht an der

Brust saugen wollten. Sie zeigten wenig Interesse – die Kleidung wirkte hemmend.

Das erste Riechen an der Mutter
Als Erstes riecht das Baby seine Mutter. Weil es den Geruch des Fruchtwassers kennt, ist dieser Geruch an der Mutter für das Baby sehr angenehm. Es riecht auch die eigenen Händchen, die vom Fruchtwasser noch feucht sind. Nach wenigen Tagen kann das Baby den Geruch der Mutter von anderen Gerüchen unterscheiden. In einer Untersuchung wurde mehreren Müttern ein Tuch ausgehändigt, das sie an ihre Brust legen sollten. Daraufhin wurden den Babys zwei Tücher angeboten: eines von der eigenen und das andere von einer fremden Mutter. Die Babys drehten ihre Köpfe unmittelbar zum Tuch der eigenen Mutter.

Viele Mütter ziehen es vor, keine Duftstoffe zu verwenden, wenn sie ein Baby haben. Sie fühlen intuitiv, dass ihr Baby ihren Eigengeruch angenehm findet. Für ein Brutkastenbaby ist das auch sehr wichtig. Das Baby wird von schrillem Licht, fremden Stimmen, Geräuschen und Gerüchen geplagt. In dieser Situation ist der Geruch der Mutter eine Wohltat und wirkt wie ein Ruhepol. Wenn das Baby gestillt wird, liegt es automatisch mit der Nase eng an der Haut der Mutter. Das Baby genießt den Geruch dieser Haut.

Als mein Sohn bereits zehn Jahre alt war, war ihm das Riechen noch immer ein Genuss. Er schlug zum Beispiel seine Arme um meine Taille, drückte seine Nase an mich, meinte genussvoll: „Mama, du riechst so gut" und atmete daraufhin tief durch die Nase ein. In solchen Momenten fühlte ich immer Dankbarkeit.

Weißt du noch, wie dein heutiger Partner roch, als du ihm zum ersten Mal begegnet bist? Wahrscheinlich war es ein angenehmer Geruch, den du nicht so leicht vergessen wirst. Jeder Mensch hat einen Eigengeruch, der auch mit seiner Ernährung zusammenhängt.

Wie lang soll der Besuch bei der Wöchnerin bleiben?
Eine Wöchnerin ist durch die Hormonumstellung derart sensibel und verletzlich, dass sie schnell angespannt ist, auch wenn sie den Besuch schätzt und sich darüber freut. Kurze Besuche sind am besten. Meiner Meinung nach sollte so ein Besuch eine Viertelstunde

nicht überschreiten. Der Vater kann die Mutter schützen, indem er den Gästen sanft vermittelt, wann sie besser gehen sollten, oder indem er im Vorfeld eine Schlusszeit festsetzt. Er kann auch dafür sorgen, dass die Gäste im Wohnzimmer empfangen werden, sodass sich die Mutter mit dem Baby in ihr Zimmer zurückziehen kann. Ein Baby kann manchmal stundenlang wach sein, auch in der Nacht. Die Mutter muss dann genug Reserven haben, um sich darauf einzustellen.

Manche Eltern geben ein Geburtsfest, wenn das Baby etwas älter ist. Mit Unterstützung können sie dann an einem einzigen Nachmittag alle Gäste empfangen, während die Mutter das Baby im Arm oder in einem Tragetuch hat.

Wenn Besuch von weither kommt, kann man schwerlich sagen: „Ihr könnt nur eine Viertelstunde bleiben." Eine Lösung wäre dann, dass sich die Mutter nach einer Viertelstunde mit dem Baby zurückzieht.

Wie schwer das Wochenbett für ein Geschwisterchen sein kann, erfuhr ich nach der Geburt meines zweiten Kindes. Mein erstgeborener Sohn war zweieinhalb Jahre alt, als sein Schwesterchen kam.

Weil ich viele Leute kenne, war es selbstverständlich, dass sie zu Besuch kamen. Mein Sohn jedoch reagierte darauf mit Fieber, weil ihm der Gästerummel zu viel war. Als er älter wurde, geschah das noch öfter: Er bekam Fieber, wenn er übermüdet war.

Bei unseren anderen drei Kindern teilten wir auf der Geburtsanzeige mit:

Nachmittags zwischen 13 und 15 Uhr schlafen wir.
Kurzbesuche sind für unsere Familie am besten.

Zum Glück haben das viele Leute verstanden.

2 Stillen: Die Anfänge

Am wichtigsten erweisen sich Wissen und Durchsetzungsvermögen.

In diesem Kapitel schildere ich, wie die Anfänge des Stillens verlaufen können, was dir dabei widerfahren kann und wie du das als natürliche Vorgänge interpretieren kannst.

2.1 Das erste Anlegen

Habe ich überhaupt Milch?

Die erste Frage, die sich jede Mutter stellt, ist: „Habe ich überhaupt Milch?" Ich kann dich beruhigen. So gut wie *jede* Mutter, die ein Kind bekommt, hat Milch. Es ist aber wichtig, dass sie weiß, wie das Zusammenspiel zwischen Mutter und Kind funktioniert. Wenn die Mutter das Baby bald nach der Geburt an die Brust nimmt und es auf beiden Seiten trinken lässt, produziert sie mehr Milch, als wenn sie dies einen halben Tag später machen würde – der Mengenunterschied kann bis zu einem Viertel betragen. Wenn die Mutter das Baby gleich nach der Geburt anlegt, hat das folgende Vorteile:

- Der Körper wird angeregt, Milch zu produzieren.
- Die Nachgeburt kommt schneller.
- Die Blutungen der Mutter hören schneller auf.
- Das Baby prägt sich gut ein, wie es saugen soll.
- Das Baby bekommt Kolostrum. Es wird an den ersten Tagen produziert, ist viermal so dick wie Muttermilch und hat extra viele Antikörper.
- Die erste Muttermilch führt stärker ab, wodurch das Baby das Mekonium (den Stuhlgang der Nährstoffe in der Gebärmutter) leichter loswird. Es ist dadurch auch unwahrscheinlicher, dass das Baby eine Gelbsucht (Gelbwerden des Babys) bekommt.

Wenn das Baby während der ersten 24 Stunden nicht gut trinkt, solltest du mit dem Abpumpen beginnen. Durch das Pumpen stimulierst du die Milchproduktion und kannst dem Baby die abgepumpte Milch geben. Verabreiche ihm die gesamte Milch mit einem Löffel, einem kleinen Becher oder einer Pipette. Jeder Tropfen ist wertvoll. Künstliche Milch und Zuckerwasser braucht das Baby nicht. Das kann später Allergien, Koliken oder Bauchschmerzen verursachen und macht das Baby obendrein apathisch. Es reicht vollkommen aus, wenn das Kind häufig gestillt wird. Gib ihm im Notfall hypoallergische Babynahrung. Das ist künstliche Milch mit vorverdautem Eiweiß, wodurch Allergien weniger leicht auftreten.

Die erste Stillmahlzeit
Das erste Stillen darf lange dauern. Stillexpertinnen finden es nicht ungewöhnlich, wenn diese Mahlzeit ein bis zwei Stunden in Anspruch nimmt. Eine goldene Regel besagt: Das Baby bestimmt, wie lange es saugt, und die Mutter bestimmt, an welcher Brust.

Wenn du dir Sorgen wegen Brustwarzenrissen machst, kannst du auch alle zehn Minuten die Brust wechseln und, sobald deine Brustwarze empfindlich wird, das Saugen unterbrechen (siehe hierzu S. 12, Foto: die Brust anbieten). Der eigentliche Grund für Brustwarzenrisse ist jedoch eine falsche Position des Babys beim Anlegen. In den folgenden Absätzen erfährst du mehr darüber.

Manchen Müttern gelingt das Anlegen besser, wenn sie sich bei den ersten Malen ein bisschen aufrichten, während der Partner hinter ihnen sitzt. Er kann über die Schulter zusammen mit der Mutter in die Äuglein des Babys schauen und die ersten Stillerfahrungen miterleben. Die Mutter kann durch die aufrechtere Haltung einfacher die Brust wechseln.

Bitte jemanden, wenn nötig, um zusätzliche Kissen. Möglicherweise merkst du nach ein paar Stunden, dass dein Baby jetzt nicht mehr an der Brust saugen mag. Das ist der Moment, in dem sein Darm zu arbeiten beginnt, weil die ersten Tropfen Muttermilch verdauungsfördernd wirken.

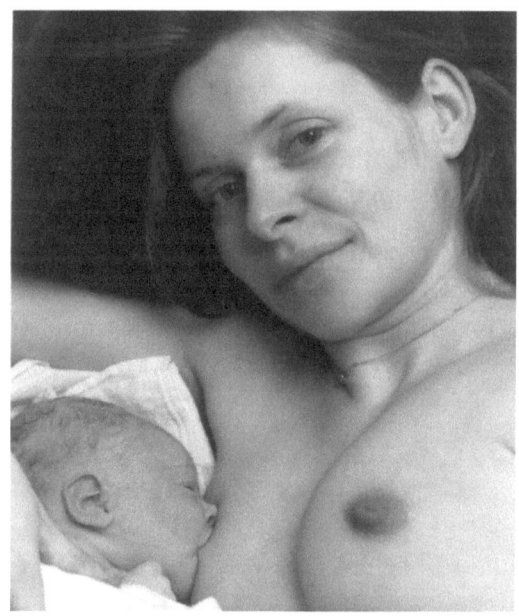

Die erste Stillmahlzeit
(Foto: Jeroen de Jong)

Du kannst dein Baby jetzt halten und sanft über seine Fußgewölbe streichen, abwechselnd über den linken und den rechten Fuß sowie über die Außenseite des Fußgewölbes. Diese Massage kann die Darmschmerzen deines Babys lindern. Danach wirst du schwarzen Stuhl (das sogenannte Mekonium) in der Windel bemerken. Wenn das Baby das Mekonium losgeworden ist, bekommt es mehr Hunger, und das Wachstum kann beginnen.

Wie kann das Baby an der Brust trinken?

Wenn du mit der Puppe geübt hast, weißt du nach der Geburt schneller, welche Haltung dir am angenehmsten ist: sitzend oder flach im Bett liegend.

Dadurch bist du imstande, selbst die Initiative zu ergreifen, das Baby zum Stillen zu dir zu nehmen, ohne von der Geburtshelferin beziehungsweise im Krankenhaus von der Kinderkrankenschwester abhängig zu sein. Letztendlich ist die Mutter selbst für die Ernährung ihres Babys zuständig und niemand sonst. Es ist wichtig, dich selbst darauf vorzubereiten.

In welcher Haltung funktioniert das Stillen im Allgemeinen am besten? Zunächst erläutere ich die Sitzposition.

Stillen im Sitzen
Wenn ein Baby im Ellenbogen der Mutter liegt, muss sie seinen kleinen Arm unter ihrem Oberarm hindurch zum Rücken führen. Das ist etwas schwierig, denn ein Neugeborenes liegt meist in sich gekrümmt mit den Händchen vor dem Mund. Das Schultergelenk des Babys kann diese Bewegung allerdings ausgleichen.

Die Mutter hält den Po des Babys fest und dreht es in ihren Armen liegend auf die Seite, zu ihr gewandt, Bauch gegen Bauch. Nehmen wir an, dass das Baby im linken Arm liegt, dann greift die Mutter mit der ganzen rechten Hand nach ihrer Brust, hält den Daumen über der Brust und die übrigen Finger darunter, wie ein großes C. Die Brust wird dadurch ein wenig oval. Wenn das Baby den Mund öffnet, bewegt die Mutter mit der Armbeuge das Köpfchen zu sich, damit das Baby an die Brustwarze kommt. Sie sollte versuchen, die Brustwarze von der Nase/Oberlippe aus in den Mund zu führen, also in einer Bewegung von oben nach unten. Die Brustwarze gelangt dadurch im Mund des Babys bis zum Gaumenzäpfchen, die Brustwarze gleitet in einem kleinen Bogen am Gaumen entlang nach hinten. Die Nase und das Kinn des Babys sollten die Brust berühren.

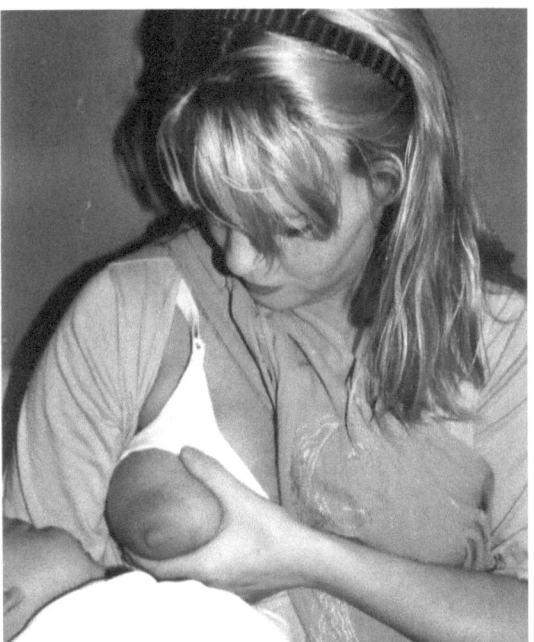

Die Brust anbieten: Die Finger formen den Buchstaben C.

Zum Nachvollziehen haben wir einmal einem Baby etwas Lippenstift auf die Nase und das Kinn getupft, wodurch sich am Abdruck an der Brust sehen ließ, wie das Baby die Brust berühren muss. Die rechte Hand der Mutter, die die Brust anbietet, muss weit genug Richtung Rippen liegen, damit das Baby mit dem Kinn genug Platz hat, um die Brust in den Mund zu nehmen.

Für Mütter mit großen Brüsten, die von viel lockerer Haut umgeben sind, habe ich folgenden Ratschlag: Mach aus der Brust eine Art Hamburger. Zieh die Haut ein bisschen zum Brustkorb, sodass die Brust etwas flacher und ovaler wird. Auf diese Weise kann das Baby die Brustwarze leichter fassen. Du kannst die Brust auch stützen, indem du ein zusammengerolltes Tuch darunterlegst.

Es ist sinnvoll, nach ungefähr zehn Minuten die andere Brust anzubieten. Den Saugreflex kannst Du mit dem kleinen Finger unterbrechen. Achte vorher darauf, dass die Nägel deiner kleinen Finger kurz geschnitten sind. Versuche, den kleinen Finger in einen Mundwinkel des Babys und vorsichtig zwischen die Kiefer zu führen. Beim Drehen des kleinen Fingers löst sich das Vakuum. Das Baby will jetzt vielleicht ein Bäuerchen machen, halte es dazu aufrecht gegen deine Brust oder Schulter.

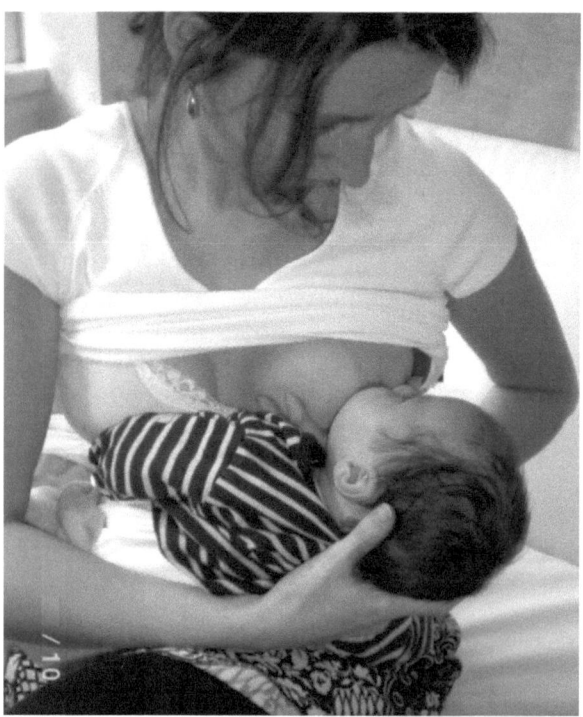

Die Brust anbieten: Die Finger bilden ein großes U.

Stillen darf *keine* Schmerzen verursachen. Wenn die Brust empfindlich reagiert und dieses Gefühl nicht innerhalb von ein oder zwei Minuten nach dem Anlegen abklingt, nimm bitte das Baby von der Brust und versuche es erneut. Wenn die Brustwarze während des Stillens zu schmerzen beginnt, solltest du das Stillen unterbrechen und das Baby an die andere Brust legen. Wiederhole dies, bis das Baby satt ist. Für Mütter mit wunden Brustwarzen habe ich einen Tipp: Lege das Baby so an, dass die wunde Stelle in seinem Mundwinkel liegt. Dort ist der Saugdruck am geringsten und damit auch der Schmerz. Sollte sich keine Verbesserung einstellen und das Stillen bleibt unangenehm, melde dich bitte bei einer Stillberaterin.

Falls du Stillhütchen (Schutzkäppchen aus Silikon, die man über flache oder schmerzende Brustwarzen stülpen kann, sodass das Baby die Milch über das Hütchen einsaugt) verwenden willst, nimm in jedem Fall die größte Größe (large) denn die Brustwarze wird durch das Saugen zweimal so groß. Schneide mit einer Schere kleine Stückchen vom Stillhütchen ab, und zwar immer zwischen den Löchern, die bereits vorhanden sind. Auf diese Weise kann das Baby mehr Milch trinken. Aus der Brust tritt durch viele Drüsen Milch aus, im Stillhütchen sind jedoch nur wenige Löcher vorhanden. Drehe vor dem Schneiden das Stillhütchen auf links. Die Spitze sollte halbwegs rund bleiben. Achte darauf, dass nichts abreißt, was das Baby verschlucken könnte. Das Stillen mit Hütchen nimmt zweimal so viel Zeit in Anspruch. Versuche also, so schnell wie möglich wieder ohne Hütchen zu stillen. Manchmal geht das schon nach fünf Minuten, manchmal erst nach mehreren Tagen. Wenn das Stillhütchen zu lange verwendet wird, könnte sich das Baby diese Saughaltung angewöhnen.

Offiziell wird davon abgeraten, die Spitze des Brustwarzenhütchens abzuschneiden, um damit zu verhindern, dass das Baby Silikonstückchen schluckt. Das Problem bleibt dadurch jedoch bestehen. Die Mutter kann allerdings die Spitze präzise und sicher abschneiden, damit mehr Milch durch das Brustwarzenhütchen gelangt: Sie trägt die Verantwortung. Dies führt auch dazu, dass sie keinen Milchstau in der Brust bekommt.

Das Stillen kann am Anfang etwa eine Stunde oder sogar länger dauern. Wenn du dich mit dem Stillen etwas sicherer fühlst, kannst du die Zeit freier einteilen, achte auf das Kind und nicht auf die Uhr. Als Richtwert gelten allerdings zehn bis fünfzehn Minuten an der ersten Brust, dann ein Bäuerchen und danach die zweite Brust, solange du das angenehm findest und das Baby es will. Müttern mit empfindlicher Haut rate ich, alle fünf Minuten die Brust zu wechseln. Lass das Baby mehrmals abwechselnd trinken, und achte vor allem auf die richtige Haltung. Brustwarzen können kaum wund werden, solange das Baby parallel bzw. gerade an der Brust liegt. Hierzu muss das Baby gut mit Nase und Kinn gegen die Brust angedrückt liegen und nicht mit dem Köpfchen an der Brustwarze hängen.

Die Brustwarze wird durch die Montgomery-Drüsen, die um die Brustwarze herum liegen, geschützt. Wenn das Baby trinkt, massiert es gleichzeitig das Fett aus den Drüsen über die Brustwarze. Solltest du eine überempfindliche Haut haben, ist eine homöopathische Salbe eine mögliche Lösung. Diese darf nur ganz dünn auf die Brustwarze aufgetragen werden und nur auf die schmerzende Stelle. Ich empfehle Bioforce Crème von A. Vogel. Sie besteht aus Lanolin und Kräutern, wirkt heilend und schmerzlindernd. Manchen Müttern hilft es, wenn sie die Creme vor dem Stillen und bei jedem Wechsel auf die Brustwarze auftragen. Sie zieht sofort in die Haut ein. Die größten Beschwerden sind so nach einem Tag bis zu drei Tagen erträglich. Bei langanhaltendem Gebrauch der Creme kannst du besser reines Lanolin auf der Brustwarze anwenden.

Manche Mütter haben durch Soor schmerzhafte Brustwarzen (siehe Kapitel 12.6). Sollte dir eine trockene Haut oder ein Ekzem Beschwerden bereiten, dann könnten sich die Brustwarzen auch schmerzhaft anfühlen. Kuhmilchprodukte, die die Mutter isst, könnten die Ursache hierfür sein, manchmal auch Ei, Weizen (Gluten) oder ein Mangel an Vitamin D.

Die Wangen und die Nase des Babys
Der Suchreflex funktioniert beim Baby mithilfe der Wangen. Wenn die Mutter mit der Brustwarze über die Wange des Kindes streicht, kann es mithilfe des Suchreflexs die Brustwarze finden. Wenn es

selbst die Brust sucht, wird es kräftig das Köpfchen bewegen, so-dass es mit Wangen und Lippen fühlen kann, wo sich die Brust-warze befindet. Wenn das Baby schon ein bisschen größer ist, fällt es ihm zunehmend leichter, sie selbst zu finden. Vor allem in der Dunkelheit ist das ein Vorteil.

Wenn du dir Sorgen machst, ob das Baby während des Trinkens genug Luft bekommt, kannst du seine Beine ganz dicht an deinen Bauch heranziehen. Je näher sein Unterleib an deinem Bauch liegt, desto freier kann es durch seine Nase atmen. Babys werden mit äußerst kleinen Näschen geboren, aber oft ist nur das Viertel *eines* Nasenlochs nötig, um ein Vakuum zum Trinken zu erzeugen. Das zweite Nasenloch darf ruhig in die Brust gedrückt bleiben.

Stillen im Liegen
Wenn du die ersten Male nicht sitzend, sondern liegend stillst, sollte dir jemand helfen, das Baby zu dir heranzuziehen. So kann es, pa-rallel bzw. gerade an der Brust liegend, gut an der Brustwarze trin-ken.
 Für Mütter mit Kaiserschnitt empfiehlt es sich, den ganzen Tag einen Verwandten oder Bekannten im Krankenhaus bei sich zu ha-ben, sodass das Baby oft angelegt werden kann. Damit sind min-destens acht bis zwölf Stillmahlzeiten am Tag oder mehr gemeint. Die Brust kann weinenden Babys auch als Trost dienen.

Viele Frauen denken, dass sie nicht liegend stillen können und set-zen sich deshalb auf einen Stuhl. Diesen Müttern möchte ich gern erklären, wie sie die liegende Stillposition erlernen können: Du kannst dich in die Mitte deines Bettes setzen und das Baby sitzend anlegen, bis es kräftig trinkt. Jetzt kannst du dich langsam rückwärts in eine Liegeposition bringen. Anschließend lässt du das Baby vor-sichtig auf die Matratze gleiten und rollst dich gleichzeitig auf die Seite. Die Position deines Kopfkissens ist dabei sehr wichtig. Du solltest nicht mit deiner Schulter auf dem Kissen oder dem Bezug liegen. Das kann zu einem steifen Nacken führen. Das Kissen sollte unter deinem Ohr liegen und deinen Nacken stützen. Drücke es dazu fest in den Nacken.

Indem ein zusätzliches kleines Kissen oder ein Stück Decke in die Rückenhöhlung in Taillenhöhe gelegt wird, kann das einen müden Rücken unterstützen. Je besser dein Rücken auf diese Weise unterstützt wird, desto angenehmer liegst du. Und dann ist es das Wichtigste, sich zu entspannen. Seufze tief aus dem Bauch heraus, sodass du die Entspannung in den Schultern und im Nacken fühlst. Sage mit einem tiefen Seufzer: „Heeeh, heeeh!" (der Mutterseufzer).

Es kann passieren, dass du kalte Schultern bekommst, was unangenehm ist. Eine praktische Lösung ist ein warmer Pullover oder

eine kleine Decke, die du neben dein Kopfkissen legst, sodass du etwas für die kalten Schultern hast. Falls du unter einer Daunendecke schläfst, solltest du sie auf Höhe des Gesichts deines Babys weit zurückschlagen, damit das Baby gut atmen kann. Wenn du die zweite Brust anbieten willst, setz dich wieder auf, damit das Baby ein Bäuerchen machen kann und du dich zum erneuten guten Anlegen vorbereiten kannst. Lass dich danach wieder langsam rückwärts heruntergleiten und, wenn du magst, kannst du nun schlafen. Das kannst du alles am besten erst mal tagsüber üben.

Stillen im Liegen

Zum Schlafplatz des Babys, zum sicheren Stillen im Liegen und zum sicheren Einschlafen gibt es in Kapitel 6 mehr zu lesen.

2.2 Die folgenden Stillmahlzeiten

Wie oft kann ein Baby trinken?
In den neuesten Büchern zum Thema Stillen steht, dass acht bis zwölf Stillmahlzeiten pro Tag normal seien. Um die Milchproduktion anzuregen, ist es sicherlich empfehlenswert, mindestens alle zwei Stunden zu stillen. Wenn das Baby länger schläft, solltest du es hochnehmen. Du kannst ihm zur Probe den Finger in den Mund stecken. Wenn es im Schlaf daran saugt, kannst du versuchen, es anzulegen.

Manche Babys trinken sogar fünfzehn bis zwanzig Mal am Tag. In seinem Buch *Die magische Welt des Kindes* schreibt Joseph Chilton Pearce, dass bei afrikanischen Naturvölkern Babys dreißig bis vierzigmal pro Tag an die Brust genommen werden. Du kannst daraus schließen, dass alles möglich und erlaubt ist. Die Mutter kann beim Stillen ihre eigene Methode wählen. Ein Baby, das alle zwei Stunden trinkt, wärmt seinen „Motor" derart kräftig auf, dass es keine Wärmflasche nötig hat. Wenn ich dem Baby *eine* Brust gab, dann wollte es nach eineinhalb Stunden an die andere Brust. Das hat mich nicht gestört.

Natürlich ist das ganze Ritual mit dem Wickeln nicht bei jedem Mal Stillen nötig. Ein Baby ist mit fünf bis sechs frischen Windeln am Tag zufrieden, zumal gestillte Kinder viel weniger von einem wunden Po geplagt werden, der jedes Mal eingecremt werden muss.

Stillberaterinnen empfehlen, dass Babys, auch wenn sie nicht weinen, angelegt werden können. Wenn das Baby seine Zunge herausstreckt, heißt das in der Regel: Ich suche Mamas Brust. Falls du möchtest, kannst du darauf eingehen. Du musst es also nicht sonderbar finden, wenn du dein Kind oft stillst. Hast du schon bemerkt, wie oft du dir selbst jeden Tag zu essen oder zu trinken nimmst?

Milcheinschuss
Etwa drei Tage nach der Geburt werden die Milchdrüsen durch den Druck von zusätzlichem Blut und Lymphflüssigkeit geöffnet. Auch die Milch in der Brust bewirkt, dass sich die Haut spannt, was für die Mutter recht schmerzhaft sein kann. Das Wichtigste ist nun, dein Baby *sehr oft* trinken zu lassen. Dadurch lässt das schmerzende

Gefühl nach. Der Milcheinschuss geht im Prinzip bis zum vierten oder fünften Tag. Lass das Baby bis zum Ende des Milcheinschusses nachts nicht länger als einmal vier Stunden am Stück schlafen. Der wichtigste Tipp hierzu ist, das Baby nicht zu baden, bis der Milcheinschuss vorüber ist. Ohne Baden ist das Baby wach genug, um oft und lange zu trinken. *Ratsam ist es nun, die Milch sanft in Richtung der Brustwarze zu massieren.*

Der Milcheinschuss kann 24 bis 36 Stunden andauern. Wer sehr oft stillt, hat während dieser Zeit weniger Beschwerden. Nach dieser Zeit kann das Baby mehr Milch trinken und darf etwas länger schlafen.

Es kann die Beschwerden lindern, wenn du dir ein Weißkohlblatt auf die Brust legst. Wringe das Blatt aus oder walze es mit einer Flasche. Der Saft des Blattes wirkt lindernd. Lass die Brustwarze vom Kohlblatt frei.

Aufrecht stillen

Aufrecht stillen. Das Baby kann dann problemlos aufstoßen.

Aufrechtes Stillen bringt dem Baby Vorteile. Es befähigt das Baby, sich selbst zu helfen, wenn die Milch zu stark einschießt, bei Milchüberschuss oder wenn es während des Trinkens aufstoßen muss.

Wenn das Baby „aufrecht" trinkt, kann ein Bäuerchen *während* des Trinkens problemlos hochkommen. Als mein Baby fünf Tage alt war, stillte ich im aufrechten Sitz. Plötzlich stieß es sich weg, machte ein Bäuerchen und ließ sich zurück auf die Brust fallen.

Es gibt zwei Arten von aufrechtem Stillen:

1. Das Baby wird im Nacken gestützt (siehe Foto).
2. Das Köpfchen wird im Ellbogen der Mutter gestützt und seine Beinchen rutschen zwischen ihre Beine. Bald kann es sich auch mit seinem Po auf ihrem Schoß abstützen.

Zu viel Milch

Zu viel Milch kommt nicht so oft vor. Wenn die Mutter jedoch der Meinung ist, dass sie zu viel Milch hat, kann sie eine Brust pro Still-mahlzeit geben und manchmal kurz noch die andere Brust. Eine andere Möglichkeit ist, mehrere Male auf einer Seite zu stillen und dann auf die andere Brust zu wechseln. Die Mutter fühlt selbst, was für sie am besten ist. Natürlich kann die Mutter so oft und so lange anlegen, wie das Baby will. Es bekommt davon nicht häufiger Koli-ken (siehe Kapitel 3.1).

Eine bemerkenswerte Erfahrung machte ich mit einer Mutter, die zu viel Milch hatte. Sie ließ das Baby sieben Stunden lang immer an derselben Seite trinken, zum Beispiel an der linken Brust. In die-sem Zeitraum pumpte sie an der rechten Brust genauso viel Milch ab, bis das Gefühl der schmerzhaften Spannung verschwunden war. So ging die Milchproduktion zurück und stellte sich schließlich auf die Bedürfnisse des Babys ein.

Manchmal kann das Stillen im Liegen, entgegen der Schwerkraft, eine Option sein.

Ein Baby kann lange Wachzeiten haben

Babys sind oft stundenlang wach. Das ist ziemlich erstaunlich. Wäh-rend dieser Zeit kannst du das Baby ständig halten, Augenkontakt suchen, über seine Haut streicheln und es oft trinken lassen. Das wird auch *Clusterfeeding* genannt. Babys schlafen ein- bis zweimal am Tag tief, der Rest sind Nickerchen. Einmal pro Tag vier bis sechs Stunden durchzuschlafen, ist ein guter Schlafrhythmus. Meldet das Baby sich früher, ist Stillen auf Nachfrage das Beste.

Ein Baby nimmt viel von deiner Zeit in Anspruch. Das ist ganz normal. Eine goldene Regel besagt: Zu Beginn bist du *mindestens zehn Stunden pro Tag* mit deinem Baby beschäftigt.

Wie schnell wird Muttermilch produziert?
Muttermilch wird sehr schnell produziert, vor allem in der Brust, in der weniger Muttermilch ist. Sobald du mit dem Stillen beginnst, wird Milch erzeugt. Das kannst du deutlich spüren, wenn du die zweite Brust gibst – in dieser Zeit füllt sich die erste bereits wieder.

Zur Geschwindigkeit der Milchproduktion in der Brust hat ein Milchpumpenerzeuger einen einfachen Test gemacht. Er ließ mehrere Mütter einige Tage lang abpumpen und kam zu folgenden Resultaten:

- Innerhalb einer Stunde füllte sich die Brust um 40 Prozent mit Milch, gerechnet ab Beginn der Stillmahlzeit.
- In der darauffolgenden Stunde kamen 35 Prozent hinzu; innerhalb von zwei Stunden füllte sich die Brust also um 75 Prozent mit Milch.
- Eine Stunde später kamen weitere 20 Prozent hinzu, sodass sich die Brust innerhalb von drei Stunden um 95 Prozent gefüllt hatte.
- Wiederum eine Stunde später kamen weitere 5 Prozent hinzu. Innerhalb von vier Stunden füllte sich die Brust also um 100 Prozent.

Meine Erfahrung ist, dass Mütter, die viel Zeit zwischen den Stillmahlzeiten vergehen lassen, weniger Milch produzieren. Das brauchte jedoch nicht so sein, denn Muttermilch ist stets ausreichend verfügbar und kein Baby muss zu kurz kommen. Du wirst erfahren, dass *jede Viertelstunde* neue Milch in die Brüste fließt, sobald du in dem Wechsel links-rechts-links-rechts stillst. Mehrere Male hintereinander auf diese Weise zu wechseln, funktioniert optimal (Clusterfeeding).
    Jetzt kannst du dir auch vorstellen, dass jede Mutter genug Milch für Zwillinge zur Verfügung hat. Die Stillorganisation La Leche Liga berichtet über Mütter, die sogar Drillinge während der ersten sechs Monate ausschließlich durchs Stillen ernährt haben!

Die Magenkapazität des Babys
Hier ein Vergleich zu der Größe eines Babymagens:

- ein Tag nach der Geburt liegt die Magenkapazität bei ungefähr 5 Milliliter (entspricht der Größe einer kleinen Murmel).
- Am dritten Tag, wenn das Baby regelmäßig gefüttert wird, dehnt sich der Magen etwa auf die Größe einer großen Murmel aus.
- Am zehnten Tag ist der Magen so groß wie ein Tischtennisball. Regelmäßige Fütterungen mit kleinen Mengen führen später zu einem gesundem Essverhalten.

Wenn du dich immer vollisst, kann das später zu Übergewicht führen. Das ist kein natürliches Essverhalten, wird aber durch die vollen Flaschen Kunstnahrung angelernt.

Die Vorteile davon, öfter zu trinken
Es hat folgende Vorteile, wenn du das Baby unmittelbar ab der Geburt *oft* stillst:

- Die Milchproduktion kommt schnell in Gang.
- Das Baby nimmt kaum ab und hält seinen Blutzuckerspiegel in Balance.
- Das Baby kühlt nicht aus.
- Das Baby bekommt genug Vitamin K.
- Das Baby ist stärker vor Gelbsucht geschützt. Wenn das Mekonium (Kindspech) in seinem Körper bleibt, können bestimmte Stoffe darin Gelbsucht verursachen. Falls dies passiert, kannst du dem Baby oft über die Leber streichen, rechts am Bauch, und es oft anlegen. Die gelbe Farbe verschwindet dann normalerweise von selbst.

Auch für die Mutter hat das häufigere Anlegen Vorteile, und zwar:

- Die Gebärmutter bildet sich schneller zurück und die Blutungen halten weniger lang an.
- Der Milcheinschuss ist für die Mutter weniger beschwerlich.
- Die Mutter kann später leichter abpumpen.
- Die Mutter kann leichter zwischen mehr, weniger und dann wieder mehr Milchproduktion wechseln.

- Die Fruchtbarkeit wird unterdrückt, sodass die Menstruation länger ausbleibt.
- Die Mutter bleibt fitter, weil sie kein Blut verliert.

Verursacht häufiges Stillen Koliken?
Einige Wochenpflegerinnen meinen, dass das Baby nicht oft trinken sollte, um Koliken zu verhindern. Das trifft nicht zu. Ein Baby mit Koliken ist oft überempfindlich und reagiert auf Nahrungsmittel, die die Mutter zu sich nimmt. Oft sind der Auslöser schwere Proteine oder Gewürze (siehe Kapitel 14.2). Ein Baby, das so natürlich wie möglich aufgezogen wird, sollte sehr oft an die Brust dürfen. Bei Babys, die lange auf ihre Milch warten müssen, gelangt durch das Weinen mehr Luft in Magen und Darm. Gerade das kann Beschwerden verursachen.

Wenn ein Neugeborenes die Brust verweigert
Das Verweigern der Brust kann schon bei nur wenige Tage alten Babys vorkommen. Die Ursachen hierfür sind unterschiedlich:

- Die Brustwarzen sind für den kleinen Mund zu groß oder zu eingezogen.
- Saugverwirrung durch Flaschensauger, Schnuller oder das Saugen am Finger eines Erwachsenen.
- Ein allergisches Baby schmeckt heraus: Mama isst etwas, das ich nicht vertrage, zum Beispiel Kuhmilchprodukte, Gluten oder Schokolade. Hierdurch kann das Baby die Brustwarze nicht gezielt fassen, der Mutter wehtun oder die Brust gar verweigern.
- Das Zungen- oder Lippenband ist zu kurz.

Nimm in solchen Fällen umgehend Kontakt mit einer Stillberaterin auf!

Bei einem Baby, das viel Flaschennahrung bekommen hat, kann Folgendes notwendig sein: Sobald es an der Brust ist, wippe im Stehen auf und nieder. So wird es weiter an der Brust saugen.

Als mein zweites Kind geboren wurde, habe ich es nach der Uhr gestillt, das in jener Zeit Standard war. Ziemlich bald begann es, die

Brust zu verweigern. Ich wusste mir keinen Rat und heulend wechselte ich zur Flaschennahrung. Es stellte sich heraus, dass es Kuhmilchprodukte nicht vertrug. Erst viel später fand ich heraus, dass der Genuss von Kuhmilchprodukten das Stillen beeinflusst. Wenn ich das gewusst hätte, hätte ich auf diese Produkte verzichtet, sodass unsere Stillbeziehung nicht gestört worden wäre.

Wachstumsschübe
Babys haben ab und zu Wachstumsschübe. An diesen Tagen wachsen sie stark und haben großen Hunger.

Du kannst das mit der Schwangerschaft vergleichen. Schwangere Frauen haben mit Sicherheit hin und wieder sogenannte Hungertage: Tage, an denen sie ständig Appetit haben. Das sollte sich die Mutter einmal vor Augen halten, sobald das Baby ständig um die Brust bittet. Am Anfang dauert dieser Schub einen Tag, später zwei bis drei Tage. Folgende Tage gelten als allgemeine Wachstumsschubtage:

- um den achten Tag
- wenn das Baby zwischen zwei und drei Wochen alt ist
- mit etwa sechs Wochen
- mit circa drei Monaten

Ab dem Alter von ungefähr fünf Monaten hat das Baby alle zwei Monate eine Schub*woche* (bzw. Wachstums*woche*), also mit sieben, neun, elf Monaten und so weiter.

Als mein Baby einen Wachstumsschub hatte, brauchte ich wirklich Unterstützung einer anderen Mutter oder einer Betreuerin aus der Stillgruppe. Als diese Schübe jedoch vorbei waren, war ich sehr stolz auf mich. Dann war ich ganz vernarrt in mein schönes Baby, wie es durch meine Milch gedieh. Die Haare wuchsen, die Nägel wuchsen, und wenn ich eine Träne sah, begriff ich, dass meine Milch auch diese ermöglicht hatte. Der ganze Babykörper funktionierte durch meine Milch.

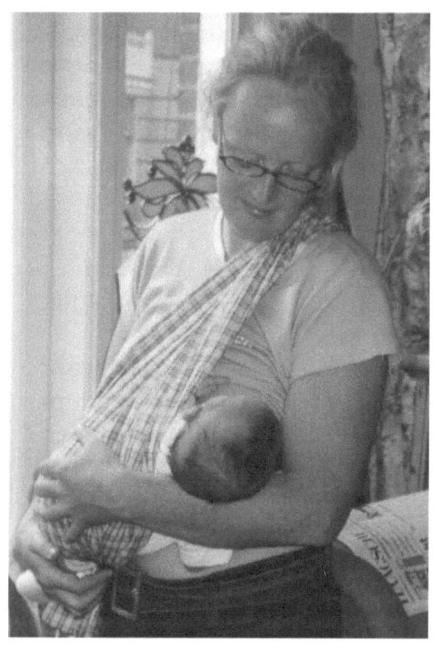

Wachstumsschübe sind weniger problematisch, wenn man das Kind ins Tragetuch nimmt.

Eigentlich ist das Tragetuch für eine Mutter mit einem Stillkind unverzichtbar. An den Wachstumstagen hat man den Eindruck, den ganzen Tag nur mit dem Baby zu verbringen. Als ich mein drittes Kind bekam, habe ich schließlich das Tragetuch entdeckt. Jetzt konnte ich stillen, leichte Haushaltarbeiten erledigen, spülen oder kochen.

Du kannst dich an den Wachstumstagen auch gemütlich ins Bett legen: Das Baby trinkt und du schläfst. Wenn das Baby zum Beispiel an der linken Brust trinkt, vergiss nicht, ihm auch mal die rechte Brust anzubieten.

Manche Mütter bleiben auf einer Seite liegen und rollen sich auf die leergetrunkene Brust, um die andere Brust anbieten zu können.

Nuckeln ist wichtig

Einige Wochenpflegerinnen sind der Ansicht, dass das Baby nicht an der Brust nuckeln dürfe, weil die Mutter davon schmerzende Brustwarzen bekomme. Das trifft meistens nicht zu.

Nuckeln bedeutet, dass das Baby viele kleine Saugbewegungen macht und erst danach schluckt. Nuckelnde Babys erwischen nach einer Weile kleine Schlucke Hintermilch. Das ist die fette Milch, die Schlagsahne des Stillens! Durch diese werden Babys molliger und können kleine Putten werden, so wie früher Babyengel dargestellt wurden. Heutzutage sieht man wenige mollige Stillbabys, weil sie kaum nuckeln dürfen. Müttern wird geraten, schon bald einen Schnuller zu geben.

In der fetten Hintermilch sind die für das Baby notwendigen Vitamine K und D. Das Gesundheitswesen in Deutschland geht davon aus, dass Babys zusätzlich Vitamin K und Vitamin D nötig haben. Achte darauf, ob dein Baby von den zusätzlichen Vitaminen Koliken bekommt.

Milchfluss durch Vibrieren auslösen

Schlafende Babys können mit ihrer Zunge an der Brustwarze vibrieren. Das fördert den Milchfluss, damit sie wieder ein paar Schlückchen nehmen können. Sie werden davon nicht müde. Manchmal hört man, dass das Baby vom langen Stillen zu müde wird und deshalb lieber in seinem Bettchen bleiben sollte. Gemäß den Naturgesetzen werden Babys aber nie müde, in den Armen oder an der Brust der Mutter zu liegen. Vom Schnuller in der Nacht wird es doch auch nicht müde …

Die Natur hat es wunderbar eingerichtet: Babys können gleichzeitig schlafen und an der Brust trinken. So überanstrengt sich das Baby nie in den Armen seiner Mutter. In fremden Armen ist das anders, weil es sich da nicht wohlfühlt. Da riecht es ungewohnt, was dem Baby Stress bereiten kann.

Babys können sich auch selbst beruhigen: Wenn du bemerkst, dass ein schlafendes Baby seinen Mund bewegt, drückt es gerade seine Zunge gegen den Gaumen. Das Baby massiert das Nervensystem, das am Gaumen entlang verläuft. Dadurch beruhigt es sich.

2.3 Wie ergeht es der Mutter beim Stillen?

Wenn dein Kind zu weinen und erst recht, wenn es zu saugen beginnt – sein kleiner Mund deine Brustwarze berührt –, bewirkt dies die Ausschüttung des Hormons Oxytocin. Dieses ist für die Auslösung des Milchspendereflexes verantwortlich. Wenn du dich also sehr angespannt fühlst und nervös bist, könntest du dein Baby sehr oft anlegen. Mit einem Baby an der Brust ist es weniger wahrscheinlich, angespannt zu sein! Dennoch berichten einige Mütter davon, dass sie vom Stillen müde werden. Für diese Mütter habe ich folgende Tipps:

- Versuche, das Hormon Oxytocin zu nutzen, indem du während des Stillens die Augen schließt. Oxytocin kann dich träge machen, was nicht mit Müdigkeit zu verwechseln ist.
- Mache regelmäßig mit deinem Kind an der Brust ein Nickerchen.
- Verwende keinen Zucker, denn dieser wirkt wie Doping: Du fühlst dich kurz fit und bist danach doppelt so müde.
- Wenn du Hunger hast, iss ein paar Scheiben Brot mit was Gutem drauf oder nimm Roggenbrot, Reiswaffeln, Möhren, Salatgurke, Obst, Rosinenbrot, Popcorn, Bratkartoffeln, Haferflocken oder Reissuppe.
- Nimm Vitamine für Schwangerschaft und Stillzeit. Oft haben mir Mütter gesagt: Mein Vitaminvorrat ist leer und ich fühle mich ausgelaugt (siehe Kapitel 15).

Nächtliche Stillmahlzeiten haben mich nach einer Weile kaum eine Minute gekostet. Ich zog das Baby an mich heran, legte es an und schlief durch das Oxytocin wieder ein.

Die Entspannung durch Oxytocin kann man auch im Tierreich beobachten: Wenn ein Muttertier ihr Junges säugt, wird sie ganz ruhig. Sobald das Hormon seine Wirkung verliert, läuft sie vom Jungen weg.

Milchspendereflex und Auslaufen der Milch
Durch den Milcheinschuss ziehen sich die Milchdrüsen zusammen, um die Milch nach vorn zu leiten. Gleichzeitig wird das Fett, das sich an den Wänden der Milchgänge befindet, durch die Milch gemischt.

Das dies bewirkende Hormon ist ebenfalls Oxytocin, das beruhigend auf die Mutter wirkt. Oxytocin wird in der Hypophyse erzeugt. Danach gelangt es ins Blut und in die Brüste. Wenn die Mutter tief aus dem Bauch heraus seufzt und genug Wasser trinkt, kann das

Hormon im Blut besser transportiert werden. Wenn sie hingegen eine enge Hose trägt, kann das den Blutfluss blockieren, wodurch auch das Hormon nicht frei fließen kann. In so einer Situation wird der Milchfluss gehemmt.

Auch wenn eine Mutter sehr angespannt ist, kann es passieren, dass sie nur sehr flach atmet, sodass der Milchfluss ebenfalls gehemmt wird. In diesen Fällen kann ein tiefer Bauchseufzer sehr förderlich sein. Darüber hinaus gibt es hilfreiche Mittel aus der Natur, wie Brennnesseltee gemischt mit ein paar Blättern Minze. Jeder Stilltee, bestehend aus wärmenden Kräutern, stimuliert den Milchfluss.

Bei jeder Mutter beginnt der Milchspendereflex, sobald das Baby geboren ist. Der Milchspendereflex muss allerdings kontinuierlich stimuliert werden, andernfalls wird dem Körper signalisiert, dass er nicht mehr benötigt wird. Das Baby sollte also häufig angelegt werden. Während einer Stillmahlzeit kann die Milch mehrere Male fließen, bis zu acht Mal.

Mütter mit einer straffen Haut können eventuell einen zu heftigen Milchspendereflex haben. Die Milch wird dann (zu) stark rausgedrückt. Ich rate in solchen Fällen, vor dem Stillen etwas Milch abzupumpen, damit der Druck etwas vermindert wird.

Du kannst auch „gegen die Schwerkraft" stillen, also in Liegeposition mit dem Baby auf deinem Bauch. Die Milch wird dann etwas weniger spritzen. Oder du stillst das Baby aufrecht (siehe Kapitel 2.2).

Zu Beginn ist es ganz normal, dass du alle zwei Stunden den Milchfluss spürst oder dass etwas Milch ausläuft: Vielleicht ein Wink der Natur, das Baby alle zwei Stunden anzulegen. Es hat sich herausgestellt, dass bei häufigem Stillen seltener plötzlich Milch ausläuft.

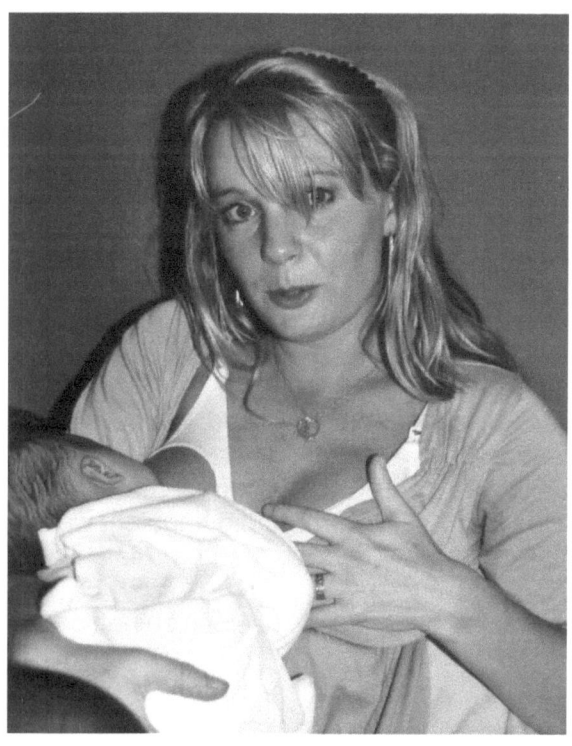

*Das Auslaufen der Milch kann
gestoppt werden*

Bei manchen Frauen läuft überhaupt keine Milch aus. Das lässt sich mit der Form ihrer Brust erklären und ist kein Grund zur Besorgnis.

Du kannst mit einer oder beiden flachen Händen etwas auf die Brustwarzen drücken, um das Auslaufen der Milch zu stoppen. Manchmal ist es angenehmer, wenn du den Daumen oder den Ellbogen nimmst. Nach einer Minute ist das Auslaufen gestoppt. Es gibt Mütter, die ihr Kind auf der einen Seite stillen und währenddessen auf die andere Brustwarze drücken. Das funktioniert auch, wenn du Kleidung anhast.

In einem Buch über Afrika las ich von einer Mutter, die im Bus stillte und plötzlich aussteigen musste. Sie nahm ihr Kind von der Brust, drückte mit einer Drehbewegung ihre milchspritzende Brustwarze nach hinten und stoppte den Milchfluss.

Eine andere Lösung bieten Stilleinlagen aus Papier, Baumwolle oder Wolle. Ich selbst trug keinen BH, sondern lieber ein T-Shirt, das dann die Milchtropfen auffing. Am Abend kam das T-Shirt in die Wäsche. Es gibt auch Stilleinlagen aus Silikon. Sie sind praktisch, wenn du keine empfindlichen Brustwarzen hast. In der ersten Woche, während des Milcheinschusses, ist es allerdings nicht empfehlenswert, sie zu verwenden. Sie haben innen einen Kleberand, der mit der Zeit immer schlechter funktioniert. Auch sind sie nicht luftdurchlässig. Der große Vorteil ist jedoch, dass sie sehr saugfähig sind. Deshalb sind sie besonders gut für nachts geeignet, du brauchst sie nicht (sofort) auszutauschen.

Um das nächtliche Auslaufen der Milch zu verhindern, kannst du dich auch mit einem weichen Tuch bedecken, von Achsel zu Achsel. So brauchst du nicht Monate lang mit einem BH zu schlafen. Für alles gibt es eine Lösung.

Solltest du eine Brustentzündung oder eine gestaute Milchdrüse haben, lies Kapitel 12.6, Abschnitt „Natürliche Hausmittel bei allerlei Beschwerden".

Eine Mutter muss viel trinken
Gleich nach der Geburt sollte die Mutter Wasser trinken. Das stimuliert das Wasserlassen nach der Geburt sowie den Milchspendereflex.

Jedes Mal, wenn die Mutter stillt, wird sie durstig. Es ist vernünftig, jedes Durst- oder Hungergefühl zu stillen, Hauptsache, auf gesunde Art. Das Wichtigste dabei ist, viel Wasser zu trinken, mindestens zwei Liter pro Tag.

Du könntest eine Flasche mit Wasser im Schlafzimmer bereitstellen, die du regelmäßig neu befüllst. Mache dies auch an anderen Stellen im Haus. Vor allem dort, wo du regelmäßig stillst, sollte das Wasser griffbereit sein. Wenn du das Trinken vergisst, könntest du es dir angewöhnen, nach jedem Toilettengang ein Glas Wasser zu trinken.

Einige Mütter haben sich so an Limonade gewöhnt, dass sie nicht daran denken, Wasser oder dünnen Tee zu trinken, wodurch die

Zuckeraufnahme verringert wird. Wenn eine Mutter gern Fruchtsaft trinkt, ist es besser, ihn mit viel Wasser zu verdünnen. Fruchtsäfte können viel Obstsäure enthalten, wovon das Baby Bauchschmerzen bekommen kann.

Brennnesseltee enthält Eisen und Kalzium, auch Grüner Tee ist gesund. Auch gibt es Stilltee mit wärmenden Kräutern, wie Fenchel und Anis. Tee kann sehr gut schmecken, allerdings empfehle ich nach jeder Tasse Tee eine Tasse Wasser.

Kräutertee entfaltet immer eine Wirkung im Körper, zum Beispiel kann er reinigend oder anregend sein. Ein Glas Wasser hilft, Abfallstoffe auszuscheiden. Der bekannte niederländische Naturarzt Jaap Huibers rät Müttern, nicht zu viel Kräutertee zu trinken, weil bestimmte Organe entkräftet werden könnten.

Kaffee hat Nachteile. Das Koffein entzieht dem Körper Kalzium und kann auch das Baby wachhalten. Außerdem entzieht Kaffee dem Körper Flüssigkeit, wodurch die Mutter Durst bekommt und oft auf die Toilette muss. In einigen Restaurants und Cafés gibt es die Tradition, zum Kaffee ein Glas Wasser zu servieren. Sogar zu Sprudelwasser sollte man eigentlich ein Glas stilles Wasser trinken. Für die Waschmaschine verwendet man auch kein Sprudelwasser zur Reinigung (mein Baby bekam von der Kohlensäure Bauchkrämpfe).

Wer das mag, kann das Kochwasser von Gemüse und Kartoffeln trinken. Es enthält viel Kalzium, Vitamin C und Eisen. Allerdings soll das Gemüse schon gut gewaschen worden sein. Wegen des Nitrat- und Nitritgehalts ist es besser, das Kochwasser von Blattgemüse sofort zu trinken. Wenn es erneut erwärmt wird, kann sich das Nitrat in ungesundes Nitrit umwandeln.

Zusätzliche Vitamine können sehr nützlich sein
Meine jahrelange Erfahrung mit Müttern ist, dass ein Mangel an Nährstoffen im Körper auftreten kann, wenn sie sechs Monate oder länger stillen. Es ist dann anzuraten, Vitamine und Mineralien einzunehmen. Im Zweifelsfall kannst du ruhig mit mir Kontakt aufnehmen.

Die meisten Mütter nutzen das Einnehmen von zusätzlichen Vitaminen. Oft habe ich Mütter stöhnen gehört: „Ich bin nur noch müde."
Aber als ich sie dann fragte, ob sie ihre Vitamine noch einnähmen,
verneinten sie meist. In so einem Fall rate ich immer Vitamine und
Mineralien an. Wenn ich diesen Müttern später wiederbegegnete,
strahlten sie häufig: „Ich fühle mich nicht mehr so müde, ich habe
auf dich gehört und eine große Packung Vitamine gekauft."

Diese Vitamintabletten sollten auch Zink enthalten. Es ist für die
Mutter, die lange stillt, sehr wichtig. Es ist ein Spurenelement, das
die Mutter an das Baby weitergibt, wodurch bei ihr ein Mangel an
Zink entstehen kann. Eine Mutter mit Zinkmangel kann bei der
nächsten Schwangerschaft auch ein Kind mit Allergie bekommen
(siehe Kapitel 15). Außerdem braucht der Körper Zink für eine
schnelle Heilung, vor allem bei Entzündungen.

Eigentlich bist du neun Monate lang Wöchnerin. Während dieser
Zeit wirst du schneller müde. Danach fühlst du dich wieder fit wie
ein Turnschuh. Aber während dieser neun Monate hast du öfter das
Gefühl, dass du dich kurz hinsetzen oder hinlegen möchtest, was
sich dein Baby auch wünscht. Geh auf dieses Bedürfnis einfach ein!

Nahrungsbausteine und ihre Verträglichkeit
Viele Babys haben heutzutage Nahrungsmittelintoleranzen und Allergien. Nach ein paar Wochen kannst du davon ausgehen, dass
das Baby auf die Nahrungsmittel, die du isst, reagiert: wenn es viel
weint, Bauchkrämpfe hat, über die Haut reagiert oder andere Symptome zeigt. Während der ersten Wochen ist das noch nicht so deutlich (siehe Kapitel 15).

Es ist wichtig, zu wissen, dass die aufgenommenen Nahrungsbausteine unterschiedlich schnell in deine Milch gelangen. Obst ist
zum Beispiel leicht verdaulich, dessen Bestandteile binnen zwei
Stunden in deine Milch gelangen. Bei schwer verdaulichen Proteinen, wie Fleisch, Hülsenfrüchten und Eiern, kann es dagegen zwanzig Stunden dauern, bis das Baby davon Darmkrämpfe bekommt.
Leicht verdauliches Eiweiß wiederum aus Kuhmilch-, Soja- oder
Weizenprodukten braucht zwischen zwei und zwanzig Stunden, um
verarbeitet zu werden.

Es gibt Kinder, die aus der Muttermilch herausschmecken, ob sie etwas nicht vertragen, und die die Milch fast unmittelbar wieder aus-spucken. Je öfter diese Kinder so etwas schmecken, desto öfter werden sie spucken.

An der Haut des Babys wird das jedoch erst später, frühestens nach 24 Stunden, sichtbar.

2.4 Babys erste Tage und Wochen

Baden des Babys

In den ersten Tagen nach der Geburt sollte man das Baby besser nicht baden. Der Talg schützt seine Haut und sollte gut einziehen können. Außerdem wird das Baby vom Baden sehr müde, wird des-halb weniger trinken und könnte dadurch an *Gewicht verlieren*. Ein Bad kostet das Baby ebenso viel Energie wie eine Stillmahlzeit.

Nach dem vierten oder fünften Tag, wenn der Milcheinschuss vorbei ist, wird das Baby größere Mengen trinken können. Erst jetzt ist es ratsam, mit dem Baden zu beginnen. Viele Wochenpflegerin-nen fangen ausgerechnet am dritten Tag mit dem Baden an. Das ist keine gute Idee.

Wickeln in der Nacht

Wenn ein Baby ein paar Wochen alt ist, braucht es während der Nacht nur eine Windel. Du kannst ihm abends um acht Uhr eine dicke Nachtwindel anlegen, die es dann bis acht Uhr morgens trägt. Du kannst davon ausgehen, dass ein Stillkind selten wund wird. Deshalb ist es praktisch, zu wissen, dass das Wickeln in der Nacht nicht nötig ist. Wird ein Stillkind dennoch wund, könnte das von et-was Scharfem herrühren, das die Mutter gegessen hat oder weil die Mutter die Pilzinfektion Candida hat (auch Mundsoor genannt, siehe Kapitel 12.6 und 15).

Offener Babybody

Die Haut von Babys ist oft zugedeckt. Früher hat man ihnen ein Hemdchen und einen Pullover angezogen, eine Windel und ein Tuch um die Hüften gewickelt, um die Beinchen warm zu halten. So hatte das Baby immer Hautkontakt mit der Mutter, weil das Tuch sich leicht öffnete. In England trugen Babys ein Wickelkleidchen aus Flanell, das weit über die Füße reichte und trotzdem Hautkontakt ermöglichte.

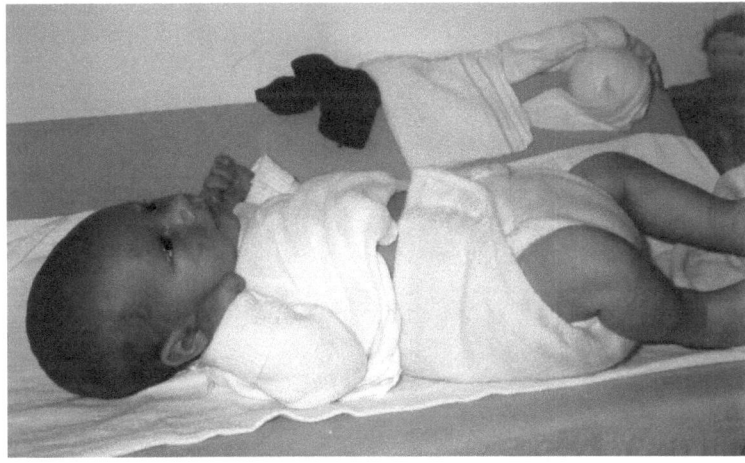

*Umweltfreund-
lich: Dieses
Baby trägt eine
Baumwollwindel
mit einer Woll-
überhose. Die
fette Wolle ver-
hindert das
Durchsickern
von Nässe und
nimmt keinen
Geruch an.*

Heutzutage wird das Bedürfnis des Babys nach *ständigem Haut-
kontakt* missachtet. Die Haut ist das größte Organ des Menschen. In ihr verlaufen die Nervenenden aller unserer inneren Organe. Der Body bedeckt Bauch und Rücken, ein samtiger Strampler sogar die Arme, Beine und Füße.

Ich schlage vor, dem Baby entweder ein Wickelhemdchen anzu-
ziehen, sodass man ihm jederzeit spielerisch mit der Hand über den Bauch streichen kann, oder den Body nicht zuzuknöpfen, damit Hautkontakt möglich wird.

Ein Wickeltuch mit Söckchen ist für die ersten Wochen ideal, später können lose Hosen und Hemdchen getragen werden. Auch im Bett können nackte Beinchen an Mamas Bauch im Sinne des wichtigen Hautkontakts wohltuend sein. Beim Wickeln kann dem Baby über den Po gestreichelt werden.

In der Tierwelt sehen wir, dass das Muttertier ihr Junges nach der Geburt immer ableckt. In seinem Buch *Körperkontakt* erklärt Ashley Montagu, warum das so ist: Es stimuliert die Organe des Jungen. In Regionen mit Wassermangel, zum Beispiel in der Polarzone oder im Hochland von Tibet, ist das Ablecken von Babys manchmal ein Ersatz für das Waschen mit Wasser.

Ein offener Body erlaubt mehr Hautkontakt.

Ein Lämpchen während der Nachtmahlzeit

Wenn dein Baby noch sehr klein ist, ist es ratsam, bei schwachem Licht zu schlafen, damit du sehen kannst, wo sein Köpfchen liegt. Ich selbst schlief mit einem kleinen 7-Watt-Lämpchen über meinem Bett, wobei der Schalter mit Klebeband an meinem Bettrand befestigt war, sodass ich ihn auch im Dunkeln finden konnte. Später legte ich eine Steckdosenverlängerung an mein Kopfende und steckte dort ein schwaches Nachtlämpchen an. Das spendete nachts genug Licht, um das Baby zu sehen, und wenn ich es ganz dunkel haben wollte, legte ich einfach ein Tuch darüber. Erwähnenswert ist, dass dein Partner trotz nächtlichem Stillen einfach weiterschlafen kann. Ich hatte zum Beispiel mit meinem Ehemann abgesprochen, dass er durchschlafen kann, es sei denn, seine Hilfe sei notwendig. Aber das kam zum Glück selten vor.

2.5 Stillen nach einigen Wochen

Gewicht des Babys
Stillkinder haben eine andere Wachstumskurve als Flaschenkinder. Während der ersten Wochen kann solch ein Baby sehr intensiv oder weniger schnell wachsen. Das kann bei Stillkindern hundert Gramm pro Woche oder hundert Gramm pro Tag sein. Beide Extreme sind normal und von Baby zu Baby verschieden.

Wenn das Baby wenig wächst, ist darauf zu achten, ob es innerhalb von 24 Stunden sechs nasse Windeln hat. In all den Jahren, in denen ich Müttern geholfen habe, konnte ich folgenden Durchschnitt beobachten:

- Sechs nasse Windeln: Das Baby wächst gut.
- Vier nasse Windeln: Das Wachstum steht still.
- Zwei bis drei nasse Windeln: Das Baby verliert Gewicht.

Wenn das Baby nicht gut wächst, kann das folgende Ursachen haben:

- Die Mutter hat eingezogene Brustwarzen, wodurch das Baby eventuell nicht gut trinken kann.
- Das Baby kann die Brust nicht gut fassen.
- Das Baby liegt vielleicht beim Trinken mit seinem Köpfchen zu weit nach hinten, wodurch es nicht gut schlucken kann.
- Das Baby hat eine zu kurze Zunge oder ein verkürztes Lippenband. Das Durchtrennen kann von einer Fachkraft vorgenommen werden.
- Das Baby saugt an seinen eigenen Fingern, am Schnuller oder am Finger eines Erwachsenen.
- Das Baby hat vielleicht eine Nahrungsmittelallergie, wodurch es nicht gedeihen kann (siehe Kapitel 7.1).

In jedem dieser Fälle ist es empfehlenswert, sich zu informieren oder Hilfe in Anspruch zu nehmen.

Aber: Wenn das Baby gut wächst, gibt es keinen Grund zur Unruhe. Mit etwa vier Monaten hat das Baby sein Geburtsgewicht verdoppelt. Danach wächst es oft weniger schnell.

Das Zufüttern mit einer Pipette aus Kunststoff

Apotheken verkaufen Pipetten aus Kunststoff. Du kannst nach der größten fragen. Eine Kunststoffpipette ist leicht sauber zu halten. Du kannst den Gummi herunterziehen und alles mit heißem Salzwasser und einem Wattestäbchen säubern (die Watte wird mit Garn an einem Holzstäbchen befestigt). Du musst auf alle Fälle gut mit Wasser nachspülen.

Das Füttern mit der Kunststoffpipette ist sehr einfach. Du kannst etwas Muttermilch in den Mund tropfen und warten, bis das Baby schluckt. So kannst du in zwanzig Minuten eine gesamte Mahlzeit in den Mund tropfend füttern. Wenn das Baby an der Pipette zu saugen beginnt, kannst du ihm einen Flaschensauger anbieten.

Das „Fingerfüttern" ist auch eine Möglichkeit. Du verwendest dafür eine Spritze mit krummer Spitze (Kieferspühlspritze, erhältlich in der Apotheke). Wenn das Baby an deiner Fingerspitze saugt, kannst du neben der Fingerspitze Milch in den Mund deines Babys sprühen.

Kann ein Baby zu dick werden?

Ein Baby kann vom Stillen nicht zu dick werden, aber sehr schön mollig. Das Baby weiß selbst, wie viel Muttermilch es verträgt. Das kommt durch die Sättigung mit der Hintermilch. Ein Vorteil für mollige Babys: Sie frieren nicht so schnell!

Es ist sehr wichtig, gerade kräftigeren Babys nicht zu früh feste Nahrung anzubieten. Muttermilch sorgt auf lange Sicht für schlankere Babys, wenn sie krabbeln und stehen können. Muttermilch passt sich an das Alter und die Entwicklungsphase des Kindes an. Wenn ein Baby andere Nahrung bekommt, kann es unzufrieden werden, weil es die Sättigung durch die Muttermilch vermisst. Das Stillen befriedigt auch das Saugbedürfnis des Babys, was enorm wichtig ist. Es gibt keinen einzigen Einwand gegen längeres Stillen und gleichzeitig dem Kind feste Nahrung zu geben, die es selbst essen kann.

Eine Freundin hat mir unlängst geschrieben: „Ein Stillkind kann niemals zu dick sein. Als mein drittes (Brutkasten-)Kind endlich zu Hause war und durch das Stillen schön ‚dick‘ wurde, hat mich der Kinderarzt vor Fettleibigkeit gewarnt. Und das, wo ich doch so stolz war, dass mein Kind durch meine Milch so gut wachsen konnte!"

Zu dick wird man von falscher Nahrung und Bewegungsmangel. Muttermilch ist kein falsches Nahrungsmittel, sondern im Gegenteil: Muttermilch bietet eine komplette Nahrung und spendet mehr Energie als jedes andere Nahrungsmittel.

Meine Erfahrung ist, dass einige Kinder von Gluten zu dick werden, weil der Zucker von Gluten nicht richtig verdaut wird. Auch über die Muttermilch können Babys auf Gluten reagieren.

Gib deshalb vorläufig kein Brot, keine Pasta usw. in das Händchen eines molligen Babys (siehe auch Kapitel 15).

Die Natur hat es so eingerichtet, dass die Muttermilch die beste Nahrung für ein Kind ist. Sie ist seinem Nährstoffbedarf, seinem Wachstum und seiner Abwehrlage ideal angepasst. Muttermilch enthält eine Vielzahl bekannter Bestandteile. Deren Hauptkomponenten sind: Wasser, Eiweiß, Fett, Kohlenhydrate, Mineralien, Vitamine und Abwehrstoffe (die Reihenfolge entspricht dem Mengenanteil).

3 Der Umgang mit dem Baby

Es kommt so viel Neues auf dich zu

Wenn du dein Baby auf die Welt gebracht hast, kommen zahlreiche neue Situationen auf dich zu, mit denen du dich bisher noch nicht auseinandersetzen musstest und mit denen du womöglich auch nicht gerechnet hast: ein weinendes Baby, unruhiges Schlafverhalten, Reaktionen der Öffentlichkeit auf die stillende Mutter, das Deuten der Körpersprache des Babys. All diese Themen werden in diesem Kapitel behandelt.

3.1 Weinendes Baby – besorgte Eltern

Weinen am Abend

Nach drei Wochen will das Baby abends oft nicht mehr einschlafen. Es ist dann weinerlich. Es träumt von all den Eindrücken, neuen Dingen, Geräuschen und Farben, die es tagsüber wahrgenommen hat. Dieses abendliche Wachsein kann mehrere Monate dauern und ist ganz normal. Das Baby spürt in dieser Zeit, dass es von der Mutter viel Zuwendung braucht. Auf dieses Bedürfnis kann sie eingehen, indem sie dem Baby öfter die Brust anbietet und zusätzliche Körperwärme gibt. Das alles fördert das Wachstum.

Aufgrund der vielen Eindrücke kann das Baby sehr unruhig werden: Will ich links oder rechts trinken oder vielleicht doch lieber links? Soll ich mich kurz auf Papas Knie legen, soll ich in die Kolikhaltung oder dann doch lieber an die Brust? Das, was es beruhigt, dauert immer nur „kurz". *Dieses Verhalten des Babys bedeutet nicht, dass die Mutter zu wenig Milch hat!*

Das häufige Anlegen wird auch Clusterfeeding genannt. Es hat einen immensen Vorteil: In den Lippen sind Reflexzonen, die mit dem Darm verbunden sind. Wenn das Baby von der Brust warme Lippen bekommt, kann es leichter verdauen – und das erleichtert!

Als stillende Mutter habe ich das so gelöst, indem ich mich abends mit dem Baby hingesetzt habe. Ich ließ es zum Trost lange an der

Brust nuckeln, meine Brustwarzen haben das gut vertragen. Am frühen Abend zog ich ihm die Nachtwindel an, sodass es einschlafen konnte und ich es nicht mehr aufwecken musste. Wenn ich abends ausgehen wollte, nahm ich das Baby meistens im Wachzustand mit und legte es bei Bedarf an.

Das Baby lässt sich auch dadurch beruhigen, indem es in den Kinderwagen gelegt und darin geschaukelt wird. Babys finden in der Regel ein kräftiges Schaukeln sehr angenehm.

Eine Mutter gab mir vor einiger Zeit einen sehr hilfreichen Tipp: In dem Moment, in dem sie das Kind ins Bett legt und es mit den Armen zu rudern beginnt und auf diese Weise wach bleibt, hält sie die beiden Ärmchen sanft fest, singt oder spricht leise mit dem Baby und nach ein paar Minuten fällt es in den Schlaf. Einfach, aber es hilft sehr gut!

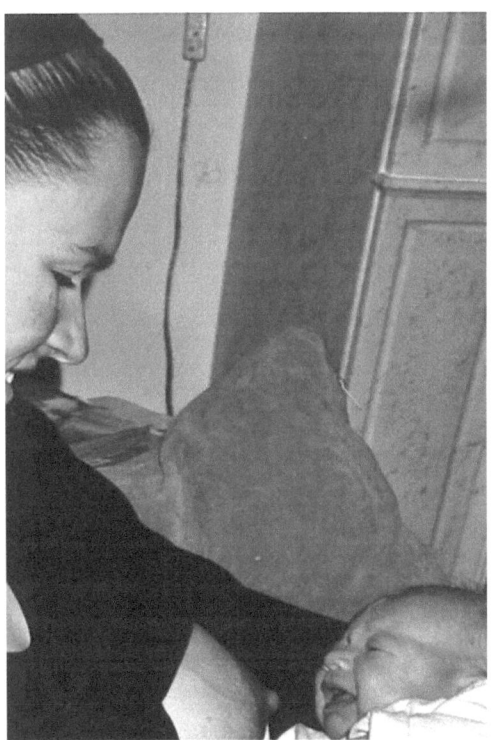

Das Baby kann unruhig sein.

Weinen wegen Darmkrämpfen

Darmkrämpfe beim Baby werden möglicherweise durch unverträgliche Nahrungsmittel ausgelöst (siehe Kapitel 14.2 und 15.1). Ein Baby mit Darmkrämpfen kann sich auch in der sogenannten Fliegerhaltung beruhigen. Es liegt dann bäuchlings auf dem Unterarm eines Erwachsenen, mit dem Kopf in der Armbeuge, wobei die Hand des Erwachsenen den Schritt stützt.

In dieser Position hat das Baby einen warmen Bauch und vielleicht auch warmen Rücken (siehe Foto). Sein Gleichgewichtssinn wird durch die Bewegung geformt. Wenn du dich hinstellst, kannst du es schaukeln und es auf und ab bewegen: links, rechts, hoch, runter.

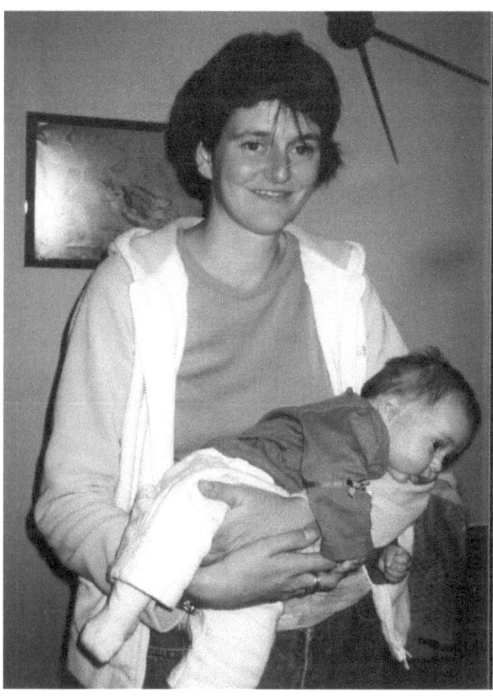

Fliegergriff: So wird jedes Baby ruhig

Dabei kannst du sanft mit dem Daumen über die Fußgewölbe kreisen. Im Fußgewölbe befinden sich Akupunkturpunkte des Darms, die sich durch die Massage erwärmen. Dadurch entspannt sich der Darm, was dein Baby beruhigt. Auch kannst du die Außenseiten der

Füße massieren, wie du es bereits in den ersten Tagen gemacht hast. Wechsle die Füße. Danach kannst du dich hinsetzen und das Baby bäuchlings auf deine Knie legen. Versuche jetzt, mit den Beinen Schaukelbewegungen zu machen. Währenddessen massierst du weiter seine Füße. Du hast dabei immer eine Hand zum Essen, Lesen oder einer anderen Beschäftigung frei. Jedes Baby lässt sich auf diese Art trösten, auch ein Baby, das Flaschennahrung bekommt.

Probiere zwischendurch, ob das Baby vielleicht die Brust haben will.

Darmkrämpfe beim Baby werden möglicherweise durch Nahrung verursacht, die das Baby nicht verträgt. Lies darum auch die Kapitel 14.2 und 15.1. Gute Erfahrungen habe ich gemacht, wenn Mütter mit einem Schreibaby Nachtkerzenölkapseln einnahmen. Nachtkerzenöl enthält Gamma-Linolensäure (GLA), was für die Bildung des Nervensystems sehr wichtig ist. Im Kapitel 15.2 liest du mehr zu Nachtkerzenöl.

Weinen tagsüber und Pucken – die einsame Lösung
Eltern und ihr Umfeld gehen oft zu Unrecht davon aus, dass ein Kind sich nach einem festen Muster von Essen – Schlafen – Essen – Schlafen verhalten soll. Weint das Baby jedoch viel zwischendurch, wird schnell davon ausgegangen, dass mit ihm etwas nicht stimmt. Aber das trifft meistens nicht zu. Das Kind ist selbstverständlich zwischen den Stillmahlzeiten viel wach, es weint und rudert mit den Armen, um Kontakt zu suchen: „Ist jemand für mich da? Wenn ich allein bin, werde ich schreien, ansonsten werde ich vergessen."

Eltern fragen häufig um Hilfe, wenn ihr Baby sehr viel weint. Manchen Eltern wird empfohlen, das Kind zur Beruhigung in ein Tuch eng einzuwickeln, das sogenannte *Pucken*. Der Gedanke dahinter ist, dass sich das Baby mit seinen rudernden Armen selbst wach hält, wohingegen das stramm eingewickelte Baby schneller einschläft und länger schläft.

Ein Hersteller von Pucktüchern hat meines Erachtens auf seiner Website eine Fehlinformation aufgenommen. Er spricht darüber, dass Eltern oft ein ganzes „Unterhaltungsprogramm" einsetzen, um ihr Kind einschlafen zu lassen. Er bietet als Alternative das Pucktuch an zur Vermeidung dieses „Unterhaltungsprogramms". Das Pucktuch soll dem Kind ermöglichen, aus sich selbst heraus einzuschlafen.

Allerdings können Babys sich gar nicht allein beruhigen. Dazu brauchen sie einen Erwachsenen. Marianne Riksen-Walraven, Professorin für Entwicklungspsychologie, hat zu diesem Thema geforscht. Ihr Forschungsbericht wird später in diesem Buch besprochen.

Wenn man die Situation mit anderen Säugetieren vergleicht, sieht man, dass ein weinendes Jungtier Raubtiere anziehen könnte.

Unsere Babys werden mit einer Urangst geboren: Ich darf nicht allein sein, das ist gefährlich.

Pucken geht von den Interessen der Eltern aus, nicht jenen des Kindes. Es ist eine einsame Lösung, Pucken beruhigt lediglich die Mutter.

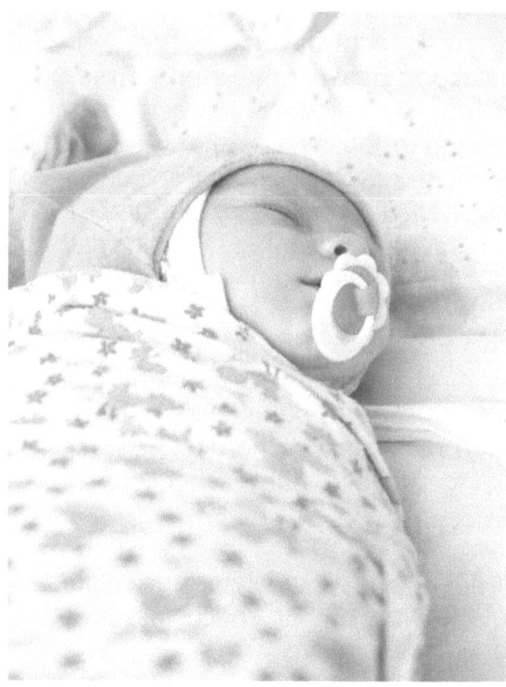

Es distanziert die Mutter von ihrem Kind und macht sie weniger empfindsam für dessen Signale und Bedürfnisse. Die Bindung wird schwächer. Außerdem können durch das Einpucken auch körperliche Beschwerden auftreten: Es kann den Babykörper auf eine unnatürliche Art strecken. Das kann für die Hüften gefährlich sein, die sich im Schneidersitz befinden sollten, der gesündesten Haltung.

Ein gepucktes Baby ist einsam.
(Foto: Stockxpert.com)

Gepuckte Babys werden nicht mit rausgenommen, man lässt sie lieber zu Hause. Das Baby kann nicht so oft trinken, wie es das braucht, und man erwartet von ihm, dass es still ist. Das Einbinden der Arme kann später ein Trauma auslösen: „Ich möchte meine Hand ausstrecken, aber ich trau mich nicht."

Auch der Biologe und Verhaltenswissenschaftler Desmond Morris hat für sein Buch *Liebe geht durch die Haut* eine wissenschaftliche Studie zum Thema Pucken durchgeführt. Mit empfindlichen Instrumenten wurde die Art der Unbequemlichkeit getestet. Die Schlussfolgerung war, dass zu enge Kleidung Babys behindert. Sie hatten einen niedrigeren Puls und eine langsamere Atmung. Sie weinten öfter als nichtgepuckte Babys und schliefen zu tief. Zu tiefes Schlafen kann im Zusammenhang mit dem plötzlichen Kindstod stehen.

Pucken soll dem Baby die Situation im Mutterleib vorgaukeln, nur ohne Bewegung. Allerdings konnte das Baby im Mutterleib schon strampeln und hatte Kontakt zur Mutter. Das zu lange Schlafen kann auch Nachteile für Mutter und Kind beinhalten: die Milchproduktion ist zu gering, das Baby trinkt weniger an der Brust und es findet eine Prägung des „Beschummelns" statt, wie in Kapitel 4.2 über den Schnuller beschrieben wird: Das Kind wird geprägt und denkt sich: „Ich bin es nicht wert, ich soll allein sein." Diese Prägungen führen zu einem Mangel an Selbstvertrauen.

Außerdem können Eltern, die ihr Baby pucken, manchmal nicht mehr damit aufhören. Wenn es monatelang durchgezogen wird, kann es das Muskelwachstum und die Entwicklung der Haltung beeinträchtigen.

In der Praxis sehe ich, dass sich ein gepucktes Baby anders verhält. Mit drei Monaten ist es ganz steif im Hüftbereich und weint, wenn es im Tragetuch auf die Hüfte gesetzt wird. Es muss dann die Beine auf der Hüfte der tragenden Person spreizen, was ihm völlig fremd ist. In einem anderen mir bekannten Fall mag das Baby laut Mutter seit dem Pucken nicht mehr schmusen.

Wieder ein anderes, zwölf Monate altes Baby weint, wenn es abends aus der Kita kommt. Es mag nicht ins Tragetuch auf die

Hüfte, mag nur fernsehen, mit dem Schnuller im Mund auf Mutters Schoß.

Noch ein anderes Baby wurde zu lange gepuckt. So konnte die Mutter ihre Internetfirma aufbauen und viel hinter dem Rechner sitzen. Das Baby hat sich zu wenig bewegt, und als es krabbeln konnte, war es nicht mehr zu halten. Es zog alles um. Durch das lange Pucken hatte es nicht gelernt, die Bewegungen zu lenken und zu kontrollieren.

Einmal sprach ich mit einer Großmutter, die im Zimmer eines vier Monate alten Babys übernachtete. Nachts wachte sie vom Stöhnen des Babys auf. Das Baby wollte seine Arme loswinden, stemmte sich und stöhnte dabei. Die Eltern hörten nichts davon.

Die Schlafprobleme nehmen zu, wenn das natürliche Schlafverhalten des Kindes den Erwartungen der Eltern zuwiderläuft.

In nichtwestlichen Kulturen trinken Babys mehrmals pro Nacht bei der Mutter. Weil das Baby bei der Mutter schläft, wird ihre Nachtruhe nicht gestört. Die Mutter hat dann auch nicht die Meinung, dass ihr Kind ein „Schlafproblem" habe. Babys sind dazu geschaffen, viel bei Erwachsenen zu sein.

Leider wird regelmäßig empfohlen, das Kind nicht in den Armen der Eltern einschlafen zu lassen und schon gar nicht an der Brust. Das sei zum Besten für Kind und Eltern. Aber diese „Berater" sehen nicht, dass ihre Lösung Spannungen mit sich bringen kann.

Babys schlafen innerhalb von 24 Stunden oft nur ein- bis zweimal für einen längeren Zeitraum. Der Rest sind Nickerchen. Auf diese Weise werden Kinder, die regelmäßig in sicheren Armen gehalten werden, intelligent und entwickeln ein optimales Selbstbild. Ja sicher, ein Baby zu haben, kostet viel Zeit!

Babys haben längere aktive Schlafphasen (REM-Schlaf) als Erwachsene. Auch schlafen Babys weniger tief zwischen den verschiedenen Schlafphasen, sodass sie leichter aufwachen. Die aktive Schlafzeit ist wichtig für die Entwicklung des zentralen Nervensystems. Die Neigung von Babys, leicht wach zu werden, schützt sie auch gegenüber der Gefahr des plötzlichen Kindstods.

Viele Mütter entscheiden sich dafür, ihr Baby im Tragetuch in den Schlaf zu wiegen. Sie machen Tanzschritte und Schaukelbewegungen, wodurch das Baby schläfrig wird. Ich selbst fand es einfacher, das Baby in den Schlaf zu stillen, dabei konnte ich mich gut erholen.

Wenn eine Mutter ihr Kind auf natürliche Weise aufziehen will, kann sie das Baby an der Brust einschlafen lassen. Sie kann sich so auch frei bewegen und sich mit ihrem Kind vollkommen unabhängig fühlen.

3.2 Mütter in unterschiedlichen Situationen

Wie kannst du diskret stillen?
In der Öffentlichkeit kannst du auf vielerlei Arten diskret stillen. Ich gebe dir einige Beispiele:

-   Es gibt tolle Stillkleidung mit Öffnungen zu kaufen, die hinter Falten und Rüschen versteckt sind.
-   Ein weites T-Shirt kann etwas hochgezogen werden. Du kannst es nach innen einschlagen und über das Gesicht des Babys fallen lassen.
-   Es gibt Blusen, bei denen die unteren Knöpfe geöffnet sind, die oberen Knöpfe bleiben geschlossen und bedecken den Hals.
-   Bitte dein größeres Kind, als Sichtschutz vor dir stehen zu bleiben.
-   Bitte deinen Mann, die Zeitung zu lesen und sich vor dir auszubreiten.
-   Setze einen großen Sonnenhut mit breiter Krempe auf, den du dir dann vor den Hals halten kannst.
-   Verwende das Tragetuch, um die Brust zu bedecken.
-   Setze dem Baby ein breites Hütchen auf.
-   Schlage einen langen Schal oder ein großes Tuch um deine Schultern und bedecke das Baby teilweise damit.
-   Wähle in einem Café oder Restaurant immer einen Tisch in der Ecke oder in einem toten Winkel und setze dich mit dem Rücken zu den Leuten.
-   Schau so natürlich wie möglich und … sei stolz.

Versuche, deine eventuelle Scheu vor dem Stillen in der Öffentlichkeit ein bisschen zu überwinden. Falls dich Menschen beobachten, finden sie es meist rührend.

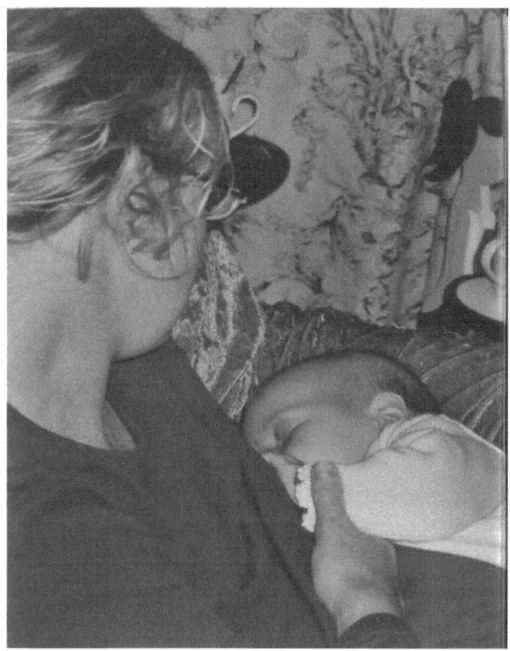

Diskret stillen

Mama raucht ... Es geht auch anders
Stillen verringert die Chance, dass ein Kind später rauchen wird. Trotzdem meinen viele Menschen: Ich wurde gestillt und rauche dennoch. Die Erklärung dafür kann sein, dass ein Raucher früher sein Saugbedürfnis nur ungenügend befriedigen konnte.

Früher wurde oft nach der Uhr gestillt anstatt nach dem Bedürfnis des Kindes. Der Arzt bestimmte, wie viel eine Mutter stillen durfte, und das wurde ihr als Rezept verordnet. Als wenn Stillen etwas mit Krankheit zu tun hätte! Noch dazu haben sich viele Kinder das Daumenlutschen angewöhnt. Mit neun Monaten bekamen sie Babynahrung mit dem Löffel. All das bewirkt, dass die Jugend aus den sechziger und siebziger Jahren wenig Beachtung für ihr Saugbedürfnis bekam. *Gestillt zu werden, ist ein Bedürfnis und keine Gewohnheit.*

Die Kinderpsychologin J. Stades-Veth schreibt in ihren Büchern *Verraden door Mammie* (*Verraten von Mami*) und *Spel als signaal (Kinderspiel als Symbol)* dass das Saugbedürfnis erst verschwindet, wenn es vollständig gestillt worden ist. Wenn das Kind also so lange gestillt wird, wie es das Bedürfnis hat, wird es von selbst verschwinden. Stades-Veth erklärt, dass viele Kinder als Folge eines latenten Saugbedürfnisses so verrückt nach Süßigkeiten sind und aus diesem Grund zum Beispiel auch Pommes in den Mund saugen, anstatt sie zu beißen.

Viele Frauen hören mit dem Rauchen auf, wenn sie schwanger sind, und das ist ganz richtig. Rauchen verringert die Sauerstoffzufuhr zum Baby, mit der Folge, dass es anfälliger und leichter krank wird und weniger gut gedeiht. Wenn das Baby geboren ist, beginnen viele Frauen leider wieder mit dem Rauchen.

Man raucht, um sich zu beruhigen, es wirkt beruhigend auf das Nervensystem. Glücklicherweise gibt es für diese Mütter auch die Stillhormone. Stillen beruhigt die Mutter durch den Milchspendereflex, weil es das Nervensystem beruhigt. Wenn das Baby eng neben der Mutter schläft oder tagsüber im Wohnzimmer ist, kann sie fühlen und sehen, wann das Baby an den Fingern nuckelt und trinken möchte. Die Mutter kann es oft anlegen, eventuell im Tragetuch, und oft von diesem beruhigenden Hormon profitieren. So sind Zigaretten nicht mehr nötig. Später kann die Mutter das Kind oft auf den Schoß nehmen, um zusammen ein Buch zu lesen, was auch beruhigt. Während des Lesens kann die Mutter das Kind sanft über ein Bein streichen, über eine Hand oder am Rücken und am Bauch. Das alles wirkt beruhigend auf Mutter und Kind. Mehrere Male habe ich gelesen, dass rauchenden Erwachsenen geraten wird, zum Beispiel Tee aus einer Saugflasche zu trinken, damit das latente Saugbedürfnis auf diese Weise nachträglich befriedigt wird.

Kinder sagen so schön: Dein Atem stinkt nach Zigaretten. Oder: Deine Kleider stinken nach Zigaretten. Dadurch werden sie weniger mit einem Erwachsenen schmusen, was eigentlich sehr schade ist. Denn sowohl das Kind als auch der Erwachsene können das Kuscheln sehr intensiv genießen.

Das Nikotin gelangt in die Milch, doch wie viel genau ist noch unbekannt. Es erscheinen manchmal Zeitungsartikel, die besagen, dass das Rauchen von weniger als zwanzig Zigaretten erlaubt sei. Aber die Hormone, die die Muttermilch erzeugen, werden drastisch vermindert. Darum kann man sehen, dass rauchende stillende Mütter eher dünne Babys haben.

Einer Untersuchung der *Harvard School of Public Health* zufolge ist die Luftverschmutzung im Haus eine größere Gefahr für die Gesundheit als die Luftverschmutzung in Städten. Man fand hohe Konzentrationen des chemischen Stoffs Benzol – ein bekannter Verursacher von Leukämie – in den Wohnungen von Rauchern: dreißig bis vierzig Prozent mehr Benzol als in anderen Wohnungen. Aus diesen Ergebnissen schließt man, dass Kinder ein zweimal so hohes Risiko haben, an Leukämie zu erkranken, wenn ein Elternteil raucht, und viermal so hoch, wenn beide Eltern rauchen. Ebenso erhöht das Rauchen nachweislich das Risiko des plötzlichen Kindstods.

Babymassage

Die meisten Babys finden es herrlich, wenn sie auf nackter Haut massiert werden. Allerdings fühlen sich Babys nackt nur dann wohl, wenn es sehr warm ist. Manche Babys finden es nicht angenehm, nackt zu sein, du kannst dann die Händchen und Füßchen massieren.

Verwende für die Massage immer ein natürliches Öl.

Wenn das Baby zufrieden ist, kannst du es spielerisch massieren. Wenn es ruhig mit seiner entblößten Brust vor dir liegt, kannst du deine Hände über Kreuz von der Schulter zur Hüfte streichen. Das Bäuchlein massierst du in kreisenden Bewegungen im Uhrzeigersinn rund um den Nabel – das regt die Verdauung an. Danach machst du mit deinen Händen ein „Armband" und massierst damit die Arme und Beine von der Schulter zum Handgelenk. Bei den Füßen massierst du die Ferse, den Mittelfuß, die Fußsohle und einzeln die Zehen. Dasselbe machst du mit den Händchen und Fingern.

Beim Gesicht gehst du folgendermaßen vor: Du streichst von der Stirnmitte aus zu den Seiten, dann von der Nase aus, dann vom Kinn aus immer zu den Seiten, und zum Abschluss massierst du die Ohren und die Kopfhaut. Das Wichtigste ist der spielerische Kontakt mit deinem Baby. Du kannst versuchen, dein Baby währenddessen anzugucken, mit ihm zu plaudern oder zu singen.

Auf dem Rücken liegen (Rückenlage)
Viele Babys bekommen Angst, wenn sie auf dem Rücken liegen. Das Empfinden, mit ungeschütztem Bauch dazuliegen, ist einfach unangenehm. Das rührt von der Urangst her, dass der empfindliche Bauch gegen Angriffe wilder Tiere ungeschützt ist.

Wenn du merkst, dass dein Baby es nicht angenehm findet, auf dem Rücken zu liegen, versuche es, es auf deine Knie zu legen, wenn du es massieren möchtest. Das gilt auch für das Windelwechseln: Du kannst dein Baby auf deinen Knien wickeln. In England hat man das früher immer so gemacht – es gab keine Wickelkommode und keinen Wickeltisch.

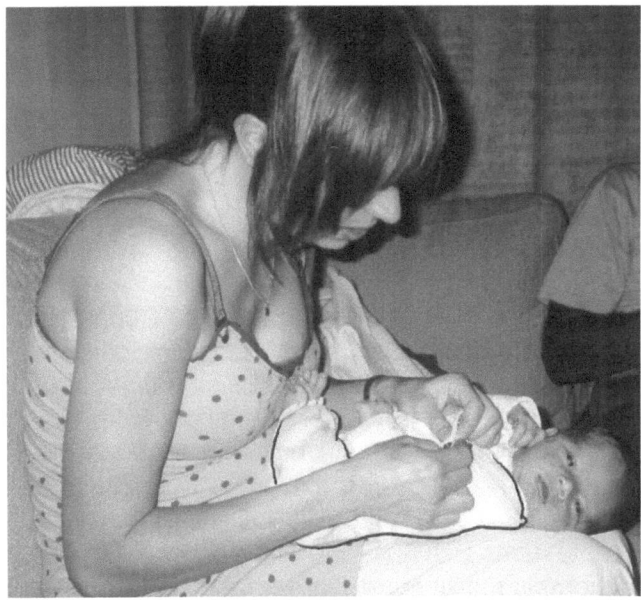

Auf den Knien wickeln

In Kapitel 6 gehe ich auf das Thema Schlafen auf dem Rücken noch weiter ein.

Das Lächeln

Es gibt wunderbare Fotos (zum Beispiel im Buch des französischen Gynäkologen und Geburtshelfers Frédérick Leboyer), auf denen wir sehen können, dass ein Neugeborenes schon lächeln kann. Oft hat es dabei noch geschlossene Augen.

Zwischen vier und acht Wochen kann das Baby eindeutig jemanden angucken und anlächeln. Es will sich bei dir bedanken, dass du es hältst. Mit vier Wochen sind bei meinem Baby auf das Lächeln Plappertöne gefolgt. Mit ggg-Kehltönen antwortete es auf die hohe Stimme seines Brüderchens, der mit ihm plauderte. Das Baby unterhielt sich früher mit seinem Bruder als mit mir! Offensichtlich gefiel ihm sein Bruder mit der hohen Stimme. Mir gelang das nicht, was ich schade fand.

Dieses Lächeln, auf das du dich als Mutter gefreut hast und das dann endlich da ist, bedeutet: Mama, wie schön, dass ich bei dir bin.

Weinen kann bedeuten: Mama, komm bitte. Und lächeln: Bleib bei mir, bitte. Wenn ein Baby getrunken hat und weder Schmerzen noch Beschwerden hat, kann es trotzdem weinen. Es hat noch nicht genug Körperkontakt gehabt.

Babyaffen können nicht lächeln. Sie haben lediglich starke Hände und Füße, um sich den ganzen Tag über an ihrer Mutter festzuklammern und ständig getragen zu werden. Menschenbabys können sich nur durch Weinen und Lächeln an die Mutter wenden.

Eine Freundin erzählte mir von ihrem acht Monate alten Sohn, der schlafen sollte. Er weinte in seinem Bettchen, und als sie zu ihm ging, lachte er. Sie begriff das nicht und dachte: Er hat nichts, und sie ging wieder weg. Das Baby weinte wieder, sie ging wieder hin, und es lachte erneut. Das wiederholte sich ein paar Mal, bis die Mutter böse wurde und das Kind durchdrehte. Das Baby weinte und weinte und hörte erst auf, als sie es unter die kalte Dusche hielt. Diese traurige Geschichte muss sich nicht wiederholen, weil wir wissen, dass wir Babys niemals mit unserer Körpernähe und unserer

Aufmerksamkeit verwöhnen können, allerdings sehr wohl mit Süßigkeiten und Spielzeug.

Der Biologe und Verhaltensforscher Desmond Morris hat in seinen Büchern *Babywatching – die Körpersprache des Babys* und *Liebe geht durch die Haut* interessante Forschungsergebnisse dargestellt. Er beschreibt, dass die Kommunikation mit der Mutter immer weiterbesteht, wenn das Baby zu krabbeln und zu gehen beginnt. Das gemeinsame Kuscheln entwickelt sich zum gegenseitigen Anlächeln bzw. Anlachen und zu allen anderen Gesichtsausdrücken.

    Zuerst war das Lächeln des Babys eine Bitte um eine Umarmung, nun wird das Lächeln zum Ersatz für die Umarmung. Es ist eigentlich eine symbolische Fernumarmung. Das Kind kann frei auf Entdeckung gehen und doch den emotionalen Kontakt mit der Mutter wiederherstellen.

Das Lächeln eines Kindes …
(Foto: Annick van de Craats)

Babys schlafen anders als Erwachsene

Viele Mütter glauben, dass die Schlafgewohnheiten ihres Kindes mit dem Stillen zu tun haben. Muttermilch hat die perfekte Zusammensetzung, um das Gehirn des Babys zum Wachsen anzuregen. Ein Tropfen Muttermilch beinhaltet viertausend lebende Zellen, mit denen das Gehirn gut wachsen kann. Dagegen enthält künstliche Milch gar keine lebenden Zellen. Außerdem hat sich herausgestellt, dass Stillkinder einen höheren IQ haben, was im Durchschnitt sechs Punkte Unterschied ausmachen kann. Stillen im ersten Lebensjahr lässt den IQ steigen.

Es gibt zwei Hauptschlafphasen. Zum ersten den aktiven Schlaf, den REM-Schlaf (REM bedeutet Rapid Eye Movement). Das ist der

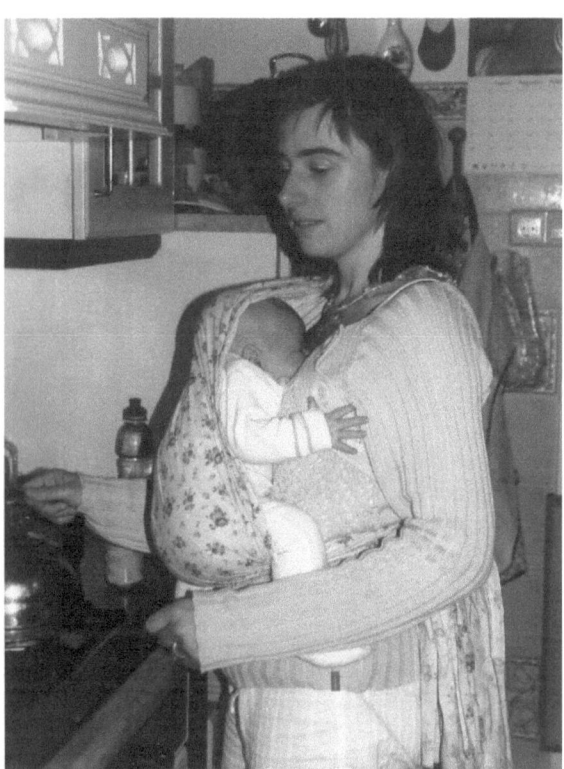

Traumschlaf. Zum zweiten den ruhigen tiefen Schlaf, ohne Augenbewegungen, ohne Träume.

Der REM-Schlaf ist sehr wichtig. Er ist eine geistige Übung, die für die Entwicklung des Gehirns und des zentralen Nervensystems notwendig ist. Babys können 50 Prozent ihres Schlafes mit REM und Träumen verbringen, während dies bei Erwachsenen 15 bis 20 Prozent sind.

Das Baby schläft,
das Händchen ist wach

Wenn Babys einschlafen, beginnt nach etwa 20 Minuten der REM-Schlaf. Danach kommt ein Übergangsschlaf, aus dem sie oft wieder aufwachen, weil sie einfach nicht den ganzen Tag schlafen wollen. Sie suchen dann die Brust, wodurch sie beim Trinken manchmal wieder tief einschlafen, manchmal auch nicht, je nach individuellem Bedarf. Manchmal geraten sie wieder in einen REM-Schlaf. Dazu gibt es EEG-Untersuchungen, und ich zitiere aus dem Buch *The Well Baby Book* von M. und N. Samuels:

> „Es ist interessant, dass REM-Schlaf beim Fötus mit einem hohen Hormonspiegel einhergeht, der das Wachstum und die intellektuelle Entwicklung stimuliert. Daraus schließen manche Wissenschaftler, dass das Kind in der Gebärmutter bzw. kurz nach der Geburt eine Art Selbststimulierung des Nervensystems betreibt, die zum Wachstum und zur Entwicklung des Gehirns beiträgt.“

M. L. Boyesen beschreibt in ihren Nachforschungen über *Babys und das Alpha-Nursing*, dass der REM-Schlaf dann auftritt, wenn die großen Nackenmuskeln vollkommen entspannt sind.

> „Wenn man sich vorstellt, dass das Neugeborene gar keine Kontrolle über die Nackenmuskeln hat, versteht man, dass REM-Aktivität Tag und Nacht spontan auftreten kann. Im dritten Monat entwickelt das Kind seine Nackenmuskeln, und die REM-Aktivität nimmt ab. Ein Erwachsener hat vier bis fünf REM-Phasen pro Nacht. Ein Neugeborenes hat zahllose. Bei einem Neugeborenen ist der Schlafrhythmus tagsüber und nachts praktisch gleich. Im ersten Monat, wenn es in der Nacht viel gestillt wird, ist der REM-Zyklus tagsüber und nachts völlig gleich.“

Die Mutter ist es gewohnt, regelmäßig wach zu werden, weil sie während der Schwangerschaft oft zur Toilette musste.

Es ist sehr wichtig, dass sie sich tagsüber nicht zu sehr erschöpft, weil ihr sonst das nächtliche Stillen schwerfallen wird. Schnell jedoch bekommen Mutter und Kind den gleichen Schlafrhythmus.

Über die Vorteile des nächtlichen Stillens kannst du in Kapitel 6 nachlesen.

An der Brust zu saugen, wirkt sehr beruhigend. Wer ein Baby beobachtet, sieht, dass es am liebsten beim Saugen einschlafen möchte. Das Nervensystem des Babys läuft über den Gaumen und wird durch die Massage der Zunge und der Brustwarze am Gaumen beruhigt. Die Wärme und Stoffe in der Milch tragen auch zur Entspannung bei. Wenn die Mutter mit dem Fläschchen füttert, oder wenn der Vater auf das Kind aufpasst, können sie das Baby am Finger saugen lassen, wodurch das Baby einschlafen kann. Die Eltern können auch einen Schnuller geben und das Baby weiter halten. Die Natur hat bestimmt, dass ein Baby in sicheren Armen oder in einem Tragetuch einschlafen will, weil es beim Saugen mit dem Körper der Eltern verbunden sein soll.

Das Baby in fremden Händen
Fremde Arme und fremde Gerüche machen Babys müde, auch wenn sie plötzlich in die Wiege gelegt werden, ermüdet sie das.

Meine Nachbarin hat mir neulich ein Foto von sich und ihrem neugeborenen Enkel auf dem Schoß gezeigt. Auf dem Foto sieht man, wie die Oma das Baby liebevoll anschaut, aber das Baby dreht sein Köpfchen weg, um diese Unbekannte bloß nicht anschauen zu müssen. Das Baby war eindeutig noch nicht zum Kontakt mit so vielen verschiedenen Menschen bereit. Das erfolgt erst später.

Eine Freundin gab mir ihr eine Woche altes Baby, damit ich es bewundern konnte. Das Baby begann, heftig mit den Armen zu zappeln, als ob es mich wegschubsen wollte. Zum Glück verstand ich diese Körpersprache und gab das Baby schnell der Mutter zurück.

4 Natürliches Elternsein und künstliche Babynahrung

Natürliches Elternsein und künstliche Babynahrung ist machbar

Die Mutter, die ihr Baby mit der Flasche füttert, kann das auf ganz natürliche Weise tun. In diesem Kapitel gebe ich dafür Tipps, wobei auch der Vater zum Zuge kommt. Außerdem werde ich auf den Einsatz des Schnullers aufmerksam machen. Der Schnuller wird dem Baby oft aus Bequemlichkeit oder auf Empfehlung anderer gereicht, aber es ist wichtig, zu wissen, dass es bessere Alternativen gibt.

4.1 Die Flasche geben

Babynahrung auf natürliche Weise

Als Nahrung sollte die antiallergische Babynahrung bevorzugt werden, die es in der Drogerie oder Apotheke zu kaufen gibt. Wenn sie längerfristig gebraucht wird, sollte man prüfen, ob sie nicht auch verschrieben werden kann.

Der Nachteil der Standardbabynahrung ist, dass sie aus Kuhmilch hergestellt wird. Wenn in der Familie Allergien vorkommen, ist meiner Erfahrung nach Kuhmilch einer der Auslösefaktoren von Allergien (siehe Kapitel 15). In so einem Fall kann Nahrung mit Kuhmilch die Anlage von Allergien um einhundert Prozent verschlimmern.

Es gibt auch Babynahrung auf der Basis von Mais oder Soja.

Beim Füttern auf natürliche Weise gibt es jedoch noch mehr zu beachten. In den vorhergehenden Kapiteln habe ich die Bedeutung des oftmaligen und langen Saugens, Nuckelns und Trinkens betont. Wie kann das bei der Flaschennahrung einigermaßen imitiert werden?

Die Psychotherapeutin M. L. Boyesen hat anlässlich ihrer Nachforschungen zu *Babys und Alpha-Nursing* über ihr eigenes Baby geschrieben, das mit der Flasche gefüttert wurde. Sie erklärt, dass es während der ersten Monate und auch später Stunden dauert, ein Neugeborenes trinken zu lassen.

Während des Fütterns kann das Baby in einen „Ektase"-Schlaf mit einer aktiven REM-Phase geraten. In ihrem Artikel erklärt sie, dass während der REM-Phase beim Füttern eine Beschleunigung in den Verdauungsorganen bzw. in den Energiezentren des Gehirns auftritt. Diese gehen mit einer Reizung der erogenen Zonen und Geschlechtsorgane einher, was die biologische Grundlage der Libido bildet, der dem Baby ein unverzichtbares Gefühl des Wohlbefindens gibt.

Das Füttern ist ein intensiver Prozess des Mutterseins. Denn wenn das Kind trinkt, nimmt es nicht nur Milch zu sich, sondern auch Liebe. Liebe kann man nur zu sich nehmen, wenn alles zusammenpasst: Der Genuss des Milchtrinkens, im selbstbestimmten Tempo, vermischt mit einem Fluss wunderbarer Erfahrungen: man wird gehalten, der Hunger wird gestillt, man kann herrlich Dösen und, zum Schluss, tief schlafen.

Das Baby kann danach eine REM-Phase *und* eine Alpha-Phase erleben. Die Alpha-Phase ist ein Trancezustand, während der das Baby vollkommen ruhig ist und einen unbeweglichen Gesichtsausdruck hat, wobei die Augen nach oben rollen. Die Atmung ist sehr flach. Das Baby fühlt sich wunderbar, und es kann ein plötzliches Lächeln auftreten.

Solange das Baby schlaffe Nackenmuskeln hat, kann es diesen Zustand erreichen. Die Fähigkeit verschwindet allmählich, wenn die Nackenmuskeln kräftiger werden.

M. L. Boyesen ließ das Baby, so lange es wollte, an der Flasche saugen, weil sie es in den Schlaf füttern wollte. Wichtig dabei war, dass die Milch nicht von selbst aus dem Sauger lief. Dazu legte sie zwei Sauger übereinander. Die Milch kam so langsam heraus, bis das Baby gesättigt war und genau die Menge aus der Flasche getrunken hatte, wie es sein sollte. Es konnte keine Luft ansaugen und musste deshalb auch nicht übermäßig rülpsen.

Es gibt Schultertücher, auf denen man mit Klettband die Flasche auf Brusthöhe befestigen kann. Mithilfe eines Tragetuchs kannst du dem Baby so in natürlicher Weise die Flasche geben.

Die Flasche anbieten

Es gibt eine ganz natürliche Weise, die Flasche, ähnlich wie beim Stillen, zu geben.

Lege den Arm vom Baby hinten auf deinen Rücken, dreh das Baby zu dir, Bauch an Bauch. Lege die Flasche entlang deiner Brust und halte sie in dieser Position. So kann das Baby Augenkontakt mit dir haben und du mit ihm.

Beim Atmen massierst du mit deinem Bauch sein Bäuchlein. Das geschieht auch, wenn du sprichst und lachst. Wenn du magst, kannst du mit deiner bloßen Brust oder auf deinem nackten Arm füttern, aber das Baby riecht dich auch durch die Kleidung (vermeide zu dicke Kleidung). Ich selbst habe eine gekrümmte Flasche gekauft, damit ich „natürlich" füttern konnte.

Es gibt auch Schnuller zu kaufen, die der Brust ähneln, zum Beispiel die sogenannten „breast bottle nurser".

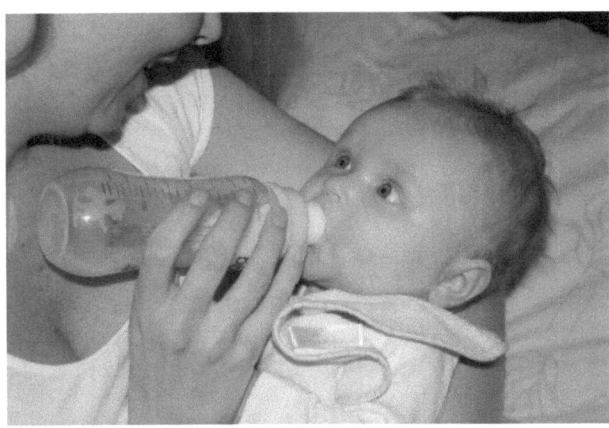

Babynahrung auf Mamas nacktem Arm trinken. Das riecht gut. Das Fläschchen ist nahe an der Brust.
(Foto: Hellen de Lange)

Nach einer halben Flasche auf den anderen Arm wechseln.
(Foto: Hellen de Lange)

Das Wechseln der Fütterposition mit der Flasche

Ein Baby hat ein sehr weiches Köpfchen. Wenn du ihm die Flasche links und rechts gibst, entwickeln sich die Gesichtsformen und die Muskeln gleichmäßig. Das Wechseln des Arms unterstützt unter anderem die Entwicklung der Augenkoordination.

Während des Trinkens in die Augen der Mutter schauen

Während des Fütterns fangen Babys an, in die Augen der Mutter zu schauen. Darauf solltest du, so gut du kannst, eingehen. Eine Mutter erzählte, dass sie im Wochenbett beim Füttern immer ein Buch las. Nach einer Woche schaute das Baby die Mutter nicht mehr an, weil sein Blick nicht erwidert wurde. Leider hatte ihr Baby sich diesen Zustand eingeprägt.

Die Psychologin Stades-Veth warnt davor. Wenn die Mutter das Baby nicht anschaut oder ständig andere Personen es mit der Flasche füttern, sind das aus ihrer Sicht zwei potenzielle Auslöser von Autismus. Das Baby könnte sich vom Kontakt zurückziehen. Es ist deshalb auch dringend zu empfehlen, dass die Mutter immer selbst die Flasche gibt.

Das Baby hat ein Recht auf die eigene Mutter. Ein Baby, das abwechselnd von mehreren Personen gefüttert wird, wird zwar satt, aber seine Angsthormone (Stresshormone) werden nicht beruhigt.

Wenn du dein Baby zum Füttern auf den Schoß legst, fehlt die erwünschte Nähe. In deinen nackten Armen oder eventuell an deiner bloßen Brust hört es deinen Herzschlag und riecht dich. Dein Baby braucht das.

Der Vater gibt die Flasche

Der Vater kann natürlich babysitten, während die Mutter arbeitet. Im Kapitel über Väter (siehe Kapitel 9) schreibe ich darüber, wie der Vater das Baby in seine Armbeuge nimmt. Dadurch liegt es zu nahe an seiner Brust und das Baby kann nicht in seine Augen schauen. Dies kann der Vater vermeiden, indem er ein Kissen auf die Brust legt und so seinen Arm mit dem Baby weiter nach vorn hält. Auf diese Weise kann das Baby trotzdem liebevoll in seine Augen schauen und mit ihm Kontakt haben.

Einschlafen und Saugen des Babys

Alle Babys möchten beim Saugen oder Wiegen einschlafen. Selbst können sie das nicht, auch nicht, wenn das Umfeld das von ihnen erwartet. Einige Mütter legen das schlafende Baby in den Kinderwagen, um es zu schaukeln, damit es länger schläft. Das funktioniert oft sehr gut. Das Schaukeln im Kinderwagen kann auch von jemand anderem als der Mutter übernommen werden. Auch das Tragetuch ist eine Option.

Nach Bedarf die Flasche anbieten?

Für gewöhnlich werden einem größeren Baby 180 Milliliter Babynahrung gegeben. Das ist eine ziemlich große Menge für ein solch kleines Bäuchlein. Der kleine Magen eines Babys ist so groß wie sein Fäustchen. Der Magen dehnt sich bei großen Milchportionen aus. Darum ist es besser, mehrere Male pro Tag eine kleinere Menge zu geben. Der Vorteil ist, dass du dein Baby öfter in deinen Armen hast, was gut für seine emotionale Entwicklung ist.

Bei meiner Nachbarin habe ich eine gute Lösung beobachtet: Wenn das Baby weinte oder saugen wollte, gab sie ihm jedes Mal eine Flasche mit 50 Millilitern. Ich selbst stillte meine Babys immer wieder kurz, wenn sie trinken oder schlafen wollten. Und unsere Kinder wuchsen gleich schnell, da gab es also keinen Unterschied.

Wenn du gut auf die Signale deines Kindes achtest, kannst du immer kleine Flaschen geben.

Still- und Flaschenkinder haben mehrere Wachstumsschübe. Während dieser Schübe möchten sie oft trinken (siehe in diesem Zusammenhang Kapitel 2.2). Wenn du das Baby nach Bedarf mit einer kleinen Flasche fütterst, kannst du auch während dieser wichtigen Phasen auf den erhöhten Bedarf eingehen. Gleichzeitig verhinderst du, dass es sich an einen ausgedehnten Magen gewöhnt, was später ein stärkeres Essbedürfnis auslösen könnte.

Hinweise zum Füttern mit der Flasche

- Befestige die Flasche nicht am Bettchen oder am Kinderwagen, damit das Baby allein saugen kann. Diese Art ist ziemlich gefühlsarm und unpersönlich.
- Lass auch das ältere Baby die Flasche nicht selbst halten, auch das ist unpersönlich und gefühlsarm.
- Nimm dir genug Zeit zum Füttern und mache es vorzugsweise selbst. Du bist die Mutter. Spielen kann das Baby mit jemand anderem.
- Das Loch im Sauger sollte klein sein, damit das Baby sein Saugbedürfnis genügend befriedigen kann.
- Gib keinen zusätzlichen Messlöffel in die künstliche Flaschennahrung. Das Baby gewöhnt sich so an schweres Essen, was Fettleibigkeit verursachen könnte.
- Gib dem Baby Milch mit Körpertemperatur (ungefähr 35 Grad), von kalter Milch kann das Baby Kopfschmerzen bekommen.
- Wenn das Baby nach ungefähr neun Monaten selbstständig aus einer Schnabeltasse trinken kann, kannst du damit beginnen, es auf dem Schoß zu halten.
- Wenn du mit der Beikost beginnst, nimm das Baby auf deinen Schoß.
- Wenn du dem Baby einen Schnuller geben möchtest, um sein Saugbedürfnis zu befriedigen, halte es dabei in deinen Armen oder im Tragetuch.
- Verwende den Kinderwagen so wenig wie möglich, nimm lieber das Tragetuch.

- Setze das Kind in den Kinderwagen, wenn es dir zum Tragen zu schwer geworden ist. Verwende einen Kinderwagen, in dem das Kind so sitzt, dass ihr beide Blickkontakt miteinander haben könnt.
- Bade gemeinsam mit dem Baby. Es wird den Hautkontakt und das warme Wasser genießen.
- Bleibe nicht länger als ein paar Stunden weg. Besonders, wenn du nicht stillst, ist es äußerst wichtig für das Baby, dass du da bist.

Die Brust zum Trösten

Eine Mutter kann ihr Kind immer an der Brust saugen lassen, sogar dann, wenn die Brust keine Milch hat. Auch wenn keine Milch aus

der Brust kommt, kann das Baby die Vorteile der Brust genießen und spürt auf diese Art die perfekte Körpertemperatur, den Herzschlag und den Blutdruck. Alle Lebensprozesse sind dann optimal. Das konnte bei Kleinkindern nachgewiesen werden, die wegen einer Frühgeburt in Krankenhäusern lagen. Allein schon ein Tropfen Milch, der aus der Brust kam, hatte einen positiven Effekt auf die Darmflora des Kindes. Es konnte sogar ein positiver Effekt nachgewiesen werden, wenn das Kindchen mit einer Flasche gegen die bloße Brust und den Bauch der Mutter gehalten wurde.

Setz dir das Baby vorzugsweise auf den Schoß, wenn es mitisst. Hier wird das Baby unter den Achseln mit dem Tragetuch unterstützt.

Brusternährungsset

Das Brusternährungsset ist ein tolles Produkt, das man als „Prothese" verwenden kann, wenn das Stillen nicht klappt. Das Baby trinkt dann künstliche Milch an der Brust. Und so funktioniert es: Die Milch befindet sich in einem Säckchen oder Fläschchen und wird durch zwei ganz dünne Schläuche zu den Brustwarzen und weiter in den Mundwinkel vom Baby geleitet. Ich habe beobachtet, wie sich dadurch wunderbare Beziehungen entwickelt haben, zum Beispiel bei Adoptivkindern, oder wenn die Mutter sich einer Brust-OP unterziehen musste. Und falls das Baby neben der künstlichen Nahrung auch ein paar Tropfen Muttermilch erwischt, dann ist das heilsam, denn sie enthält sehr viele Antikörper. Auch wenn das Baby nur *ein* Prozent Muttermilch bekommt, wird das Bakterium, das Durchfälle verursacht, getötet. In einem Experiment mit einer Flüssigkeit, die *drei* Prozent Muttermilch beinhaltete, wurde das Bakterium Giardia Lamblia innerhalb von dreißig Minuten getötet. In einer Flüssigkeit, die *ein* Prozent Muttermilch beinhaltete, wurde es innerhalb von sechzig Minuten vernichtet.

Wende dich für mehr Informationen an Stillberatungsstellen bzw. Stillorganisationen.

4.2 Die Rolle des Schnullers bei Flaschennahrung und beim Stillen

Manchmal raten Wochenpflegerinnen schon kurz nach der Geburt dazu, dem Baby einen Schnuller zu geben, wenn es unruhig ist und nicht einschlafen kann. Die Bedürfnisse des Babys sind allerdings anderer Art. Es kommt aus dem warmen Bauch heraus und erwartet eine warme Umgebung mit sicheren Armen und einer warmen Mutterbrust, damit es sich in bester Weise entwickeln kann.

Die Mutter wird möglicherweise denken, dass der Schnuller dazugehört, aber der ist absolut nicht nötig, besonders wenn man bedenkt, dass es zahlreiche Nachteile gibt. Hier zähle ich einige auf:

- Das Baby fühlt sich getäuscht. Wenn es mit dem Schnuller abgelegt wird, prägt sich ihm ein: „Ich bin es nicht wert, ich soll allein sein. Ich darf nicht auf mich aufmerksam machen." Diese Prägungen führen zu einem mangelnden Selbstvertrauen. Babys haben eine Urangst: „Es kann etwas Gefährliches passieren, wenn ich allein bin."

Es kann nicht wissen, dass keine Schlange da ist, die es beißen könnte.

- Das Baby gewöhnt sich eine falsche Bewegung mit der Zunge an. An der Brust muss es die Zunge weit nach vorn herausstrecken und um die Brustwarze herumringeln, um Milch herauszubekommen. Beim Schnuller und beim Flaschensauger streckt das Baby die Zunge nur halb statt ganz nach vorn. Das kann zur Folge haben, dass das Kind später lispelt oder die Zähne schief wachsen.
- Ein Baby, das einen Schnuller bekommt, wird im Durchschnitt einmal weniger pro Tag gefüttert.
- Die Mutter bekommt weniger von den Wachstums- und Entwicklungsschüben mit.
- Es ist sehr mühselig, dem Kind den Schnuller wieder abzugewöhnen.
- Das gestillte Baby kann irgendwann die Brust verweigern. Man nennt das *Saugverwirrung*. Als Alternative kann das Baby sehr wohl an der Wange oder dem Kinn der Mutter saugen.
- Das Baby kann an der Brust ungeduldig werden.

Wenn wir denken, die Natur überlisten und verändern zu können, kannst du davon ausgehen, dass unangenehme Begleiterscheinungen eintreten werden. Diese sind oft nicht oder kaum mehr zu begradigen. Einige dieser Begleiterscheinungen möchte ich nennen:

- Das Baby wird automatisch zu lange auf den Rücken gelegt, wodurch es ein weniger schönes und rundes Köpfchen bekommen kann. Manche Kinder brauchen einen Helm, um einen flachen Hinterkopf zu korrigieren.
- Das Baby liegt zu lange im Bett, wird schneller steif und könnte eine steife bzw. hölzerne Haltung entwickeln.
- Durch das Schlucken mit dem Schnuller im Mund könnte der Oberkiefer schmal werden, wodurch dort weniger Platz für die Zähne ist, was wiederum die Luftzufuhr durch die Nase begrenzt.
- Die Zunge kann nicht mehr schön breit am Gaumen aufliegen. Die Zeit mit dem Schnuller im Mund ist meist viel länger als jene an der Brust.

- Fünfzig Prozent des Wachstums eines Babys wird durch die Berührung der Eltern angeregt. Durch den Schnuller wird der Effekt verringert, weil die Haut weniger stimuliert wird.
- Wenn das Baby häufig mit dem Schnuller abgelegt wird, wird es auch weniger geschaukelt. Die Folge ist, dass sich das Gleichgewichtsorgan unvollständig entwickeln könnte. Dadurch können Kinder später leichter fallen, was wiederum zu verletzten Knien und kaputten Hosen führt.
- Das Baby wird eher zu Hause gelassen, weil es da brav liegt und an seinem Schnuller nuckelt. Das Baby gewöhnt sich nicht daran, ganz andere Situationen zu erleben, wie beim Zahnarzt, beim Hausarzt, beim Krankenhausbesuch, im Kaufhaus, beim Geburtstag oder bei einer Chorprobe. Das Baby verpasst dadurch den ganzen Lernprozess der sicheren Begegnung und des beruhigenden Körpers der Mutter.
- Wenn das Baby den Schnuller bekommt, wird es nicht so gut an der Brust saugen und nuckeln, wodurch es nicht die fette und besonders gesunde Hintermilch erhält. Wenn das Baby weniger Fett bekommt, ist ihm auch schneller kalt.
- Die Mutter wird schneller wieder fruchtbar. Eine Mutter, die jeden Monat ihre Menstruation hat und gleichzeitig stillt, leidet schneller unter Eisenmangel (Blutarmut). Ein Baby, das viel an der Brust trinkt, bremst die Fruchtbarkeit und damit sein eigenes Geschwisterchen.
- Das Baby bekommt nicht die warme Milch zum Trost, wodurch es automatisch ruhig würde.
- Das Baby bekommt die Brust so weit in den Mund wie sein Mund groß ist. Der Mund ist immer gefüllt, sodass sich die Kiefer perfekt entwickeln können.
- Die Mutter kann später nicht so leicht abpumpen, weil die Milch nicht fließt.

Der Schnuller: Geschichten aus der Praxis
Natürlich gibt es Umstände, in denen der Schnuller nützlich ist. Ich denke zum Beispiel an arbeitende Mütter, während der Vater beim Kind ist. Der Vater hat nicht die Brust zum Trost, ist aber doch eine sehr wichtige Person. Ich kannte Väter, die ihrem Baby einen Schnuller gaben, aber das Baby tagsüber viel im Tragetuch hatten.

Zusammengefasst lässt sich Folgendes sagen: Babys entwickeln sich dann am besten, wenn sie ausreichend Körperkontakt haben.

Ich habe bei einer Freundin, die ein Kind adoptiert hat, etwas sehr Schönes beobachtet. Sie hat nicht überlegt, zu stillen, obwohl das möglich gewesen wäre, aber nahm das Baby überallhin mit und ließ es in ihren Armen schlafen. Sie ließ es an ihrem Finger saugen, damit es einschlafen konnte. Ohne es gelesen zu haben, spürte sie, dass das Saugen an ihrem Körper einfach dazugehört.

Ein anderes Beispiel zum Thema Schnuller hat mir mein achtzehnjähriger Nachbarssohn erzählt. Seine Mutter hat ihm jahrelang den Schnuller gegeben. Als er achtzehn war, passte er regelmäßig auf seine kleine Nichte auf, die auch einen Schnuller hatte; das erinnerte ihn an seine eigene Kindheit. Er steckte sich den Schnuller in den Mund und merkte, wie angenehm er das fand. Er entdeckte so, warum er sich ständig Süßigkeiten in den Mund stopfen wollte, unter anderem auch Lutscher. Er empfand das als altes Saugbedürfnis und beschloss mit achtzehn, sich einen Schnuller zuzulegen, um weniger zu naschen. Ich fand es mutig, dass er sich traute, mir das zu erzählen.

Durch den Schnuller wird das Kind eher bei einem Gegenstand als bei einer Person Trost suchen. Eine Nachbarin erzählte mir, dass sie einmal ihren Sohn nicht finden konnte. Sie hatte ein großes Haus und suchte ihn überall. Schließlich fand sie ihn mit dem Schnuller in seinem Bett. Er meinte: „Mama, ich war traurig und habe mich ins Bett gelegt." Er hatte als Kleinkind nicht gelernt, traurig zu sein und sich in den Armen seiner Mutter auszuweinen.

Das kommt bei vielen Kindern vor. Wie schön wäre es gewesen, wenn der Junge gesagt hätte: „Mama, ich bin traurig, darf ich auf deinen Schoß?"

Ich kenne viele Kinder, die auf natürliche Art erzogen worden sind. Sie können ihren Kummer gut in Worte fassen, wenn sie niedergeschlagen oder traurig sind. Sie sind aber auch so ausgeglichen, dass sie durchaus selbst Lösungen für solche Situationen finden. Mein Sohn sagte mit achtzehn: „Fast die ganze Schulklasse hat

Probleme – zu Hause, mit ihren Eltern oder psychische Probleme und ich nicht. Wie kommt das? Sie fragen mich oft, ob ich ihnen zuhören will. Und dann verstehe ich erst, wie gut es mir eigentlich geht."

5 Alles über das Tragen deines Kindes

Ein Plädoyer für das Tragetuch für Babys und Kleinkinder

In diesem Kapitel plädiere ich für das häufige Tragen deines Kindes. Getragen werden gehört zu den ursprünglichen Bedürfnissen des Menschen. Wer darauf eingeht, wird merken, dass das Baby eine ruhige Aufmerksamkeit entwickelt und sich sehr wohlfühlt. Für Eltern, die außer Haus arbeiten, bietet das Tragetuch eine Möglichkeit, die Zeit der Trennung zu kompensieren.

In diesem Zusammenhang gehe ich auf Autoren ein, die sich mit dieser Thematik beschäftigt haben.

Zu Filmen über das Tragen von deinem Kind, schaue auf:
www.ouderschapvanuitjehart.com
und suche auf *„Draagdoek met 2 weken oude baby"* (*„Tragetuch mit 2 Wochen altem Baby"*), und *„Draagdoek voor Baby vanaf 5 maanden oud"* (*„Tragetuch für Baby ab 5 Monaten"*).

5.1 Wie wichtig ist das Tragen deines Kindes?

Das Baby liebt es, getragen zu werden

Als Mutter bist du schnell geneigt, dein Baby, sobald es in deinen Armen eingeschlafen ist, in sein Bettchen zu legen. Aber in dem Moment, in dem du das Baby loslässt, wacht es oft mit einem Schreck wieder auf. Das ist eine natürliche Reaktion auf das Allein-Gelassen-Werden. Das Baby will dir klar machen, dass es bei dir bleiben will. Das ist die Urangst vor dem Alleinsein. Manchmal sage ich im Scherz: „Ein Baby wird nicht mit einem Bett, sondern mit einer Mutter geboren."

In vielen Kulturen kommt man der Angst des Babys vor dem Alleinsein zuvor, indem man das Kind viel trägt. Dabei ist das Tragetuch die beste Wahl. In einer hektischen und lauten Umgebung kann das Tuch dazu dienen, das Baby und seine Augen vor (zu) vielen Eindrücken zu schützen. Außerdem fühlt es sich für das Baby im Tragetuch sicherer an als allein im Bettchen. Durch das Tragen lernst du das Baby sehr gut kennen. Und das Baby lernt auch dich gut kennen. Es hat sich herausgestellt, dass die Freude über das Elternsein durch das Tragen stetig zunimmt.

Neun Monate im Bauch, neun Monate auf dem Bauch

Babys werden neun Monate im Bauch der Mutter geschaukelt. Sie haben sich daran gewöhnt. Es wurde herausgefunden, dass das Schaukeln nach der Geburt wichtig für das Kind ist, besonders für die Entwicklung eines guten Gleichgewichtssinns.

Der Gleichgewichtssinn des Menschen wird durch eine Flüssigkeit geregelt, die sich in den Ohren hinter dem Trommelfell befindet. Diese muss in Bewegung gesetzt werden, damit sich der Gleichgewichtssinn entwickeln kann. Ein oft getragenes Baby bewegt sich in alle Richtungen, wodurch die Flüssigkeit aktiviert und der Gleichgewichtsgefühl gebildet wird. Darum ist Bewegung für ein Kind normal und stilles Liegen nicht.

Getragene Babys sehen auch aufmerksamer in die Welt. Auf eine entspannte Art, denn das Baby wird nicht von der Urangst geplagt, und so lernt es, wie seine Welt aussieht.

Diese Art des Umgangs mit dem Baby regt auch seine Intelligenz an. Es hört die Stimme seiner Eltern und lernt dadurch schneller sprechen.

Ja, ein Baby braucht zehn Stunden Körperkontakt pro Tag.

Das Tragen kommt beschäftigten Eltern entgegen

Eigentlich kannst du mit einem Baby im Tragetuch alles tun. Du hast die Hände frei, du kannst am Rechner arbeiten, den Haushalt erledigen, kommunizieren, schreiben, künstlerisch tätig sein und so weiter. Ich kenne mehrere berufstätige Mütter, zum Beispiel eine Maklerin, eine Haushaltshelferin, eine Ärztin, eine Juristin und eine Verkäuferin, die ihre Kinder auf die Arbeit mitnehmen.

Manche Eltern geben in der Kita ein Tragetuch ab, damit das Baby getragen werden kann, wenn es unruhig ist. Auch eine Tagesmutter kann ein Tragetuch verwenden.

Ein „aufrechtes Baby" oder ein „Liegebaby"

Traditionellerweise liegt ein Baby in der Wiege, mit passivem Blick auf sein Kuscheltier oder sonstigen Schnickschnack. Es wird hochgenommen zum Füttern, Trösten und Spielen, solange es dem Vater oder der Mutter Spaß macht. Anschließend wird es wieder in sein Bett zurückgelegt.

Das „Liegebaby" lernt, durch Weinen Aufmerksamkeit zu bekommen und hochgenommen zu werden. Das „aufrechte Baby" im Tragetuch wird nur für kurze Zeit hingelegt, und zwar dann, wenn es das selbst angenehm findet oder ein Nickerchen machen möchte. Mit Lauten macht es auf sich aufmerksam, wenn es etwas anderes möchte: die Brust bzw. die Flasche oder im Liegen spielen.

Verwöhnt das Tragen das Baby?

Einige Eltern machen sich darüber Sorgen, dass das Tragen das Baby abhängig machen oder verwöhnen könnte. Es hat sich herausgestellt, dass genau das Gegenteil zutrifft. Gerade die getragenen Babys erweisen sich als selbstsicherer und unabhängiger. Sie sind von Anfang an auf einer sicheren und stabilen Grundlage aufgewachsen, die aus Armen, Schoß und Brust der tragenden Eltern bestand. Sie kennen weniger Ängste und haben später auch weniger Trennungsangst. Sie sind körperlich, emotional und motorisch besser entwickelt als andere Kinder.

Jean Liedloff

Die Psychotherapeutin Jean Liedloff hat wiederholt ihre Meinung über das Tragen von Babys geäußert. Sie lebte einige Jahre bei den Yequana am Amazonas und staunte über das tiefe Glück dieser Menschen. Sie berichtet darüber in ihrem eindrucksvollen Buch *Auf der Suche nach dem verlorenen Glück*.

Im Buch beschreibt sie ausführlich die Interaktion zwischen Mutter und Baby und die natürliche Weise des Umgangs miteinander. Was sie dort erlebt hat, führte zu ihrer Überzeugung, dass jedes Nervenende unter der zum ersten Mal entblößten Haut des Babys sich nach der erwarteten Umarmung sehnt. Das ganze Wesen des Babys, seine ganze innere Natur weist darauf hin, dass es in den Armen seiner Mutter gehalten werden will. Es ist nachgewiesen, dass seit Hunderttausenden Jahren neugeborene Babys vom Moment der Geburt an von der Mutter nah am Körper gehalten wurden. Aber, so Liedloff, vielen Babys der heutigen Generationen wurde diese besonders wichtige Erfahrung vorenthalten.

Liedloff geht auch sehr spezifisch auf das Gefühl des Babys in den Armen der Mutter ein: In den Armen der Mutter entwickelt das Baby das Empfinden und die Annahme, dass es gut und vor allem willkommen ist. Liedloff betont, dass ein Mensch, egal wie alt, ohne diese Überzeugung immer durch einen Mangel an Selbstwert beeinträchtigt sein wird.

Wenn der Mensch nicht das Gefühl hat, dass man auf dieser Welt willkommen ist, und es ihm dadurch an Selbstwert mangelt, hat er auch keine Vorstellung davon, inwiefern er mit Trost, Sicherheit, Hilfe, Kameradschaft, Liebe, Freundschaft, Vergnügen und Freude rechnen kann.

Mütter und Babys geben einander Energie. Liedloff schreibt darüber, dass, wenn der Säugling ständig mit dem Körper, der ihn versorgt, in Berührung ist, sein Energiefeld mit dem der Mutter eins wird und die überschüssige Energie durch ihre Aktivitäten abgeführt werden kann. Das Kind kann selbst entspannt bleiben, frei von angestauten Spannungen, *während es die Energie, die es zu viel hat, an sie abgibt.*

Bei den Yequana am Amazonas hat Liedloff persönlich erfahren, wie enorm positiv die Stimmung unter den Kindern ist. Gerade durch das viele Tragen haben die Kinder ein Gefühl der Stimmigkeit entwickelt: das Gefühl, dass sie in Ordnung sind, dass das Leben gut ist. Liedloff sah die Kinder zu ausgeglichenen und lebensfreudigen Personen aufwachsen, die nie meckern oder quengeln, die nicht streiten und niemals mutwillig ungezogen oder lästig sind. Die Kinder zogen keine negative Aufmerksamkeit auf sich. Diese Kinder stellen sich selbst nie die Frage, ob sie gut und willkommen sind: Das Gefühl „gut zu sein", ist die Grundlage ihres Lebens.

Ich finde diese Ausführung von Liedloff außerordentlich wertvoll und aufschlussreich.

Jean Liedloff hat für ihr Buch *Auf der Suche nach dem verlorenen Glück* mit vielen Frauen gesprochen, sowohl mit indigenen Frauen als auch mit Frauen aus westlichen Gesellschaften. Aus letzterer

Gruppe bestätigten etliche, dass sie nie von sich selbst gedacht hätten, ihr Kind 24 Stunden am Tag dabei zu haben. Sie entdeckten oft zu ihrem Erstaunen, dass, je mehr sie ihr Baby bei sich trugen, sie dieses auch wollten. Bei ihnen übernahm tatsächlich der Instinkt die Führung.

Babysitter, die abends aufpassen, rät sie, dass Baby während des Fernsehens auf dem Schoß zu halten. Das Licht und die Geräusche werden ihm keinen Schaden zufügen, das Alleinsein hingegen schon.

Für Interessierte: Es gibt ein Netzwerk von Menschen, die sich von Jean Liedloff inspiriert fühlen: *The Liedloff Continuum Network*.
Das deutschsprachige Netzwerk findest du unter:
http://continuum-concept.de
weitere Informationen unter:
www.attachmentparenting.eu

Die Auswirkung des ständigen Tragens auf das Kind
Die stillende Mutter fühlt sich mit ihrem Kind verbunden. Das bewirken die Hormone. Untersuchungen haben ergeben, dass sich diese Mütter mit ihrem Baby auch mehr zutrauten. Wenn sie das Baby oft in ihren Armen oder im Tragetuch hatten, lernten sie es gut kennen, gewöhnten sich an seinen Charakter und an seine Signale.

Ein Baby fühlt sich im Tragetuch sicher, weil es unmittelbar den vertrauten Geruch riecht und die vertraute Stimme hört.

Das Tragetuch ist die größte Belohnung im Leben: Das Baby wird dadurch sehr glücklich geprägt. Diese Kinder fühlen sich derart wohl, dass sie Probleme im späteren Leben leichter lösen können. Das wird auch im Buch *Körperkontakt* von Ashley Montagu beschrieben.

Babys, die immer still liegen, können später leichter ihr Gleichgewicht verlieren und fallen, weil ihr Gleichgewichtsorgan nicht ausreichend entwickelt ist. Babys, die viel getragen worden sind, werden später weniger hinfallen, sie können sehr gut klettern und auf Spielplätzen ihr Gleichgewicht halten.

In seinem Buch *Die magische Welt des Kindes* schreibt Joseph Chilton Pearce über Gesellschaften in Afrika. Babys werden von Geburt an von der Mutter in einem Tuch getragen und jede Viertelstunde herausgeholt. Die Mutter schaut eben nach, ob es dem Baby gut geht und ob es noch trinken mag. Dadurch haben die Babys viel Augenkontakt und werden zu lachenden Kindern. Wenn die Mutter mit jemandem plaudert, wird das Baby begrüßt, es wird ihm die Hand gegeben, egal, wie klein es ist. Auch wird mit dem Baby gesprochen.

Die Mutter lernt ihr Kind dabei so gut kennen, dass sie auf Dauer weiß, wann es groß oder klein muss. Dann hält sie das Baby ein Stückchen von sich weg, damit sie nicht schmutzig wird. Pearce fragte eine Mutter: „Wie wissen Sie denn, wann das Baby mal muss?" Worauf die Mutter antwortete: „Sie wissen doch auch, wenn Sie selbst mal müssen." Mit anderen Worten: Wir sind eine Einheit!

Im Westen lernen manche Mütter durch das Buch *TopfFit!* von Laurie Boucke, diese Signale zu erkennen. Bemerkenswert dabei ist, dass man damit am besten vor dem sechsten Lebensmonat beginnt.

Weil das Kind so viel bei der Mutter ist, lernt es sehr schnell Wörter, Töne, Lieder und Rhythmen. Pearce beschreibt sogar, dass Kinder ihre Gliedmaßen, Augen und Münder nach den Lauten der Mütter bewegen. Dies hat er verfilmt, und als die Kinder zehn Jahre alt waren, hat sich herausgestellt, dass sie diese Bewegungen immer noch machten. Das zeigt, wie wichtig die Eltern für ein Kind sind.

Diese Kinder in Afrika sind bis zum zweiten Geburtstag oft im Tragetuch. Sie kennen auffallend viele Namen von Bäumen und Pflanzen, einige können sogar bis zu zweihundert verschiedene Arten benennen. All das haben sie gelernt, während sie bei der Mutter im Tragetuch waren. Bei meinem jüngsten Sohn fiel mir auf, dass er in diesem Alter alle Automarken auswendig kannte. Er erkannte sie an den Stoßstangen, Scheinwerfern, Radkappen usw. Ich musste ihm oft sagen, wie jede Marke hieß, und er prägte sich ihre jeweiligen Besonderheiten gut ein.

Jean Liedloff verglich Babys aus dem Westen mit indigenen Babys und sah, dass die Kinder aus dem Westen unkoordinierte Bewegungen machten. Bei den Indios sah sie Kinder mit sehr gutem Gleichgewichtssinn, die am Rand von einem Brunnen spielten, ohne hineinzufallen.

Im Buch *Körperkontakt* ist eine Geschichte aus Indien nachzulesen. Der Autor beobachtete, wie sich viele Menschen in einem übervollen Zug aneinanderlehnten. Trotz des gegenseitigen Fremdseins gab es keine Angst vor Körperkontakt. Die Atmosphäre war ruhig, und allmählich schliefen viele Menschen aneinander gelehnt ein. Montagu sah, dass der Körperkontakt von diesen Menschen als angenehm wahrgenommen wurde und musste dabei an kleine Kinder denken, die immer bei ihren Eltern einschliefen und sich dadurch sicher fühlten. Bis ins Erwachsenenalter hat dies Vorteile.

Als mein Baby neun Monate alt war, war es beim Einkaufen oft auf meiner Hüfte im Tragetuch. Ich unterhielt mich dann auf der Straße oder im Laden mit anderen Menschen und bemerkte, dass mein kleiner Sohn jedes Mal fragte: „Eh, eh?", womit er meinte: „Wer ist das?" Dann nannte ich den Namen der Person und er war zufrieden. Für mich war das eine sehr lehrreiche Erfahrung, und ich war mir dessen bewusst, dass mein Baby alles sehr gut beobachtete und von mir wissen wollte, wie alles heißt und wie sich alles anfühlt.

5.2 Das Tragetuch in der Praxis

Ein neugeborenes Baby liegt oft „wie eine Banane" quer im Tragetuch, mit den Händen nach vorn und mit gekreuzten Beinen, das heißt, im Schneidersitz. Später, wenn das Baby wächst, können die Beine aus dem Tuch ragen. Der *Schneidersitz* ist äußerst wichtig für die Bildung der Rückenmuskeln und der Hüften und wirkt beruhigend. Ich habe auch die Beine meiner Babys auf dem Schoß öfter in den Schneidersitz gebracht, wodurch der Rücken sich gut entwickeln konnte.

Außerdem sind die Füße dir dann so nahe, dass du sie leicht sanft massieren kannst, was für das Baby sehr angenehm und beruhigend ist.

Wenn das Baby einige Wochen älter ist (meistens ab drei Wochen), wirst du merken, dass es in der Bananenposition unruhig wird. Das kommt daher, weil in dieser Position das Baby die Brust riecht. Es dreht sein Köpfchen zur Brust und erwartet, dass es trinken darf. In meinem Fall löste ich das so, indem ich den BH wegließ, ein bequemes T-Shirt anzog und darüber eine warme Weste streifte. Weil meine Kinder am Daumen lutschten, wusste ich, wie gern Babys saugen und wollte sie oft anlegen. Ich habe einfach mein T-Shirt hochgezogen, und niemand konnte daran Anstoß nehmen, weil es im Schutz des Tragetuchs passierte. Auch beim Schlafen blieben meine Babys im Tuch.

Wer nicht in den Schlaf stillen möchte, kann das Baby am Finger oder am Schnuller saugen lassen. Beginne damit, wenn das Stillen gut funktioniert, um eine Saugverwirrung zu vermeiden.

Wenn das Baby genug Milch getrunken hat, kannst du es anschließend auch aufrecht tragen. Das ist auch die ideale Tragetechnik für Väter.

Wichtig ist: Ein kleines Baby, das im Tragetuch sitzt, muss in der M-Haltung sitzen. Die Knie müssen immer höher als die Pobacken liegen. Die Knie sind dann automatisch auf Hüfthöhe. Das ist nötig, damit sich die Hüften gut entwickeln (Hüftformung). Breite das Tuch gut bis zu den Knien aus, der Rücken muss krumm bleiben.

Ab etwa fünf Monaten kann ein Kind, mit gespreizten Beinen, auf der Hüfte der Eltern sitzen. Dies fördert die körperliche Entspannung, genau wie der Schneidersitz. An dieser Stelle ein Tipp: Wenn du selbst angespannt bist, kannst du im Schneidersitz sitzen oder liegen. Dann fühlst du, wie du leichter atmen und dich besser entspannen kannst.

Wenn du meinst, dass das Baby im Tuch ein bisschen zu locker sitzt oder liegt, kannst du zusätzlich einen Schal oder ein Halstuch nehmen und ihn um deinen Rücken nach vorn um den Rücken und Po vom Baby knoten. Sonst baumelt das Baby zu sehr, wenn du dich bücken musst. Das könnte ihm Angst machen und zum Weinen bringen.

Manche Mütter haben einen derart kurzen Oberkörper, dass das Baby darauf liegend nicht gut passt. Diese Mütter könnten das Kind von Anfang an aufrecht sitzend tragen. Das Tuch kann auf der Schulter gekreuzt werden; achte hierbei auf die M-Haltung der Knie.

Ich konnte auf diese Weise ganz einfach meine Einkäufe erledigen oder in die Schule gehen. Die schweren Einkaufstaschen hängte ich an den Lenker meines Fahrrads, und das Baby war im Tragetuch. Am Anfang ging ich zu Fuß. Unterwegs weinte das Baby manchmal. Es war Zeit für einen Schluck Muttermilch. Weil ich keinen BH trug, konnte ich das Baby unter meiner Jacke stillen. Manchmal suchte ich den Schutz eines Geschäfts auf.

Eine Mutter gab mir einmal den folgenden Tipp: Wenn sie mit dem Baby im Tragetuch zum Beispiel den Hund ausführte, begann das Baby manchmal unterwegs zu weinen und wollte trinken. Weil sie verhindern wollte, dass sie am Oberkörper auskühlte, trug sie ein Unterleibchen, in das sie zwei runde Löcher geschnitten hatte. So konnte sie während des Laufes stillen, ohne dass ihr kalt wurde.

Eine andere Mutter wollte verhindern, dass sie nachts beim Stillen im Bett kalte Schultern bekam. Sie schnitt einen warmen Wollpullover auf Brusthöhe ab. Ihr Mann fand diese Lösung ziemlich sexy, was wiederum für große Heiterkeit bei ihren Freundinnen sorgte, als das Thema aufkam. Natürlich kann man auch spezielle Stillkleidung im Handel oder im Internet kaufen.

Das Tragetuch bietet vielen Müttern die Möglichkeit, den Haushalt zu erledigen oder weiterhin ihrem Job am Rechner nachzugehen.

Beim kleinen Baby kannst du zum Stillen einfach deine Armbeuge unter das Köpfchen halten. Der Po wird vom Tuch gestützt; den brauchst du also nicht zu halten. Du hast beide Hände frei, um irgendwelche Arbeiten zu erledigen. Bei einem größeren Kind, das auf der Hüfte sitzt, ziehen viele Mütter geschickt die Beinchen nach vorn, um anschließend das Kind im Tragetuch liegend zu stillen. Wenn es mit dem Trinken fertig ist, kann es wieder zurück auf die

Hüfte der Mutter geschoben werden. Kinder ab fünf oder sechs Monaten können mit gespreizten Beinen um die Taille sitzen. Das Spreizen der Beine ist sehr gesund und gut für die Entwicklung der Hüften. Du kannst die Beinchen schön kräftig um deine Taille ziehen. Achte hierbei wieder auf die M-Haltung.

Erst bei meinen beiden jüngsten Kindern habe ich diesen intensiven Kontakt von Geburt an gepflegt, und es fällt mir auf, dass sie sehr viel Selbstvertrauen haben. Morgens nahm ich sie aus dem Bett mit in die Küche. Ich legte das Baby auf den Küchentisch, gemütlich inmitten der anderen Kinder. Selbstverständlich tranken wir an diesem Tisch keinen heißen Tee.

Das Baby möchte nicht ins Tragetuch
Ich höre öfter, dass ein Baby nicht ins Tragetuch möchte. Meist bietet Folgendes Abhilfe;

Zunächst sollte das Baby gefüttert werden, das beruhigt. Eine neue Erfahrung macht man am besten mit vollem Bauch.
   Bewegung hilft auch. Schaukle dein Baby ein wenig oder lauf ruhig mit ihm herum und setze es anschließend ins Tuch. Lass es eventuell zur Beruhigung im Tuch erst mal an der Brust saugen.
   Manche Babys weinen, wenn sie in der Bananenposition im Tuch liegen, weil der Kopf zu sehr nach vorn gebeugt ist. Achte darauf, dass der Nacken in den Tuchfalten gestützt ist. Das machst du, indem du das Tuch vom Hals aus über deine Schulter und wieder zurückziehst.

Das Baby stöhnt vor Genuss im Tuch
Manchmal wird gefragt, ob sich das Kind im Tragetuch wohlfühlt. Hinter der Frage steckt eigentlich die Annahme, dass es dem Kind im Tuch nicht so gut gehen könnte. Es ist aber genau umgekehrt. Kinder können im Tragetuch förmlich vor Genuss stöhnen, eben, weil sie so beschützt und eng am warmen Körper der Mutter liegen. Dieses Stöhnen hört man von Babys im Kinderwagen oder in der Wiege nie. Kinder in der Wiege sind vor allem anfänglich einfach erschrocken, weil sie weggelegt werden. Aus dem Umkreis wird

dann oft der Rat gegeben, einen Schnuller zu geben. Das ist keine sinnvolle Lösung.

Wenn mein Baby im Tuch aufwachte, holte ich es zum Wickeln oder für ein Bäuerchen heraus. Dann durfte es wieder frei auf dem Küchentisch, auf der Couch oder am Boden zwischen den Spielzeugautos meiner anderen Kinder strampeln. Wenn es dann wieder weinte oder unglücklich schien, kam es zurück ins Tuch und durfte etwas trinken.

Ablegen aus dem Tragetuch und Schaukelwiege

Wenn du das schlafende Baby aus dem Tuch auf der Couch oder an einem anderen Platz ablegen möchtest, geht das am besten mit dem Tuch und während es noch in seinem *ersten* Tiefschlaf ist, nach den ersten zehn Minuten. Wenn du zu lange mit dem Ablegen wartest, ist das Baby wieder in einer leichteren Schlafphase und wird schnell protestieren.

Falls das Baby nun doch plötzlich wach wird, gibt es zwei Möglichkeiten des Umgangs damit: Du kannst dich dazulegen und stillen, bis das Kind wieder schläft. Du kannst es auch auf die Couch legen, auf die Seite. Lege nun eine Hand auf sein Köpfchen und die andere Hand auf seine Schulter, um es auf diese Arte sanft zu wiegen. Das ahmt die warme Armbeuge nach, in der das Kind lag und sich sicher fühlte. Achte darauf, dass da keine Kissen sind, die umfallen können, und dass das Baby nicht in eine Spalte abrutschen kann. Bleib immer in der Nähe.

Wenn das Baby größer ist und zu schnell aufwacht, kannst du die Hände auf die Schulter und das Köpfchen legen, leicht drücken und den Körper sanft schaukeln, bis es sich wieder sicher fühlt und einschläft. Ich selbst habe einen niedrigen Tisch gegen die Couch geschoben, damit das Baby nicht zu Boden rutschen konnte.

Ein Kind in den Kinderwagen abzulegen, erfordert etwas mehr Geduld, weil du das schlafende Kind nicht bis zuletzt an der Brust halten kannst. Warte, bis das Kind tief an der Brust schläft, docke es sanft ab, hebe es zu deiner Schulter hinauf, bewege es kurz und lass es dann in den Kinderwagen gleiten. Das geht meistens noch im Wohnzimmer. Ein bisschen Nachschaukeln und fertig.

Babywiegen machen übrigens oft die falsche Schaukelbewegung, nämlich seitlich. Kinder finden es angenehmer, nach vorn und hinten zu schaukeln. Das darf ruhig eine kräftige Schaukelbewegung sein.

Wenn du ein schlafendes Kind auf ein großes Bett legen möchtest, kannst du es *quer* niederlegen. Es hat dann die Möglichkeit zu rollen, ohne aus dem Bett zu fallen.

Wenn man das Kind in einen Autositz legt, kann es auch mit Angst und Schmerz reagieren. Der Kinderarzt Sears rät dazu, sich darüber zu beugen und so noch kurz zu stillen.

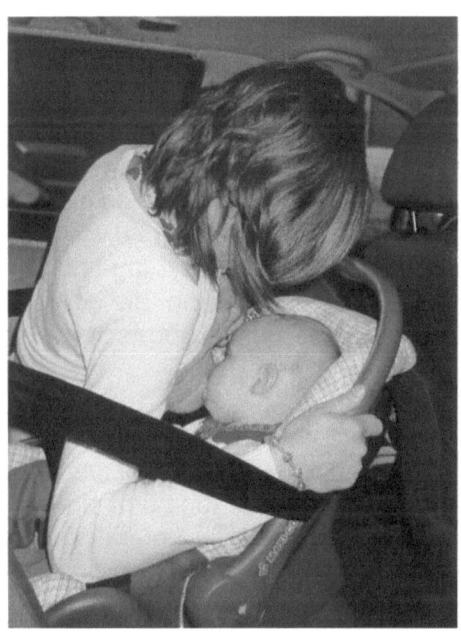

*Aus dem Tuch schlafend
in das Maxi-Cosi legen*

Tragetuch oder Kinderwagen

In diesem Abschnitt stelle ich Menschen aus verschiedenen Ländern und Kulturen vor, die über ihre Wahrnehmungen in Bezug auf die Verwendung des Tragetuchs bzw. des Kinderwagens berichten.

In einer Zeitschrift von Weleda beschreibt eine Redakteurin, welche Erfahrung ein Baby in unserem Kulturkreis in einem Kinderwagen macht: Wenn eine Mutter ihr Kind auf dem Bürgersteig durch das Gedränge schiebt, ist es unzähligen Eindrücken ausgesetzt. Menschen kommen ihm entgegen. Sie gehen vorbei, stehen zusammen und unterhalten sich. Manchmal ist am Bordstein mehr Platz. Da aber flitzen Autos vorbei, lärmende LKWs blockieren den Blick auf den Himmel und bremsen vor der Ampel. Auf der anderen Straßenseite gibt es Schaufenster, davor Kisten mit Pfirsichen und Gemüse. Einmal eine schnelle Drehung: Der Kinderwagen mit dem verdutzten Kind wird über eine Stufe gehievt und in das grelle Licht des Supermarkts geschoben. Was hat der Knirps erlebt? Mit dem Gesicht frontal, angeschnallt, sodass er sich kaum zur Mutter drehen kann, wird er von Farben und Formen, von Körperteilen, vorbeihuschenden und in Abgase gehüllten Autos überwältigt.

Eine Welle der Eindrücke, die in seine ungeschützten Augen, Ohren, Nasenlöcher und alle Sinnesorgane einfließen, ohne dass sein Bewusstsein das Ganze zurückhalten, verarbeiten oder einordnen kann. Ein Überfluss, der nur aus Fetzen, Bruchteilen und beängstigenden Dingen, die Verwirrung auslösen, besteht.

Um das Kind zu beruhigen, hat die Mutter ihm einen Schnuller gegeben: die einsame Lösung.

Jetzt das Gegenteil: Eine indigene Frau in einer hektischen Straße in Mexiko. Sie hat ihr Kind in einem großen bunten Tuch, dem Rebozo, auf den Rücken gebunden und stillt es unterwegs. Sie spürt den freundlich neugierigen Blick eines Unbekannten und zieht das Tuch über das Gesicht des Kindes. Sie bedeckt nicht ihre Nacktheit, sondern das kleine Wesen.

Was hat das Kind erlebt? Den wiegenden Rhythmus der gehenden Mutter, die Wärme ihres Körpers, die Nähe, den Geruch und die vertraute Stimme; daraufhin die Mutterbrust, die sanften Hände, den Schutz des Tuchs anstatt die Zudringlichkeit eines Unbekannten.

Der Kinderwagen zwingt das Kind, mit dem Gesicht von der Mutter abgewandt zu sitzen. Wie gern würde es sich stets am vertrauten Bild ihres Lächelns und an ihren freundlichen Worten festhalten.

Dies alles symbolisiert den verlorenen Instinkt für den Umgang mit Kindern. Der Rebozo, in dem das Kind während der Arbeit auf dem Feld oder im Haus getragen wird, ist ein Zeichen für die Zusammengehörigkeit von Mutter und Kind. Wenige Menschen begreifen, was ein Kind erlebt.

Irene Wambui aus Kenia erzählt: „In ganz Afrika sieht man Frauen, die schlafende oder auch manchmal lachende Babys auf dem Rücken tragen. Die Babys bewegen sich durch das Schaukeln der Hüfte. In Afrika tragen wir unsere Kinder, damit sie fühlen, dass wir sie lieben! Ein Kinderwagen scheint mir ein Hundekäfig voll nutzloser Rasseln, Kuscheltiere und Spiegel. Ich kann mir nicht vorstellen, Kinder in so ein verrückt aussehendes Ding zu stecken, um damit herumzufahren wie mit einem jungen Tier."

„Der Kinderwagen steht für die maximale Distanzierung des Babys", meint F. X. Njenga, Kinderpsychiater aus Nairobi. „Das Baby, das auf dem Rücken getragen wird, ist mit der Mutter in Wärme und Behaglichkeit verbunden. Es fühlt sich sicherer, und Menschen, die sich sicher fühlen, sind glücklicher. Außerdem wird ein Baby im Tuch immer gegrüßt."

Marianne Riksen Walraven, Professorin für Entwicklungspsychologie in den Niederlanden, schreibt über ihre Erfahrungen auf Bali: „Auf Bali wird ein Baby als Geschenk Gottes betrachtet. Während der ersten 210 Tage nach der Geburt wird ein Kind da eher wie göttlich als wie menschlich betrachtet, und ihm steht daher eine respektvolle Begegnung zu. Sonst könnte es sich's anders überlegen und in die Welt der Götter zurückkehren. Daher werden Babys immerfort getragen; einen Gott setzt man schließlich nicht einfach auf den Boden, und man lässt ihn schon gar nicht weinen. Wenn eine Mutter eben ihre Hände frei haben will, findet sich immer jemand, der ihr Baby halten und herumtragen möchte. Es gibt mehr Kulturen, in denen Babys mit großem Respekt behandelt werden, und wo sie als kompetente Wesen mit eigener Persönlichkeit betrachtet werden. Im Westen sind Babys sehr lange enorm unterschätzt worden."

Wenn es draußen kalt ist, muss das Baby gut gegen die Kälte geschützt werden. Nicht umsonst wird vor gefrorenen Kinderfüßen während des Skiurlaubs gewarnt. Ich finde es beeindruckend, was die Inuit bei intensiver Kälte machen. Ihre Kinder werden eng auf der Mutter getragen, und zwar unter ihrer Jacke auf ihrem nackten Rücken. Die Jacke hat eine Aussparung, wo das Baby genau hineinpasst. Später wird es bis zum zweiten Lebensjahr in der Kapuze der Mutter getragen. So nahe am Körper und an der Milch der Mutter ist das Baby in der Lage, die bittere Kälte zu überleben. Diese Lage ist optimal für sein Wachstum. Sechs Monate lang gibt es dort keinen Unterschied zwischen Tag und Nacht, und die Kinder schlafen nur dann, wann sie müde sind. Durch das Tragen in der Kapuze sind die Inuit auch später äußerst gelenkig. Und weil das Kind von der Kapuze aus alles beobachten kann, was seine Mutter macht, kann es selbst später auch leichter Dinge meistern, wie den Umgang mit scharfen Messern, ohne sich zu verletzen.

Wenn es winterlich kalt ist, kannst du das Baby unter deiner Jacke tragen. Achte darauf, dass es genug frische Luft bekommt, und trage selbst um deinen Hals einen warmen Schal. Wenn du das Baby über deiner Jacke trägst, kannst du ihm eine zweite Hose anziehen und einen Poncho um die Schultern legen.

Es werden auch Tragejacken verkauft. Eine Tragejacke ist eine Jacke, die du über dem Tragetuch tragen kannst. Die Jacke hat ein loses Einsatzstück, das du an der Vorder- oder Rückseite der Jacke befestigen kannst, wo das Kind im Tragetuch sitzt.

Ich selbst trug meine erste Tochter ab und zu vorn auf meinem Bauch. Sie mochte das sehr. Mein zweites Kind habe ich wenig getragen, weil ich selbst in einer nicht so guten Verfassung war. Es verweigerte, wie schon beschrieben, von sechs Wochen an die Brust. Später stellte sich heraus, dass ich zu viele Kuhmilchprodukte verzehrt hatte.

Als ich meinen Sohn während des Urlaubs in die Bauchtrage setzte, wollte er immer wieder raus. Wir waren nicht gut aufeinander abgestimmt, und das machte mich traurig. Hätte ich ihn in einem

Tuch auf der Hüfte gehabt, hätte er mitschauen können. Ab dem dritten Kind habe ich meine Kinder viel getragen. Auch kurz nach der Entbindung hatte ich das Baby immer bei mir. Durch das Tuch fühlte ich mich mit meinem Kind verbunden. Ich wollte mich frei fühlen, und das war möglich, weil das Kind sich auf meinem Körper beruhigte und ich so überall mit ihm hingehen konnte.

Mit dem Baby im Tragetuch zur Hochzeit
Wenn man zu einer Hochzeit geht, wird man hierzulande das Baby meist bei einem Babysitter lassen. Meine Freundin Myriam erzählte mir allerdings, dass sie ihr Baby Emma den ganzen Tag auf einer Hochzeit dabeihatte.

Emma war sechs Monate alt und ab halb neun Uhr morgens mit auf Achse. Myriam hatte drei verschiedene Arten von Tragetüchern mitgenommen sowie einen Buggy, sodass die Oma kurz mit Emma spazieren gehen konnte. Emma saß meist bei der Mutter auf der Hüfte oder beim Papa im Tragetuch. Während des Empfangs schlief sie gemütlich im Tragetuch bei der Mama.

Am Abend gab es ein großes Fest, das das Baby Emma ebenfalls genoss. Es war ein langer Tag, der vom frühen Morgen bis Mitternacht dauerte, aber es war für die drei Beteiligten eine schöne Feier. Emma hielt dank Tragetuch, Buggy und angesichts der vielen liebevollen Arme, die sie eben mal tragen wollten, gut durch.

Vorteile des Tragetuchs bei älteren Kindern
Ich möchte an dieser Stelle noch ein paar persönliche Erfahrungen teilen. Die Lektüre von Jean Liedloffs Buch hat mir die Augen geöffnet.

Meine Tochter war von Geburt an viel im Tragetuch. Mit etwa fünf Monaten saß sie auf meiner Hüfte und schaute sich die Welt von diesem sicheren Ort aus an. Sie war sehr beweglich in den Gliedern und Gelenken, wie ich das oft bei Tragetuchkindern beobachte.

Mit vier Jahren begann sie mit Kindergymnastik. Die Kinder durften an Tauen klettern. Meine Tochter kletterte bis an die Decke. Obendrein ließ sie eine Hand los und winkte auch noch. Danach kam sie wieder runter. Ich vertraute darauf, dass ihr Gleichgewicht und ihre Motorik gut ausgebildet waren. Die meisten anderen Kinder

konnten nur wenige Züge hochklettern. Meine Tochter sah allerdings eher aus wie eine zarte Puppe als wie ein Muskelprotz.

Als sie sieben Jahre alt war, durfte sie bei einem Bauern auf einem Haflingerpony reiten. Während sie ritt, erschrak das Pony
plötzlich und schlug aus. Unsere Tochter fiel aus dem Sattel und
blieb mit einem Bein im Steigbügel hängen. So wurde sie am Pony
hängend über die Wiese geschleift. Sie federte freilich sehr gelenkig
mit den stoßenden Bewegungen des Ponys mit, hielt sich ganz
schlaff und entspannt. Glücklicherweise konnte der Bauer das Pony
schnell fassen und beruhigen; unsere Tochter befreite sich, stand
auf und es fehlte ihr nichts. Nicht einmal Angst hatte sie gehabt. Ihre
Gelenkigkeit vom vielen Tragen im Tragetuch, vom langen Stillen
und von gesundem Essen hatte sie gerettet. Sie hatte sich im
Rhythmus mit dem Pony mitbewegt. Ich fühlte in diesem Moment
sehr deutlich, wie sie noch vor einigen Jahren so entspannt auf meiner Hüfte mitschwang, und war überglücklich, dass ich ihr das mitgegeben hatte.

Auf dem Spielplatz der Grundschule beobachtete ich die Kinder
beim Laufen. Manchmal war ein Kind dabei, das wie ein steifes Brett
rannte. Vielleicht hat man es immer ins Bett gelegt, anstatt es zu
tragen, hat es nicht gewiegt und geschaukelt, wodurch es sich nicht
entspannt mitbewegen konnte.

Zusammen in der Küche
Oft darf ein Kind nicht mit in die Küche, wenn Mama oder Papa beim
Kochen sind. Es wird lieber sich allein überlassen, um einen Film
zu schauen. Ich bin jedoch der Meinung, dass ein Kind prima in der
Küche „helfen" und dort seine Erfahrungen machen kann. Bedin-
gung ist natürlich, dass die Eltern für die Sicherheit garantieren.

Wenn du in der Küche mit dem Baby auf der Hüfte oder im Tragetuch beschäftigt bist, ist es sicher und du hast die Hände frei. Das
Kind sieht alles, was du tust; es sieht die scharfen Messer, das
Feuer, die heißen Pfannen und das Gemüseschnippeln. Du bist
zwar doppelt so langsam, aber dafür investierst du in die Entwicklung deines Kindes.

Schon möglich, dass es mit dem Händchen nach allerlei Dingen
greift. Du kannst dann sagen: „Das ist heiß, aua!" Und: „Händchen

ins Tuch, Vorsicht!" Du kannst ihm auch etwas in die Hand geben, zum Beispiel eine Möhre zum Knabbern. Du kannst es auf der Hüfte auch etwas nach hinten schieben, sodass sich dein Arm vorn frei bewegen kann.

Wenn mein Kind nicht auf mich hören wollte, sagte ich: „Dann musst du hinunter und am Boden sitzen", und nahm es aus dem Tragetuch.

Sobald unsere Kinder sitzen konnten, saßen sie bei mir im Trage- tuch oder auf der Spüle. Als sie elf Monate alt waren (ja wirklich!) durften sie mir in der Küche beim Gemüsewaschen helfen. Ich hatte einen Hocker mit einer rauen Oberfläche aus Schilf. Darauf konnten sie sich stellen und unter meinem Schutz mit ihren Händen im Was- ser planschen. Sie sind nie vom Hocker gefallen, und je älter sie wurden, desto weniger brauchte ich meine schützenden Arme, um sie zu halten. Einmal ist es schiefgegangen. Ein zwölfjähriges Mäd- chen wollte seine Hände waschen und schubste mein Kind, ohne zu überlegen. Aber von selbst sind sie nie vom Stuhl gefallen, weil sie so einen guten Gleichgewichtssinn haben. Natürlich wurden die Kinder gehörig nass, aber das war halb so schlimm.

Mit zwei Jahren selber Pfannkuchen backen
Als mein Sohn zwei war, half er mir immer in der Küche. Wir be- schlossen, Pfannkuchen zu backen. Er holte den Hocker, nahm das Mehl und rührte es. Dann nahm er selbst die Pfanne, und wir gos- sen zusammen ein bisschen Öl hinein. Er durfte das Gas mit dem automatischen Fernzünder anzünden. Als die Pfanne warm war, konnte er den Teig selbst hineingießen und den Pfannkuchen wen- den. Ein Mädchen aus der Nachbarschaft kam vorbei und war ganz erstaunt, was es da sah. Später ging mein Sohn zu ihr, um Pfann- kuchen zu backen. So was muss also wirklich nicht gefährlich sein. Durch die Tragetucherfahrung war er darauf vorbereitet.

Das Tragen ist aus gesundheitlichen Gründen nicht möglich
Einige Eltern können ihr Kind aus gesundheitlichen Gründen nicht tragen. Ein Trageberater schreibt darüber: „Auf dem Arm tragen, ist eine schwere und einseitige Belastung. Es gibt Eltern mit körperli- chen Beschwerden, denen das Heben des Kindes nicht möglich ist.

Diesen Eltern ist oft mit einer Tragehilfe gut geholfen. Es gibt Tragehilfen im Handel, die bei unterschiedlichen Beschwerden Entlastung bringen. So ist es zum Beispiel bei Beckeninstabilität vernünftig, einen Tragesack zu verwenden, der das Gewicht gleichmäßig über beide Körperhälften verteilt. Bei Schulterbeschwerden ist eine Tragehilfe ratsam, die das Gewicht über Rücken und Brustkorb verteilt, also ohne Schulterträger (afrikanische Art)."

Eine weitere kinderfreundliche Lösung ist ein Kinderwagen, in dem das Kind zu den Eltern gewandt sitzt. Eltern und Kind können so leichter Kontakt zueinander aufnehmen. Das Kind sieht aus dem Wagen heraus die Mutter oder den Vater und kann an deren Gesichtsausdruck erkennen, ob alles in Ordnung ist. Und sie können dem Kind erzählen, was sie sehen.

Wird das Kind hingesetzt, nimmt man es am besten auf den Schoß.

Eine Mutter mit großen Rücken- und Beckenproblemen probierte noch etwas anderes: Sie legte sich viel auf den Boden, schaukelte und bewegte sich mit dem Baby auf ihrem Bauch hin und her, um so das Gehen mit dem Kind nachzuahmen.

5.3 Herstellen und Tragen des Tragetuchs in Wort und Bild

Tragetuch selbst machen
Ein Tragetuch kannst du einfach und kostengünstig selbst herstellen. Verwende ein Stück dünne Baumwolle von ungefähr 2,50 x 0,70 Meter.
Binde das Tuch auf Hüfthöhe oder Taillenhöhe mit einem flachen Knoten, indem du die rechte Tuchseite über die linke und danach die linke über die rechte knüpfst. Drehe den Knoten zum Rücken hin.

Zum Gewöhnen gibst du dem Baby am besten zuerst etwas zu trinken. Dann kann es mit den neuen Eindrücken besser umgehen.

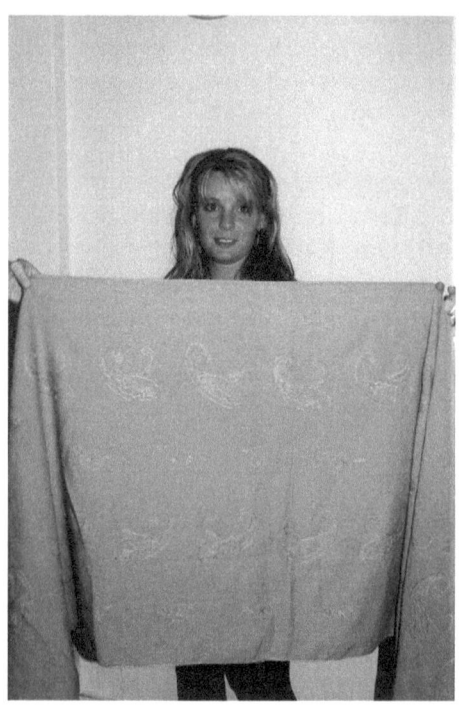 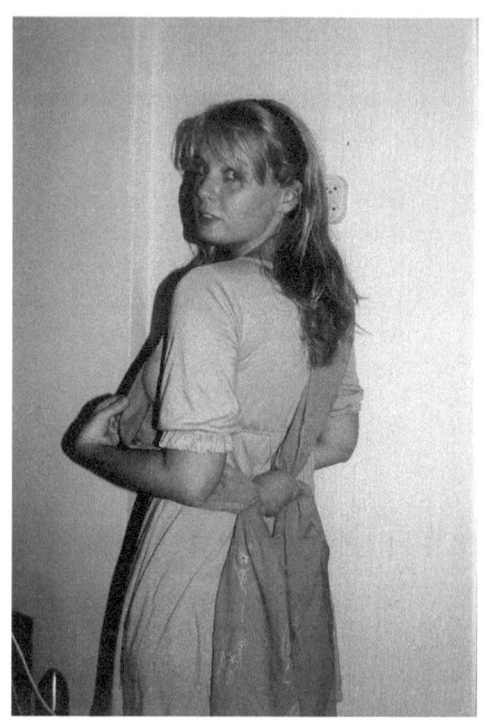

Beispiel für eine Stoffbahn aus Baumwolle, die für die Herstellung eines Tragetuchs geeignet ist.

Lege dir das Tuch auf die Schulter, nahe am Nacken. Mache einen Knoten auf Hüfthöhe und schiebe ihn auf den Rücken.

Tragetuch mit Baby als „Banane". Die ersten drei Wochen trägst du das Baby als „Banane". Danach wollen die meisten Babys aufrecht getragen werden.

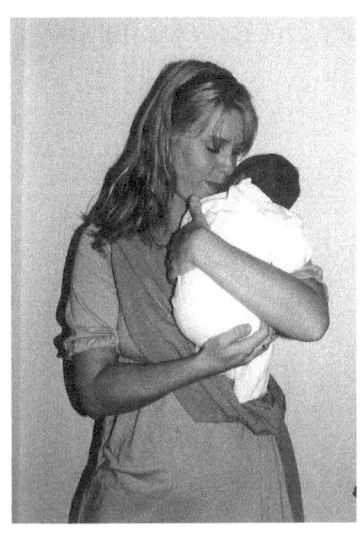

links: über deine
Schulter erst den
Po ins Tuch glei-
ten lassen.

rechts: Beine
kreuzen, dann ist
der Rücken dran.

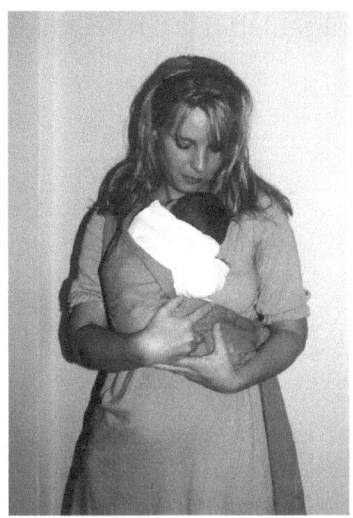

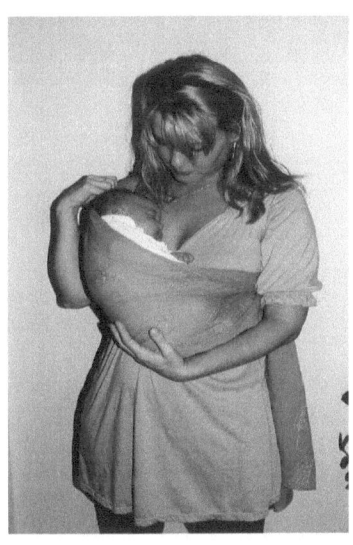

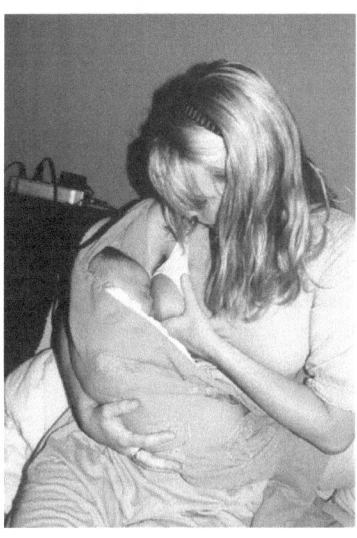

links: Das Köpfchen liegt auf der Tuchfalte
auf. Die stützt den Nacken des Babys.
Wenn du das Tuch vom Nacken über die
Schulter zurückschlägst, hat das Köpfchen
Platz.

rechts: Das Baby liegt nun wie eine
„Banane" im Tuch. Achte darauf, dass
der Nacken gerade ist, damit das Baby
gut Luft holen kann. Tragetuchberater
raten davon ab. Eine erfahrene Mutter
kann damit jedoch gut umgehen.

Tragetuch mit dem Baby hoch angelegt, in der Nähe der Stimmbänder

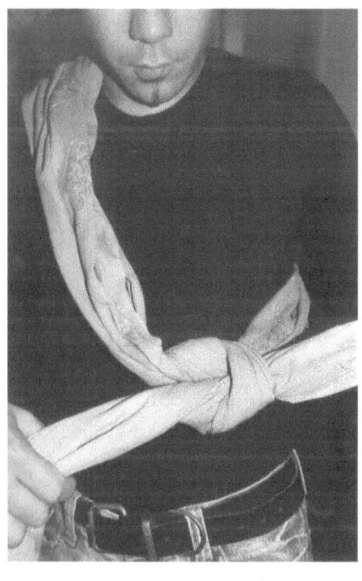

links: Mache einen Knoten auf Taillenhöhe und schiebe ihn auf den Rücken.

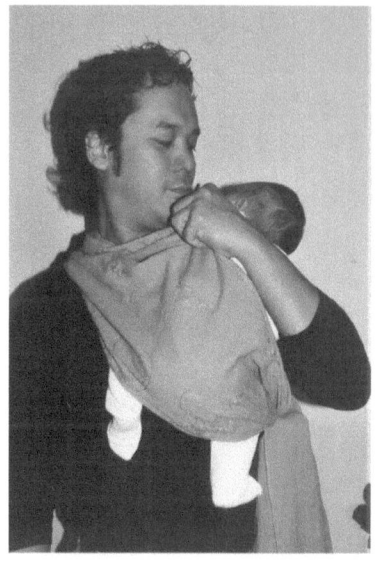

rechts: Das Baby wird ab der Schulter mit zwei Beinen bis zu den Knien ins Tuch geschoben und sitzt. Die Unterbeine gucken hervor. Die Knie sind höher als der Po.

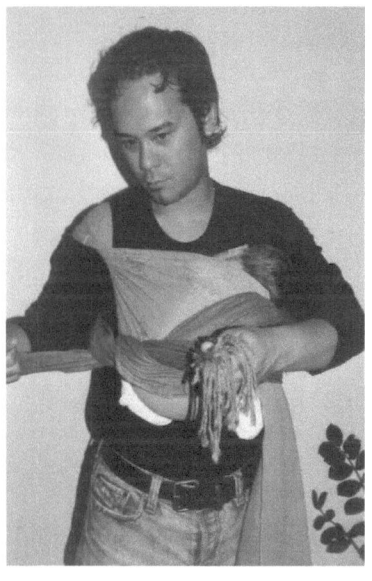

links: Das Tuch ist auf deiner Schulter zweimal gekreuzt. Binde ruhig einen extra Schal herum.

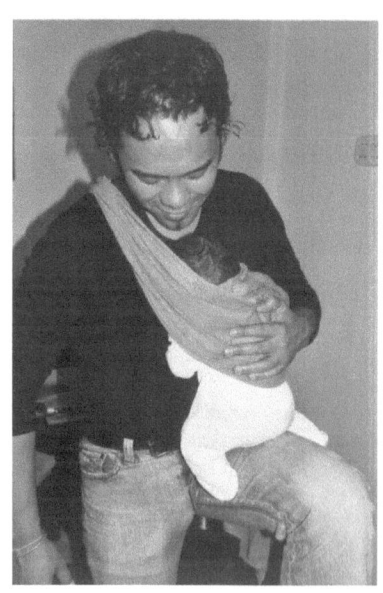

rechts: Das Baby gleitet über dein Knie aus dem Tuch heraus.

Tragetuch nach drei Wochen, wenn das Baby aufrecht sitzen möchte

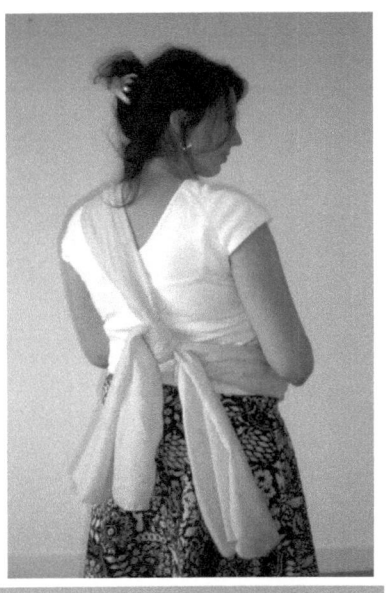

links: Mache einen Knoten auf Höhe der Hüfte und schiebe ihn auf den Rücken.

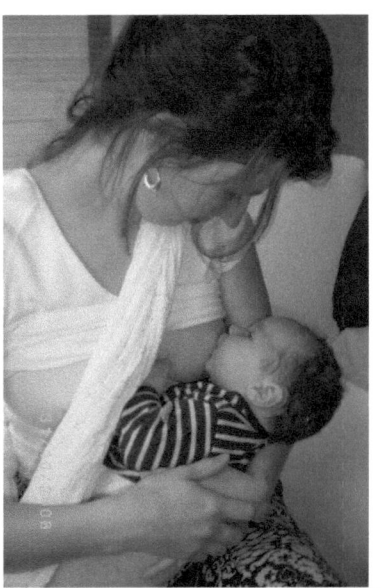

rechts: Zum Gewöhnen gibst du dem Baby besser erst zu trinken. Dann kann es mit den neuen Eindrücken besser umgehen.

links: Lass das Baby von deiner Schulter aus ins Tuch gleiten, an jeder Seite ein Bein. Die Beine sind weit gespreizt. Die Knie sind höher als der Po.

rechts: Breite das Tuch über deine Schulter. Weil in dem Fall ein Knie höher als das andere liegt, kannst du das Tuch zur Abwechslung auch auf der anderen Schulter tragen.

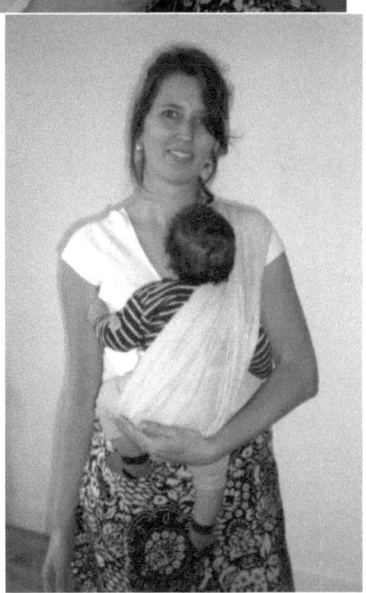

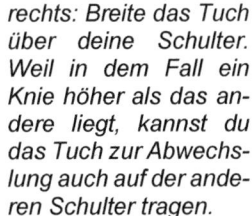

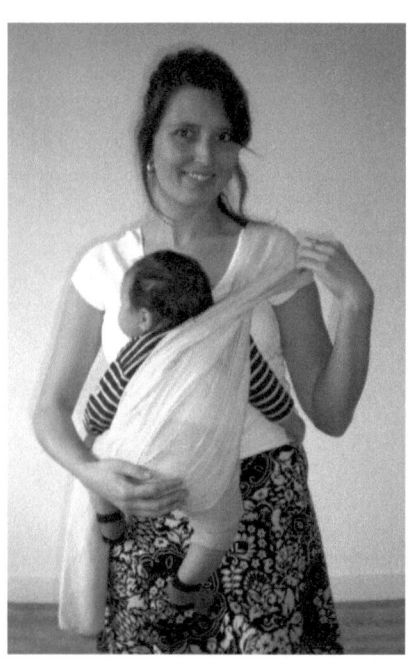

links: Wenn es zu locker sitzt, kannst du das Tuch vom Nacken aus einschlagen.

rechts: Wenn es saugen möchte, kannst du das Baby mit dem ganzen Tuch zur Brust schieben.

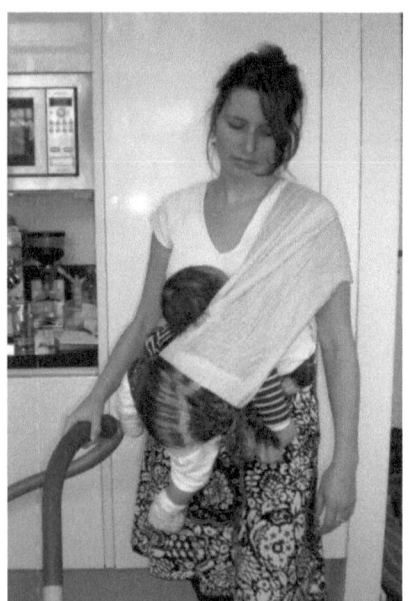

Wenn du Arbeiten erledigen willst, binde dir zur Unterstützung einen zusätzlichen Schal um.

Trage das Tuch abwechselnd über die linke und die rechte Schulter, denn ein Bein kann höher als das andere liegen.

Tragetuch in Schlingenstellung
Verwende das Tuch auf Hüfthöhe. Diese Stellung ist ideal, wenn du zum Beispiel noch ein Kleinkind versorgen musst.

links: Die Beine des Babys gleiten durch das Tuch, seine Hüfte bleibt größtenteils im Tuch.

rechts: Ziehe das Tuch bis an seine Schultern.

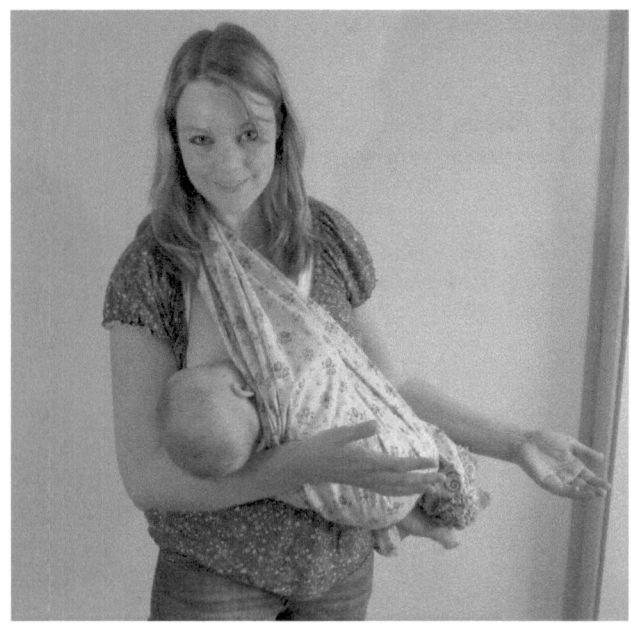

Ein Arm bietet Unterstützung, aber du hast beide Hände frei.

Wenn du magst, kannst du das Tuch auch über das Köpfchen des Babys zie-hen. So sieht niemand, wenn du gerade stillst. Dein Arm stützt weiterhin das Köpfchen.

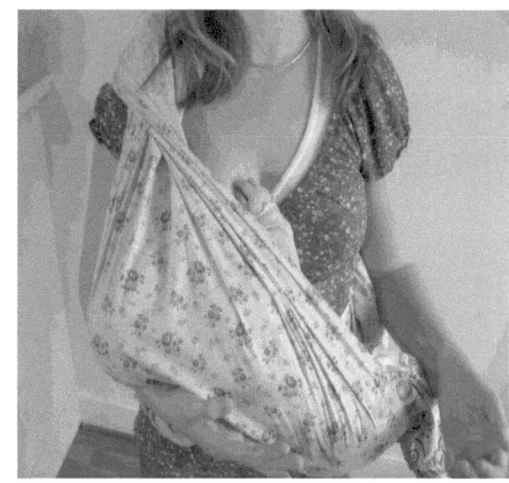

Tragetuch auf der Hüfte mit einem Kind von fünf Monaten

Verwende das Tuch auf Taillenhöhe. Jetzt kannst du einen etwas dickeren Baumwollstoff nehmen.

links: Das Kind gleitet über deine Schulter mit beiden Beinen ins Tuch.

rechts: Ziehe das Tuch von deinem Nacken aus über deine Schulter. Wenn sich das Kind schwer anfühlt, breite das Tuch mehrere Male über deine Schulter hin und her.

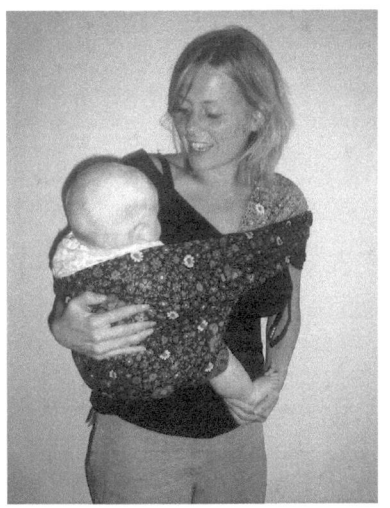

links: Das Kind sitzt im Tuch, deine Hüfte bietet Unterstützung. Zieh die gespreizten Beine um deine Taille. Gut gespreizte Beine machen den Rücken schön gerade.

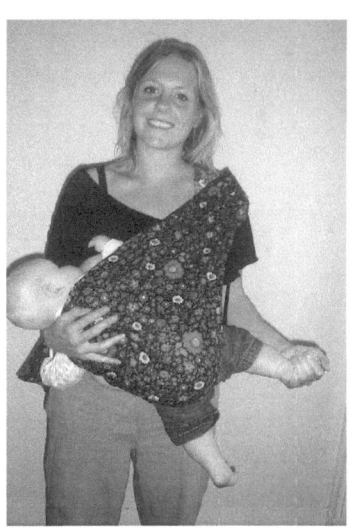

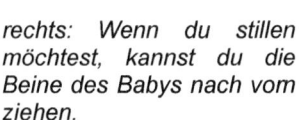

rechts: Wenn du stillen möchtest, kannst du die Beine des Babys nach vorn ziehen.

Wenn du zwei Hände gebrauchen willst, kannst du das Kleine ein paar Zentimeter nach hinten schieben.

Tragetuch mit dem Kind auf dem Schoß

Verwende das Tuch auf Hüft- oder Taillenhöhe. Die Verwendung des Tragetuchs mit deinem Baby auf dem Schoß ist für jedes Alter geeignet.

Das Tuch läuft unter den Achseln des Babys hindurch. Du breitest es über deine Schulter aus.

Tragetuch mit Kind auf dem Rücken

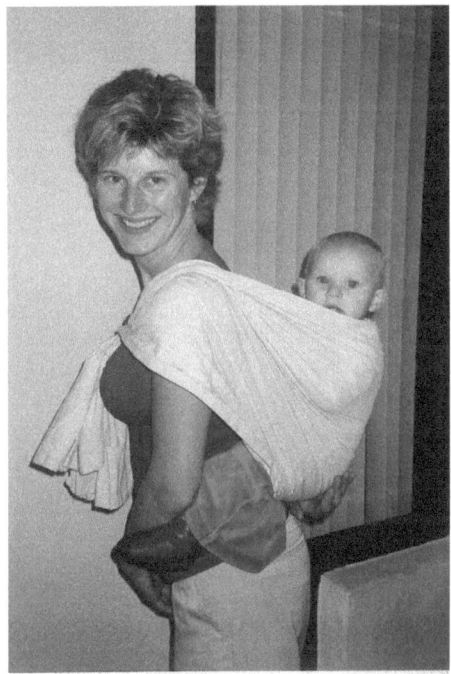

Verwende am besten ein 90 cm breites Tuch. Lege zuerst den Knoten auf deine Schulter und halte das Tuch auf Taillenhöhe. Lass das Kind ins Tuch auf deine Hüfte gleiten. Ziehe das Tuch hoch über die Schultern des Kindes. Schiebe anschließend das Tuch mit dem Kind darin auf deinen Rücken. Ziehe seine Beinchen kräftig um deine Taille.

Für ein Online-Anleitungsvideo siehe YouTube: *Draagdoek met een baby van twee weken oud* (*Tragetuch mit einem zwei Wochen altem Baby*) und *Draagdoek met een kindje vanaf 5 maanden tot rond 4 jaar oud* (*Tragetuch mit einem Kind von 5 Monaten bis zum 4. Lebensjahr*).

Tragetuch mit Baby mit Blick nach vorn

Diese Art des Tragens wird ebenfalls oft angewendet. Ich bin keine Befürworterin davon, denn das Baby schaut dabei eigentlich in ein tiefes Loch und bekommt dadurch das Gefühl, nicht geschützt zu sein. Es kann sich all den Eindrücken nicht entziehen.

Außerdem ist es eine unnatürliche Haltung für das Baby, weil sein Rücken eigentlich noch gekrümmt ist und durch diese Trageweise zu sehr gestreckt wird. Dem Baby fehlt außerdem der Bauch-

zu-Bauch-Kontakt sowie der Kontakt mit dem Atem und den Stimmbändern des Erwachsenen. Darüber hinaus verpasst es die lehrreiche Beobachtung des Erwachsenen.

Das sind alles Gründe, diese Trageweise besser nicht anzuwen-
den.

5.4 Die Vorteile des Tragens auf einen Blick

Nachfolgend sind die Vorteile des Tragens für Eltern und Kinder zusammengefasst:

Die Vorteile für die Eltern:

- Sie lernen ihr Kind gut kennen.
- Sie können überall hingehen und fühlen sich freier.
- Sie haben mehr Freude am Elternsein.
- Es ist praktisch für Eltern, die nicht im Erdgeschoss wohnen.

Die Vorteile für das Kind:

- Ein getragenes Baby ist zufriedener und weint im Verhältnis weni-
  ger – es fühlt sich geborgen. Weinen ist eine Überlebensstrategie.
- Das Baby leidet weniger unter Bauchkrämpfen.
- Der Haut-zu-Haut-Kontakt verbessert die Sauerstoffzufuhr und die
  Regelung der Körpertemperatur. Das Baby atmet tiefer durch.
- Langfristig hat es positive Effekte auf das Immunsystem.
- Die Nähe eines Elternteils verringert die Zahl der Stresshormone
  und normalisiert den Herzschlag.
- Je näher das Kind bei den Eltern ist, desto höher ist der Wachs-
  tumshormonspiegel und desto mehr für die Gehirnentwicklung ver-
  antwortliche Enzyme sind am Werk.
- Das Baby hat einen besseren Gleichgewichtssinn. Babys, die nicht
  getragen wurden, fallen später leichter.
- Väter tragen ihr Baby nahe den Stimmbändern. Die Vibrationen sind
  angenehm fürs Baby.
- Das Baby bekommt keinen flachen Hinterkopf. Die Korrektur eines
  flachen Hinterkopfs kann problematisch sein.
- Das Baby braucht nicht gepuckt zu werden.

- Die Gefahr des plötzlichen Kindstods geht zurück, weil getragene Babys weniger Zeit im Bett oder im Kinderwagen verbringen. (In der Diskussion um den plötzlichen Kindstod spielt das Tragetuch leider keine Rolle).
- Das Baby lernt schneller sprechen: Es ist nahe am Mund der Eltern und hört alle Klänge sehr deutlich.
- Ein Baby braucht zehn Stunden Körperkontakt pro Tag. Ein Tragetuch kann das unterstützen.
- Im Tragetuch wird das Kind in alle Richtungen geschaukelt. Durch diese Erfahrung lernt es, auf seine Bewegungen zu vertrauen. Später hat es weniger das Bedürfnis, seine Grenzen zu testen und wird weniger geneigt sein, gefährliche Dinge auszuprobieren.
- Das Kind hört, riecht und sieht viel mehr vom Alltag.

Du wirst dich fragen, ob das Tragen nicht zu schwer für dich ist und ob du das wohl schaffst. Die Natur hat die Mutter jedoch auf das Tragen vorbereitet. Während der Schwangerschaft trägt die Mutter zehn oder mehr zusätzliche Kilogramm mit sich. Ihre Muskeln sind dadurch ziemlich gut trainiert, wodurch sie in der Lage sein wird, das Baby in den Armen oder auf der Hüfte zu tragen. Innerhalb eines Jahres wächst sein Gewicht von ungefähr vier auf zehn Kilo. Wenn das Baby wächst, wachsen die Muskeln der Mutter beim Tragen mit. So schön hat die Natur das vorgesehen …

6 Gemeinsam schlafen mit deinem Kind

Ein ganz natürliches Verhalten

Der Schlaf von Kindern ist ein heißes Thema. Es besteht allerdings eine große Informationslücke. Darum möchte ich das Thema in diesem Kapitel ausführlich behandeln. Es soll Eltern zur Unterstützung dienen und Sozialpädagoginnen helfen, den Blickwinkel erweitern.

Eine junge Mutter wird oft gefragt: „Schläft dein Baby schon durch?" Und wenn sie dann bejahend nickt, bekommt sie Komplimente und ist eine tüchtige Mutter. Wenn das Baby allerdings nicht durchschläft, bekommt die Mutter besorgte Blicke zu spüren und allerlei Tipps zu hören: in der Nacht weinen lassen, einen Schnuller geben, in ein anderes Zimmer legen oder in die Küche setzen.

Ich plädiere außerdem dafür, dass eine berufstätige Mutter gemeinsam mit ihren kleineren und älteren Kindern schläft. Das ist eine Kompensation für die Zeit, in der sie getrennt waren. Außerdem ist das sehr gemütlich. Ich will damit auch Argumente gegen die Angst bieten, die so oft beschworen wird, wenn es um das gemeinsame Schlafen geht.

6.1 Wieso gemeinsam schlafen – ist das sicher?

Bereits nach der Geburt verspürt das Baby ein intensives Bedürfnis nach Mutter und Vater.

Sein ganzes Wesen kann nicht ohne sie bestehen und sehnt sich nach dem vertrauten Körperkontakt. Viele Menschen nehmen deshalb ihr Baby zu sich ins Bett, was vertraut und sehr einfach ist. Dies ist außerdem die beste Möglichkeit, um das Baby zu stillen, es warm zu halten und eine gute Verbindung und ein festes Band zu knüpfen.

In allen Kulturen schlafen Kinder bei ihren Eltern; drei Viertel der Weltbevölkerung lässt das Neugeborene bei sich im Bett schlafen.

Jean Liedloff schreibt über das indigene Baby, dass es nachts neben seiner Mutter schläft, Haut an Haut, sodass es ihre Bewegungen und ihren Atem spürt. Wenn sich die Mutter nachts aus der Hängematte gleiten lässt, um das Feuer zu schüren, hält sie das Baby dabei dicht bei sich. Wenn das Baby hungrig aufwacht und die Brust nicht findet, meldet es sich; die Mutter stillt es und sein Wohlbefinden ist wiederhergestellt.

Kürzlich habe ich mich mit einem Entwicklungsarbeiter, der auf den Philippinen tätig war, unterhalten und ihn gefragt: „Wo schlafen die Kinder auf den Philippinen?" Lachend hat er geantwortet: „Im Wohnzimmer natürlich! Die Erwachsenen sind so besorgt. Wenn ein Baby hustet, stehen alle auf, um nachzusehen, ob es ihm gut geht."

Kinder fühlen sich sicher, geborgen und wertvoll, wenn die Familienmitglieder ihnen ihre Liebe zeigen.

Die Kinderärztin Erica Post setzt sich für eine gute Aufklärung über das gemeinsame Schlafen mit Babys unter drei Monaten ein. In der niederländischen Ärztezeitung *Medisch Contact* schreibt sie, dass das Stillen erwiesenermaßen ein Schutzfaktor gegen den plötzlichen Kindstod ist. Das Füttern mit der Flasche sei hingegen ein Risikofaktor. Das gemeinsame Schlafen hat auch einen positiven Einfluss auf den Prozess des Stillens. Mütter, die nicht gemeinsam mit ihrem Baby schlafen, stillen oft nach sechs Wochen ab. Sie schreibt: „Dem gemeinsamen Schlafen muss man sich einfach hingeben."

Studien aus England führen vor Augen, dass gemeinsames Schlafen dann sicherer ist, wenn Mütter stillen oder regelmäßig zusammen mit ihren Kindern im Bett schlafen – das ist sicherer, als wenn Mütter nur ab und zu zusammen mit ihrem Baby schlafen oder Flaschennahrung geben. Beim Stillen einzuschlafen, ist ein natürliches hormongesteuertes Phänomen und wird nur dann gefährlich, wenn es nachts *nicht* im Bett, sondern auf einem Stuhl, auf der Bettkante oder auf der Couch geschieht. Sollte ein generelles Verbot oder zumindest eine Empfehlung gegen gemeinsames Schlafen ausgesprochen werden, hätten Sozialpädagoginnen nicht die Chance, über die nötigen Sicherheitsmaßnahmen aufzuklären (nicht rauchen, kein Alkohol bzw. keine Schlafmittel, keine Kissen oder Daunendecken, die richtige Schlafhaltung usw.). Mütter würden in dem Fall das gemeinsame Schlafen verheimlichen, sodass sie keine Beratung bekämen.

William Sears schreibt in seinem Buch *Schlafen und Wachen: Ein Elternbuch für Kindernächte*, dass Kinder, die zwischen ihren Eltern schlafen, in der H-Position liegen sollen. Das heißt: Vater und Mutter liegen ausgestreckt und das Kind liegt quer, mit dem Kopf bei der Mutter und den Füßen beim Vater. Er nennt dies das Bedürfnis nach Kontakt mit den zwei liebsten Menschen im Leben des Kindes.

Eine Freundin erzählte mir, dass ihr Kind, als der Vater mehrere Nächte lang wegmusste, ihn so vermisste, dass es Fieber bekam.

Ich selbst fand es besser, wenn mein Kind eher im Zustellbett lag, weil mein Mann von den Füßchen im Rücken aufwachte. Ich hatte mit meinem Mann abgemacht: „Du brauchst nicht wach zu werden, wenn du mich im Bett herumwühlen hörst. Nur wenn ich dich beim Namen rufe, brauche ich deine Hilfe."

Neulich unterhielt ich mich mit einer jungen Mutter, die erzählte, dass ihre Mutter sie nachts in die Küche gelegt hatte, um ihr Schreien nicht zu hören. Diese junge Mutter hatte schwache Nerven und Probleme mit Hyperventilation. Sie hatte sich vorgenommen, mit ihrem eigenen Kind anders vorzugehen und erkundigte sich eingehend nach praktischen Ratschlägen, weil sie ihr Baby so gern bei sich im Bett schlafen lassen wollte.

Wenn Kinder einmal gehen können und in einem eigenen Zimmer schlafen, kommen sie aus ihrem Bett zu Vater und Mutter. Es ist besser, sich nicht mit aller Macht dagegen zu wehren. Dr. Spock, Urgestein der Erziehungsexperten hat Eltern seinerzeit geraten, ein Netz über das Gitterbett zu spannen, damit es nachts nicht heraussteigt. Dem Kind solle man erklären, dass es in einer Art Zelt schlafen dürfe, wie ein echter Camper. Ich kann mich gut einfühlen, wie übel sich ein Kind dabei fühlen musste, wenn es nachts im Dunkeln von diesem Netz zurückgehalten wurde.

Ich kenne auch Eltern, die einen eigenen Betrieb haben. Wenn die Mutter arbeiten musste, hat sie ihr Kind oft allein im Laufstall zurückgelassen und das Radio zur Unterhaltung eingeschaltet. Wenn das Kind nachts aus seinem Bett kam, wurde die Mutter böse und schloss die Schlafzimmertür ab. Das Kind hatte nur folgende Lösung: weinend vor der Elternschlafzimmertür einschlafen.

Später habe ich beobachtet, wie dieses Kind Essprobleme entwickelte. Die Mutter ging immer wieder zum Arzt, aber dem Kind schien nichts zu fehlen. Meiner Meinung nach handelte es sich einfach um das Bedürfnis nach Mamas Aufmerksamkeit und Zeit. Noch später habe ich bei diesem Jungen Beziehungsprobleme beobachtet. Er kann sich noch immer nicht von seiner Mutter lösen. Als Erwachsener hält er seine Mutter immer noch für die beste Frau der Welt – eine andere Frau wird immer an zweiter Stelle kommen.

Eine weitere Freundin hatte auf Anraten ihrer Schwiegermutter ihr Kind mit einem Tuch an der Matratze festgebunden. Das Kind kam oft aus dem Bett, um bei seiner Mutter zu schlafen. Als es festgebunden war, kam es nachts eben mit der Matratze auf seinem Rücken aus dem Bett! Zum Glück hat sie dieses Fesseltuch schnell abgeschafft.

Was ist sicher?
James J. McKenna, Professor der Anthropologie am *Mother Infant Sleep Lab* (*Mutter-Kind-Schlaflabor*) schlägt in seinem Buch *Sleeping with Your Baby: A Parent's Guide to Co-Sleeping* (*Schlafen mit Baby: Ein Leitfaden für Eltern zum Co-Sleeping*") Folgendes vor:

„Kinder sollten auf einer festen und sauberen Oberfläche unter einer leichten und bequemen Decke schlafen und keinem Rauch ausgesetzt sein. Der Kopf darf niemals zugedeckt werden. Es dürfen keine Kuscheltiere oder Kissen um das Kind herum liegen, und es darf selbst nicht auf einem Kissen schlafen. Schaffelle und Kirschkernkissen sollten niemals verwendet werden. Wasserbetten können gefährlich sein sowie auch ein Sitzsack. Die Matratze muss gut am Bettrahmen anliegen. Kinder sollten auch nicht auf einer Couch schlafen, damit sie mit ihrem Gesicht nicht in eine Spalte geraten oder eingeklemmt werden können, oder damit auch kein Kissen auf sie herauffällt."

Noch einige praktische Tipps:

- Das Baby darf nicht zu warm angezogen sein. Es soll auch nicht mit einem Schlafsack *und* einer Decke schlafen. Wenn sich das Baby freistrampelt, sollte es lieber wärmer angezogen werden. Gepuckte Kinder können überhitzen.
- Die beste Zimmertemperatur liegt bei sechzehn bis achtzehn Grad.
- Am besten sind Laken aus Baumwolle und eine Wolldecke geeignet. Das ist besser als synthetische Decken, denn natürliche Textilien sind atmungsaktiver.
- Wenn ein Baby noch sehr klein ist, sollte ein älteres Kind besser nicht direkt neben ihm schlafen.
- Das Baby sollte nicht allein mit Haustieren in einem Raum gelassen werden.

Auf die Frage der Seiten- bzw. Rückenlage gehe ich später ein.

Unter manchen Umständen ist stark davon abzuraten, mit dem Kind in einem Bett zu schlafen. Ich nenne einige Beispiele:

- Wenn ein Elternteil Alkohol oder Drogen zu sich genommen hat.
- Nach der Einnahme von Schlaftabletten oder Medikamenten, die den Schlaf oder das Bewusstsein beeinflussen.
- Wenn die Eltern (bzw. ein Elternteil) übermüdet oder krank sind.
- Wenn die Eltern Übergewicht haben.

In solchen Fällen kann es sein, dass die Eltern nicht aufmerksam genug reagieren, wenn das Kind in Bedrängnis kommt und in Atemnot gerät. Außerdem ist in einigen Wasserbetten, in denen das Kind mit der Nase auf die Matratze rollt, verbrauchte Luft einatmet und in Atemnot geraten kann, vom gemeinsamen Schlafen abzuraten.

6.2 Gemeinsames Schlafen und Stillen

Ein kleines Stillkind liegt in der Achsel der Mutter wie überall auf der Welt. Das nenne ich die beste Wiege.

Wenn es größer ist, kann es auf ihrem Oberarm liegen. Die Mutter selbst kann dann auf ihrem Rücken liegen, das Kind auf ihren Arm nehmen und seine Beine in den Schritt legen.

Wenn sie das Kind an der Brust hat, kann die Mutter die Decke nach innen schlagen oder zum Beispiel schräg laufen lassen und damit Platz für das Kind zum Atmen schaffen.

Einer der Vorteile des Stillens ist, dass Mutter und Kind *gemeinsam* fit und *gemeinsam* müde sind, denn beide sind eine Einheit. Das funktioniert vor allem dann, wenn beide viel zusammen sind. Jedes Mal, wenn die Mutter sich müde fühlt, ist ihr Baby auch müde, und wenn sie sich fit fühlt, ist das Baby auch fit. Wenn beide gemeinsam schlafen, hat die Mutter mit dem Kind gleichzeitig eine tiefe und eine leichtere Schlafphase. Wenn die Mutter sehr tief geschlafen hat, wacht sie plötzlich vielleicht auf, im Glauben, dass sie ihr Kind nicht gehört hat. Zum natürlichen Muttersein gehört aber, dass beide gemeinsam tief geschlafen haben.

Wenn die Mutter aufwacht, wird das Baby nach fünf Minuten auch wach. Das geschieht, weil beide eine Einheit bilden.

Wie die Mutter das nächtliche Stillen einfach gestalten kann, haben wir bereits besprochen. Ich erzähle oft, dass bei mir nach einiger Zeit das nächtliche Stillen nur noch eine Minute dauerte. Ich legte das Baby an die Brust und wir schliefen weiter. Eine Mutter sagte lachend auch einmal: „Das Baby macht nur den Mund auf und nicht einmal die Augen."

Als ich schon nicht mehr so viel Milch hatte, stillte ich nachts immer auf beiden Seiten, sodass mein Baby tagsüber auch noch Milch bekam. Und naturgemäß ist es so, dass weniger Milch gebildet wird, wenn du weniger stillst, und mehr Milch produziert wird, wenn du mehr stillst.

Ich fand es auch seltsam, dass mein Baby, wenn ich nachts zur Toilette gehen wollte, mit mir mitwollte. Wir hatten also in der Hinsicht denselben Schlafrhythmus. Ich habe darüber mit anderen Müttern gesprochen, die die gleiche Erfahrung gemacht hatten. Ich habe das akzeptiert und gedacht: Was man in sein Kind investiert, bekommt man etwas zurück.

Wenn die Mutter in der Mitte schläft, kann es passieren, dass sie zwischen Mann und Kind derart eingeschlossen liegt, dass sie sich nicht mehr umdrehen kann. Ich habe das wie folgt gelöst: Ich schob das Baby mit den Händen und einem Fuß zur Seite. Auf diese Art konnte ich genug Kraft aufwenden, um es auf einmal zur Seite zu schieben, ohne es zu wecken. Es erfordert auch Geschick, um aus dem Bett zu schlüpfen, wenn links und rechts von dir jemand schläft. Nach regelmäßiger Übung wird es dir sicher gelingen, vorsichtig aus dem Bett zu schleichen.

Was wird benötigt, um bequem zu schlafen und zu stillen?
Um die Nächte so entspannt wie möglich zu gestalten, gebe ich hier Tipps, wie man das nächtliche Stillen ganz problemlos gestalten kann:
- Montiere ein Zustellbett, mit nur drei Seitenteilen und einer eigenen Decke für das Baby, ans Elternbett.
- Wechsle keine Windeln zwischen 20:00 und 8:00 Uhr ab einem Alter von einigen Wochen.
- Habe ein winziges Licht über deinem Kopf mit dem Schalter in Reichweite: Nachtlicht, Leselampe oder Taschenlampe oder du lässt das Licht im Flur an.
- Ein warmes Tuch jeweils neben der linken und der rechten Schulter.
- Eine Uhr wird nicht benötigt, denn auf sie zu schauen, ermüdet.
- Wenn das Baby ein Bäuerchen machen muss, kannst du es aufrecht gegen deine Hüfte legen, sein Kopf und die Schultern ragen über deine Hüfte hinaus. Oft ist aber in der Nacht das Bäuerchen nicht nötig.
- Einem kleinen Baby kannst du eine eingerollte Windel in den Rücken und vor den Bauch legen, damit es nicht wegrollt. Wenn du noch wach bist, kannst du es schlafend auf seinen Rücken legen und mit seiner eigenen Decke zudecken. Probiere aus, ob dein Baby die Rückenlage mag.
- Probiere alle Tipps erst einmal tagsüber aus.

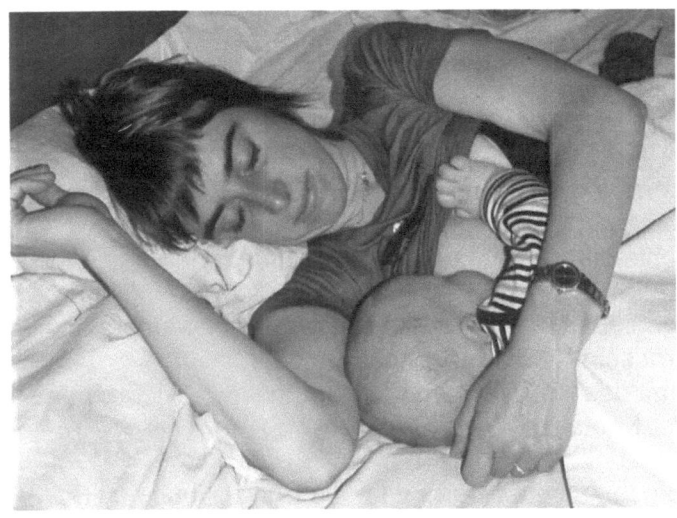

*Mache dir das
nächtliche Stillen
so bequem wie
möglich.*

Vorteile des gemeinsamen Schlafens und des nächtlichen Stillens auf einen Blick

- Die Mutter muss nachts nicht aufstehen und wird nicht hellwach. Das Baby kann sofort getröstet werden und beide Eltern können fast sofort wieder weiterschlafen.
- Eine in der Nacht stillende Mutter hat tagsüber mehr Milch, weil der Hormonspiegel gehalten wird. Die Brust bekommt nicht den ständigen Wechsel des nächtlichen Deaktivierungssignals und des morgendlichen Aktivierungssignals. Deshalb kann tagsüber auch leichter abgepumpt werden, weil das Hormon Oxytocin dauerhaft aktiviert ist.
- Die Mutter braucht durch das Stillen nachts *weniger* Schlaf, sie fühlt sich fitter. Wegen des Milchspendereflexes erholt sie sich besser; das Stillen hat einen sehr beruhigenden Effekt, auch wenn die Mutter angespannt, nervös oder genervt ist. Darum nehmen einige Mütter, wenn sie nicht einschlafen können, mitten in der Nacht das Baby an die Brust. Das Oxytocin macht die Mutter schläfrig. Ich habe oft von Müttern gehört: Mein Kind hat heute Nacht durchgeschlafen, und ich fühle mich gerädert. Das kommt daher, weil das Hormon nicht aktiviert wurde. Eine Mutter mit ihrem Kind an der

Brust fühlt sich durch dieses Beruhigungshormon nie überfordert. Erst wenn sie abstillt, kann das passieren.
- Nachts hat die Mutter weniger Probleme mit auslaufender Milch.
- Muttermilch enthält Stoffe, die das Baby leicht einschlafen lässt.
- Das Baby braucht nicht an einem Schnuller zu saugen, was eine einsame Lösung wäre und obendrein den Stillrhythmus stören kann.
- Ein Baby, das nachts mehr trinkt, ist tagsüber zufriedener.
- Mütter, die tagsüber arbeiten, haben nachts mehr Kontakt mit ihrem Kind. Das Baby genießt die ungestörte Nähe mit der Mutter, und auch der Vater lernt sein Kind besser kennen.
- Der Hautkontakt mit dem Baby ist wunderbar intensiv, wodurch es perfekt gedeiht; der Kontakt mit den Eltern trägt zu mehr als 50 Prozent zum Wachstum bei.
- Muttermilch ist die geeignetste Nahrung für die Entwicklung des Babygehirns; ein größerer Abstand zwischen den nächtlichen Stillzeiten bedeutet auch eine längere Unterbrechung der Zufuhr des Muttermilchzuckers. Die Saugaktivität erhöht die Sauerstoffmenge im Körper des Kindes, was sich positiv auf das Wachstum und das Immunsystem auswirkt. Das Baby wechselt öfter zwischen REM- und Tiefschlaf. Der REM-Schlaf trainiert das Nervensystem. Muttermilch fördert die Entwicklung des zentralen Nervensystems und der Atmungsorgane des Babys, und der Atem der Eltern regt das Baby zum Atmen an. Aus einer australischen Studie über den plötzlichen Kindstod geht hervor, dass gestillte Babys von zwei bis drei Monaten leichter aufwachen oder widerstandsfähiger sind als Babys, die mit der Flasche gefüttert werden. Dies wird laut Studie als Vorbeugung gegen den plötzlichen Kindstod interpretiert; ein langer Tiefschlaf sei für Babys *nicht* normal.
- Muttermilch reduziert die Chance auf Infekte der Atemwege, des Magens und Darms – auch das verringert die Gefahr des plötzlichen Kindstods.
- Mutter und Kind bekommen einen *gemeinsamen Schlafrhythmus*: Wenn die Mutter tief schläft, schläft das Kind auch tief; wenn die Mutter aufwacht, wacht auch das Kind auf.
- Eine Mutter, die nachts stillt, kann ihre Fruchtbarkeit unterdrücken. Wenn sie nicht menstruiert, ist sie fitter, weil sie keinen Blutverlust hat.

- Mütter, die gemeinsam mit ihrem Kind schlafen, stillen durchschnittlich zweimal so lang wie Mütter, die das nicht tun.
- Die Kinder bekommen mehr Selbstvertrauen.
- Die Kinder gehen gern ins Bett.
- Die Kinder haben weniger Albträume.

Nicht alle Vorteile des gemeinsamen Schlafens hängen mit dem Stillen zusammen. Die oben stehende Liste zeigt, dass das gemeinsame Schlafen auch dann viele Vorteile bietet, wenn die Mutter nicht stillt.

Wenn die Mutter künstliche Nahrung gibt, sollte sie lieber aufrecht sitzen, weil die Milch in den Gehörgang geraten kann, was eine Mittelohrentzündung verursachen kann.

Vor dem Einschlafen kann das Baby, wie beschrieben, in der Achsel der Mutter liegen, nah am Herzen und dort, wo sie so gut riecht. Wenn die Mutter sich umdrehen möchte und das Baby unter der Decke liegt, sollte sie das Baby beim Drehen in die Arme nehmen.

Kinder, die sich in den Schlaf weinen müssen

Manchmal bekommt man folgenden Rat: Wenn dein Kind sauber und satt ist, weil es eine frische Windel und genug getrunken hat, dann lass es weinen. Mitunter wird auch der Tipp gegeben, eine Küchenuhr für die Zeit zu stellen, in der es weinen darf.

Ich befürworte diese Vorgehensweise nicht und werde das erläutern.

Weinen sorgt für Stress. Und Stress erhöht den Kortisolspiegel im Gehirn, was sich wie Gift auswirkt. Damit können sich Gehirnzellen und Gehirnverbindungen zurückbilden! Das alles wird im Buch *Die Kraft der Elternliebe: Wie Zuwendung das kindliche Gehirn prägt* von Sue Gerhardt beschrieben.

Zur emotionalen Entwicklung von Kindern, die sich in den Schlaf weinen müssen, kann Folgendes gesagt werden:

- Sie haben ihre Babyängste nicht überwunden.
- Sie sind nicht stolz darauf, dass sie bereits ohne Mama oder Papa zurechtkommen.

- Sie lernen, dass ihre Bedürfnisse nicht wichtig genommen werden.
- Sie lernen nicht, Menschen zu vertrauen.

Unabhängigkeit kann erst dann gelernt werden, wenn das Kind Selbstvertrauen im Übermaß hat.

Wenn das nächtliche Stillen für dich ein Problem ist, melde dich bei einer Stillgruppe oder suche eine Stillberaterin auf.

Eine Stillberaterin erzählte mir das Folgende: Mütter merken manchmal, dass das Kind munter wird durch ein Gefühl von Einsamkeit und nicht durch Hunger. In so einem Fall ist das Geben der Brust nicht etwa die Lösung gegen den Hunger, sondern die Lösung gegen das Gefühl von Einsamkeit.

Das Buch *Schlafen statt Schreien: Das liebevolle Einschlafbuch* von Elizabeth Pantley gibt auch wertvolle Tipps.

Ich habe gute Erfahrungen mit Müttern gemacht, die ihrem Baby nach dem ersten Jahr das Schüßler-Salz Silicea gaben, wodurch die nächtliche Unruhe abnahm. Zudem fördert Silicea das Knochen- und Haarwachstum. Es ist auch in Hirse(-brei) enthalten.

Manchmal nimmt eine Mutter während der Stillzeit zu viel ab. Es gelingt ihr einfach nicht, genug zu essen. Ihre Milch kann dann einen geringeren Fettgehalt haben. Wenn sie mehr fettreiche Nahrungsmittel zu sich nimmt, wie Avocado, Oliven- oder Leinsamenöl, Samen oder Nüsse, würde ihr Baby nachts zufriedener schlafen.

6.3 Praktische Tipps für das gemeinsame Schlafen

Dieser Abschnitt ist voller praktischer Tipps, damit das gemeinsame Schlafen mit deinem Kind möglich wird. Dabei macht es keinen Unterschied, ob dein Kind gestillt wird oder die Flasche bekommt.

Das Familienbett und das Zustellbett
Für Eltern, die ihr Baby im Elternschlafzimmer schlafen lassen wollen, gibt es hier einige Berichte aus der Praxis:

Ein Zustellbett neben dem Bett der Eltern ist eine praktische Lösung. Das kann ein Gitterbett sein, bei dem eine Seite herausgenommen wird. Die Matratze ist auf gleicher Höhe und die Bettbeine sind am Elternbett befestigt, damit das Bettchen nicht wegrutscht. Das Kind kann direkt neben der Mutter unter einer eigenen Decke schlafen. Die Mutter kann das Kind im Liegen zu sich ziehen. Der Kinderarzt William Sears nennt so ein Bett „den Beiwagen". Unter dieser Bezeichnung wird es in Amerika auch verkauft.

Das Beistellbett neben dem Elternbett (Foto: Cynthia Zuiderwijk)

Einige Eltern nehmen das Wickelkissen oder die Wiegenmatratze mit ins Bett. Sie gestalten es wie ein kleines Babybett und legen es neben ihr Kissen. Das Baby genießt es, den Atem der Eltern zu spüren, wodurch es auch selbst tiefer atmet. Die Eltern können sich auf diese Weise an die Anwesenheit des Babys in ihrem Bett gewöhnen.

Wir selbst hatten ein Einzelbett neben unser Doppelbett gestellt. Den Spalt zwischen den zwei Matratzen hatten wir mit einer zusammengerollten Decke gefüllt (ein Kind schläft auch gern auf dieser Rinne). Das Bettlaken hatte ich mit einem angenähten zweiten Laken vergrößert. Es sah aus wie ein großes, ebenes Bett. Auf dem Zustellbett lag eine Wolldecke, später eine kleine Steppdecke.

Wenn das Kind in einem Zustellbett schläft, schläft die Mutter in der Mitte; sie kann mit ihrem Mann gemeinsam unter einer großen Decke schlafen und das Kind unter der eigenen Decke. Die Mutter kann das Baby stillen bzw. die Brust als Trost oder zum Einschlafen anbieten oder das Kind zu sich heranziehen.

Wenn die Mutter das Kind auf ihrem Oberarm liegen lässt, kann sie selbst halb auf dem Rücken liegen. Um stabil zu liegen, streckt sie das eine Bein und beugt das andere. In dieser Haltung ermüdet jedoch der Rücken. Eine Decke oder ein Zusatztuch im Rücken bringt Entspannung. Auch kann die Mutter sich mit dem Baby zusammen nach hinten bewegen und sich an den Rücken ihres Partners anlehnen.

Das Baby oder Kleinkind kann Bauch an Bauch gemütlich bei der Mutter trinken, mit den Beinen in ihrem Schritt.

Sobald du dich dafür entscheidest, das Baby in ein eigenes Bettchen zu legen, wird das ständige Aufstehen deine Nachtruhe stören. Das kann zu längeren Wachphasen führen. Und auch wenn du ständig auf die Uhr schaust, wirst du müde. Dreh den Wecker am besten um. Am Morgen wachst du auf und fragst dich: Wie oft habe ich noch mal gestillt? Wissen wirst du es nicht mehr, wirst dich aber dennoch gut erholt haben.

Lass ein Baby nicht lange allein im Elternbett schlafen, um den plötzlichen Kindstod zu verhindern. Nimm, wenn das Baby in deinem Bett schläft, rundherum alle Kissen weg, schlage die Decken zurück und schaue oft nach.

Mütter haben mir noch andere Bettvarianten gezeigt, darunter:

- Ein Riesenbett, zwei Meter breit.
- Ein Matratzenlager auf dem Boden (Achte gut auf Schimmelbildung unter der Matratze!).
- Ein zimmerbreites Bett, mit mehreren Steppdecken darauf, in 70 Zentimetern Höhe, sodass Stauraum für Kleidung entstand.
- Zwei Doppelbetten nebeneinander, um zwei Kinder gleichzeitig bei den Eltern schlafen zu lassen.

Natürlich muss genug Platz sein, sodass alle entspannt schlafen können.

Ab wann schlafen Kinder durch?

Wenn das Kind etwas älter ist und nachts nicht mehr andauernd gestillt werden muss, kuschelt es sich gern an deinen Rücken. Wenn es älter ist, reicht es aus, dem Kind deine Füße oder deine Hand zu reichen. Der intensive Kontakt baut sich auf diese Weise schrittweise von selbst ab.

Ich habe beobachtet, dass Kinder dann durchschlafen, wenn sie einiges schon selbst können: sprechen, Türen öffnen, aus dem Bett klettern, Treppen steigen, also wenn sie sich in Bezug auf ihre eigenen Handlungen genug zutrauen und dazu alle Milchzähne bekommen haben. Das wird etwa mit drei Jahren und acht Monaten sein. Dann werden sie die besten Schläfer der Familie: Nie mehr nachts wach, sondern ruhig im Bett!

Es ist schade, dass das natürliche Schlafverhalten eines kleinen Kindes oft als Schlafproblem beurteilt wird. In den meisten Kulturen schlafen Kinder bei den Eltern, und im Allgemeinen schlafen Menschen gern gemeinsam statt getrennt. In vielen Kulturen trinken Babys nachts mehrere Male an der Brust. Die Mutter meint deswegen nicht, dass ihr Kind ein Schlafproblem habe.

Schlafprobleme nehmen erst dann zu, wenn das natürliche Schlafverhalten des Kindes den Erwartungen und Bedürfnissen der Eltern zuwiderläuft.

Wenn gemeinsames Schlafen nicht funktioniert

Wenn das gemeinsame Schlafen in deiner Familie nicht möglich ist und du dein Kind in ein anderes Zimmer legen möchtest, hast du dennoch die Möglichkeit, bei ihm zu bleiben, bis es eingeschlafen ist. Und du kannst auch sofort zu ihm gehen, wenn es aufwacht. Dein Kind erhofft oder erwartet deine Anwesenheit beim Aufwachen. Außerdem gibt es dir selbst auch ein gutes Gefühl, beim Aufwachen des Kindes dabei zu sein.

Eine andere Möglichkeit ist es, dein Kind in ein eigenes Bett in deinem Schlafzimmer zu legen. All dies trägt zu einem Gefühl der Sicherheit bei.

Die Kindermatratze im Wohnzimmer

Im Fall des gemeinsamen Schlafens braucht das kleine Kind im Grunde genommen kein eigenes Bett. Ich kenne Leute, die eine kleine Kindermatratze ins Wohnzimmer legten, auf der ihr Kind ein Mittagsschläfchen machte oder am Abend sicher einschlafen konnte. Die Eltern konnten sich neben das Kind legen, und wenn es aufwachte, konnten Mama oder Papa sagen: „Sieh mal, ich bin noch da."

Ich selbst habe die Erfahrung gemacht, dass mein Kind ruhig durchschlief, wenn ich im Wohnzimmer war – wenn ich aber eine Viertelstunde lang weg war, wachte es auf. Es hatte das Gefühl: „Ich gehöre zu Mama, da fühle ich mich sicher."

Ich möchte betonen, dass alle Kinder dieser Phase entwachsen und in ihrem eigenen Tempo selbstständig werden. Das Kind, das in Verbindung mit den Eltern sein eigenes Selbstvertrauen aufbauen darf, bekommt das größte Selbstvertrauen der Welt und wird später ein selbstbewusster, sozialer, liebevoller und intelligenter Mensch sein. Als mein Kind ein bisschen älter war, hatte ich manchmal keine Zeit, es nach oben ins Bett zu bringen, weil in der Küche noch viel zu tun war. Dann sagte ich zu ihm: „Geh schon mal ins Wohnzimmer, zieh dir den Schlafsack an und leg dich auf deine Matratze, dann kann Mama noch schnell die Küche aufräumen." Ohne zu weinen, schlief es ruhig ein, in unserer Familie herrschte eine entspannte Atmosphäre.

Im Wohnzimmer hatten wir immer zwei Sofas. Auf einem davon schlief immer unser Kleinstes. Als es aufwachte, brauchte ich nie nach oben, sondern konnte unten kurz stillen, wobei es wieder einschlief. Mein Mann konnte einfach Akkordeon spielen oder wir konnten fernsehen. Das Baby wurde davon nie wach, so sicher fühlte es sich.

Jemand hat mir einmal über ein Baby erzählt, das immer wieder selbst mit seinem Kopf gegen das Gitterbett schlug. Persönlich glaube ich, dass das Kind ein intensives Bedürfnis danach hatte, in sicheren Armen in den Schlaf gewiegt zu werden. Weil ihm das fehlte, hatte es für sich einen Weg gefunden, sich selbst zu wiegen und durch den Schmerz des Schlagens den Mangel weniger zu fühlen.

Wir kennen viele positive Beispiele aus der Tierwelt. Denke zum Beispiel an das Mutterpferd, das ein Fohlen bekommen hat: Mutter und Junges bleiben nah zusammen. Wenn das Fohlen sich zum Schlafen ins Gras legt, bleibt das Mutterpferd danebenstehen und wartet, bis es aufwacht. Ob es heiß oder das Gras weiter weg grüner ist – das Mutterpferd hält die Stellung.

So läuft es in der Natur. Und immer, wenn wir denken, dass wir die Natur einfach verändern können, müssen wir die Konsequenzen dafür tragen.

6.4 Der emotionale Aspekt des gemeinsamen Schlafens

Das Kind in den Schlaf stillen

In den vorangegangenen Kapiteln ist bereits zur Sprache gekommen, wie das Baby in den Schlaf gestillt werden kann. Dieses Thema ist in unserer Kultur nicht gerade beliebt. Ärzte und Krankenschwestern raten oft davon ab. Die Auffassung überwiegt, dass es besser sei, dem Baby einen Schnuller zu geben, um die Mutter zu entlasten. Zudem wird geraten, das Kind immer wach und auf dem Rücken ins Bett zu legen, damit es lernt, von der Mutter getrennt zu sein. Es müsse das Einschlafen allein schaffen.

Das Schlafen an der Brust kann auch aus einer anderen Perspektive betrachtet werden: Wenn die Mutter in der Lage ist, ihr Kind an der Brust einschlafen zu lassen, heißt das auch, dass die Mutter überall mit ihrem Kind unterwegs sein kann. Viele Mütter machen das. Wo auch immer sie sich mit ihrem Kind befinden, wenn es schlafen möchte, wird es kurz gestillt, die Augen fallen beim Trinken zu und geweint wird gar nicht. Wenn das Kind beim Stillen eingeschlafen ist, kann die Mutter es nach einigen Minuten ablegen oder sie genießt einen Moment mit ihrem Kind.

Wenn sich das Stillen in den Schlaf in die Länge zieht oder kaum gelingt, habe ich folgende Tipps:

- Setze eine halbe Stunde als Zeitlimit. Will das Baby dann noch immer nicht schlafen, dann kannst du ruhig eine andere Tätigkeit beginnen. Ich selbst übergab das Baby dann dem Papa zum Spielen.
- Wenn die Mutter keine „Schlafbrust" anbieten möchte, kann sie dem Baby eine Flasche Babymilch geben oder einen Schnuller geben und es auf den Schoß nehmen. Sie kann es auch mit einem Tragetuch wiegen oder an die frische Luft mit ihm gehen.

Ruhe in der Familie.
Die Kinder schlafen
Hand in Hand.
(Bild: José Chadid)

In der ersten Nachtphase schlafen Babys ruhig unter ihrer eigenen Decke weiter. Am frühen Morgen möchten sie jedoch öfter trinken und bei der Mutter sein.

Das ist eigentlich die Traumphase des Babys und des Kleinkinds. Es ist ein leichter Schlaf, der bereits erwähnte REM-Schlaf. Dieser Schlaf ist sehr wichtig für das Nervensystem. Das Wort sagt es bereits: Es ist ein aktiver Schlaf, bei dem sich Augenbewegungen beobachten lassen. Und es ist eine Schlafphase, während der das Baby an der Brust trinken möchte, während es träumt. Es ist eine Investition, das Kind viel an der Brust trinken zu lassen, und: Was du investierst, bekommst du zurück! Meine Kinder, die so viel an meiner Brust lagen, zum Beispiel während der frühen Morgenstunden, waren später enorm selbstständig, hatten sehr viel Selbstvertrauen und ein sehr positives Selbstbild.

Eines unserer Kinder haben wir mit der Flasche gefüttert. Es hat an seinen Fingern gesaugt, vor allem während der frühen Morgenstunden. Das Saugen war so laut, dass wir es im anderen Zimmer hören konnten. Dadurch wurden wir auf dieses Saugbedürfnis in den frühen Morgenstunden aufmerksam. Wir nannten das „Zwitschern".

Auf längere Sicht
Eine große interkulturelle Studie in den USA hat ergeben, dass Menschen, die während ihrer Kindheit gemeinsam mit den Eltern geschlafen haben, eine höhere allgemeine Lebenszufriedenheit haben.

Eine andere Untersuchung hat aufgezeigt, dass Kinder, die gemeinsam mit ihren Eltern schliefen, von Lehrern besser benotet wurden als allein schlafende Kinder.

Eine Studie aus England führt uns vor Augen, dass Kinder, die nie im Bett der Eltern schliefen, schwieriger im Umgang, weniger glücklich und wesentlich ängstlicher waren. Außerdem hatten diese Kinder mehr Wutanfälle als die Kinder, die als Baby immer im Bett ihrer Eltern schliefen.

Mythos
„Wenn sie in deinem Bett schlafen, wirst du sie nie wieder los." Diese Meinung wird uns oft suggeriert. Aber die niederländische Plattform *Natuurlijk Ouderschap* (Natürlich Elternsein) berichtet, dass diese Behauptung nie wissenschaftlich untersucht worden sei; genauso wenig sind Fälle bekannt, die diese Behauptung unterstützen. Viele Eltern, die bei ihren Kindern schlafen, erzählen, dass diese in körperlicher, emotionaler und kognitiver Hinsicht ohne große Ermutigung im zweiten oder dritten Lebensjahr bereit seien, in ihrem eigenen Bett zu schlafen. Diese Familien berichten auch, dass es viele Möglichkeiten gibt, Kinder beim Bestimmen der eigenen Schlafstelle zu unterstützen.

Für Familien, die gemeinsam schlafen, steht das Schaffen einer Basis von Sicherheit und Nähe über einer vorzeitigen Unabhängigkeit.

In anderen Kulturen schlafen Kinder manchmal erst mit zwölf in einem eigenen Zimmer. So groß ist die Bandbreite.

Ich möchte gern Folgendes raten: Entscheide dich für eine positive Lösung, mit der sowohl du, dein Partner als auch euer Kind eine angenehme Nachtruhe haben können. Das Familienbett wäre eine gute Lösung. Und wenn du dann gefragt wirst, ob dein Kind schon durchschläft, dann sagst du einfach: „Mein Kind schläft super!"

Im Übrigen kenne ich zum Glück auch viele Eltern, die ihren Alltagsstress durch das gemeinsame Schlafen mit ihren Kindern ausgleichen. Diese Kinder wachsen aus meiner Sicht als stabile Menschen auf.

G. A. de Jonge hat neuerdings begonnen, Müttern eine Tippliste mitzugeben. Darin steht u. a., dass man das Baby tagsüber vorzugsweise im Wohnzimmer schlafen lassen soll (das passiert nur noch bei weniger als fünf Prozent der Babys). Außerdem rät de Jonge, das Baby nachts zumindest ein Jahr im Elternschlafzimmer schlafen zu lassen (derzeit noch unter zwanzig Prozent). Des Weiteren betrachtet er es als ganz normal, regelmäßig beim schlafenden Baby nachzuschauen, am besten viertelstündlich. Auch für Kindertagesstätten gilt die Empfehlung, jede Viertelstunde nach einem schlafenden Baby zu sehen.

6.5 Sonderfälle in Bezug auf das Schlafen

Rückenlage während des Schlafens, um den plötzlichen Kindstod zu vermeiden

Jahrelang haben Mütter ihr Baby auf der Seite oder auf dem Bauch schlafen lassen. Derzeit wird empfohlen, das Baby auf dem Rücken schlafen zu lassen. Diese Empfehlung basiert auf der Studie von Kinderarzt G. A. de Jonge in Bezug auf die Verhinderung des plötzlichen Kindstods. Durch diese Empfehlung wurde die Anzahl der Fälle von plötzlichem Kindstod drastisch gesenkt.

Du wirst merken, wenn dem Baby das Liegen auf dem Rücken nicht so gefällt. Babys möchten aus einem Urinstinkt heraus den Bauch schützen. Das Baby darf also ab und zu auf der Seite oder auf dem Bauch schlafen. Die Seitenlage ist die natürliche Stillhaltung. Wenn du das Baby auf dem Bauch schlafen lässt, dann sorge dafür, dass du es im Blick hast. Oft in Rückenlage zu schlafen, kann übrigens dazu führen, dass der noch weiche Kopf sich abflacht. Das Baby entwickelt beim Schlafen eine Lieblingskopfseite. An dieser Stelle wird der Schädel dann flacher. Falls sich so etwas im Alter von fünf

Monaten herausstellt, müssen einige Babys zwei Jahre lang einen maßgeschneiderten Helm tragen, damit der Kopf wieder seine natürliche Form bekommt. Oder sie brauchten Physiotherapie.

Kurz gesagt: Wer Probleme verhindern will, optiert für eine abwechslungsreiche Schlafhaltung.

Aufgrund der eindringlichen Art, in der verschiedene Personen und Instanzen vor den Risiken des Schlafens in Bauchlage warnen, werden viele Eltern ängstlich, wenn sich das Baby auf den Bauch rollt. So lange du in der Nähe des Babys bist, ist das wirklich kein Problem. Bleibe einfach aufmerksam und vertraue auf das eigene Gefühl.

Sei dir bewusst, dass es fast keine Erwachsenen gibt, die flach auf dem Rücken schlafen.

Meiner Meinung nach kannst du das Baby, das beim Stillen einschläft, in Seitenlage ablegen. Beim Stillen im Bett liegt das Kind abwechselnd auf der linken und auf der rechten Seite und schläft in der Achsel der Mutter. Im Tragetuch zu schlafen, sorgt auch für eine gute Abwechslung.

Gitterbett mit entfernten Stäben und andere Varianten
Einige Eltern erklären ihrem Kind, dass es nachts zu Mama kommen darf, wenn es Angst hat. Sie lassen kleine Stecklichter an. Ich habe gesehen, dass Eltern aus dem Gitterbett ein paar Stäbe entfernt haben, damit das Kind herauskriechen konnte. Das brachte viel Ruhe ins Haus.

Eine Freundin hatte ein großes, zimmerbreites Familienbett, siebzig Zentimeter hoch. In dieses Zimmer passte kein Schrank mehr, doch sie löste das Problem so, indem sie mehrere Kleiderkisten unter das Bett stellte.

Eine andere Freundin hatte neben ihr Bett ein Einzelbett gestellt. Wenn ihr die Nähe zum Kind zu viel wurde, legte sie sich in das Einzelbett. Wenn das Kind aufwachte und die Mutter vermisste, kuschelte es sich an den Vater oder kroch zur Mutter ins Extrabett. Sie nannte das lachend den „Bettentanz".

So kann jeder eine Lösung finden, die zur eigenen Situation passt.

Ein Doppelbett für Kinder

Nach vielen Gesprächen und ausgiebiger Lektüre hatten wir beschlossen, für die Kinder ein Doppelbett zu kaufen. Das war eine der besten Entscheidungen unseres Lebens.

Kinder wachen gemeinsam und oft lachend auf und fangen dann sofort zu spielen an. Es ist auch genug Platz für die Eltern, wenn sie sich zu den Kindern legen wollen, bis sie eingeschlafen sind. Beim Vorlesen im Bett, mit den Kindern eingekuschelt, gibt es genug Platz, um ihnen über den Rücken, über die Beine oder den Bauch zu streicheln.

Kurzum: Da ist viel Platz, um den notwendigen Hautkontakt mit den Eltern oder unter den Kindern zu ermöglichen, und das verstärkt die Harmonie.

Das Hochbett: das einsame Bett

Es ist in Mode, für Kinder Hochbetten zu kaufen, sodass sie darunter Platz zum Spielen haben. Diese Hochbetten sind ziemlich teuer und eigentlich überhaupt nicht kinderfreundlich. Ich kam dahinter, als meine Tochter sagte: „Mama, ich habe ein einsames Bett."

Kinder finden es herrlich, wenn sich abends jemand zu ihnen legt. Man kann dann ein bisschen plaudern, den Rücken streicheln und gemeinsam einschlafen. Wenn das Kind im Hochbett liegt, bleiben die Eltern davor oder auf einem Hocker stehen. Dadurch fallen die so wichtigen Streicheleinheiten zwischen ihnen und den Kindern aus. Wenn Eltern trotzdem ein Hochbett kaufen wollen, dann tun sie gut daran, sich ein stabiles anzuschaffen, damit ein Erwachsener ohne Weiteres mit hinaufsteigen kann.

Meine Nachbarin sagte einmal lachend: „Ich habe das einsame Bett entfernt, mein Sohn schläft jetzt in einem normalen Bett."

Ich kenne Familien, die ein Zwei-Personen-Hochbett gebaut haben, so stabil, dass auch ein Erwachsener bei den Kindern liegen kann.

Haustiere im Bett

Wer ein Kind bekommt, hat manchmal bereits eine Katze oder einen Hund. Viele Menschen haben sich daran gewöhnt, das Tier am Fußende schlafen zu lassen. Wer Tiere liebt, kann beobachten, dass sie immer zu den Menschen kommen und berührt werden wollen. Dadurch gedeihen auch sie.

Staunend höre ich manchmal junge Mütter sagen: „Das Baby kann nicht zu uns ins Bett, denn dort schläft schon die Katze." Aber wenn wir uns bewusst machen, dass man jede Investition auch zurückbekommt, wäre es natürlich jederzeit besser, das Kind mit ins Bett zu nehmen anstatt der Katze.

Wenn du ein Tier an ein Baby gewöhnen willst, kannst du es an der Windel schnuppern lassen oder ihm etwas abgepumpte Muttermilch geben.

Der Mittagsschlaf und der nächtliche Schlaf
Meine Erfahrungen dazu haben Folgendes ergeben:

- Kinder schlafen tagsüber nur einmal tief, der Rest sind Nickerchen. Du brauchst dir also keine Sorgen zu machen, wenn dein Baby oder Kleinkind in kurzen Zeitabständen aufwacht.
- Ältere Babys und Kleinkinder erholen sich beim Mittagsschlaf nicht, sie wachen oft müde wieder auf. Wenn dein Kind unzufrieden aufwacht, kannst du nach dem Stillen vielleicht besser mit ihm ins Freie zu gehen.
- Kinder, die nachmittags sehr lange schlafen, sind abends nicht müde genug, um wieder einzuschlafen. Wenn du dieses Problem hast, dann sind *eine Stunde und fünfzehn Minuten* für einen Mittagsschlaf lang genug. Wecke dein Kind auf, gib ihm zu trinken und gehe danach mit ihm raus. Die frische Luft muntert das Kind auf.
- Ein Baby, das krabbeln lernt, kann nachts nicht damit aufhören. Es träumt von den neuen Bewegungen und krabbelt im Bett herum. Das macht es unruhig. Du kannst versuchen, das Baby gut festzuhalten, wenn es neben dir liegt.

Bis wann kannst du neben deinem Kind schlafen?
Ich habe festgestellt, dass ich mich selbst sehr gut erholte, wenn ich eine Viertelstunde neben meinem Kind lag. Es war ein unersetzlicher Ruhemoment nach einem hektischen Tag. Auch wenn ich wusste, dass die Küche noch nicht aufgeräumt war, dachte ich mir immer: „Diese Viertelstunde soll mir keiner nehmen!" Du kannst sie

verwenden, um ein bisschen zu plaudern, um vorzulesen, um einfach mal zusammen zu liegen. Wenn du müde bist, wirst du natürlich leicht einschlafen, aber ich bin immer schnell wieder aufgewacht, weil ich angezogen war. Oder ich sagte zu meinem Mann: „Weck mich in einer Stunde, dann bin ich zum Tee wieder da."

Die Kinder brachten mir bei, die täglichen Nickerchen zu genießen. Während der Stillzeit hilft dir das beruhigende Hormon, leicht einzuschlafen, und nach der Stillzeit kannst du neben einem schlafenden Kind zur Ruhe kommen.

Ein Doppelbett für die Kinder. (Foto: Myriam Mousset)

Während der gesamten Grundschulzeit konnte ich abends neben den Kindern in ihrem oder unserem Doppelbett liegen, wo man so schön viel Platz hatte. Als die Kinder in die weiterführende Schule gingen, bekamen sie ein eigenes Zimmer und brauchten ihre Eltern allmählich weniger.

Das gemeinsame Schlafen kann morgens ermüdend sein. Wenn die Kinder einmal wach sind, dann wollen sie spielen, sich bewegen und toben. Dann tun sie das besser in ihrem eigenen Doppelbett.

Übermüdung bei Schulkindern

Es ist ein Naturgesetz, dass Kinder erst ausgeruht sind, wenn sie *von selbst* aufwachen. Sie müssen so früh ins Bett gebracht werden, damit sie morgens nicht aufgeweckt werden müssen, um den Tag zu beginnen. Wenn du also abends mit dem Ritual vor dem Schlafen rechtzeitig anfängst, triffst du morgens auf ein ausgeruhtes und fröhliches Kind.

Unter sechs Jahren gibt es keine Schulpflicht. Wenn ein Kind zu müde für den Kindergarten ist, lass es zu Hause, sofern es für dich möglich ist. Ein Kind will nach einigen Tagen im Kindergarten mal wieder allein mit seinen Spielsachen spielen bzw. bei Mama oder Papa sein wollen. Das können Eltern ruhig mal erlauben.

Wenn mit sechs Jahren die Schulpflicht eintritt, müssen die Eltern entscheiden, ob sie ihr Kind krank melden, wenn es zu müde ist oder einen Tag Ruhe benötigt.

.

6.6 Die Psychotherapeutin spricht

Dieses Kapitel will ich gern mit einer meines Erachtens sehr wertvollen Bemerkung der Psychotherapeutin Jean Liedloff abschließen: Sie meint, dass es kleinen Kindern, die in der frühen Kindheit zu kurz gekommen sind, sehr viel nützen würde, wenn sie bei jeder Gelegenheit auf den Schoß der Eltern oder von jemand anderem oder bei den Eltern im Bett schlafen könnten. Wahrscheinlich wird es dann nicht mehr lange dauern, bis sie zufriedengestellt sind und selbst in ihrem eigenen Bett schlafen wollen. Genauso, wie es der Fall gewesen wäre, wenn sie von Geburt an bei ihren Eltern geschlafen hätten.

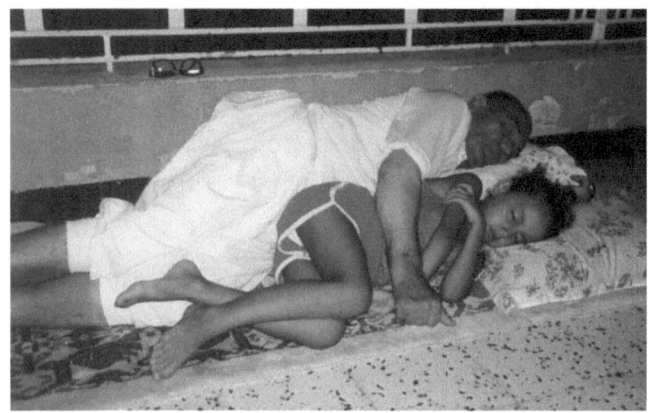

In vielen Kulturen schlafen Kinder nicht allein. (Foto: Nicolet Theunissen)

7 Einige Monate später

Leider ist die Anzahl der Frauen, die nach ein paar Monaten ihr Kind noch stillen, wesentlich kleiner geworden. Zur Unterstützung der Frauen, die nach mehreren Monaten weiterstillen wollen, widme ich ein eigenes Kapitel.

7.1 Was alles auf dich zukommen kann, wenn das Baby einige Monate alt ist

Das Baby gedeiht nicht oder wächst nicht genug

Es kann verschiedene Ursachen haben, wenn ein gestilltes Baby nicht gut gedeiht oder wächst.

Zuerst ist es ratsam, nachzuprüfen, ob das Baby die Brustwarze findet und daran saugen kann. Auch ist es wichtig, dass das Baby ausreichend Gelegenheit bekommt, um weiterzunuckeln, denn das Nuckeln ist wegen der fetten Hintermilch wichtig. Ein anderer Grund kann sein, dass das Baby (zu) oft den Schnuller bekommt. Auch kann die Ursache darin liegen, wie sich die Mutter selbst ernährt.

Einige Babys wissen genau: „Wenn ich viel Muttermilch mit allergischem Inhalt trinke, werde ich krank. Also trinke ich wenig oder verweigere die Brust." Oft geht es dabei um Kuhmilchprodukte, Zucker, Gluten oder Schokolade.

Mein zweites Kind hat sich so verhalten. Es verweigerte die Brust mit sechs Wochen, weil ich so viel Kuhmilch trank. Als ich auf die Flasche umstieg, bekam es häufig eine Mittelohrentzündung. Es weigerte sich oft, zu essen und wuchs kaum. Auch sah es oft unglücklich aus, und ich wusste nicht, was ich tun sollte. Durch diesen Sohn bin ich Stillberaterin geworden. Jetzt als Erwachsener hat er noch immer ein Gespür dafür, was gut für ihn ist. Nur ein paar Wochen im Jahr isst er Erdbeeren oder Mandarinen. Er isst echte Sommer- und Winterkost und kein Kuhmilcheiweiß (siehe hierzu Kapitel 15).

Die Brust verweigern: das Baby ab zehn Wochen

Weil das Baby während des Stillens immer mehr um sich schaut und weniger konzentriert trinkt, wird es weniger schnell wachsen. Das kann schon mit zehn Wochen beginnen. Das Baby beginnt nun, selbst Laute von sich zu geben und sieht sich nach jedem Geräusch um, das es im Zimmer hört: das Rascheln einer Zeitung, jemand, der hereinkommt, oder die Mutter, die während des Stillens telefoniert.

Inzwischen will das Baby die Mutter verliebt anlächeln, sodass es nicht trinken kann. Jede Mutter, die ihr Kind stillt, wird das irgendwann erleben. Es ist schön, sich darauf einzulassen. Wenn das Baby das Trinken jedoch immer wieder aussetzt, um sich umzusehen, dann kannst du das lösen, indem du ihm ein kleines Tuch über die Augen legst. Es ist nicht immer sinnvoll, sich in ein anderes Zimmer zurückzuziehen, weil du als Mutter nicht ständig von deinen anderen Kindern weg sein kannst.

Eigentlich wird dann *öfter* und *kürzer* gestillt: Nach dem Aufwachen und vor dem Einschlafen. Ein schläfriges Baby hat weniger Bedürfnis, sich während des Stillens umzusehen, und wird kräftiger saugen.

Manchmal gelingt es nur dann, wenn es ganz still ist und die Mutter sich kurz mit dem Baby ins Bett legt. Was auch gut hilft, ist, das Baby beim Stillen zu schaukeln. Du kannst es auf dem Stuhl im Sitzen wiegen und dabei stillen. Manche Babys trinken nur, wenn die Mutter im Stehen wiegt oder wippt, andere Babys nur dann, wenn die Mutter im Gehen stillt und manchmal muss das sogar Marschtempo sein. Oder wie eine Mutter sagte: „Ich musste im Laufschritt stillen." Auf alle Fälle wird sich das Baby kräftig an der Mutter festsaugen – eine Reaktion, um nicht herunterzufallen.

Wenn das Baby einmal schläfrig ist, wird es gut weitertrinken, auch die zweite Brust nehmen oder selbst beide Brüste mehrmals. Ein schläfriges Baby ist wieder ganz und gar Säugling.

Daumen muss nicht sein

Manche Kinder werden daumenlutschend geboren, das haben sie in der Gebärmutter gelernt. Wenn eine Mutter das Daumenlutschen nicht gut findet, dann kann sie ihm jedes Mal, wenn es an seinem Daumen saugt, die Brust anbieten. Nach einigen Tagen wird das Baby nicht mehr am Daumen lutschen. Andere Mütter finden es so süß oder praktisch, dass sie es so belassen.

Du musst aber bedenken, dass das Daumenlutschen dieselben Nachteile hat wie der Schnuller: Das Kind trinkt weniger oft an der Brust und bekommt dadurch weniger Vitamin K und D. Und wenn das Kind weniger an der Brust trinkt, wird die Mutter auch weniger Milch produzieren. Es besteht die Gefahr, dass das Baby die Brust verweigert und sich auf Dauer sogar selbst abstillt. Das kann zu einer Entfremdung zwischen Mutter und Kind führen, und das Kind kann sich angewöhnen, sich selbst in Einsamkeit zu trösten. Das ist wahrscheinlich nicht so gewünscht.

Nach ungefähr zehn Wochen können die meisten Babys ihr eigenes Händchen in den Mund stecken, und damit könnte das Daumenlutschen beginnen. Wenn eine Mutter das verhindern will, kann sie dem Baby immer wieder eine kleine Rassel geben, mal in die linke, mal in die die rechte Hand. Außerdem könnte sie ihm öfter die Brust anbieten, zum Beispiel im Tragetuch. Nach drei Wochen Beobachtung bemerkte ich, dass mein Baby nicht mehr an seiner Hand saugte. Es ist praktisch, wenn du deinen Mann oder andere Familienmitglieder bzw. Mitbewohner bittest, darauf zu achten, wenn das Baby an seiner Hand saugt. Jedermann kann ihm dann schnell etwas zum Spielen reichen.

Manchmal hört das Baby zu trinken auf und geht zum Daumenlutschen über. Wenn ihm dann eine kleine Puppe in die Hand gegeben wird, ist es weniger geneigt, schnell mit dem Trinken aufzuhören oder ungenügend zu trinken.

Außerdem kann durch das Daumenlutschen der Oberkiefer verformt werden. Der Gaumen wird schmal, weil die Zunge beim Schlucken tief unten im Mund liegt, wenn der Daumen dazwischenkommt. Das wird dadurch verursacht, dass das Daumenlutschen sowie das Saugen am Schnuller viel öfter und länger betrieben wird als das Trinken und Nuckeln an der Brust. Und das Stillen erfordert eine ganz andere Technik als das Daumenlutschen.

Der Daumen kann kräftig gegen den Oberkiefer gedrückt werden, weil dieses Massieren das Kind beruhigt (das Nervensystem verläuft durch den Oberkiefer). Viele Kinder, die Daumen lutschen oder einen Schnuller verwenden, suchen auch noch eine Streichelstelle. Die Bedeutung davon kennen leider wenige Menschen. Das Kind will eigentlich die Haut der Mutter streicheln. Wenn ein Kind die Mutter streichelt, kann sie das als angenehm und wie eine Belohnung empfinden. Daumenlutschen und Schnuller sind schwierig, abzugewöhnen.

Die Brust passt genau in einen kleinen wie einen großen Kindermund. Der wird schön geformt, und Stillkinder bekommen schöne Kusslippen vom Saugen an der Brust.

Kinder, die viel an der Brust trinken, bekommen eine perfekte Zungenposition und eine kräftige Zunge, sodass sie gut sprechen lernen. Außerdem wird ihr Selbstvertrauen gestärkt, wenn sie häufig bei der Mutter sind. Ich vermute, dass die genannten Gründe die Wahrscheinlichkeit verringern, dass das Kind später stottert. Hinzufügen möchte ich: Kinder, die stottern, sind oft sehr klug; sie wissen genau, was sie sagen wollen, aber es gelingt ihnen nicht.

Wie schnell Kinder sprechen lernen, hängt von ihrem Charakter ab. Unser drittes Kind, ein Mädchen, war immer bei mir im Tragetuch und an der Brust und sie schlief bei uns im Familienbett. Sie begann erst mit zwei Jahren zu sprechen und konnte dann innerhalb einer Woche alles sagen. Sie hat einen perfektionistischen Charakter und wollte vorher erst mal gut zuhören.

Beobachtungen beim Baby ab vier Monaten

Das vier Monate alte Baby, das nun am Boden das Hin- und Herrollen übt, kann schön mollig sein – so wird ihm nicht kalt. Dieses Molligsein entsteht durch die Hintermilch, die es während des Einschlafens an der Brust trinkt.

Das viermonatige Baby nimmt in dieser Zeit immer mehr die Inhaltsstoffe aus der Muttermilch auf. Deshalb wird es weniger Stuhlgang haben, nasse Windeln wird es gleich viele wie vorher produzieren. Mütter brauchen sich also keine Sorgen zu machen, wenn sich das Kind weniger oft erleichtert, das ist ganz normal.

Wir haben schon besprochen, dass ein Baby die Brust verweigern kann. Das beginnt oft, wenn das Baby ungefähr vier Monate alt ist, weil dann die Umgebung interessant wird.

Dem vier Monate alten Baby kannst du alles erzählen. Es kann auch so süß an der Brust singen. Während es trinkt und schluckt, übt es seine Stimme, was total süß klingt.

Als mein Baby Jochem sechs Monate alt war, wurde ich zu einem Kinderärztekongress eingeladen. Jochem kam mit, weil ich wusste, dass er an der Brust ein- und auf meinem Schoß weiterschlafen würde. Dadurch fühlte ich mich äußerst frei. Ich konnte mich dahin begeben, wohin ich wollte. Während des Kongresses flüsterte ich ihm zu, dass er recht still sein müsse. Er war sehr folgsam, spielte leise auf meinem Schoß, und als er müde wurde, schlief er auf dem Schoß an der Brust ein. Eine Kinderärztin kam erstaunt auf mich zu und erzählte mir, dass sie auch mit ihrem Baby da sei. Ihr Kind schlief auf einem Klappbettchen eine Etage höher mit dem Babyphon. Sie schaute mit Verwunderung zu, wie praktisch ich das gelöst hatte. Auch andere Kinderärzte waren erstaunt und verwundert und machten mir und meinem Baby Komplimente.

Mit fünf Monaten kann das Baby einen Entwicklungsschub haben. Das ist eine Wachstumswoche mit viel Hunger, wobei ich erwähnen möchte, dass es für das Baby gesünder ist, ausschließlich gestillt zu werden und keine Beikost zu bekommen.

Muttermilch schmeckt immer nach dem, was die Mutter isst. Es ist also nicht nötig, so schnell wie möglich mit fester Nahrung zu beginnen, damit das Baby sich an den Geschmack gewöhnt. Das Stillbaby schmeckt ja jeden Tag die Milch der Mutter, isst also in Wirklichkeit schon mit.

Außerdem wird, wenn Babys schon früh feste Nahrung bekommen, der Stuhl derart fest, dass sie davon Schmerzen bekommen können. Babys dürfen erst dann einen festeren Stuhl haben, wenn sie bereits *stehen können*, ungefähr mit zehn Monaten. Im Stehen können Babys leichter in die Windel machen.

Der erste Zahn

Wenn das Baby vier Monate alt ist, kommt vielleicht schon der erste Zahn. Wenn es so weit ist, kannst du ihm sagen, dass es dir nicht in die Brust beißen darf.

Das Baby könnte zu sabbern anfangen, was ein Zeichen von Zahnwachstum ist. Doch das Sabbern kann auch auf die beginnende Produktion weiterer Verdauungssäfte hinweisen. Diese ermöglichen es dem Baby, im Notfall auch andere Nahrungsmittel zu verdauen. Oft sind Babys, die übermäßig sabbern, jedoch überempfindlich. Sie nehmen offensichtlich Nahrung zu sich, die sie nicht gut vertragen – auf direktem Weg oder über die Muttermilch. Trotzdem ist es für alle Babys am besten, erst nach sechs Monaten Beikost zu bekommen.

Das Baby fängt an zu beißen

Menschen reagieren oft heftig darauf, wenn ein Baby noch gestillt wird, obwohl es schon Zähne hat. Die Mutter bekommt sicher zu hören: „Es wird dich bestimmt beißen. Tut das dann nicht weh?" Und: „Ich habe abgestillt, als mein Baby Zähne bekommen hat."

Die unteren Zähne des Babys werden immer durch die Zunge bedeckt, wenn es diese um die Brustwarze legt. Dadurch können die unteren Zähne niemals Schmerzen verursachen.

Die oberen Zähne wachsen langsam nacheinander, und dadurch kann sich auf der Mutterbrust eine kleine Stelle mit festerer Haut bilden. Ich bin selten Müttern begegnet, die davon Schmerzen bekamen.

Wenn das Baby oft bei der Mutter trinkt und ganz allmählich etwas mitisst, zum Beispiel Karotte, Gurke oder Reiswaffel, werden meiner Meinung nach die oberen Zähne ganz allmählich nacheinander wachsen.

Als mein erstes Baby Beikost bekam, hielt ich mich an die Empfehlung der Elternberatungsstelle: Eine bestimmte Anzahl Löffel von bestimmten Sorten Nahrungsmitteln. Die Menge musste derart schnell erhöht werden, dass mein Baby nur innerhalb eines Monats oben vier Zähne bekam. Es wurde ziemlich krank davon und bekam Rötungen im Windelbereich. Als ich bei meinen anderen Babys die Beikost sehr spielerisch und beiläufig gab, hatten sie keine Schmerzen vom Zahnen. Auch der Zeitraum des Zahnwuchses zog sich über mehrere Monate hin. Ich glaube, dass der Babykörper auf alle vollen Löffel, die wir Erwachsene in seinen kleinen Mund stopfen, und auf das weniger Stillen mit schnellem Zahnwachstum reagiert.

Manche Babys und Kleinkinder schlafen an der Brust ein. Dann klappen die Zähne dort zu, wo die Brust dazwischen ist.

Wenn das Baby beißt, habe ich folgende Tipps:
- Drücke das Baby an dich, sodass die Nase in die Brust gedrückt wird.
- Stecke deinen kleinen Finger in den Mundwinkel und drehe ihn, dadurch lösen sich die Kiefer.

Wenn das Baby älter wird und im Spiel beißt, gelten weitere Tipps:
- Sag deinem Baby: „Du darfst nicht beißen. Das ist *aua* bei Mama." Während du das sagst, schaust du dem Baby tief in die Augen, sodass es dein Gesicht gut sehen kann. Schüttle zu einem „Nein" mit deinem Kopf.
- Streiche mit deinem Zeigefinger über die Zähne des Babys und sage nochmals: „Du darfst nicht beißen. Das tut der Mama weh."
- Nimm den Finger vom Baby und streiche damit über seine eigenen Zähnchen und wiederhole: „Du darfst nicht beißen. Das tut der Mama weh."

Manchmal entsteht eine Gewohnheit daraus, dass das Baby spielerisch auf den Finger eines Erwachsenen beißt oder an ihm saugt. Vom „Beißmoment" an sollte man das lieber lassen, denn das Baby wird das „spielerische" Beißen normal finden und es später an der Brust wiederholen.
Alle zwei Stunden sollte die Mutter diesen Vorgang, über die Zähne streichen und mit dem Baby sprechen, wiederholen, damit sich das Baby dies gut einprägt. Wenn du darauf beharrst, wird das Baby es sicher lernen. Ich nenne das „einprägen".

Beim Schnuller ist das Problem, dass das Baby zwischen einer weichen Brust und einem harten Schnuller keinen Unterschied wahrnimmt. Dies führt dazu, dass das Baby eher beißt. Es kann sich auch eine Saugverwirrung bilden, wenn das Baby aus einer Schnabeltasse oder mit einem Strohhalm trinkt.

Ein Baby saugt ab und zu auch an seinem Händchen und lernt damit sehr gut fühlen, dass Beißen weh tut. So erkennt es die Kraft seiner Zähnchen.

Der Saft, der in rohen Karotten enthalten ist, wirkt lindernd beim Zahnen. Die natürlichste Lösung ist es, dem Kind eine rohe Karotte in die Hand zu geben, auf der es herumbeißen kann. Gib ihm lieber keine großen Möhren, denn ihr Saft ist ziemlich scharf und kann eine Rötung des Pos verursachen.

Wenn ein Baby beißt, kann es passieren, dass die Mutter kurz aufschreit. Davon kann das Baby wiederum derart erschrecken, dass es die Brust verweigert. Das kann sogar einige Tage dauern. Ein weiterer Rat ist, das Baby noch schlafend, kurz bevor es aufwacht, hochzuheben. Im Schlaf wird das Baby gut an der Brust trinken. Außerdem ist das Stillen schaukelnd im Gehen eine Option.

Manche Babys beißen, um Aufmerksamkeit zu bekommen. Sie beißen kurz und lachen dann. Sie möchten die Mutter dazu ermutigen, mit ihnen ein Lachspielchen zu machen. Am besten ist es, das Stillen zu unterbrechen, um mit dem Baby zu spielen. Gib ihm danach eine rohe Karotte, auf der es beißen kann. Wenn es müde ist, wird es an der Brust wieder einschlafen.

Manche Mütter sagen von klein auf: Mund weit auf! Und sie machen es dabei selbst vor. Diese Einprägung wirkt auch gegen Beißen oder als Erinnerung, wenn das Kind beißen will.

Schmerzen beim Zahnen
Ab vier Monaten bis zwei oder drei Jahren kann ein Kind Beschwerden beim Durchstoßen der Zähne haben. Ich habe beobachtet, dass Kinder, die noch voll gestillt werden, kaum Schmerzen haben. Die Saugbewegung wirkt beruhigend und in der Muttermilch sind

auch beruhigende Inhaltsstoffe. Das ist der Beweis für das Natürliche an der Muttermilch und am Troststillen. Dies alles sorgt auch dafür, dass Kinder nachts öfter trinken wollen.

Eine Mutter erzählte mir: „Wenn ein Backenzahn durchkommt, will mein Sohn sehr gern trinken. Erst mal begreife ich das nicht, und freuen tut's mich auch nicht, aber plötzlich sehe ich dann einen neuen Backenzahn."

Eine Großmutter erzählte mir einmal: „Weinende Kinder kann ich nicht vertragen. Jedes Mal, wenn eines meiner Enkelkinder weint und der Vater oder die Mutter sich keine Zeit dafür nimmt, dann bringe ich das Kleinkind zu den Eltern und behaupte: Dein Kind bekommt sicher einen Zahn. Das wirkt immer."

7.2 Die Mutter, die seit vier Monaten stillt

Die Mutter, die ihr Kind stillt, bekommt mit der Zeit selbst großen Appetit. Das beginnt meist nach ungefähr vier Monaten. Während der Schwangerschaft hat sie Reserven aufgebaut, aber wegen des Stillens hat sie diese nach ungefähr vier Monaten aufgebraucht. Es kann also vorkommen, dass die Mutter alle zwei Stunden Appetit hat. Diesem Bedürfnis sollte sie nachgeben, allerdings sollte sie gesund essen. Etwa fünf Mahlzeiten pro Tag oder drei Mahlzeiten und genug Zwischenmahlzeiten sind für eine stillende Mutter ganz normal.

Eine Mutter, die während dieses Zeitraums nicht *mehr* isst, nimmt ziemlich stark ab oder, was schlimmer ist, erschöpft sich, weil sie ihren Körper ungenügend ernährt. Ein weiterer Nachteil ist, dass ihr Milcheinschussreflex schlechter funktionieren wird. Das kommt alles daher, wenn sich die Mutter nicht genügend Zeit gönnt, sich Essen zuzubereiten. Vielleicht kannst du deinen Partner bitten, dir einen großen Stapel Brote zu schmieren und eine Thermoskanne Tee bereitzustellen oder eine Portion Haferbrei zu machen.

Wie schon erwähnt, ist meine jahrelange Erfahrung mit Müttern, dass sie nach einer Stillzeit von sechs Monaten oder länger einen Mangel an Nahrungsstoffen in ihrem Körper bekommen. Es ist dann zu empfehlen, Vitamine und Mineralien einzunehmen. Bei Zweifeln kannst du gern Kontakt mit mir aufnehmen.

Ein paar praktische Tipps, um während dieser Zeit nicht zu stark abzunehmen:
- Mach dir morgens einen großen Obstteller (beachte: Weintrauben können beim Baby im Alter bis zu drei Monaten Krämpfe verursachen).
- Stelle einige Portionen mit Rohkost hin, zum Beispiel Karotten, Gurke, Radieschen, Blumenkohl und Brokkoli.
- Bereite eine Box mit Brotscheiben vor, die du großzügig und gesund belegst, zum Beispiel mit Rindfleisch und Huhn, Fisch, vegetarischem Burgerpatty, Avocado, Sonnenblumenkernaufstrich oder Sesampaste (diese Aufstriche werden noch nahrhafter, wenn man zusätzlich Samen daruntermengt, wie Sesam oder Pinienkerne), Kokosscheiben mit Honig, Rosinen, und all das großzügig mit Margarine, halte auch immer Reiswaffeln bereit. Du kannst auch Roggenbrot hinstellen oder einen Teller Haferbrei. Nahrhaft ist auch ein Butterbrot mit Apfelkraut und Kokosraspeln.
- Bereite eine Thermoskanne mit Tee vor.
- Wenn du etwas Warmes möchtest, koche einen Topf Reis für drei Tage, mache dir jeden Tag eine schnelle Gemüsesuppe und gib Reis dazu. Wir selbst aßen oft um vier Uhr nachmittags eine schmackhafte Mahlzeit aus Reis mit Suppenkräutern und Kräutersalz von A. Vogel und einer Handvoll Petersilie darüber. Sogar die Nachbarskinder kamen vorbei, um von diesem Reisgericht was abzubekommen. Sogar für das empfindlichste Kleinkind ist es verträglich.
- Mach dir Bratkartoffeln (weil Muttermilch fett ist, brauchst du auch Fett).
- Müttern, die stark abnehmen, sage ich manchmal: Gönn dir auch mal Pommes oder Kroketten. Das tut dir gut. Es ist auch gesund, dir einen extra Schuss Olivenöl ins warme Essen oder deinen Brei zu geben. Mache dir abends eine Extraportion für das folgende Mittagsessen.
- Du kannst auch Rosinenbrötchen oder Nussbrot essen, das ist sehr nahrhaft.
- Mache dir eine Schüssel Popcorn mit etwas Salz.

- Iss jedes Mal beim Stillen zwei belegte Brote, knabbere etwas und trink ein Glas Wasser.
- Aus Bequemlichkeit könntest du zum Naschen übergehen, aber wenn du etwas Süßes möchtest, iss lieber Melone, Birne, Banane oder Kokosscheiben (aus dem Reformladen).

Müttern, die ein größeres Baby oder Kleinkind stillen und dazu berufstätig sind, droht oft Erschöpfung. Meistens stellt sich heraus, dass sie ungenügend Nährstoffe zu sich nehmen. Außerdem fehlt es unserem Trinkwasser heute an Kraft, ihm sind die Mineralien entzogen worden (siehe Kapitel 15).

Diese Mütter werden wieder fit, wenn sie Zusatzstoffe einnehmen, wie Kalzium, Magnesium, Zink, Nachtkerzenöl und Schüßler-Salze.

7.3 Das Baby ab acht Monaten

Das Baby steckt sich alles in den Mund

Das achtmonatige Baby möchte alles in seinen Mund stecken. Mit dem Mund kann es alles wie mit den Händen fühlen. Es kann fühlen, ob etwas warm oder kalt ist, rau oder glatt, aus Papier oder Stoff, aus Holz oder Plastik. Es ist also nicht notwendig, ihm alles aus dem Mund zu nehmen, denn sein Mund ist ein Fühlorgan.

Babys können nun viel am Boden spielen und sich alles, was sie finden, in den Mund stecken. Die Natur löst das auf ihre Weise: Muttermilch tötet Bakterien ab, und das Baby wird nicht krank. Mein Baby hat eine ungeschälte Kartoffel in den Mund genommen, Stückchen davon abgebissen und ist trotzdem nicht krank geworden. Die Abwehrstoffe in der Muttermilch vermehren sich in dieser Phase. Je älter das Baby wird, desto höher ist die Konzentration der Antikörper in der Milch. Das ist gut zu wissen, um besorgte Omas, Tanten, Freundinnen und andere zu beruhigen.

Der Jo-Jo-Effekt, auch für Flaschenkinder

Kinder ab acht Monaten können ohne Mutter spielen und dann plötzlich wieder zu ihr zurückwollen. Das ist mit einem Jo-Jo zu ver-

gleichen, das dir aus der Hand gleitet und wieder in die Hand zu-
rückrollt. Ich nenne dieses Verhalten des Kindes deshalb auch den
Jo-Jo-Effekt. Auf diese Weise entfernt es sich jedes Mal ein bisschen weiter von der Mutter und möchte auch wieder schnell zurück-
kommen. Das Baby will allerlei Dinge oder Orte entdecken, aber
danach wieder sicher in den Armen der Mutter sein. Es wird ständig
das Gesicht der Mutter anschauen, um zu erfahren, wie sie bei seinen Erfahrungen schaut. Schaut sie froh oder erschrocken, böse
oder ablehnend? Achte einmal darauf, wie oft das Baby das Gesicht
der Mutter studiert.

Der Kinderwagen

Ein Baby mit mehr als acht Monaten wird vielleicht in einem Kinderwagen geschoben. Weil das Baby vieles über das Gesicht der Mutter oder des Vaters lernt, wäre es gut, wenn es das auch auf der
Straße tun kann. Die Eltern können die Dinge benennen und das
Kind kann an ihrem Gesicht erkennen, ob es interessant oder toll
ist. Darum ist ein Kinderwagen, von dem aus das Baby zur Mutter
oder zum Vater blickt, sehr empfehlenswert. Der Kinderwagen, aus
dem das Baby von der Mutter wegschaut, ist ein einsamer Wagen.
Die Mutter kann nicht benennen, was sie im Umfeld sieht, und das
Baby kann auch nichts „fragen". Wenn der Kinderwagen auch noch
ein Dach hat, sieht die Mutter auch das Köpfchen vom Baby nicht
und erkennt nicht, wo es hinschaut.

Zähneputzen

Alles, was naturbelassen gegessen wird, wird kaum an den Zähnen
kleben bleiben. Hierzu gehören zum Beispiel rohe Nahrungsmittel,
wie Karotte, Apfel, Birne, Kartoffel oder Muttermilch.

Nahrungsmittel, die verarbeitet wurden, können hingegen an den
Zähnen haften bleiben, wie Reiswaffel, Brot, gekochte Kartoffeln,
Obst- und Gemüsesaft. Gemeinsam mit Muttermilch und künstlicher
Milch verursachen diese Nahrungsmittel schnell Löcher in den Zähnen. Wenn dein Kind diese Art von Produkten gemeinsam mit Milch-
kost zu sich nimmt, wirst du mit dem Zähneputzen beginnen müssen. Verwende vorzugsweise Kinderzahnpasta.

Ein Zahnarzt empfiehlt: Nachdem das Baby Kohlenhydrate oder
Obst zu sich genommen hat, ist es besser, eine halbe Stunde mit

dem Zähneputzen zu warten, weil diese Produkte den Zahnschmelz aufweichen. Wenn du zu bald putzt, wird der Zahnschmelz angegriffen.

Wie putzt man die Zähne? Viele Eltern sind geneigt, das Kind selbst putzen zu lassen, weil es ihnen die Zahnbürste immer aus der Hand nimmt. Oft meinen Eltern dann stolz: Schau mal, mein Kind putzt seine Zähne selbst. Das ist jedoch ungenügend, denn so können Löcher entstehen. Die Mutter oder der Vater sollte dem Kind die Zähne putzen, auch wenn das Kind das nicht so toll findet. Es lässt sich daraus eine kleine Geschichte machen: Halte dein Kind gut fest und erkläre ihm, dass das Hündchen putzt, das Kätzchen putzt und so weiter.

Du kannst das Kind aufzählen lassen, was es an diesem Tag alles gegessen hat, und mache dann Witze, wie: Oh, dann muss das aber noch weggeputzt werden, oh, und das auch noch. So kannst Du dein Kind gut ablenken.

Eine Mutter erzählte mir: „Mein Zweijähriger muss oft beim Zähneputzen weinen. Ich versuche dann, ein paar Lieder zu singen, die ich ihn auswählen lasse. So hat das Ganze doch etwas Positives. Wenn das letzte Lied zu Ende gesungen ist, sind wir fertig mit dem Zähneputzen, das weiß er schon."

Die Benutzung einer elektrischen Zahnbürste ist auch eine Möglichkeit. Schaue, was bei deinem Kind am besten funktioniert. Wenn dein Kind selbst putzt, wirst du mindestens bis zum sechsten Lebensjahr nachputzen müssen. Manchmal haben Kinder mit zwölf Monaten noch keine Zähne. Das ist absolut nicht schlimm. Daran siehst du, dass die Natur ihre eigenen Regeln hat.

Löcher in den Zähnen
Es kann gelegentlich vorkommen, dass Stillkinder Löcher in den Zähnen haben. Eigentlich ist es unnatürlich, dass sich Karies bildet, weil die Muttermilch während des Stillens in die Kehle gelangt und nicht die Zähne berührt. Mein Sohn hatte Löcher als Folge einer pilzabtötenden Medizin bekommen. Diese blieb an den Zähnen haften, und ich war mir nicht bewusst, dass ich sie hätte wegputzen

müssen. Das kann auch durch die Einnahme anderer Arzneimittel oder Hustensaft passieren.

Wenn trotz des Stillens Karies im Zahnschmelz entsteht, kannst du am besten die Zähne putzen und regelmäßig mit Wasser aus einem Trinkbecher bestreichen, worin ein oder zwei Fluortabletten aufgelöst sind. Das ist ein guter Schutz und kann sogar eine leichte Verbesserung des Zahnschmelzes bewirken. Diese Anzahl Fluortabletten im Wasser ist derart verdünnt, dass es nicht schädlich ist.

Du kannst dem Kind regelmäßig Hirse zu essen geben. Hirse enthält Silicea, das ist das Mineral für den Aufbau von Zähnen und Nägeln.

Die Bakterien, die zusammen mit dem Zahnbelag und den Essensresten Karies verursachen, sind ansteckend. Wenn Eltern solche Bakterien im Mund haben, können diese leicht in den Kindermund gelangen. Nach jeder Mahlzeit könnten die Zähne geputzt oder der Mund mit Wasser ausgespült werden. Es wäre nicht gesund, Fluortabletten einzunehmen, weil eine zu hohe Dosis Fluor die Gesundheit schädigt.

Es besteht auch die Möglichkeit, das Kind von klein an zweimal im Jahr zum Zahnarzt mitzunehmen und ihn nachsehen zu lassen, ob sich Löcher gebildet haben. Sobald das möglich ist, kannst du die Backenzähne versiegeln lassen.

Kuscheltücher und Kuscheltiere
Ich durfte einmal in einer Gesamtschule mit einer Klasse über das Muttersein diskutieren. Wir waren zusammen mit einigen Müttern der Stillorganisation La Leche Liga dort und hatten unsere Babys und Kleinkinder dabei. Wir hatten einiges an weichem Spielzeug mitgenommen, dazu Farbstifte, einen Ball, einen Kratzblock und Popcorn zum Knabbern. Während der Diskussion erzählte ein Mädchen, dass es jahrelang mit der Bluse ihrer Mutter geschlafen hatte. Ihre Mutter hat ihr einmal erzählt, wie es dazu gekommen ist. Als kleines Kind wollte sie immer gern bei ihrer Mutter auf dem Schoß sitzen. Als die Mutter arbeiten musste, wurde das Mädchen von einer Babysitterin betreut. Sie klammerte sich an der Mutter fest und

wollte ihre Bluse nicht loslassen. Die Mutter wusste sich nur mit folgender Lösung zu helfen: die Bluse ausziehen und das Kind damit zurücklassen. Schluchzend schlief es mit der Bluse ein. Es hat danach die Bluse als Kuscheltuch gebraucht, wenn seine Mutter unerreichbar war.

Eigentlich hätte die Mutter das Kind am Tag danach viel tragen, mit ihm kuscheln, erzählen und erklären müssen. Die niederländische Kinderpsychologin Jo Stades-Veth hat in ihrem Buch *Verraden door Mammie* (*Verraten durch Mami*) diese Methode dargelegt (siehe Kapitel 10).

Ich sage manchmal im Scherz: Ein Kuscheltier beruhigt die Mutter.

Einige Mütter glauben, dass sich ein Baby emotional an ein Püppchen, Kuscheltier oder Tuch binden sollte. Doch das ist nicht nötig. Für die optimale Entwicklung braucht das Kind seine Mutter und ihre Milch, daneben den Vater, Verwandte und Freunde. Dadurch wird das Kind lernen, dass das Leben voller Abenteuer ist, dass Verwandte zu ihm gehören und ein besonders Band zu Mutter und Baby haben und dass Freunde gesellig und fröhlich sind.

Weil ich mein Kind immer bei mir hatte, konnte ich überall mit ihm hingehen. Ich konnte dann lange unterwegs sein: das Baby im Tragetuch, ich selbst mit Essen und Trinken sowie mit Windeln für das Baby ausgestattet.

Ich habe eine Geschichte über einen Pater in Afrika gelesen. Er leitete dort den Gottesdienst, zu dem alle Leute ihre Kinder mitbrachten. Als er predigen wollte, sagte er: „Ich möchte bitten, dass alle Mütter jetzt ihr Kind an die Brust nehmen. Dann wird es still genug sein, um meine Predigt zu halten." Und alle Mütter fanden das vollkommen normal. Sie brauchten keine Kuscheltiere und Tücher mitzunehmen, damit die Kinder für einen Augenblick still waren.

Mein zweites Baby habe ich mit vier Monaten nicht mehr gestillt, und es wachte immer weinend auf, auch noch während seiner Kleinkindzeit. Es saugte an zwei Fingern und strich dabei über ein Rändchen Baumwolle. Ich verstand erst später, dass es eigentlich in meinen Armen liegen und mich streicheln wollte. Weil es immer weinend aufwachte, beschloss ich, mein nächstes Kind länger zu stillen – auch für die eigene Seelenruhe.

7.4 Gedanken von Freundinnen zu ihrem Baby

Mehrere Freundinnen haben Gedanken über ihr Baby für mich aufgeschrieben. Hier folgt eine Auslese.

Yvonne schreibt: „Eine meiner Freundinnen findet, dass sie ein vorbildliches Baby hat. Alle vier Stunden trinkt es seine Flasche aus. Sonst liegt es ruhig in seinem Bettchen oder im Laufstall und schaut auf das Mobile, das darüber hängt. Wenn sie es abends ins Bett legt, weint es bereits immer weniger lang, und es protestiert nicht allzu stark oder allzu lange, wenn sie es bei der Babysitterin zurücklässt. Sie meint aber, dass sie sich manchmal fragt, warum die Leute so über das Muttersein jubeln, denn sie findet nicht so viel dabei.

Mein Sohn Joep ist mit zwei Monaten genauso alt wie ihr Baby. Er ruft oft nach mir, weil er gern bei mir ist. Er schaut mir in die Augen, während er voller Hingabe an meiner Brust trinkt. Von meinen Armen aus betrachtet er voller Verwunderung die Welt. Er liegt gern zwischen seinem Vater und mir im Bett, und es ist eine wahre Freude, ihn mitzunehmen, wenn wir irgendwo hingehen oder zum Essen ausgehen. Dann zieht er die volle Aufmerksamkeit auf sich. Was finde ich nun am schönsten? Die Geräusche, die er macht, sein breites Lachen, sobald er mich sieht (oder seinen großen Bruder oder seinen Vater), das Gefühl seiner feinen Babyhärchen, seine weiche rosa Haut unter meinen Lippen zu fühlen, ihn zu riechen, die Art und Weise, wie er sich beruhigt und zufrieden bei mir liegt, sobald ich ihn hochnehme. Ich bin überglücklich mit meinem ‚vorbildlichen‘ Baby."

*Das Baby ruft dich oft, weil es
gern bei dir ist.
(Foto: Stockxpert.com)*

Marlise schreibt: „Fordern Stillkinder mehr? Ja, oft schon. Ich denke, dass sie nicht zum Bild passen, das man sich von einem vorbildlichen Baby macht. Wenn eine Mutter merkt, dass ihr Baby viel fordert, fühle ich mich verpflichtet, ihr ein Kompliment zu machen. Sie nimmt ihre Aufgabe als Mutter ernst. Wenn eine Mutter immer für ihr Kind da ist, wird das Baby das normal finden. Wenn ein Baby oft in den Arm genommen, liebkost und gestillt wird, soll es sich dann nicht immer wieder danach sehnen? Aber das Baby, das von seiner Mutter oder von anderen wenig zu erwarten hat, wird sich nicht melden. Ein Baby, das gelernt hat, dass seine Bedürfnisse nicht zählen, wird lernen, sich damit abzufinden, dass niemand es tröstet.

Was sind die Folgen? Ein Psychiater sagt, je *abhängiger* ein Kind während der ersten fünf Jahre ist, desto gesünder ist es, emotional betrachtet. Wenn ein Kind genauso lange vollkommen abhängig sein darf, wie es selbst will, kann es in seinem eigenen Tempo selbstständig werden. Wir alle kennen doch Erwachsene, die sich wie Kinder verhalten. Vielleicht mussten sie sich als Kinder wie Erwachsene benehmen. Psychiater meinen auch, dass wir eine bestimmte Entwicklungsphase erst vollständig durchgemacht haben müssen, bevor wir die nächste Phase beginnen können. Wenn unser Umfeld uns nicht darin unterstützt, diese Phase ganz zu durchlaufen, bleiben wir darin hängen, egal, wie alt wir werden, und halt so lange, bis wir die Phase zu Ende führen können. Ich bin davon überzeugt, dass wir von kindlichen Erwachsenen umgeben sind."

Mieke schreibt: „Ich werde nie das Baby vergessen, das eines Tages mit seinem Vater bei uns zu Besuch kam. Der Vater war stolz auf sein vorbildliches Baby. Er warf seinen Sohn in die Luft und wies darauf hin, dass er gar nicht weinte. In Wirklichkeit reagierte das Baby überhaupt nicht. Später holte der Vater eine Flasche zum Vorschein und legte das Baby hin, mit der Flasche daneben. Die könne es ja schon allein austrinken. ‚Tüchtig, nicht wahr?', meinte er stolz. Beim Abschied hielt er das acht Monate alte Knäuel hoch und bemerkte: ‚Das einzige Seltsame ist, dass er niemanden anschauen möchte. Siehst du?' Er brachte das Baby in allerlei Positionen, um es zum Augenkontakt zu zwingen, aber das Baby wich ständig aus. Es stimmte, es reagierte nicht auf uns, genauso wie nie jemand auf das Baby reagiert hatte …"

Desirée schreibt: „Ich muss oft an die Mütter denken, die ihre Kinder als ‚fordernd' empfinden. Das ist dann das Gegenteil von dem, was man hier als ‚liebes' Baby betrachtet. Meist bitte ich die Mütter, zu beschreiben, was sie meinen, und dann kommt ein supergesundes, aufmerksames, kontaktfreudiges Baby zum Vorschein, das sich auch nachts ziemlich bemerkbar macht. Genau wie meine Freundinnen habe ich begonnen, dieses ‚Fordernde' als eine positive Eigenschaft zu betrachten. Das einzige Problem ist, dass ‚fordernd' einen negativen Beigeschmack hat. Eine positive Umschreibung von ‚fordernd' durch Worte wie aufmerksam, aktiv, kontaktfreudig und pfiffig beschreibt eigentlich besser, was gemeint ist. Indem du das Verhalten deines Babys mit diesen Wörtern beschreibst, fühlst du dich nicht gebremst, es zu genießen und ruhigen Herzens seine Bedürfnisse zu erfüllen.

Um uns herum meint man mit einem ‚lieben' Baby oft ein Kind, das sich problemlos an die Regeln hält, die wir Erwachsene uns ausgedacht haben. Aber wollen wir eigentlich ein Kind, das alles ohne Protest akzeptiert, sich selbst tröstet und uns kaum noch braucht? Während der ersten Jahre wird die Basis seiner Persönlichkeit gebildet. Ein Kind, das lernt, deutlich zu machen, was es gern möchte, und merkt, dass man darauf reagiert, übt die gesunde Kontaktaufnahme zu anderen. Seien wir doch dankbar, dass unsere Kinder sich nicht vertrösten lassen. Diese Würmchen lehren uns, was Elternsein bedeutet und was es heißt, jemanden sehr zu lieben. Die Belohnung ist für alle groß, denn Kinder, die Liebe bekommen, haben auch gelernt, wie man Liebe schenkt."

Chantal schreibt: „Ich erinnere mich noch gut an alle Empfehlungen, wie ich mein erstes Kind aufziehen müsse: Babys brauchen ein eigenes Zimmer; ab und zu müssen sie bei einem Babysitter zurückgelassen werden, damit sie sich an andere Menschen gewöhnen; Babys soll man weinen lassen, damit sie starke Lungen bekommen; Babys soll man nicht oft aufnehmen, weil man sie dann nur verwöhnt; gib dem Baby früh Beikost für den Fall, dass die Mutter nicht da ist.

Natürlich habe ich all das befolgt, denn alle schienen es besser zu wissen als ich. Doch es stimmte etwas nicht daran. Ich fühlte mich nicht gut dabei, es tat mir innerlich weh. Manchmal habe ich sogar geweint.

Ich traue mich jetzt zu sagen: Nein danke, ich brauche keinen Babysitter, ich nehme das Baby mit. Nein, es ist kalt und einsam in ihrem Zimmer, wir haben genug Platz bei uns im Bett. Nein, ich lasse sie nicht weinen, das halte ich nicht aus. Nein, sie braucht sich nicht in den Schlaf zu weinen und muss keine Ängste ausstehen in einem dunklen Zimmer am anderen Ende des Flurs.

Und dank meines Kindes bin ich die bestmögliche Mutter – im Moment."

Kim schreibt: „Wie oft hast du dein Baby liebevoll in den Schlaf gestillt, und es ist dann aufgewacht, sobald du es ins Bett gelegt hast?

Es möchte uns etwas klar machen. Als ich meinen Sohn heute hochnahm, um ihn zu stillen, und ihn, während er trank, eingehend betrachtete, konnte ich mir vorstellen, dass er mir sagen wollte: ‚Leg mich jetzt noch nicht ins Bett, lass mich noch eben gemütlich in deinen warmen Armen liegen, damit ich dein Herz klopfen höre, deinen Atem fühle und deine Stimme ganz nahe höre. Ich liebe deinen Geruch und das sanfte Wiegen. Ich finde es herrlich, deine weiche Haut zu fühlen und die verschiedenen Stoffe deiner Kleider. Später, wenn ich groß bin, werde ich vielleicht nicht mehr wissen, dass ich dir sagen wollte, dass ich mich nie so sicher und entspannt gefühlt habe wie in diesem Moment. Lass mich noch etwas trinken bitte!'"

Linda schreibt: „Was jede Mutter, die stillt, wissen muss – und meistens zu spät erfährt:

- Alle eineinhalb bis zwei Stunden Stillen ist normal, viele Neugeborene brauchen im Durchschnitt zwölf bis vierzehn Mahlzeiten am Tag, hoffentlich mit einer längeren Periode Schlaf während der Nachtstunden.
- Wenn ein Baby weint, braucht es Aufmerksamkeit – sofort. Später kommt in seinem Wortschatz noch nicht vor.
- Wenn ein Baby schön an der Brust saugt, ist es besser, das zuzulassen, so lange es will. Wenn die Milchzufuhr eingespielt ist, ist die Brust nie ganz leer.
- Babys brauchen die Aufmerksamkeit der ganzen Familie: Vater, Bruder und Schwester können es super halten, liebkosen, streicheln und sind großartige Spielkameraden.
- Ziehe dem Baby so viele Schichten Kleidung an, wie du selbst auch trägst.
- Babys weinen, wenn sie sich nicht wohlfühlen.
- Babys sind meistens zufriedener und besser gelaunt, wenn sie erst gestillt und dann gewickelt werden.
- Babys schlafen selten mehr als zwölf bis fünfzehn Stunden innerhalb von 24h – manchmal viel weniger.
- Wenn du ihm eine Chance gibst, wird das Baby einen vorhersagbaren Rhythmus entwickeln … und ihn dann wieder verändern.
- Babys sind nur ganz kurz Babys. Die Mutter, die diese Lektion früh lernt, ist ein Glückspilz!"

8 Mutter sein – Eltern sein

über Archetypen und die Würdigung der Mutter

Perfekte Eltern oder Mütter gibt es nicht. Jede Mutter gibt ihr Bestes mit den Qualitäten, die sie hat. Qualitäten, die bei jeder Frau unterschiedlich sind, und die aus jeder Frau eine andere Mutter machen. Das Wichtigste ist, dass du als Mutter oder Vater zur Bildung des Selbstvertrauens deines Kindes beiträgst, um dem Kind damit eine feste Grundlage für das Leben zu bieten. Deine dafür eingesetzte Energie und Zeit verdienen jede Art der Würdigung. Um diese Themen geht es in diesem Kapitel.

8.1 So viele Frauen – so viele Arten von Müttern

Einige Mütter sind kritisch gegenüber anderen Müttern, nur weil sie es anders machen. Das ist nicht immer nett. Jede Mutter, der ich begegnet bin, ist auf ihre eigene Art Mutter, und das soll auch so sein. Aber Mütter können einander sehr gut unterstützen und Erfahrungen miteinander teilen. Mütter sollten Rat beieinander suchen können, denn vor allem in der Anfangszeit des Mutterseins fühlt sich eine Mutter unsicher und bekommt manchmal zu wenig Verständnis für die eigenen Gefühle und Gedanken. Aber sei dir dessen bewusst: Die perfekte Mutter gibt es nicht. Jede Mutter hat ihre eigenen, besonderen Qualitäten, und es ist gut, sich dessen bewusst zu sein, dass jede ein anderer Typus Frau ist und deshalb auch ein anderer Typ Mutter.

Der Psychologe Carl Gustav Jung hat die Charaktere verschiedener griechischer Göttinnen aufgelistet und als „Archetypen" bezeichnet. Die Psychiaterin Jean Shinoda Bolen verwendet diese Charaktereigenschaften in ihrem Buch *Göttinnen in jeder Frau. Psychologie einer neuen Weiblichkeit*, um zwischen sieben Frauentypen zu unterscheiden. Sie gibt ihnen die Namen von sieben griechischen Göttinnen. Beide Psychologen betonen, dass jede Frau (zeit-weise) mehrere Typen in sich tragen kann, zum Beispiel während ihres Mutterseins.

Hier folgen kurz zusammengefasst die Merkmale der verschiede-nen Archetypen. Weil ich es so wichtig finde, dass jede Frau um die unterschiedlichen Frauentypen weiß, habe ich die Archetypen in mein Buch aufgenommen. So wird es Frauen möglich, andere Frauen besser zu verstehen. Außerdem erkennen sich Frauen in bestimmten Typen wieder und verstehen sich dadurch selbst bes-ser.

Demeter, Göttin des Korns – Versorgerin und Mutter
Ein Demeter-Muttertyp ist der am meisten mütterliche Typus. So eine Mutter findet es herrlich, Babys im Arm zu haben und hätte am liebsten, dass sie nie größer werden. Sie findet es auch wunderbar, sie zu ernähren. Sie kann auch eine liebevolle Mutter für Adoptiv- oder Pflegekinder sein. Sie versucht, alles zu verstehen, was ihr Kind durchmacht und wie es sich dabei fühlt. Die psychische Nabel-schnur bleibt noch jahrelang intakt.

Der Demeter-Archetyp arbeitet oft im Pflege- oder Unterstüt-zungsbereich, zum Beispiel als Lehrerin, Krankenschwester oder Ärztin. Die Demeter-Mutter findet ihre Befriedigung in der Ernäh-rung anderer. Sie kocht gern ausgiebige Mahlzeiten für ihre Familie und ihre Gäste. Wenn ihnen das Essen gut schmeckt, empfindet sie sich als gute Mutter (und nicht wie Athene als tolle Köchin). Sie backt vielleicht gern selbst Brot, kocht Konfitüre ein und baut Ge-müse an.

Sie ist auch eine entschlossene Mutter. Wenn sie ein behinder-tes Kind bekommt, sorgt sie dafür, dass dieses Kind ein Leben so normal wie möglich führen kann. Sie fühlt sich in das Kind ein. Sie ist auch sehr großzügig, fürsorglich und hilfsbereit. Oft ist sie eine richtige Wohltäterin, die versucht, anderen das zu geben, was sie brauchen – sei es ein Teller Suppe, eine ermutigende Umarmung, Überbrückungsgeld für Engpässe oder die Einladung: „Dann ziehst du eben kurz bei uns ein."

Zuerst brauchen die Kinder von Demeter körperliche Pflege, ihre emotionale Stütze und Verständnis. Und schließlich bitten sie vielleicht um die spirituelle Weisheit oder Lebenserfahrung ihrer Mutter, weil sie Enttäuschungen oder Kummer verarbeiten müssen oder nach dem Sinn des Lebens suchen.

Eine Demeter-Frau strahlt etwas von der „Urmutter" aus. Sie ist bodenständig und vertrauenswürdig und dazu sehr nüchtern.

Artemis, Göttin der Jagd, des Mondes und der Konkurrenz – ein schwesterlicher Typ

Eine Artemis-Frau geht oft so sehr in ihrer Arbeit auf, dass sie zum Beispiel kaum ans Heiraten denkt. Sie lebt lieber zusammen. Als Mutter ist sie nicht der „Urmutter"-Typ. Schwangerschaft und Stillen geben ihr nicht genug Erfüllung. Als Mutter möchte sie gern, dass ihr Baby bald selbstständig ist. Sie bringt ihren Kindern bei, für sich selbst zu sorgen, aber wenn sie in Not sind oder angegriffen werden, wird sie ihnen sofort zu Hilfe kommen – wie eine Bärin (ihr Symbol).

Sie wird mit viel Freude mit den Kindern Abenteuer erleben – zelten gehen, segeln, Skifahren.

Athene, Göttin der Weisheit, des Handwerks und der Strategie – der Tochtertyp

Eine Athene-Frau ist der Typ des logischen Denkens. Sie lässt sich eher vom Kopf als vom Herzen leiten. Als Ehepartnerin ist sie eine Verbündete und Helferin. Sie hat großes Interesse an der Karriere bzw. an der Firma ihres Partners. Sie hat eine praktische Einstellung, achtet auf Details und sorgt dafür, dass alles immer zeitgerecht passiert. Aber oft kommuniziert sie wenig über Gefühle.

Eine Athene-Mutter möchte lieber jemanden engagieren, um für ihre Kinder zu sorgen. Sie hat Mühe mit sensiblen Söhnen oder Töchtern. Als Mutter sehnt sie sich nach dem Moment, dass ihre Kinder groß genug sind, um mit ihnen sprechen zu können und dann alles Mögliche mit ihnen zu unternehmen.

Eine Athene-Mutter freut es sehr, wenn sie ehrgeizige, aufgeweckte und wissbegierige Kinder hat. Sie kann dann Lehrerin und Ratgeberin sein. Sie kann inspirieren, sie spornt sie an, über sich hinauszuwachsen. Sie wird auch ihrem Sohn schon früh beibringen, dass Männer nicht weinen. Hat sie eine Tochter, die Gefühle wichtiger findet, dann findet sie das schwierig. Sie reagiert vielleicht amüsiert, tolerant oder weist diese Tochter ab.

Hestia, Göttin des Herdes und des Tempels – die weise Frau und der Typ (unverheiratete) Tante

Der Hestia-Muttertyp ist eine in sich gekehrte Mutter. Meist ist sie ziemlich häuslich. Eventuell vermeidet sie die Gesellschaft anderer, weil sie Ruhe bevorzugt. Sie kann eine hervorragende Mutter sein, wenn sie auch etwas von Demeter in sich hat. Sie kann schon etwas distanziert sein, unterstützt die Kinder darin, sie selbst zu sein. Ohne Weiteres gibt sie ihnen, was sie brauchen und schafft eine heimische, geborgene Atmosphäre.

Allerdings kann eine Hestia-Mutter ihren Kindern in gesellschaftlichen Situationen nicht helfen, weil sie nicht sehr kontaktfreudig ist.

Hera, Göttin der Ehe – treue Partnerin und Ehefrau

Für die Frau des Hera-Typs ist die Verbindung mit ihrem Ehemann das Wichtigste. Sie zieht ohne Probleme wegen seiner Arbeit um, wobei ihre Kinder manchmal ins Internat müssen. Ihr Mutterinstinkt ist nicht besonders stark, es sei denn, dass sie auch etwas von Demeter in sich hat. Gegenüber ihrem Mann wird sie die Kinder nicht so schnell verteidigen. Die Kinder können sich dadurch im Stich gelassen fühlen.

Persephone, Göttin der Jugend – bleibt Mädchen und Tochter ihrer Mutter, Königin der Unterwelt

Die Persephone-Mutter ist der Typus, der selbst Kind bleibt. Sie wird nach wie vor um Rat fragen, zum Beispiel ihre eigene Mutter. Sie bleibt jugendlich, sieht jünger aus als sie ist und strahlt etwas aus, das die Fürsorge von anderen auslöst. Sie versucht auch, anderen zu gehorchen. Wenn sie ein Kind bekommt, kann ihre Mutter ihrem Selbstvertrauen ziemlich schaden: „Du hast nicht genug Milch, vielleicht solltest du lieber das Fläschchen geben, bring das Baby mal zu mir, dann kannst du schlafen." (Ich sage gern: „Gib alles aus den Händen *außer* dein Baby!") Sie kann sehr gut die Fantasie und das Spielerische in ihrem Kind anregen und seine Kreativität wecken.

Aphrodite, Göttin der Alchemie, die im Stande ist, Menschen zu verändern – Göttin der Liebe und Schönheit, der kreativen Frau und Geliebte

Ein Aphrodite-Typ kann sich mit Kindern recht wohlfühlen. Sie nähert sich ihnen mit einer positiven Haltung und ohne Vorurteile. Ein Kind kann bei ihr sein Gefühl äußern und seine Talente entwickeln, weil sie solch einen offenherzigen Charakter hat. Sie versetzt sich in die Phantasiewelten der Kinder und spielt ihr Spiel mit. Manchmal scheint es, als ob sie Kinder bezaubert, sodass sie sich gut benehmen und eine rege Fantasie entwickeln. Wenn eine Aphrodite-Frau auch Demeter-Eigenschaften hat, geht es ihren Kindern oft sehr gut.

So viele Frauen, so viele
Arten von Müttern
(Foto: stockxpert.com)

Die Psychiaterin Bolen und der Psychologe Carl Gustav Jung meinen, dass sich eine Frau während ihres Lebens zu einem anderen Göttinnentypus verändern kann. Für jeden Lebensabschnitt kann ein anderer Typus in ihr arbeiten. Demeter, die Göttin des Korns, Versorgerin und Mutter, kann in jeder Frau Platz finden. Manchmal sind sogar zwei Göttinnen während einer Zeitperiode am Werk. Einen Archetyp wählt man nicht freiwillig. Dein Charakter und wie du selbst geformt und aufgewachsen bist, haben hierauf großen Einfluss.

8.2 Das Selbstvertrauen des Kindes und seine Entwicklung

Eltern sein: das Selbstvertrauen des Kindes aufbauen

Wenn ein Kind geboren wird, ist alles neu, auch seine eigenen Emotionen und Gefühle sind neu. Durch den vertrauten Kontakt mit den Eltern lernt es, welche Emotionen und Gefühle es gibt. Indem es ins Gesicht der Mutter blickt, liest es ihre Emotion und prägt sie sich ein. Das Baby, das seiner Mutter nahe ist, fühlt sich hundertprozentig wertvoll, weil seine Mutter es wertvoll findet. Dadurch wächst sein Selbstvertrauen. Ein Kind sagt eigentlich ständig zu seiner Mutter: „Mama, erklär mir, wie ich mich fühle!" Und so kann die Mutter dem Kind von Beginn an alles erklären, was im Haus und in der Umgebung passiert.

Im Buch *Körperkontakt* wird beschrieben, dass das Selbstvertrauen eines Kindes wächst, wenn es immer auf den Schoß genommen wird, wenn es auf dem Schoß schlafen darf oder im Tragetuch mitgenommen wird. Das Kind bekommt die Botschaft: „Ich bin es wert, ich bin wichtig, ich gehöre dazu. Ich brauche es nicht zu beweisen, ich weiß es." Kinder, die sich selbst später immer etwas beweisen wollen, haben kein Selbstvertrauen. Oft beobachtet man dann negatives Verhalten wie Brüllen, Treten, Mobben, Machoverhalten oder Ängstlichkeit.

Wie ich schon erwähnt habe, kannst du dein Baby mit einem Jo-Jo vergleichen. Wie ein Jo-Jo ist ein Baby geborgen in den Händen der Mutter. Das Baby geht ein kleines Stück von der Mutter weg und will danach schnell zurück in ihre sichere Nähe. Nach einiger Zeit geht das Baby etwas weiter weg und will dann wieder zurück in die Sicherheit. Das Baby wird sich mit der Zeit immer weiter von der Mutter entfernen und immer wieder zu ihr zurückwollen, bis es sich selbstständig fühlt.

Wenn ein Kind in seinem eigenen Tempo selbstständig werden darf und nicht dazu gezwungen wird, wird es jede Erfahrung komplett durchmachen und dadurch immer eigenständiger werden. Oft beobachtet man, dass Väter oder Mütter von ihrem Umfeld mehr oder weniger dazu genötigt werden, anders mit dem Kind umzugehen, während das Kind zu erkennen gibt, dass es noch nicht so weit ist. Möglicherweise brauchen gerade jene Kinder, die gezwungenermaßen selbstständig sein müssen, länger, um selbstständig zu werden.

Eine Mutter schreibt: „Ich gebe meinen Kindern so viel Freiheit, wie sie brauchen. Andere begreifen das oft nicht. Weil ich sie immer bei mir habe, weiß ich jetzt, dass sie nicht weiter gehen, als sie können und sich zutrauen. Ich weiß, dass sie nicht von mir weglaufen werden, weil sie immer die Freiheit bekommen, die sie brauchen."

Wie ein Kind geprägt wird

Alles, was einem Kind in seinem jungen Leben widerfährt, wird es in seinem Gedächtnis speichern. Es hat sich sogar herausgestellt, dass der Körper alle Erlebnisse speichert, sowohl die angenehmen als auch die unangenehmen. In seinem Buch *Das befreite Kind. Grundsätze einer primärtherapeutischen Erziehung* beschreibt Arthur Janov, wie er als Psychotherapeut eine sechzigjährige Frau behandelt. Während der Therapie erscheint plötzlich ein großer blauer Fleck auf ihrem Unterschenkel. Es stellte sich heraus, dass dies eine Erinnerung des Körpers an ihr Geburtstrauma war. Direkt nach der Geburt hatte sie der Gynäkologe genommen und triumphal kopfüber an den Beinen hochgezogen. Dabei hatte er so fest in das Beinchen gezwickt, dass sich ein blauer Fleck gebildet hatte. Dieser blaue Fleck kam sechzig Jahre später während der Therapie wieder zum Vorschein.

Früher war es ganz normal, dass ein Kind kopfüber gehalten wurde, damit es kräftig schreien konnte. In Frédérick Leboyers Buch *Geburt ohne Gewalt* ist ein solches Foto zu sehen. Darauf ist deutlich zu erkennen, dass das Baby panisch ist. Folglich kann es sich einprägen, dass das Leben unheimlich ist und Schmerzen verursacht. Dieser kleine Mensch kann als Erwachsener solch ein Gefühl ausstrahlen und ängstlich sein.

Im Buch *Körperkontakt* ist eine sehr eindrucksvolle Erzählung über diese Thematik zu lesen. Eine Mutter mit behaarten Brustwarzen hat ein Baby zur Welt gebracht. Während sie stillt, fühlt das Baby die Härchen an seiner Nase kitzeln und genießt das. Es wird nur drei Wochen gestillt, doch diese Zeit reicht dem Baby für eine glückliche Einprägung. Die Mutter geht zur Flasche über, weil sie meint, nicht genug Milch zu haben. (Wir wissen jetzt, dass Babys ab drei Wochen stundenlang wach sind und zum Trost an der Brust saugen wollen; das ist normal, weil sich das Nervensystem dadurch entwickeln kann und die Milchproduktion angeregt wird.)

Eineinhalb Jahre später wird dem Kind in sehr strenger Weise das Töpfchen antrainiert, wobei es auch bestraft wird, wenn es in die Hose macht. Das Mädchen tröstet sich selbst, indem sie sich im Bett mit ihren eigenen Haaren an der Nase kitzelt – sie ist auf der Suche nach Sicherheit. Sie reißt sich regelmäßig die Haare aus, wodurch sie teilweise eine Glatze bekommt. Ihre Mutter geht mit ihr zum Arzt und das Kind wird zur Beobachtung ins Krankenhaus eingewiesen. Ein Psychologe entdeckt schließlich, dass die Ursache mit dem Glücksgefühl an der behaarten Brust während der dreiwöchigen Stillzeit zusammenhängt. Man fand eine Lösung, indem man dem Mädchen eine Decke mit ganz langen Fransen gab. Die kahlen Stellen am Kopf verschwanden. (Das will übrigens nicht heißen, dass alle Kinder kitzelnde Härchen mögen.)

Meinem ersten Sohn wurde unmittelbar nach der Geburt Nitrat in seine Augen getropft, wie das in dieser Zeit üblich war. Wir wurden diesbezüglich nicht gefragt, denn sonst hätte ich sicher nein gesagt. Das Ziel war, dass das Kind keine Augenentzündung bekommen sollte, falls die Mutter eine Geschlechtskrankheit hat. Mein Sohn hat sich also eingeprägt, dass er seine Augen ständig zukneifen muss, um den Schmerz zu lindern. Er konnte sich deshalb auch nicht in Ruhe das Gesicht seiner Eltern einprägen. Diese Erinnerung kam zurück, als er ungefähr sieben Jahre alt war. Er begann immer mehr, mit den Augen zu zwinkern, den ganzen Tag lang. Dies hat angedauert, bis er etwa zehn Jahre alt war.

Eine sehr positive Einprägung kommt in der folgenden Geschichte zum Ausdruck.

Als mein jüngster Sohn mitten in der Nacht geboren wurde, legte ich ihn, nachdem die Hebamme gegangen war, auf meinen Bauch. Er durfte so oft er wollte an die Brust, und als er Bauchkrämpfe bekam, konnte ich ihm helfen. Das tat ich, indem ich ihm sanft über die Fußsohlen, das Fußgewölbe und die Außenkanten der Füße strich. Als ich nachts auf die Toilette wollte, merkte ich, dass er gleich weinen würde. Um zu verhindern, dass er die anderen Kinder aufweckte, nahm ich ihn mit zur Toilette. Am folgenden Tag hatte ich ihn noch immer auf meinem Bauch, mit offener Bluse. Jedes Mal, wenn ich meine Bluse zuknöpfen wollte, weinte er. Weil ich meinem Kind vertraute, ließ ich es so. Als meine Schwiegermutter kam, meinte sie erstaunt: „Du kannst das Baby doch auch einfach in die Wiege legen und deine Bluse zuknöpfen." Am zweiten Tag hatte sich mein Sohn eingewöhnt. Er hatte sich eingeprägt, dass Mama so gut riecht. Später hat er sehr oft seine Nase in meinen Bauch gedrückt und dann entzückt gesagt: „Mama, du riechst so gut." Positiv daran ist, dass er mich immer so viel umarmt, dass ich mich einfach verwöhnt fühle. Dann ist mein Tag gerettet.

Eine Botschaft an das kleine Baby
Vater und Mutter können dem Neugeborenen eine Botschaft für das Leben mitgeben. Etwas, das für das Kind *und* für die Außenwelt wichtig ist. Zum Beispiel: Ich wünsche dir, dass du glücklich wirst und du einmal andere Menschen glücklich machst. Jeder hat wohl einen Wunsch, den sie oder er dem Kind mitgeben möchte. Und es ist auch allen erlaubt, dem Kind eine Botschaft mitzugeben: von Opa und Oma, anderen Familienmitgliedern, Freunden und Be-kannten.

Die Rebirthing-Therapeutin C. Keijzer erzählte mir, dass jede Botschaft beim Baby ankommt. Leider muss sie in ihrer Praxis manchmal feststellen, dass nach einer Geburt auch (unbewusst) eine negative Botschaft mitgegeben wurde. Ein Gynäkologe zum Beispiel hatte bei der Geburt eines Jungen achtlos gesagt: „Was für ein Winzling. Aus dem wird später nichts werden." Als aus dem Kind ein erwachsener Mann geworden war, musste er in Therapie, weil er unter Versagensangst litt.

Ein anderes Beispiel von C. Keijzer trug sich bei der Geburt von Zwillingen zu. Ein Kind war bereits gestorben, weil es im Wachstum stark zurückgeblieben war. Der Kinderarzt bemerkte dazu: „Es scheint, dass sie von ihrem Schwesterchen aufgegessen worden ist." Als die Frau 47 war, wurde sie krank und ging zu einer Therapeutin. Dort überkam sie weinend dieser Satz: „Ich habe mein Schwesterchen aufgegessen."

Ich selbst habe bei der Geburt meiner Kinder jedes Mal eine positive Botschaft mitgegeben, und zu meiner Verwunderung haben sie sich erfüllt. Unserem zweiten Sohn sagte ich: „Ich wünsche dir, dass du etwas Wichtiges für die Umwelt tun kannst." Später zeigte sich, dass dies ein großes Interesse von ihm war. Ich selbst hatte diesen Wunsch inzwischen schon vergessen.

Ein altes chinesisches Sprichwort
Ein altes chinesisches Sprichwort sagt: Gib mir ein Kind für die ersten vier Jahre, danach kannst du versuchen, dieses Kind zu verderben. Dieses Sprichwort hatte ich während meines Mutterseins oft im Kopf, und ich empfand es im Laufe der Zeit immer wertvoller. Die ersten vier Lebensjahre sind wirklich von großer Bedeutung im Leben eines Kindes. Alle Lebensregeln, wertvolle, aber auch weniger wertvolle, die ein Kind während der ersten vier Jahre erfährt und lernt, wird es als Grundlage seines gesamten weiteren Lebens verwenden.

Unlängst habe ich ein wunderschönes Gemälde im Schloss Hoensbroek in der Provinz Limburg gesehen: Eine weinende Schlossherrin verabschiedet sich von ihrem vierjährigen Kind. Nach vier Jahren Betreuung durch die Mutter wurde es zu einer anderen Familie in ein anderes Schloss gebracht, um dort erzogen zu werden. Wahrscheinlich fühlten die Menschen zu dieser Zeit, dass die ersten vier Jahre bei der Mutter lebenswichtig sind.

Jugendprägungen
Über Jugendprägungen wurden wunderbare Bücher geschrieben, wie zum Beispiel von der schweizerisch-amerikanischen Psychologin Elisabeth Kübler-Ross. In einem Artikel in der Jubiläumsausgabe *Verbinden en heelmaken* (*Verbinden und Genesen*) der Kübler-Ross-Stiftung in den Niederlanden erklärt sie, dass die Ereignisse der ersten sechs Jahre die Basis der Probleme für den Rest des Lebens bilden.

Was ist dir widerfahren, während deiner ersten sechs Lebensjahre, wenn du bitterlich geweint hast und Kummer hattest? „Hör doch auf, Heulsuse, sonst ..." Derartige Reaktionen machen aus Kindern Individuen, die sich später im Mitleid suhlen.

Eine weitere Kinderpsychiaterin, A. Batenburg-Plenter, schreibt, dass das Kind gemeinsam mit der Mutter, dem Vater oder einer anderen festen Bezugsperson die Welt kennenlernt. Gemeinsam können sie alles anfassen, fühlen und ertasten. So lernt das Kind, wie es später mit Menschen, Tieren und Gegenständen umgehen wird.
Aber auch, wenn es später zur Schule geht, bleibt der persönliche Kontakt mit einem Erwachsenen äußerst wichtig.

Die Psychotherapeutin Isabella Fox vertritt in ihren Elternratgebern die Ansicht, dass bei Kindern von null bis drei Jahren sehr wohl ein Unterschied bemerkbar sei, wenn sie von einem konsequenten, sorgsamen Elternteil oder jemand anderem erzogen worden sind. Der Unterschied wird allerdings erst Jahre später deutlich erkennbar. Wenn Kinder oder junge Erwachsene zu ihr in die Therapie kommen, wissen die Eltern manchmal wenig darüber, was sich in der ersten Lebensphase zugetragen hat. Dadurch wird es schwieriger, das Kind zu behandeln.
Nach Fox' Erfahrung treten später im Leben Probleme auf, wenn die Bedürfnisse des Kindes nicht beachtet worden sind. Durch frühe positive Erfahrungen hingegen merken Kinder, dass hinter den Wolken die Sonne scheint und alles letztendlich wieder gut wird. Wenn wir für das Kind da sind, bekommt es das Gefühl, dass es wertgeschätzt wird. Stellen Sie sich einmal solch eine Situation zwischen zwei Erwachsenen vor, die im Vergleich zu einem Kleinkind emotional stabiler sind. Wie wichtig würde sich der Ehepartner fühlen, wenn er in wichtigen Fragen von seinem Partner alleingelassen wird? Oder wie soll ein Kind sich gewürdigt fühlen, wenn es in wichtigen Situationen vom Babysitter betreut würde, zum Beispiel beim Schulanfang oder bei einem Krankheitsfall? Mit anderen Worten: Ein positives Selbstwertgefühl entwickelt sich aus einer Wechselwirkung von Hunderten täglich erwarteten und vertrauten Ereignis-

sen: eben mit den eigenen Eltern oder einer bekannten Bezugsperson! Das gibt Kindern dauerhaft das Gefühl, dass sie geliebt und geschätzt werden.

Sprache und kognitive Entwicklung
Außerdem hat Fox über die Bedeutung der Sprachentwicklung geschrieben. Sprache entwickelt sich in einem dynamischen Spiel zwischen Säugling und Eltern. Es beginnt mit dem gegenseitigen Nachahmen von Tönen und Gebrabbel. Die Eltern antworten mit Wörtern, Liedern und Geflüster. Durch dieses Zusammenspiel werden die kognitiven Verbindungen im Gehirn des Babys hergestellt. Wenn das Kind älter ist, können diese Erfahrungen in solcher Weise nachwirken, dass sich das Kind auf die Stimme seiner Lehrerin konzentrieren kann. Lernen funktioniert beim Kind am besten, wenn es ohne Wut, Ärger oder Nervosität abläuft. Fox schließt daraus, dass die Eltern dafür die geeignetsten Personen sind.

Intime Beziehungen
Zum Aufbau von Vertrauensbeziehungen meint Fox Folgendes: Wenn aufgrund eines ständigen Wechsels von Betreuungspersonen während der ersten Lebensjahre des Kindes kein Vertrauen gebildet wird, baut es eine wirksame unbewusste Abwehr auf, um sich vor dem Schmerz durch Enttäuschungen, Verlassenheit und Verlust zu schützen. Die Abwehr dient als emotionaler Schutzschild. Solche Kinder wirken oft sehr selbstbewusst und „autonom", sind es aber im Grunde nicht.

Sie haben oft kein Problem, sich von ihren Eltern zu trennen und werden auch nicht immer erlauben, dass man sie tröstet, wenn sie Schmerzen haben. Man kann aber auch beobachten, dass diese Kinder sich durch jedermann helfen und trösten lassen. Aus dem Grund, weil sie gelernt haben, dass es für sie keine spezifische Vertrauensperson gibt.

Ein weiterer Aspekt eines solchen Schutzschildes ist, dass es das Kind daran hindert, Vertrauensbindungen einzugehen. Diese Bindungen sind jedoch essenziell, um später positive Beziehungen mit Lehrern, Freundinnen, Partnern und Therapeutinnen zu pflegen. Der Grund für das Nichtkönnen ist simpel: *Sie vertrauen nicht, sie werden nicht vertrauen und sie können nicht vertrauen!*

Die Tragödie ist, dass diese Abwehr oft lebenslang ein Teil des Charakters bleibt. Das Fehlen einer fortdauernden, liebevollen Beziehung in der Vergangenheit führt zu großen Schwierigkeiten, eine Beziehung einzugehen und diese aufrechtzuerhalten. Als Erwachsene können sie lockere Beziehungen haben. Jeder Versuch jedoch, eine nachhaltige Partnerschaft einzugehen, wird nicht klappen, weil das Gefühl vorherrscht, dass jeder Partner letztendlich gegen einen anderen eingetauscht werden kann.

Forschungen haben außerdem erwiesen, dass in Kulturen, in denen Kinder im nahen Kontakt mit vertrauten Personen aufgezogen werden, wenige Verbrechen oder Aggressionen vorkommen. In solchen Kulturen ist die vorherrschende Art des Disziplinierens das „Geben von guten Vorbildern", wohingegen strenge Strafen vermieden werden.

Sucht

Fox schreibt auch über das Entstehen von Suchtproblemen. Indem Eltern eine enge Beziehung mit ihren Kindern pflegen, können sie in den meisten Fällen die Chance mindern, dass die Kinder während der Pubertät eine Alkohol- oder Drogensucht entwickeln. Es ist denkbar, dass Suchtprobleme während der Baby- und Kleinkindzeit beginnen, wenn für Kinder nicht in positiver und vertrauensvoller Weise gesorgt wird.

Wie passiert das? Wenn ein Baby oder Kleinkind das Gefühl hat, dass seine vertrauten Bezugspersonen nicht verfügbar sind, wenn es sie zur Beruhigung, zum Trost oder zur Anregung braucht, versucht es auf seine Weise, dieses Bedürfnis zu erfüllen. Das scheint vielleicht attraktiv für Eltern unserer Gesellschaft, die eine möglichst frühe Unabhängigkeit so sehr betont, aber die möglichen Folgen können verheerend sein.

Kinder, die nicht gut gebunden sind und die auf positive Aufmerksamkeit verzichten mussten, neigen mehr dazu, sich selbst zu trösten, indem sie an der Flasche oder an einem Schnuller bzw. Kuscheltier saugen, indem sie ihren Körper hin und her bewegen, mit dem Kopf gegen etwas schlagen oder viel masturbieren. Letztendlich werden die Kinder, die ihren Genuss in erster Linie in der Flasche, im Essen, dem Schnuller oder einem Kuscheltier finden, weiterhin auf der Suche nach ähnlichen Mitteln sein, wenn sie größer werden. Während der Pubertät wird das Leben immer stressiger, sodass sie zu destruktiveren Maßnahmen wie Alkohol und Drogen oder auch zu freizügigen sexuellen Aktivitäten übergehen. Das sind Dinge, die unmittelbare Befriedigung bieten. Solche Aktivitäten ermöglichen denselben Stressabbau und dieselbe Schmerzlinderung wie die Flasche, Essen, Selbstbefriedigung oder Schaukeln, wie sie es als Kleinkind gewohnt waren.

Wenn diese Kinder zu Teenagern heranwachsen, schöpfen sie Trost aus Dingen, die sie selbst bestimmen können, und weniger aus einer persönlichen Beziehung. Solche jungen Erwachsenen können einsame Alkoholiker werden oder Einzelgänger, die zu Hause Drogen nehmen. Es scheint, als ob sie sich gut allein unterhalten könnten und wenig Interesse am Ausgehen oder anderen sozialen Aktivitäten hätten, die in unserer Kultur üblich sind. Es ist unwahrscheinlich, dass solche jungen Menschen aus diesen Verhaltensmustern herauswachsen. Sie werden auch als Erwachsene Probleme mit Alkohol und Drogen haben.

Zu Recht stellt Fox fest, dass der wichtigste Beitrag eines Elternteils das „Da-Sein" ist. Fox führt uns vor Augen, dass die Anwesenheit eines Elternteils eine sichere Basis in jedem Alter bietet, von der aus ein Kind entdecken, lernen, Beziehungen eingehen und seine Welt beherrschen kann. Zunächst als Kind und später als Erwachsener. „Da-Sein" heißt nicht, dass du die ideale Mutter oder der ideale Vater sein musst. Alle Eltern sind wohl mal abwesend, in Gedanken versunken, genervt, traurig, komisch, böse, explosiv und nicht einfühlsam. Aber „Da-Sein" gibt dem Kind die Möglichkeit, seine Eltern kennenzulernen, ohne eine unterschwellige Trennungsangst haben zu müssen. Und was auch unheimlich wichtig ist: Wenn die Eltern die Geschichte des Kindes und sein Verhalten kennen, bietet dieses Wissen Lösungen, die nicht zur Verfügung stünden, wenn das Kind durch verschiedene Betreuer, an die es nicht gebunden ist, aufgewachsen wäre.

8.3 Das Muttersein genießen

Das erste Babyjahr zu Hause

In letzter Zeit gibt es immer mehr Stimmen, die sagen, dass Frauen sich das erste Jahr mit ihrem Baby gönnen sollten. Die Hebamme Beatrijs Smulders, auch Schriftstellerin und lange Zeit Direktorin des Geburtszentrums in Amsterdam, hat hierzu eine landesweite Aktion durchgeführt. Sie meint: „Das erste Jahr kostet ungeheuer viel Energie und Liebe. Ich beobachte, dass viele Frauen die Babyzeit nicht mehr genießen können. Ich bin für mehr Frauen am Arbeitsplatz und für mehr Frauen in Spitzenpositionen. Aber: Nicht während des ersten Jahrs nach der Geburt. Das Menschenbaby ist nach der Geburt noch nicht ausgereift, und eine Frau braucht diese Zeit, um sich zu regenerieren. Ich finde, es ist das Gegenteil von Emanzipation, wenn Frauen sich während dieser verletzlichen Zeit hetzen lassen."

Auch niederländische Kinderärzte unterstützen diese Initiative. Zum Beispiel ist G. de Jonge der Ansicht: „Wir Kinderärzte wissen schon lange, dass eine Karenzzeit von weniger als einem Jahr viel zu kurz ist, aber es war lange ein Tabu, dies auszusprechen. Wenn der Prozentsatz der stillenden Mütter steigt, werden weniger Frauen an Brustkrebs erkranken. Babys, die gestillt werden, sind auch gegen verschiedene Arten Krebs, darunter Leukämie, geschützt. Außerdem schützt das Stillen gegen Fettsucht, Allergien, Asthma und plötzlichen Kindstod."

Mutter und Kind sind eine Einheit.
(Foto Sara Mohafez)

Der Neuropsychologe Allen Shore hat in Kindertagesstätten geforscht. Er kommt zu dem Schluss, dass Babys in der Krippe große Mengen des Stresshormons Kortisol im Blut haben. „Der Kortisolspiegel eines Krippenkindes ist ebenso hoch wie der eines Kleinkinds, das an einem vollen Strand seine Mutter verloren hat", sagt Beatrijs Smulders. „Babys, die jünger als ein Jahr sind, gehören nicht in eine Krippe, wo zwei Leiterinnen für neun oder mehr Babys sorgen müssen und wo viele flexible Arbeitskräfte beschäftigt sind."

Jan Buitelaar, Kinderpsychiater und Universitätsprofessor, sagte in einem Interview: „Ich finde, dass es Frauen ermöglicht werden sollte, das erste Jahr bei ihrem Kind zu Hause zu bleiben. Um die zwanzig Prozent der Kinder ist hochsensibel und sehr verletzlich, und da kann es einen großen Unterschied machen, ob sie in die Krippe müssen oder bei ihrer Mutter zu Hause bleiben können."

Eine Karenzzeit von einem Jahr pro Baby wäre ideal, was in Deutschland und Österreich bereits der Fall ist. Dort haben Eltern unter Umständen gemeinsam Anspruch auf zwölf Monate Gehaltsfortzahlung nach der Geburt eines Kindes.

Die Wertschätzung des Mutterseins

Das Muttersein wird leider nicht immer wertgeschätzt. Schon bald wird die Mutter, die gerade entbunden hat, gefragt: Wann arbeitest du wieder?

Man denkt dabei anscheinend, dass das Sorgen für die Familie keine Arbeit ist. Gesellschaftlich betrachtet, scheint man jene Frau, die nach der Geburt in ihren bezahlten Job zurückkehrt, mehr wertzuschätzen. Das ist ungerecht gegenüber jener Frau, die sich für eine neue Laufbahn entschieden hat, nämlich Managerin der Familie zu sein.

Ich habe beobachtet, dass das Muttersein mit dem Großwerden der Kinder mitwächst. Man wird irgendwann eine erfahrene Mutter. Mutterwerden lernst du von deinem Kind. Und das Kind wird von dir lernen, wie es Dankbarkeit zeigen kann, mit Lächeln und Liebkosungen, Liedern und Zeichnungen. Eine Freundin von mir hat das so ausgedrückt: „Immer, wenn ich dachte, dass es langweilig würde, ist wieder etwas mit meinem Kind passiert, das mich dankbar machte, dabei sein zu können."

Wer ein Kind bekommen hat und aufziehen kann, arbeitet mit an der Zukunft dieser Welt, und alles, was das Kind erlebt, wirkt hundert Jahre weiter. Ein beeindruckender Gedanke!

Die Frau zu Hause

Meine Freundin Mieke schrieb mir Folgendes über ihren Entschluss, sich vollkommen zu Hause ihrer Familie zu widmen: „Menschen sind wichtiger als Dinge, ist die Auffassung vieler Mütter mit kleinen Kindern, und sie handeln auch danach. Manchmal hat das zur Folge, dass die ‚Dinge' recht lange liegen bleiben und der Haushalt sie erschlägt. Wenn alle ausstehenden Aufgaben ihnen wie ein Berg erscheinen, ist es vielleicht Zeit, etwas kürzer zu treten, um alles auf die Reihe zu bekommen. Ich denke, dass man eine ‚Frau zu Hause' sein kann statt einer ‚Hausfrau'. Die Tatsache, dass man sich dafür entscheidet, zu Hause beim Kind zu bleiben, bedeutet nicht, dass man sein Gehirn abschaltet oder gleich zu jener Person degradiert wird, die alle Arbeit im und um das Haus erledigen muss. Aus einem Haus ein Zuhause machen – das ist etwas anderes als Hausarbeit erledigen, es ist eine herausfordernde Beschäftigung, die eine große Erfüllung bieten kann. Du brauchst dazu nicht nur deine Hände, sondern auch dein Hirn und dein Gefühl. Die erste Bedingung ist, dass die ‚Frau zu Hause‘, so wie der Leiter einer Firma, empfindsam für die Bedürfnisse und Gefühle der Menschen um sie herum sein muss. Sie führt, inspiriert die anderen und achtet darauf, dass alles erledigt wird. Die Erfolge der Kinder spiegeln ihre Ermutigung und Stütze wider, genau wie das bei einer Firma der Fall ist. Das Wichtigste ist, wie man das Führen eines Haushalts sieht und ob man es schön findet, seine Arbeit zu Hause zu haben und Freude daran hat, bei den Kindern zu sein.

Natürlich haben wir alle diese Tage, an denen wir nicht sehr effizient sind, uns nicht inspiriert oder geliebt fühlen, und dann kommt uns der Tag auf der Arbeit außer Haus beinahe wie Urlaub vor. Wenn der Arbeitstag in solch einem Job vorbei ist, ist man eben fertig. Im Haushalt ist man nie fertig, und gerade das Nie-Fertig-Sein führt bei manchen unter uns zu Frustrationen, genau wie die endlosen Störungen während der Arbeit. In dieser Hinsicht ist es sehr interessant, dass eine französische wissenschaftliche Studie gezeigt hat, dass diese vielen Störungen während unserer Arbeit unsere eigentliche Arbeit ausmachen.

Es ist hilfreich, einzusehen, dass die eigentliche Aufgabe der Mutter darin besteht, für die Menschen zu Hause da zu sein. Bei einer jungen Familie geht es darum, die Minuten zu nutzen. Damit ist gemeint, dass du nicht darauf warten solltest, einmal ein paar Stunden Zeit zu haben, um etwas zu erledigen, ansonsten wartest du wahrscheinlich bis zum Sankt Nimmerleinstag. Wenn du allerdings entschlossen bist, jeden Augenblick zu nutzen, wirst du staunen, wie viel du in kurzen Zeitabschnitten schaffst. Außerdem hilft es dabei enorm, dein Baby, wo immer es geht, dabei zu haben. Sehr viele Aufgaben im Haus können mit dem Baby im Tragetuch erledigt werden. Aber auch außer Haus ist man mit dem Kind im Tragetuch äußerst mobil und kann überall einfach hin.

Noch ein paar praktische Tipps:

- Arbeite mal mit einer Nachbarin oder Freundin einen Vormittag in dem einen und ein andermal in dem anderen Haus, oder tausche eine Arbeit, die du nicht gern machst, mit ihr und mach das, was sie nicht schätzt.

- Von Opa oder Oma bekommt man noch hin und wieder Geld anlässlich der Geburt des Enkels. Es kann herrlich sein, um von diesem Geld eine Zeitlang eine Haushaltshilfe zu engagieren, zum Beispiel einen Vormittag pro Woche.
- Das ‚Lüften' eines Bettes mit zurückgeschlagenen Wolldecken oder Daunendecken wirkt sehr häuslich und lädt obendrein dazu ein, sich tagsüber kurz mit dem Baby hinzulegen, um zu stillen, oder für ein Nickerchen.
- Mache eine Liste von den Dingen, die erledigt werden müssen. Jedes Mal, wenn du etwas abhaken kannst, gibt das ein positives Gefühl. Setze dabei auch eine wirklich wichtige Aufgabe auf die Liste. Es bedeutet eine große Erfüllung, wenn du an diesem Tag etwas erledigt hast. Und wenn du etwas Schönes für dich selbst einträgst, kommst du eben selbst auch noch dran.
- Sei keine Sklavin des Hauses. Das Haus braucht nicht ständig eins a auszusehen, die Handtücher brauchen nicht jeden Tag gewaschen zu werden, es muss nicht jeden Tag Staub gesaugt werden, das Zimmer braucht nicht jedes Mal vollkommen aufgeräumt zu werden. Man darf sehen, dass da gelebt wird."

So weit meine Freundin Mieke.

Die Eltern-Kind-Spielgruppe ist wichtig

Wenn Mütter oder Väter sich entschieden haben, zu Hause zu bleiben, um für ihr Kind zu sorgen und es zu erziehen, ist es wichtig, zur gegenseitigen Unterstützung und Freundschaft regelmäßig andere Mütter oder Väter zu treffen. Darum gibt es in vielen Städten wöchentliche Eltern-Kind-Spielgruppen: Ein Treffpunkt für Väter, Mütter und Kinder oder Babysitter und Kinder ab einem Alter von ein paar Monaten.

Es gibt für die Kinder schönes Spielzeug, Bastelkram, Instrumente und draußen eine Sandkiste. Für die Eltern gibt es Kaffee und Tee, Bücher über Kinder und Erziehung. Man spricht miteinander über Erfahrungen, Probleme und Lösungen, und manchmal wird ein vorab bestimmtes Thema besprochen. Man singt mit den Kindern Lieder und spielt mit ihnen.

Die Eltern-Kind-Spielgruppe trägt dazu bei, dass die Eltern nicht alles selbst herausfinden müssen und sie aus ihrer eventuellen Isolation zu Hause herausgeholt werden. Man kann einander Unterstützung bieten, wenn jemand gerade mit der Kindererziehung einen Hänger hat. So entstehen Freundschaften, die manchmal Jahre andauern. Wenn Kinder regelmäßig kommen, merkt man, dass es ihnen vertraut ist. Sie spielen dann gleich drauf los.

Eigentlich kann man ein Kind nicht allein aufziehen. Das Umfeld muss positiv und kinderlieb sein. Die Spielgruppe funktioniert als Dorf, als Familie und wirkt positiv auf alle, die kommen.

Örtlich finden überall immer mehr solcher Treffen statt. Auch im Internet gibt es Treffpunkte: Immer mehr Onlinesupport-Gruppen, Foren und Mailing-Gruppen werden organisiert.

Mama möchte allein ausgehen
Natürlich hat jede Mutter ab und zu das berechtigte Bedürfnis, allein ausgehen zu wollen, zum Beispiel zum Einkaufen oder um Sport zu treiben. Ich habe das am deutlichsten bei meinen ersten beiden Kindern gefühlt. Ab dem dritten Kind konnte ich einfach sagen: Ich nehme das Jüngste im Tragetuch mit (wir sind schließlich eine Zweiheit), und Oma passte auf die älteren Kinder auf.

Wenn du allein ausgehen möchtest, ist es empfehlenswert, am Vormittag wegzugehen. Vormittags kann das kleine Kind noch ruhig beim Babysitter sein. Abends ist es zu müde und kommt weniger gut ohne die Mutter zurecht.

Als ich abends zu meinem Töpferkurs ging, ließ ich mein Kleinkind, das ich noch stillte, bei Oma. Das Mädchen wartete den ganzen Abend auf mich. Sie saß neben Oma auf der Couch und schlief im Sitzen ein. Und als Oma dachte: „Ich werde sie vorsichtig niederlegen", wurde sie sofort wach und sagte: „Zu Mama." Sie lief auch ab und zu zur Tür und fing dort zu weinen an. Sogar Oma wollte mitweinen. Damals beschloss ich, sie künftig mitzunehmen und dann halt etwas weniger schöne Töpferarbeit zu produzieren. Die Kleine bastelte ein bisschen mit dem Ton. Als sie müde wurde, stillte ich sie. Dann schlief sie ein, und ich legte sie auf meinen Mantel. Das gefiel mir äußerst gut.

Ich habe auch einmal versucht, sie auf Wunsch von Oma an ein Gitterbett zu gewöhnen. Mit einem Kloß im Hals saß ich neben dem Bett, in dem sie weinend lag, weil sie an der Brust einschlafen wollte. Ich begann selbst, mit meinem Körper zu wiegen, obwohl ich sie nicht in meinen Armen hatte. Glücklicherweise fuhren wir nach zwei Wochen in den Urlaub, wo das Gitterbett nicht mehr nötig war, weil wir zusammen schliefen. Danach habe ich zu meiner großen Erleichterung nie mehr mit dem Gitterbett begonnen.

Bei der Stillorganisation La Leche Liga habe ich immer wieder gelesen: „Erst nach zwei Kindern habe ich alles gelernt." Darum finde ich es so großartig, wenn Frauen schon bei ihrem ersten Baby begreifen, was nötig ist, um sich dem natürlichen Elternsein hinzugeben. Auch stillen sie dann oft länger.

Alles ist zu viel

Du bist müde, es ist dir alles zu viel, du hast für nichts mehr Zeit. Du solltest allerdings wissen, dass es *normal* ist, wenn dir in der zur Verfügung stehenden Zeit zehn Prozent davon auf die Nerven gehen. Du findest dann weder dein Kind noch das Muttersein noch deinen Partner lustig. Das alles kennen Mütter mit einem oder mehreren Kindern recht gut. Folgende Tipps können dir über so eine Phase hinweghelfen:

- Geh früh ins Bett, mach einen Mittagsschlaf, leg dich morgens noch mal ins Bett und schlaf am Wochenende länger. Ich sagte dann zu meinem Mann: „Wenn du mich suchst, ich liege im Bett." Manchmal musste ich im Schlafzimmer etwas holen, sah dann mein Bett und dachte: Da möchte ich mich hineinlegen. Und ich legte mich hin. Kurzum: Gestehe es dir ruhig zu.
- Iss und trinke gesund. Trinke viel Wasser und knabbere Gesundes, zum Beispiel einen Bund Karotten, Obst oder ein Rosinennussbrot aus dem Reformhaus.
- Nimm täglich Vitamine für Schwangere und Stillende ein.
- Rufe eine andere Frau an – eine Freundin oder Nachbarin –, um ihr dein Herz auszuschütten. Du willst dich eben mal beklagen, dem halten Frauen stand. Ein Mann weiß nicht, was er mit den Klagen soll und sucht sofort eine Lösung, wie: Gib dann doch künftig die

Flasche. Das willst du vielleicht ganz und gar nicht, du möchtest nur, dass dir eben mal jemand zuhört.

Postpartale Depression
Postpartale Depression ist ein ernsthaftes und nicht zu unterschätzendes Problem. Ich habe beobachtet, dass Mütter mit einer postpartalen Depression sich wirklich miserabel fühlen.

Um dies zu vermeiden, ist anzuraten, dass sich eine Mutter nach der Geburt viel Ruhe gönnt. Der Körper hat nämlich eine schwere Aufgabe erfüllt: ein Kind wachsen lassen und danach zur Welt bringen. Wenn eine Mutter an Schlaflosigkeit leidet, muss sie besonders auf eine postpartale Depression achtgeben. Sie sollte sich tagsüber öfter ausruhen, um den Stress zu vermindern. Während der zweiten Hälfte der Schwangerschaft fühlt sich die zukünftige Mutter voll Energie. Das kommt, weil ihre Nebennieren ausreichend positive Hormone produzieren. Da arbeiten die Nebennieren der Mutter mit jenen des Babys zusammen, weil sie eine Einheit bilden, und gerade dadurch fühlt die Mutter sich so fit. Nach der Geburt muss ihr Körper wieder allein arbeiten, weshalb sie sich schnell müde, schlapp und verwirrt fühlt. Hinzu kommen alle neuen Eindrücke und die unterbrochenen Nächte.

Im Allgemeinen nimmt man an, dass die postpartale Depression allein ein psychisches Problem ist. Mittlerweile gibt es allerdings auch Fachleute, die der Meinung sind, dass es auch andere Ursachen dafür gibt. Es geht dabei vor allem um einen Mangel an Stoffen wie Kalzium, Vitamin B6, Vitamin B3, Zink, Vitamin C, Vitamin D, Omega 3 und Vitamin B12. Wenn sich eine akute Depression abzeichnet, kann der erste Schritt sein, pro Tag ein paar Kalzium-Magnesium-Zink-Tabletten zu nehmen.

Im Buch *Postnatale depressie* (*Postpartale Depression*) schreibt der Naturarzt Jaap Huibers über ernsthafte Mangelerscheinungen bei Müttern mit postpartaler Depression. Die Mangelerscheinungen können durch das vorherige Einnehmen der Antibabypille, übermäßigen Alkoholkonsum, sehr intensiven Sport oder Erbrechen während der Schwangerschaft verursacht werden, aber auch als natürliche Folge der Schwangerschaft. In Absatz 15.2 gebe ich eine Liste mit Vitaminen an. Diese können auch helfen, um eine postpartale Depression zu vermeiden.

Eine gänzlich andere Ursache für eine postpartale Depression kann folgende sein: Durch die intensive Atmung während der Geburt kann die Mutter in ein „Rebirthing" geraten. Während einer solchen Atmung kommen Erfahrungen aus der Vergangenheit an die Oberfläche, die manchmal unverarbeitet sind und alte Schmerzen beleben. (Rebirthing-Therapeutinnen lassen ihre Klienten mittels Atmung durch einen solchen Prozess gehen.)

„Wöchnerinnentränen" sind eine Folge davon, aber es kann auch eine postpartale Depression verursachen.

9 Die Rolle des Vaters

Es geht nicht nur um die Mutter, sondern auch um den Vater

Obwohl mein Buch sich hauptsächlich um die Frau und ihre Rolle als Mutter dreht, darf man daraus nicht schließen, dass ich die Rolle des Vaters weniger wichtig fände. Auch für den Mann bedeutet das Vatersein einen Umbruch in seinem Leben, und sein Anteil ist von großer Bedeutung für die Entwicklung des Kindes.

9.1. Die Rolle des Mannes als Vater

Die erste Phase des Vaterseins

In dieser Zeit wird jeder berechtigterweise die Frage stellen: Und was ist mit dem Vater? Natürlich ist der Vater fürs Kind auch lebenswichtig. Beginnen wir beim Anfang. In der Schwangerschaft gewöhnt sich das Baby an die Geräusche: die Stimme des Vaters und der Mutter, der bellende Hund, die Musik, die gespielt wird. In Frankreich werden mit schwangeren Frauen Gesangsstunden nach der Methode von Leboyer organisiert. Und wenn das Baby da ist, nimmt die Mutter das Baby mit zur Gesangsstunde. Babys finden das sehr angenehm. Die Vaterstimme ist die Stimme mit niedrigen Frequenzen, und das Baby fühlt und hört die Anwesenheit des Vaters bereits während der Geburt. Ein Baby reagiert meistens positiv auf die Stimme des Vaters.

Nach der Geburt kann sich der Vater hinter die Mutter setzen, sodass er über ihre Schulter dieses neue Kind, das auf ihrem Bauch liegt, mit beobachten kann. Nach einer gewissen Zeit kann der Vater sogar das Baby auf die eigene nackte Brust legen, sodass das Baby auch seinen Geruch kennenlernt. Das ist sehr bewegend. Das Baby kann auch in Papas Augen blicken, um sich seine Augen einzuprägen.

Es wäre besser, wenn das Baby sich nicht zu sehr die Augen der Stationsschwester oder Hebamme einprägt, sondern eher die der Mutter oder des Vaters. Wenn das Baby von der Mutter weggeholt wird, um auf die Waage gelegt, angezogen oder in den Brutkasten gelegt zu werden, sollte der Vater immer mitgehen. Er kann das Baby beruhigen und tröstende Worte zu ihm sprechen. Wenn das Baby im Brutkasten bleiben muss, kann der Vater mit dem Baby *Känguruhen*, sofern es kurz den Brutkasten verlassen darf. *Känguruhen* heißt, dass du dich als Elternteil in einen Stuhl setzt und das Baby auf deiner nackten Haut liegt. Diese Methode unterstützt die gegenseitige Bindung zwischen Baby und Eltern.

Wenn die Mutter einen Kaiserschnitt hatte, sollte der Vater den ganzen Tag bei ihr bleiben, damit er das Baby immer wieder zur Mutter legen kann. Sogar über Nacht zu bleiben, ist in diesem Fall empfehlenswert. Nimm ruhig einen Liegestuhl mit, um bei der Mutter, die gerade entbunden hat, bleiben zu können.

Der Vater ist auch der beste Sprecher für die Wünsche der Mutter. Ich kannte eine Mutter, die eine Liste mit zehn goldenen Regeln gemacht hatte, die für sie in ihrem Wochenbett wichtig waren. Die Liste bestand aus natürlichen Wünschen der Mutter und des Kindes, die für die Säuglingsschwester ungewohnt sein bzw. die Regeln des Krankenhauses brechen könnten. In diesen zehn goldenen Regeln stand alles über Nicht-Zufüttern, Nicht-weinen-Lassen, Nicht-Baden in den ersten vier oder fünf Tagen (bis nach den Milchstautagen), Stillen nach Bedarf, also *sicherlich mehr* als sechs Mal am Tag, und das Baby nicht wegholen, um es in die Wiege zu legen.
   Durch die Hormone ist die Mutter nach der Entbindung gar nicht in der Lage, für ihre Rechte einzustehen. Was sie sehr wohl kann, ist, auf ihr kleines Baby zu achten, wie jedes Nägelchen und Härchen aussieht. Sie kann demnach nur für das ganz Kleine und Verletzliche aufkommen, jedoch nicht gegen die Regeln des Krankenhauses argumentieren. Der Vater kann das schon. Er kann sagen: Meine Frau möchte gern … usw.
   Der Vater kann auch Schutz gegen aufdringliche Kritik von Verwandten und sonstigem Besuch bieten. Wenn ein Baby geboren wird, mischt sich ein jeder gern in die Angelegenheiten der Mutter ein, die gerade entbunden hat und stillt. Sie bekommt auch Kritik, mit der sie gar nichts anfangen kann. Der Vater kann sie in Schutz nehmen, indem er zum Beispiel sagt: „Natürlich hat meine Frau genug Milch."

Der Vater kann die Mutter auch gegen die Erschöpfung durch zu viele und zu lange Wochenbettbesuche schützen. Im Abschnitt 1.2 habe ich dargelegt, dass ein Wochenbettbesuch im Prinzip nicht länger als eine Viertelstunde dauern sollte.

Wenn der Vater das Baby tragen möchte, tut er das am besten, indem er das Baby auf seine Schulter legt, nah an seiner Stimme. Ein Baby wird darauf immer positiv reagieren. Auch genießt das Baby Papas warmen Atem über seinem Köpfchen. Wenn ein Vater ein Baby auf den Arm legt, sieht man, dass das Baby bald unruhig wird und den Kopf zur Brust dreht. Das machen alle Babys, und sie zeigen damit, dass sie an der Brust getröstet werden wollen. Deshalb fühlen viele Väter automatisch den Impuls, das Baby auf ihre Schulter neben ihren Hals zu legen und es so zu tragen.

Der Vater trägt das Baby bei seiner Stimme.

Wenn ein Mann Vater wird, erfährt er keine körperlichen Symptome wie die Frau, die hormonelle Veränderungen wahrnimmt. Männer fühlen sich erst bei der Geburt richtig Vater. Es beginnt beim Sehen des Babys: das kleine Kind, das gerade auf die Welt gekommen ist. Dann wirken die Emotionen am stärksten. Dies im Gegensatz zur Frau, die sich während der Schwangerschaft hormonbedingt stark verändert. Sie findet manche Dinge sehr wichtig und manche gar nicht mehr. Das Kind findet sie *sehr* wichtig.

Der Mann einer Freundin war angesichts der Geburt so gerührt, dass er in Ohnmacht fiel. Dadurch stürzte er, stieß sich den Kopf und bekam eine Gehirnerschütterung. Das wurde eine Wöchnerinnenzeit mit der ganzen Familie im Bett.

Eine Freundin von mir erlebte Folgendes: Nach der Geburt ihres zweiten Babys wollte der Vater das Baby ein paar Tage auf seiner nackten Brust halten, um eine gute Beziehung zu ihm aufzubauen. Nur fürs Stillen ging das Baby zur Mutter. Nach drei Tagen hörte der Vater auf und wollte, dass die Mutter es übernahm, sodass er wieder zur Arbeit gehen konnte. Das Baby begann aber außerhalb der Stillzeiten unkontrolliert zu weinen und war untröstlich. Nur eine Lösung fiel den Eltern ein: Papas Hemd wurde in die Wiege gelegt, und das beruhigte das Kind.

Für mich war das immer ein schönes Beispiel dafür, dass das Baby sich die ersten Gerüche und den ersten Hautkontakt nach der Geburt stark einprägt. In diesem Fall hatte sich das Baby den Körpergeruch des Vaters stark eingeprägt, und die Eltern mussten einen Trick anwenden, um das Baby zu beruhigen, wenn der Vater das Haus verließ.

Eine andere Lösungsmöglichkeit wäre gewesen, dass die Mutter das Hemd des Vaters angezogen und danach das Baby ins Tragetuch genommen hätte. Die beiden Körpergerüche wären miteinander vermischt worden, und das Baby hätte sich an beide gewöhnen können.

Wenn die Mutter im Krankenhaus entbunden hat, kann es sein, dass das Baby in einem Brutkasten oder in ein Wärmebett gebracht wird. Es ist nicht gut, wenn das Baby allein ist, weil es dann die

Prägung mit auf den Weg bekommt: Ich bin allein, muss in meinem Leben ganz allein klarkommen.

So wie ich schon eher erwähnte, kann der Vater mit dem Baby mitgehen, ihm das Händchen halten und ihm zureden, sodass das Baby seine ihm bekannte Stimme hört. Manche Väter bleiben auch lange beim Brutkasten sitzen, um ihr Baby sanft zu streicheln und ihm zuzureden.

Für Brutkastenkinder ist das *Känguruhen* entwickelt worden, über das ich am Anfang des Kapitels geschrieben habe. Das *Känguruhen* hilft den Eltern, sich mit dem Baby zu verbinden. Ein Kinderarzt berichtete, dass er erlebt habe, dass viele Mütter sich weigern, ihr Baby auf die nackte Haut zu nehmen, weil sie Angst vor Verlust haben, wenn sie es dann wieder zurück in den Brutkasten legen müssen. Deshalb überlassen sie diese Aufgabe lieber dem Vater.

Bei späteren Kontrollen im Krankenhaus sieht man dann öfter den Vater als die Mutter. Da wird deutlich, dass die Trennung zwischen Mutter und Kind hormonelle Störungen auslösen kann. Besser wäre es, wenn ein Brutkastenkind *zusammen* mit der Mutter im Krankenhaus verbleibt. Eine wachsende Zahl von Krankenhäusern bietet das sogenannte *Rooming-in* an, wobei die Eltern ganz nah bei ihrem Kind übernachten können. Das wirkt sehr beruhigend und macht es der Mutter viel leichter, weiterzustillen.

Eine Freundin von mir bekam Zwillinge. Als das erste Baby geboren wurde, wurde es nicht in die Arme des Vaters gelegt, sondern in ein Kinderbett. Es verbrachte dort eine halbe Stunde in Einsamkeit. Nach einer halben Stunde wurde das zweite Baby geboren, das zusammen mit dem ersten Baby auf den Bauch der Mutter gelegt wurde. Die Mutter erzählte mir später, dass sie das Erstgeborene schwieriger beruhigen konnte. Das war dauerhaft so. Sie seufzte: „Hätte ich es nur in die Arme meines Mannes gelegt."

Der Körper des Vaters ist in der Lage, das Hormon Prolaktin, das „Pflegehormon", zu produzieren. Die Wirkung dieses Hormons fängt beim Vater nach dem Erleben der Geburt an. Es regt den Mann an, sich um seine Frau zu kümmern, wobei die Frau wiederum für das Baby sorgt. Die Natur hat das super organisiert!

Als wir mit der Stillgruppe einen Vaterabend organisiert hatten, erzählte ein Vater, dass er eine Zeitlang allein für die Kinder aus seiner ersten Ehe gesorgt habe. Er hörte in der Nacht immer, wenn sie ihn brauchten, das war wie ein sechster Sinn. Zu dem Zeitpunkt hatte er mit der neuen Ehefrau ein Baby bekommen und erzählte: „Jetzt schlafe ich grundsätzlich immer durch. Ich habe die Ruhe weg, weil ich weiß, dass meine Frau nachts stillt. Ich brauche nicht aufzuwachen."

Der Prolaktinspiegel beim Vater steigt im Prinzip pro Kind.
Ich habe festgestellt, dass erfolgreiches Stillen zu 50 Prozent mit dem Vater zusammenhängt. Wenn der Vater das Stillen nicht unterstützt, hört die Mutter bald damit auf. Ein Vater erzählte mir: „Stillen ist eine Lebensphilosophie, es bedeutet nicht nur Nahrung." Und auch: „Indem das Baby bei uns im Schlafzimmer liegt, lerne ich es gut kennen."

Beim Abstillen übernimmt der Vater oft das Trösten des Babys. Wenn das Baby noch bei der Mutter schläft, kann der Vater es eventuell zu sich nehmen.

Nach der Geburt unseres letzten, fünften, Kindes blieb ich abends ruhig mit dem Baby auf der Couch, und mein Mann brachte die anderen Kinder ins Bett. Sie schliefen alle zusammen in einem großen Doppelbett. Nach dem Vorlesen blieb er noch eine halbe Stunde zwischen den Kindern liegen, und wenn sie dann immer noch nicht schliefen, sagte er: „Papa steht kurz auf und geht in die Küche Geschirr spülen. Danach komm ich wieder." Aber dieses „danach" war nie notwendig, denn dann schliefen die Kinder schon. Und mein Mann hatte sich eine herrliche halbe Stunde ausgeruht. Erst im Nachhinein wurde ihm bewusst, wie schön und friedlich diese halbe Stunde gewesen war. Ich hörte mal, wie ein Vater sagte: „Diese halbe Stunde soll mir keiner nehmen!"

Während des Wochenbetts kann der Vater bereits damit anfangen, mit dem Baby zu duschen. Es ist wunderschön, das Baby das warme Wasser fühlen zu lassen (achte darauf, dass ein Baby Wasser, das sich für Erwachsene warm anfühlt, als lauwarm empfindet). Die Brause muss tiefer hängen und auf weiches Sprühen eingestellt sein, sodass das Wasser über Babys Rücken fließen kann. Der Vater kann auch seine Hand vor den Wasserstrahl halten, sodass das

Wasser sanft auf das Baby gesprüht wird. Die Mutter oder die Geburtshelferin stehen bereit, um das Baby abzutrocknen. Danach kann die Mutter es stillen und es erst dann anziehen, damit das Baby den warmen Kontakt zur Mutter auch spürt. Es braucht dann während des Anziehens meistens auch nicht zu weinen.

Auch in der Badewanne ist es sehr schön für Vater und Baby. Bei größeren Babys kann der Kopf vorsichtig mit dem Wasser in Berührung kommen. Ich habe immer „eins, zwei, drei" gezählt, und dann spritzte mein Mann etwas Wasser über den Kopf. So hat das Baby das Zählen mit dem Wasser assoziiert und konnte sich ans Haarewaschen gewöhnen. Morgens ist das manchmal einfacher. Babys und Kleinkinder können am Morgen mehr vertragen als am Abend.

Vater bringt das Spiel ein

Väter sind ganz anders als Mütter. Mütter sind oft beschützend und sanftmütig. Sie haben warme Arme und Milch. Väter verkörpern das Abenteuer, die wilden Sachen, den Witz, das Veräppeln. Wenn der Vater das Baby ganz wild macht, rufen viele Mütter: „Pass doch auf, nicht so ungestüm, achte darauf, was du machst. Vorsicht bitte!"

Das Baby aber genießt die wilden Spiele und das Veräppeln. Und wenn es müde wird, mag es wieder auf den Schoß der Mutter, um sich auszuruhen. Ich habe bei meiner Tochter sogar im Nachhinein bemerkt, dass ihrem Vater die Spiele und das Ärgern heimzahlte und sich beide köstlich amüsierten.

Spielen ist unheimlich wichtig. Wer nicht spielen kann, entwickelt später keine Fantasie. Spielen bedeutet Abenteuer.

Scheu vor dem Papa

Viele Babys und Kleinkinder haben Phasen, in denen sie lieber bei der Mutter als beim Vater sind. Das geht vorbei, aber es kann sehr störend sein. Manchmal kommt es erst beim zweiten Kind vor. Die beste Lösung in dem Fall ist es, zu dritt oder zu viert Spaß zu machen. Mama hält das Baby fest und Papa macht Spiele wie *Kuckuck* oder kitzelt das Baby am Bauch mit seinem Kopf und seinen Haaren. Oft lachen dann alle zusammen, so wird das Eis gebrochen.

Ich zitiere an dieser Stelle meinen Mann: „Kinder sind eigentlich erst nach zwei Jahren meine." Er meinte damit, dass zweijährige

Kinder sprechen können und man auf sie reagieren kann. Ein Vater kann meist erst dann etwas mit ihnen anfangen. Sie sind keine Babys mehr und müssen nicht wegen jeder Emotion zurück zur Mutter.

Wenn der Vater hegt und pflegt (Pflegevater)

Heutzutage gibt es viele Väter, die die Sorge für die Familie auf sich nehmen. Das passiert nicht nur aus praktischen oder finanziellen Überlegungen, sondern auch aus Gründen, dass ein Mann mehr Lust auf die tägliche Pflege und den Haushalt hat als seine Frau.

Wenn die stillende Mutter nach der Geburt wieder arbeiten geht, aber noch weiterstillen will, gibt es schon ein Problem. Das kann folgendermaßen gelöst werden: Der Vater kann abgepumpte Milch aus der Flasche geben oder er bringt das Baby für die Stillmahlzeit zur Mutter auf die Arbeit.

Ein Hausarzt wies mich auf die Tatsache hin, dass Väter, wenn sie die Flasche geben, ständig von links auf rechts wechseln sollten. Das Baby liegt dann immer wieder anders in der Armbeuge, sodass sich der Kopf regelmäßiger entwickeln kann.

Besonders aufpassen sollte der Vater, wenn das Baby anfängt, ihm unbeweglich in die Augen zu schauen. Alle Babys, die einige Monate alt sind, schauen während des Fütterns unbeweglich in die Augen ihrer Pflegeperson. Das ist für das Baby die Zeit, sich ihr Gesicht einzuprägen. Weil der Vater eine flache Brust hat, kann das Baby nicht richtig geradeaus sehen, was bei der Mutter an der Brust durchaus möglich ist. Es muss mehr oder weniger um die Ecke schauen. Das könnte zu Augenabweichungen führen, die dann wiederum mit dem Abdecken eines Auges korrigiert werden müssten. Meist geht es um das rechte Auge, weil es beim Flaschenfüttern der Vaterbrust am nächsten war. Der Blick aus dem rechten Auge könnte etwas schief geraten.

Der Vater kann dies verhindern, indem er zwischen seine Brust und seinen Ellbogen ein kleines Kissen legt. Das Baby liegt dann genau richtig und kann geradeaus in die Augen des Vaters sehen. Dieses Kissen kann nach der Hälfte des Fütterns zusammen mit der Flasche zum anderen Ellbogen wandern.

Ich kenne Väter, die ihre Kinder auch im Tragetuch tragen. Der Vater könnte in dem Fall das Baby in den Schlaf schaukeln, an seinem Finger nuckeln lassen oder ihm einen Schnuller geben. Weil es eindeutig ist, dass das Saugen mit einem Körper in Verbindung steht, wird dem Bedürfnis des Babys auf diese Art entsprochen.

Eines Tages besuchte eine Mutter mit einem sehr molligen Baby meine Stillgruppe. Sie erzählte, dass ihr Baby keine abgepumpte Milch aus der Flasche möge und der Vater tagsüber das Baby betreue. Er trug es den ganzen Tag auf seiner Schulter. Das Baby trank am Morgen bei der Mutter vor der Arbeit und am Abend, wenn sie nach Hause kam. Dann durfte es so oft und so lange trinken, wie es wollte. Auch in der Nacht hatte es uneingeschränkten Zugang zur Brust. Dieses Baby war das dickste Baby der Stillgruppe, und der Vater hatte durch seine liebevolle Einstellung ein gesundes heranwachsendes Kind. Später fing der Vater an, die Milch über eine Pipette zu füttern.

Die Bedeutung des Vaters für das Kind
Im Buch *Strelen, masseren en aanraken* (*Streicheln, massieren und berühren*) beschreibt der Psychologe Pieter Langedijk, dass unser Gehirn aus zwei Hälften besteht: Die linke Hälfte steuert das Denken, die Konzentration und das „Ich" und steht in Verbindung mit der rechten Muskel-/Hautseite des Körpers; die rechte Hirnhälfte steuert die Emotionen und steht in Verbindung mit der linken Muskel-/Hautseite des Körpers. Die beiden Hirnhälften entwickeln sich am besten, wenn das Baby sowohl mit der Mutter als auch mit dem Vater in Kontakt steht. Wenn ein Elternteil fehlt, wird sich eine Hirnhälfte nicht optimal entwickeln, was später Probleme bereiten könnte.

Babytrage auf dem Rücken. Sie kann draußen und drinnen verwendet werden.
(Foto: stockxpert.com)

Manchmal ist die Mutter oder der Vater alleinerziehend. Wenn eine Mutter ein Kind allein großzieht, ist es sehr wichtig, in der Verwandtschaft oder im Freundeskreis einen Mann zu finden, der eine Beziehung mit dem Kind eingehen möchte. Dann kann das Kind mit ihm raufen, Scherze machen und, was sehr wichtig ist, beispielhaft erleben, wie sich ein Mann verhält. Ich habe einmal gehört, wie ein erwachsener Mann sagte: „Ich weiß nicht, wie ich mich als Vater verhalten soll, denn ich hatte nie Vorbilder." Auch sprach ich einmal mit einem zwanzigjährigen jungen Mann, der von seiner Mutter und seiner Oma erzogen worden war. Er sagte mir, dass er Angst vor Männern habe.

Andererseits ist es für einen Mann, der seine Kinder allein großzieht, genauso wichtig, eine Frau in seinem Umfeld zu finden, mit der seine Kinder eine gute Beziehung eingehen können, insbesondere, um sich über Gefühle und andere Themen, über die Männer nicht so leicht reden können, zu unterhalten.

Wenn ich ein paar Stunden oder einen Tag weg gewesen war, hatten die Kinder bei meinem Mann, der für sie gesorgt hatte, viel Spaß gehabt. Als ich nach Hause kam, begann meine kleine Tochter zu weinen: „Mama, dies und das ist passiert." Sie hatte offenbar das Bedürfnis, ihre Emotionen loszuwerden. Mein Mann pflegte dann zu scherzen: „Du hättest nicht wiederkommen sollen! Die Kinder waren so unheimlich lieb, und jetzt kommst du wieder, und deine Tochter fängt an zu weinen." Aber es ist so: Das Kind hatte tatsächlich Spaß mit Papa, musste sich aber emotional äußern und ausgleichen, wofür es seine Mama brauchte. Als mein Kleines alles losgeworden war, war alles wieder okay.

Ein anderes schönes Beispiel: Wenn mein Mann für die Kinder sorgte, fragte ich beim Heimkommen: „Wie viele Scheiben Brot hat das Kind gegessen?" Dann sagte mein Mann: „Weiß ich nicht. Ich habe den Tisch gedeckt und alles bereitgestellt. Aber wie viel sie gegessen haben, keine Ahnung. Aber … wir haben uns sehr vergnügt. Während ich Reparaturen erledigt habe, haben sie ein Zelt gebaut." Ich habe immer festgestellt, dass mein Mann genau wusste, welche Abenteuer die Kinder erlebt hatten, jedoch nicht, wie viel sie gegessen hatten. Das fand er weniger wichtig.

Als meine Tochter Ballettschuhe bekam und in den ersten Ballettunterricht ging, wollte sie das alles mit ihrem Vater machen. Das war ein Abenteuer.

Ein auffälliger Unterschied ist, dass Väter ihre Kinder eher still genießen, aber sie genießen sie sehr wohl. Mütter können normalerweise leichter in Worte fassen, wie sie ihre Kinder genießen.

Erstgeborene Kinder ähneln oft ihrem Vater
Meiner Erfahrung nach ähneln die erstgeborenen Kinder oft ihren Vätern. Zweitgeborene ähneln oft ihren Müttern. Das kann sich auf das Äußerliche, den Charakter oder die Gesundheit beziehen. Ich glaube selbst, dass die Natur uns damit etwas sagen will, nämlich, dass der Vater beim ersten Kind lernen kann, was Vaterschaft ist. Wenn ihm das Kind ähnlich ist, wird er schneller erkennen, wie es dem Kind geht und wie er am besten darauf reagieren kann.

Und was ist mit den anderen Kindern?

In seinem Buch *Brüder und Schwestern: Geburtenfolge als Schicksal* beschreibt Karl König das Verhalten der erst-, zweit- und drittgeborenen Kinder in einer Familie. Das Verhalten dieser Kinder kann mit einem Eins-Zwei-Drei-Zyklus beschrieben werden. Gibt es mehr als drei Kinder, fängt der Zyklus von vorn an: Das vierte Kind ist dem ersten ähnlich, das fünfte dem zweiten, das sechste dem Dritten usw.

König erklärt, dass die Erstgeborenen oft die Ernsteren sind. Die Zweitgeborenen laufen öfter hinter den Älteren her und imitieren sie. Sie lachen mehr. Nur das Hier und Jetzt ist ihnen wichtig. Sie kümmern sich nicht so sehr um die Zukunft. Drittgeborene sind öfter Außenseiter. Sie sind entweder zurückgezogen oder sie bemühen sich um jeden Preis, einen Platz in dieser Welt zu erobern. Sie zweifeln oft zwischen Idealismus und Realität. Manchmal wirken sie einsam.

Eine Fehlgeburt zählt meistens beim Bestimmen der Stellung eines Kindes in der Reihe mit. Und auch ein Einzelkind hat einen besonderen Charakter. Es spielt nämlich oft eine Doppelrolle, als sei es zwei Kinder.

Karriere und Vaterschaft

Die Erziehung eines kleinen Kindes hängt oft gleichermaßen von der Mutter und vom Vater ab. Es kann durchaus sein, dass der Vater oft wegen seiner Arbeit außer Haus ist. Vor allem wenn der Vater Karriere macht oder dies beabsichtigt, kann das auf Kosten seiner Rolle in der Familie gehen. Der Vater könnte sich überlegen, seine Ambitionen für eine gewisse Zeit auszusetzen, damit ihm genug Zeit bleibt, um seine Kinder zu genießen und mit ihnen mitzuwachsen.

Das war auch mehr oder weniger die Entscheidung meines Partners. Etwa ein Jahr nach der Geburt unseres fünften und letzten Kindes hat er sich dafür entschieden, an seiner Karriere weiterzuarbeiten. Er hat letztendlich die Stellung des Geschäftsführers innerhalb einer großen IT-Firma erreicht. Aber die Vaterschaft hat er nie vernachlässigt. Klar, manche Hobbys verschwanden für eine Weile in den Hintergrund; es gibt kaum Gelegenheit, ein gutes Buch zu lesen oder abends auszugehen.

Wir haben erlebt, dass Karriere und Elternsein sehr wohl kombiniert werden können, aber es ist ein hartes Brot.

Ein Vater erzählte mir, dass sein Baby Fieber bekam, während er einige Tage nicht zu Hause war. Ein kinesiologische Test ergab, dass die Emotionen des Babys das Fieber verursachten. Es vermisste seinen Vater.

Ich möchte diesen Abschnitt mit einem schönen alten Spruch abschließen, der mir oft in den Sinn kommt: „Das Kind bedeutet die Zukunft der Welt. Die Mutter hält das Baby fest an sich gedrückt, sodass das Baby weiß, dass das hier seine Welt ist. Der Vater führt es zum höchsten Gipfel, damit es sehen kann, wie diese Welt aussieht."

9.2 Die Rolle des Vaters als Partner

Partnerschaft im Wochenbett und danach
Die Rolle des Vaters in dieser überempfindsamen Zeit ist es, die Mutter zu schützen. Die Mutter schützt wiederum das Baby. Nehmt euch oft und viel Zeit, um über alle Veränderungen zu reden. So versteht ihr euch besser und wachst in dieser neuen Lebensphase aufeinander zu.

Manchmal haben Frauen das Bedürfnis, mal richtig über die neue Situation zu meckern. Sie wollen über alles Unangenehme jammern können. Auch ich mochte 10 Prozent der Zeit mit meinen Kindern nicht besonders. Mein Mann sagte dann ganz salopp: „Du sollst nicht mit dem Baby schimpfen, sondern früh ins Bett gehen." Und er hatte recht.

Die Rolle der Mutter als Partnerin
Wie ich eingangs schon sagte, müssen Mütter ihr Bestes geben, um auch die Gefühle und Bedürfnisse ihrer Partner zu berücksichtigen. Wenn du den ganzen Tag mit einem Baby beschäftigt bist und sich deine Hormone in Mutterhormone verwandelt haben, denkst du weniger an Sex oder an Zärtlichkeiten mit deinem Mann.
   Dennoch ist es wichtig, dass wir Frauen uns bewusst sind, dass unsere Partner für uns und unser Kind lebenswichtig sind. Es ist wichtig, ins Kuscheln zu investieren. Einige wichtige Tipps für die Mutter als Partnerin:

-   Höre deinem Partner aktiv zu.
-   Interessiere dich weiterhin für seine Arbeit und seine Hobbys.

- Unerwartetes Kuscheln mit dem Partner macht viel wett. Sorge dafür, dass ihr ab und zu einige private Augenblicke habt. So verhinderst du, dass dein Partner sich ausgeschlossen fühlt.
- Vergesst nicht, miteinander zu schlafen! Verstecke dich nicht, wenn dein Partner Lust hat.

In dem Buch *Mother Multiples: Breastfeeding & Caring for Twins or More!* von Karen Kerkhoff Gromada, herausgegeben von der La Leche Liga, las ich Folgendes: „Sei dir bewusst, dass du nicht viel Zeit hast für das Liebesspiel. Du kannst wahrscheinlich nicht ein langes Vor- und Nachspiel genießen. Es ist besser, auf die Uhr zu schauen und zu sagen: ‚Wir sollten *jetzt* miteinander schlafen, denn das Baby wacht gleich wieder auf.'"

Du wirst auch kreativ sein müssen. Hab leisen Sex, um das Baby nicht zu wecken. Oder schlaft woanders als im eigenen Bett miteinander, weil dort ein oder mehrere Kinder schlafen. Tine Thevenin hat darüber in ihrem Buch *Familienbett: Geborgenheit statt Isolation* ganz ansprechend geschrieben.

Es ist weiterhin wichtig, sich bewusst zu sein, dass sich Partner regelmäßig die Zeit für Zärtlichkeiten nehmen sollten. Wenn das ständig ausfällt, gehst du das Risiko ein, dass ihr euch auf Dauer immer schlechter vertragt. Wir alle brauchen Aufmerksamkeit und Berührungen. Nach der Lektüre von Büchern über das natürliche Muttersein hatte ich schon begonnen, meine Kinder öfter zu berühren. Und meinen Mann konnte ich ab und zu liebkosen, während er beim Essen am Tisch saß. Dann ging ich mit der Hand unter sein T-Shirt.

Jeder Mensch hat einen emotionalen Tank. Der sollte immer wieder nachgefüllt werden. Wenn er voll ist, ist ein Mensch stabil und dem Leben gewachsen. Wenn er leer ist, muss er von einer liebenden Familie gefüllt werden. Dieses Bewusstsein hilft beim Verständnis, dass Schmusen auch eine Investition bedeutet.

Wie findet man Zeit füreinander?
Abgesehen von den obigen Tipps in Bezug auf Schmusen und Miteinanderschlafen habe ich folgenden Tipp: Versuche, einmal im Monat zu dritt rauszugehen – du, dein Partner und das Baby (bzw.

Kleinkind) im Tragetuch. Mein Mann und ich haben uns das irgendwann gegönnt, weil wir gemerkt haben, dass uns die gemeinsame Zeit gefehlt hat.

Jeden Monat planten wir unseren Ausflug und sind an dem Tag in den Zoo, ins Museum oder einfach wahllos shoppen gegangen, wobei wir ein ausführliches Mittagessen genossen haben. Wir sahen zu, dass wir nachmittags rechtzeitig zurück waren, um die älteren Kinder von der Schule abzuholen.

Zusammen haben wir viele Gespräche nachholen können, ohne dass uns das Baby gestört hätte. Und wenn das Baby beim Ausflug in der Öffentlichkeit gestillt werden musste, konnte mein Mann während des Stillens die Zeitung lesen, hinter der ich mich, wenn ich wollte, verschanzen konnte.

9.3 Der Vater und die stillende Mutter

Die Vorteile des Stillens für den Vater
Speziell für Väter komme ich noch mal zurück auf die vielen Vorteile des Stillens zurück:

- Der Vater braucht nachts nicht aufzustehen, um eine Flasche für die Nachtmahlzeit fertig zu machen.
- Viele Väter finden das Flaschenfüttern eine unattraktive Beschäftigung.
- Muttermilch verhindert ernsthafte Allergien.
- Es gibt weniger Augenabweichung und Gebissfehlstellung.
- Es gibt weniger Mandelentzündungen, weniger Röhrchen in den Ohren, weniger Diabetes und weniger Multiple Sklerose.
- Das Baby bekommt einen schönen Mund (Kussmund).
- Eltern und Kind verstehen sich besser.
- Die Mutter ist dem Kind gegenüber geduldiger.
- Die Mutter ist weniger leicht gestresst.
- Die Mutter fordert weniger von ihrer Umgebung. Wie ein Vater mal sagte: „So lange meine Frau stillt, brauche ich die Wohnung nicht zu streichen."
- Weniger Anfälligkeit für Krankheiten und somit weniger Arztbesuche.

- Die Muttermilch ist immer vorrätig und verfügbar, hat immer die richtige Temperatur und ist gratis.

Sexualität
Die stillende Frau hat meistens geraume Zeit keinen Eisprung. Das beeinflusst ihre Einstellung zum Sex: Sie hat weniger Lust. Es ist gut, gemeinsam darüber zu reden, denn diese neuen Gefühle sollte man miteinander teilen. Und wie im vorherigen Abschnitt schon erwähnt: Kuscheln ist nach wie vor wichtig.

Isabelle Fox, eine Psychotherapeutin, fragte Eltern: „Achtest du darauf, dass dein Partner/deine Partnerin sexuell nicht zu kurz kommt, oder schiebst du intime Momente vor dir her?"

Oft wacht das Baby auf, wenn es merkt, dass die Eltern miteinander schlafen wollen. Das wird durch die hormonelle Verbindung zwischen Mutter und Kind verursacht. Das Baby meint so etwas wie: „Hilfe, Mama geht fremd." Man könnte auch sagen: Das Baby möchte auf diese Art und Weise ein Geschwisterchen verhindern.

Es ist ganz normal, wenn der Mann Eifersuchtsgefühle hat. Das Baby darf in die warmen Arme und an die schöne Brust und er nicht oder zumindest weniger. Es hat sich herausgestellt, dass der Eifersuchtsgrad mit der Art, wie der Vater früher bemuttert und bekuschelt wurde, zusammenhängt. Viele erwachsene Männer sind seinerzeit mit Füttern nach der Uhr, mit Weinenlassen, mit der Angst, verwöhnt zu werden, und mit der Idee, dass Jungen stark sein müssen, aufgewachsen. Das sind alles negative Einprägungen. Positiv wäre gewesen: oft und nach Bedarf füttern, nicht weinen lassen und dem Kind das Gefühl vermitteln, dass es selbst die Wahl hat, zu sagen: Ich bewege mich von Mama weg. Das alles bildet Selbstvertrauen, und auf diese Art und Weise gibt es kein Verwöhnen.

Wenn der Vater weiß, dass seine Eifersuchtsgefühle mit seiner eigenen Kindheit zusammenhängen, kann er besser mit ihnen umgehen. Nichtsdestotrotz sollte sich die Mutter bemühen, neben der Sorge für ihr Kind auch die Gefühle und Bedürfnisse des Partners zu berücksichtigen.

Manchmal fragen sich Männer, ob es stimmt, dass Frauen durch das Stillen unschöne Brüste bekommen. Zum Glück ist das nicht so! Mehr hierzu habe ich bereits in Kapitel 1 geschrieben.

Ein Vater erzählt vom ersten Geburtstag seines Kindes

Beim Vatertreffen lernte ich einen Vater kennen, der mir erzählte, dass ihn die Ausstrahlung von Stillkindern erstaunt habe. Er hatte den ersten Geburtstag seines Sohnes gefeiert, und während der Party hatte er alle Kinder genau beobachtet. „Stillkinder haben einen ganz anderen Blick", sagte er. „Sie sind wach, intelligent, sich bewusst, und sie suchen immer den Kontakt. Ich konnte genau den Unterschied zwischen Still- und Flaschenkindern feststellen. Ich bin stolz auf meine Frau, dass sie so viel in unser Kind investiert. Und was man investiert, wird einem zurückgegeben. Er hat so strahlende Augen."

Er fügte noch hinzu: „Es gab auch zwei Arten von Müttern beim Geburtstag: diejenigen, die bewusst und natürlich ihrem Muttersein nachgingen, und diejenigen, die den kinderärztlichen Normen folgten und abgestillt hatten. Ich sah den Unterschied."

10 Wenn die Mutter wieder arbeiten geht

Eine gute Vorbereitung ist die halbe Miete

Bereits während der Schwangerschaft fragen Frauen sich, ob sie nach der Geburt wieder arbeiten sollten. Und wenn das Baby dann da ist, kämpfen das Muttergefühl und die Notwendigkeit/der Spaß an der Berufstätigkeit um die Vorherrschaft. Halte ich es ohne mein Kind aus? Hält mein Kind es ohne mich aus? Das ist für viele Frauen ein Dilemma. Und es wird schwieriger, wenn sie noch eine Weile weiterstillen wollen. Außerdem müssen Entscheidungen in Bezug auf die Kinderbetreuung und die Kindertagesstätte getroffen werden. Kurzum: Alles Fragen, die ich in diesem Kapitel mit nützlichen Ratschlägen beantworten werde.

10.1 Arbeiten gehen und stillen

Wenn das Baby gerade auf der Welt ist, machen Mütter sich manchmal Sorgen, wie es wohl sein wird, wenn sie wieder arbeiten gehen. Eine Menge Fragen kommen auf:

- Soll ich das Baby bald nach Zeitschema stillen?
- Soll ich das Baby durchschlafen lassen?
- Soll ich dem Baby jetzt schon eine Flasche pro Tag geben?
- Werde ich Arbeit und Stillen miteinander kombinieren können?
- Soll ich dem Baby jetzt schon einen Schnuller geben?
- Wird das Abpumpen auf der Arbeit nicht lästig sein?

Auf diese Fragen gehe ich in den nächsten Abschnitten ein. Auch Verwandte und Bekannte geben ihre Ratschläge, aber sie gehen oft von ihrer eigenen Situation aus. Das Beste wäre, eine „natürliche" Stillgruppe, eine Stillorganisation, wie die internationale La Leche Liga, oder eine Stillberaterin aufzusuchen. Auch online sind viele gute Stillratschläge zu finden.

Müttern in Deutschland, Österreich und in der Schweiz ist eine gesetzlich festgesetzte Still-/Abpumpzeit pro achtstündigem Arbeitstag erlaubt. Das ist eine wunderbare Möglichkeit, sein Kind weiterhin Muttermilch trinken zu lassen. Erkundige dich hierzu bei deinem Arbeitgeber. Der Arbeitgeber hat einen Vorteil, wenn die Arbeitnehmerin stillt, denn das Baby wird weniger oft krank sein, sodass es weniger Fehlzeiten geben wird.

Frauen haben im Lauf der Jahrhunderte immer gearbeitet, aber sie haben auch immer ihre Kinder mit zur Arbeit genommen. Heutzutage wird das leider als merkwürdig empfunden.

Stillen ist sowohl für das Baby als auch für die Mutter sehr wichtig. Im ersten Teil des Buches habe ich das ausführlich besprochen. Ein Vater schrieb mir einmal: „Wie wir jetzt mit unserem Kind umgehen, wirkt für hundert Jahre! Was wir jetzt machen, bestimmt die Gesundheit und das Selbstvertrauen des Kindes und auch, wie es mit Stress umgehen und seine Probleme lösen wird. Und letztendlich wird dieses Kind seine Erfahrungen seinen eigenen Kindern weitergeben."

Wir kennen alle die „instabilen" Menschen, die immer alles abbekommen. Sie befinden sich in einem Teufelskreis. Unsere Kinder sollen in einen Engelskreis gelangen. Das wird wunderbar im Buch *In den Stürmen meines Lebens* von Ross Campbell, Psychologe und Vater dreier Kinder, beschrieben. Den Engelskreis lernen Kinder nur über ihre Eltern kennen.

Das Baby zur Arbeit mitnehmen
In unserer Kultur ist es nicht üblich, das Baby mit zur Arbeit zu nehmen; die Voraussetzungen dafür fehlen auch meistens. Dennoch kenne ich verschiedene Frauen, die ihr Kind zur Arbeit mitnahmen. Einige Beispiele:

- Die Mutter arbeitete in einem Geschäft. Das Baby wurde erst in den Kinderwagen gesetzt, später in den Laufstall, dann in den Kinderstuhl.

- Die Mutter arbeitete als Anwältin und nahm ihr Baby in einem Tragetuch mit derselben schwarzen Farbe wie ihre Robe mit. Ein Richter merkte dazu an: „Ich sehe, dass sie nicht allein gekommen sind" – und akzeptierte es.
- Die Mutter arbeitete als Rechtsberaterin in einem Hafenbetrieb. Sie hatte das Baby und eine Betreuerin dabei. Während der Sitzungen sagte sie: „Meine Herren, mein Baby hat nichts dagegen, wenn Sie dabei sind, wenn es gestillt wird. Ich gehe davon aus, dass das auf Gegenseitigkeit beruht." Diese Mutter verwendete ebenfalls ein Tragetuch, durch das man nichts sehen konnte. Nach dem Stillen schlief das Baby darin.
- Eine Mutter unterrichtete in der Schule. Ihr Baby ging mit ihr mit, bis es zwölf Monate alt war. In die Türöffnung des Klassenzimmers hatte sie einen *Babybouncer* (einen Haken mit einer Feder) montiert, an den sie die Reisewiege hängen konnte. So konnte sie das Baby schaukeln.
- Eine andere Mutter unterrichtete in der Schule. Das Baby schlief im Büro des Hausmeisters. Ihre pubertierenden Schülerinnen waren ganz vernarrt in das Baby. Wenn das Baby während des Unterrichts gestillt wurde, verwendete die Mutter ein Tragetuch, das auch als Sichtschutz diente.
- Ein Baby ging mit in eine Bildungseinrichtung, weil die Mutter dort studierte. Der Dozent sagte: „Bestimmen Sie ruhig, wann Sie stillen wollen, dann machen wir allesamt Pause."
- Eine Mutter gab Tanzunterricht und stellte ihr Baby im Maxi-Cosi in die Ecke der Tanzfläche. Sobald es aufwachte, durfte es im Tragetuch mitmachen.
- Eine Mutter arbeitete im Büro und ihr Baby war in der Kindertagesstätte gleich nebenan. Sie konnte das Baby selbst stillen. Nachmittags um 3 Uhr nahm sie es mit ins Büro, sodass es bei ihr war und sie den Rest der Arbeit erledigen konnte.
- Eine Mutter arbeitete selbst in einer Kita. Somit konnte sie den ganzen Tag bei ihrem Baby sein. Ein Vorteil war, dass das Kind niemals krank wurde. Die Muttermilch enthält Antistoffe gegen die Krankheiten in der Kita, weil die Mutter die Keime einatmet und in der Milch Antistoffe erzeugt.

Das Baby kann auf der Arbeit bei dir sein.

Nach Zeitschema stillen

Füttern nach einem strikten Plan ist normalerweise beschwerlich und nicht notwendig. Die stillende Mutter darf mit den Stillzeiten flexibel umgehen. Das gibt ihr die Möglichkeit, ihre Wege in Freiheit zu gehen. *Sei ruhig inkonsequent,* wenn es um die Stillzeiten geht. Eine Mutter kann kurz kontrollieren, ob das Baby trinken möchte, und dann zum Einkaufen rausgehen. Sie kann noch schnell stillen, bevor sie das Baby von der Tagesmutter oder von der Kita abholt; sie kann stillen, während sie selbst isst, sodass ihr mehr Zeit bleibt; sie kann das Baby im Tragetuch stillen und gleichzeitig am Rechner arbeiten.

Wenn du das Baby zu Hause oft anlegst, brauchst du dir weniger Sorgen zu machen, ob es genug trinkt, wenn es von jemand anderem betreut wird. Außerdem verhinderst du zu viele Wachstumsschübe, bei denen du meinen könntest, das Baby will den ganzen Tag angelegt werden.

Einer Mutter, die oft stillt, fällt das Abpumpen leichter. Auch kann sie einfacher die Milchproduktion erhöhen. Wenn das Baby bei der Tagesmutter ist, kann es sein, dass es sich zurückzieht und weniger oft um Nahrung bittet, weil es eigentlich auf seine Mama wartet.

Die Tagesmutter kann eine volle Flasche geben oder sich dafür entscheiden, kleine Flaschen mit 50 ml Fassungsvermögen zu geben, wie ich es auch in Kapitel 4 beschrieben habe.

Das Füttern alle drei, vier Stunden hat man sich von Kühen abgeschaut. Ein Menschenkind trinkt aber acht bis zwölf Mal oder gar zwölf bis fünfzehn Mal täglich. In manchen afrikanischen Ländern sogar dreißig bis vierzig Mal am Tag.

Es gibt immer Tage, an denen die Mutter nicht arbeitet. Sie kann dann oft stillen und schön mit dem Baby Schlaf nachholen (eventuell auch an der Brust). Eine Mutter, die an freien Tagen ganz oft stillt, auch zum Trost oder zum Einschlafen, kann an Arbeitstagen einfach abpumpen. Der Milchspendereflex funktioniert dann besser. Eine Mutter mit einem Baby an der Brust bekommt keinen Burnout. Die Hormone beruhigen sie, und so hat die Natur das auch vorgesehen. Immer wenn wir die Natur verändern wollen, gibt es Nebenwirkungen, die ganz lange anhalten.

Soll die Mutter das Baby durchschlafen lassen?
Oft wird dir geraten, dein Baby bald nachts durchschlafen zu lassen. Die Ratschläge variieren von: „Oft den Schnuller geben" oder: „Einfach weinen lassen, bis es sich daran gewöhnt hat", bis zu: „Nach drei Monaten erübrigen sich die Nachtmahlzeiten, da reicht eine Wasserflasche."

Was den Leuten nicht immer bewusst ist: Mütter fühlen sich nach dem Stillen fitter und brauchen weniger Schlaf. Das beruhigende Hormon Oxytocin, das während des Stillens im Körper der Mutter produziert wird, sorgt dafür. Ich habe Mütter sagen hören: „Mein Kind hat heute Nacht durchgeschlafen, und jetzt bin ich so fertig!" Das kommt durch den Oxytocinmangel, weil sie nachts nicht gestillt hat. Leider weisen viele Ratgeber und Zeitschriften übers Stillen nicht darauf hin.

Mutter und Kind haben aufgrund des Stillens denselben Schlafrhythmus. Immer, wenn die Mutter tief schläft, macht ihr Kind das auch. Wenn die Mutter leicht schläft, ist das auch beim Baby so, und wenn es trinken will, merkt die Mutter das einfach. Du brauchst nie zu denken: Mensch, habe ich tief geschlafen, habe ich mein Baby überhaupt gehört? Eben nicht, denn ihr habt gemeinsam tief geschlafen. Babys wissen auch genau: Nachts läuft Mama nicht davon, dann kann ich immer bei ihr sein. Babys, die nachts trinken, fehlt tagsüber nichts; sie sind ruhiger. Nachts produziert die Mutter eben viel Milch wegen des hohen Prolaktinspiegels.

In der Natur ist zu beobachten, dass Mutter und Kind füreinander bestimmt sind. Den Zusammenhang zwischen Prolaktin und Ruhe kann man im Streichelzoo beobachten. Wenn die Jungtiere fertig sind, hat das Hormon ausgewirkt, und die Muttertiere stehen wieder auf.

Das nächtliche Aufstehen macht müde, weil das den Kreislauf belastet. Die Mutter, die nachts stillt (und keine Windeln wechselt oder auf die Uhr schaut), kann sich zu ihrem Kind rollen oder ihr Kind zu sich ziehen, um ihm die Brust anzubieten. Diese Mutter ist morgens fitter. Ich erzähle immer: „Irgendwann dauerte mein nächtliches Stillen genau eine Minute. Ich steckte die Brustwarze in den Mund des Babys und schlief weiter. Als meine Milchproduktion zurückging, blieb ich fünf Minuten wach, um die zweite Brust anzubieten. Das Baby hörte von selbst auf zu trinken."

Nur in den ersten paar Wochen ist es gegebenenfalls sinnvoller, im Sitzen im Bett zu stillen; wenn das Baby gewachsen ist, kannst du liegen bleiben. Und nach den ersten Wochen brauchst du das Baby nachts meist nicht mehr ein Bäuerchen machen zu lassen.

Kinder bitten auch wegen ihrer Träume um die Brust. Sie träumen von allen neuen Dingen, die sie erleben. Das machen wir Erwachsene ja auch. Wer zum Beispiel das erste Mal Ski fährt, macht das anschließend die ganze Nacht im Traum.

Mein Flaschenbaby weinte vier Mal pro Nacht. Das hörte auf, als wir ein Familienbett bauten, sodass es bei uns schlafen konnte. Es ist auch sinnvoll, den Wecker eine Stunde früher einzustellen, sodass die Mutter eine Stunde lang ausgiebig stillen und nuckeln lassen kann. Wenn das Baby viel nuckelt, wird der Milchspendereflex intensiver. Das passiert auch, wenn du einige Male die Brust wechselst. Mehr Tipps dazu gibt es in Kapitel 6.

Wann beginnst du damit, dein Kind an die Babyflasche zu gewöhnen?

Ein Baby muss erst lernen, gut an der Brust zu trinken, bevor du mit dem Anbieten des Flaschensaugers anfangen kannst. Wichtig dabei ist, dass das Baby mindestens fünfeinhalb Wochen hintereinander ohne Probleme an der Brust getrunken haben muss. Erst dann kann man vorsichtig mit der Flasche anfangen. Das heißt also auch, dass du, wenn das Baby während einer bestimmten Phase Saugprobleme an der Brust hatte, danach erneut fünfeinhalb Wochen warten musst, bis du mit dem Flaschensauger beginnen kannst.

Wenn du als Mutter wieder arbeiten gehen willst, ist es wichtig, um nach fünfeinhalb Wochen die Babyflasche einzuführen. Das ist der Augenblick, wenn du mit dem Abpumpen beginnen kannst. Das will nämlich auch gelernt sein.

Für das Üben mit der Flasche habe ich folgende Tipps:

- Übe, wenn das Baby gut gelaunt und nicht sehr hungrig ist. Dann ist er für neue Erfahrungen bereit.
- Lass jemand anderen die Flasche geben. Stillen beinhaltet eine Beziehung zur Mutter, die nicht gestört werden sollte. Sollte das dennoch passieren, sind später Probleme zu erwarten. Es kommt vor, dass das Baby nicht aus der Flasche trinken mag, solange die Mutter in der Nähe ist. Als Mutter verlässt du dann lieber die Wohnung.
- Viele Babys wollen nicht in die Augen eines Fremden schauen. Diese Babys schauen während des Trinkens von jener Person weg und drehen ihr den Rücken zu. Manche Babys wollen nur trinken, wenn sie, mit dem Rücken zur fütternden Person, kräftig geschaukelt werden. Diese Person soll dann auf und ab gehen.
- Gib etwa 30 ml abgepumpte Milch in die Flasche und übe drei Mal am Tag. *Gib mindestens fünf Stillmahlzeiten am Tag. Nicht weniger. So bleibt die Milchmenge stabil.*
- Manchmal beißt das Baby auf den Sauger und das Loch verstopft. Du kannst das Loch im Flaschensauger dann etwas vergrößern.
- Ein Baby starrt während des Fütterns in die Augen der Pflegeperson. Damit prägt es sich das Gesicht, die Augen, den Geruch und die Worte, die diese Person spricht, ein.

- Wenn dein Kind die Flasche bekommt, soll die Person, die es füttert, das Kind auf den Schoß nehmen. Ich beobachte regelmäßig, dass Kinder im Hochstuhl oder im Kinderwagen die Flasche bekommen. Sie tun mir leid. Das Kind verpasst in diesen Fällen die dreißig Schoßminuten und die Chance, sich die Augen der betreuenden Person einzuprägen.

Stillen und Berufstätigkeit

Oft stellen Mütter sich das schwer vor: weiterstillen und außer Haus berufstätig sein. Dazu sage ich immer wieder: „Kombinieren lernt man durch ausprobieren."

Laut Forschung beginnen drei Viertel der Mütter mit dem Stillen. Nach zwei Monaten stillt allerdings nur noch ein Viertel der Mütter voll, sodass zwei Viertel von ihnen dann teilweise aufgehört haben! Dafür gibt es einige Gründe:

- Die Mütter haben sich auf das Stillen ungenügend vorbereitet.
- Die Mütter sind aufgrund von Wissenslücken unsicher.
- Die Mütter sind nicht in der Lage, Probleme kreativ zu lösen.
- Die Mütter vertreten die allgemeine Haltung, dass Väter die Flasche geben sollen.
- Babys bekommen zu häufig einen Schnuller.

Viele berufstätige Mütter wollen berechtigterweise weiterstillen. Das erfordert Rücksprache mit dem Arbeitgeber über Zeiten und Bedingungen. Kümmere dich bitte rechtzeitig und lass dich während der Schwangerschaft hinreichend beraten. Beteilige dich zum Beispiel bei einem von einer Stillberaterin angebotenen Stillkurs, lies das *Handbuch für die stillende Mutter* oder die Faltblätter von der La Leche Liga, oder schau einfach bei einer Mutterstillgruppe vorbei.

Die nachfolgenden Tipps sind für berufstätige Mütter, die weiterstillen wollen, wichtig:

- Sorge dafür, dass dein Baby gut an der Brust trinkt, wenn du wieder arbeiten gehst.

- Miete oder kaufe eine elektrische Milchpumpe, mit der du an zwei Brüsten gleichzeitig abpumpen kannst. Mit der elektrischen Milchpumpe mit zwei Rhythmen kann zu Beginn etwas schneller abgepumpt werden, um den Milchspendereflex zu stimulieren. Danach stellst du einen langsameren Rhythmus ein und die Milch kommt als: Strahl – Ruhe – Strahl – Ruhe. Manche Mütter verwenden lieber keine elektrische Pumpe, sondern drücken ihre Brust auf eine kleine Schüssel mit einem breiten Rand und streichen so die Milch in die Schüssel. Andere Mütter besorgen sich eine Handpumpe. Die ist lautlos, einfach und kostet weniger.
- Lies alles über die Technik des Abpumpens. Beginne fünfeinhalb Wochen nach der Geburt mit dem Üben des Abpumpens. Lieber nicht eher. Sei zufrieden, wenn du die ersten Male 20ml abpumpen kannst.
- Im Grunde genommen kannst du eine Stunde nach dem Stillen Abpumpen, gerechnet ab dem Ende des Stillens.
- Lies alles über das Lagern von Muttermilch.
- Mache dich wegen deiner Rechte am Arbeitsplatz schlau: Wie lange darfst du stillen/abpumpen, und gibt es einen geschützten Raum? Halte Rücksprache mit dem Arbeitgeber.
- Mache dir Gedanken darüber, wie du alles schaffen wirst, und wie du zum Beispiel mit Schuldgefühlen Kollegen und dem Baby gegenüber umgehen kannst.

Noch eine letzte Bemerkung zum Stillen und Arbeitengehen: Das Baby freut sich auf das Stillen. Ein Stillkind, klein oder groß, weiß immer, dass die Mutter wiederkommen wird, weil ihre Brüste das Kind auch brauchen. Das Stillen ist oft der Moment des Abschiednehmens, bevor du das Baby beim Babysitter oder der Kindertagesstätte zurücklässt. Aber auch das erste Begrüßungsritual, wenn ihr einander wiederseht. Das sind sehr besondere Momente für dich als Mutter und für dein Kind.

Die gesetzlichen Bedingungen für stillende Arbeitnehmerinnen
Deutschland:
Siehe dazu: Mutterschutzgesetz (MuSchG), §7 Freistellung für Untersuchungen und zum Stillen

(1) Stillenden Müttern ist auf ihr Verlangen die zum Stillen erforderliche Zeit, mindestens aber zweimal täglich eine halbe Stunde oder einmal täglich eine Stunde freizugeben. Bei einer zusammenhängenden Arbeitszeit von mehr als acht Stunden soll auf Verlangen zweimal eine Stillzeit von mindestens 45 Minuten oder, wenn in der Nähe der Arbeitsstätte keine Stillgelegenheit vorhanden ist, einmal eine Stillzeit von mindestens 90 Minuten gewährt werden. Die Arbeitszeit gilt als zusammenhängend, soweit sie nicht durch eine Ruhepause von mindestens zwei Stunden unterbrochen wird.

(2) Durch die Gewährung der Stillzeit darf ein Verdienstausfall nicht eintreten. Die Stillzeit darf von stillenden Müttern nicht vor- oder nachgearbeitet und nicht auf die in dem Arbeitszeitgesetz oder in anderen Vorschriften festgesetzten Ruhepausen angerechnet werden.

(3) Die Aufsichtsbehörde kann in Einzelfällen nähere Bestimmungen über Zahl, Lage und Dauer der Stillzeiten treffen; sie kann die Einrichtung von Stillräumen vorschreiben.

(4) Der Arbeitgeber hat eine stillende Frau auf ihr Verlangen während der ersten zwölf Monate nach der Entbindung für die zum Stillen erforderliche Zeit freizustellen, mindestens aber zweimal täglich für eine halbe Stunde oder einmal täglich für eine Stunde. Bei einer zusammenhängenden Arbeitszeit von mehr als acht Stunden soll auf Verlangen der Frau zweimal eine Stillzeit von mindestens 45 Minuten oder, wenn in der Nähe der Arbeitsstätte keine Stillgelegenheit vorhanden ist, einmal eine Stillzeit von mindestens 90 Minuten gewährt werden. Die Arbeitszeit gilt als zusammenhängend, wenn sie nicht durch eine Ruhepause von mehr als zwei Stunden unterbrochen wird.

Österreich:
Siehe dazu Mutterschutzgesetz, MSchG §9

(1) Stillenden Müttern ist auf Verlangen die zum Stillen ihrer Kinder erforderliche Zeit freizugeben. Diese Freizeit hat an Tagen, an de-

nen die Dienstnehmerin mehr als viereinhalb Stunden arbeitet, fünfundvierzig Minuten zu betragen; bei einer Arbeitszeit von acht oder mehr Stunden ist auf Verlangen zweimal eine Stillzeit von je fünfundvierzig Minuten oder, wenn in der Nähe der Arbeitsstätte keine Stillgelegenheit vorhanden ist, einmal eine Stillzeit von neunzig Minuten zu gewähren.

(2) Durch die Gewährung der Stillzeit darf kein Verdienstausfall eintreten. Die Stillzeit darf von stillenden Müttern nicht vor- oder nachgearbeitet und nicht auf die in anderen gesetzlichen Vorschriften oder kollektivvertraglichen Bestimmungen vorgesehenen Ruhepausen angerechnet werden.

(3) Die gemäß § 36 zuständige Verwaltungsbehörde kann dem Dienstgeber im Rahmen der Abs. 1 und 2 eine bestimmte Verteilung der Stillzeiten auftragen, wenn es die besonderen Verhältnisse des Einzelfalls erfordern.

(4) Weiters kann die gemäß § 36 zuständige Verwaltungsbehörde die Einrichtung von Stillräumen vorschreiben, wenn es die Verhältnisse des Einzelfalls erfordern.

Schweiz:
Arbeitszeit und Stillzeit bei Schwangerschaft und Muttersein (ArGV1, Art. 60, ArG Art. 35 und 35a)

1. Schwangere Frauen und stillende Mütter dürfen nicht über die vereinbarte ordentliche Dauer der täglichen Arbeit hinaus beschäftigt werden, jedoch keinesfalls über 9 Stunden hinaus.

2. Stillenden Müttern sind die für das Stillen oder für das Abpumpen von Milch erforderlichen Zeiten freizugeben. Davon wird im ersten Lebensjahr des Kindes als bezahlte Arbeitszeit angerechnet:
a. bei einer täglichen Arbeitszeit von bis zu 4 Stunden: mindestens 30 Minuten;
b. bei einer täglichen Arbeitszeit von mehr als 4 Stunden: mindestens 60 Minuten;
c. bei einer täglichen Arbeitszeit von mehr als 7 Stunden: mindestens 90 Minuten.

Muttermilch lagern und einfrieren

Abgepumpte Muttermilch kannst du auf der Arbeit im Kühlschrank lagern. Wenn du sie mit nach Hause nimmst, verwende eine Kühltasche mit Kühlelement. Eine ganz einfache Methode: Gib die kalte Muttermilch in eine Thermoskanne und nimm sie so mit nach Hause. Einfrieren kannst du nach Belieben. In Gefrierbeuteln und Eiswürfelbeuteln kannst du kleine Mengen einfrieren. Für Tagesmütter ist es praktisch, wenn für ein weinendes Baby nur kleine Mengen aufgetaut werden müssen. Die Milchwürfel passen leicht durch die Flaschenöffnung. Erwärme die Flasche im Wasserbad bis 37 Grad oder kühler. Kontrolliere die Temperatur auf dem Handgelenk. Gib dem Baby keine kalte Milch, es kann davon Kopfschmerzen bekommen.

Muttermilch kann lange aufbewahrt werden:

Art der Muttermilch	Lagertemperatur	Lagerzeit
Vormilch (Kolostrum)	Zimmertemperatur von 27°–32°	12–24 Stunden
frische Muttermilch	15°	bis zu 24 Stunden
frische Muttermilch	19°–22°	bis zu 10 Stunden
frische Muttermilch	25°	4–8 Stunden
gekühlte Muttermilch	Kühlschranktemperatur 0°–4°	5–8 Tage
eingefrorene Muttermilch	-4° im Gefrierfach im Kühlschrank (Temperatur variiert, weil die Tür häufig geöffnet wird)	2 Wochen
eingefrorene Muttermilch	-4° im Gefrierfach mit eigener Tür	3–4 Monate
eingefrorene Muttermilch	-19° in der Tiefkühltruhe	6 Monate oder länger

aufgetaute Muttermilch	Kühlschranktemperatur 0°–4°, so weit wie möglich von der Tür entfernt	24 Stunden
aufgetaute Muttermilch	Zimmertemperatur 19°–22°	alsbald verwenden!

Die Antistoffe in der Muttermilch sorgen dafür, dass sich während der oben genannten Zeiten keine Bakterien bilden können. Fürs Aufwärmen von Muttermilch sollte auf keinen Fall die Mikrowelle eingesetzt werden. Die verändert die Zusammensetzung der Muttermilch und zersetzt die Antistoffe. Außerdem besteht die Gefahr, dass die Milch ungleichmäßig erhitzt wird.

Der Milchspendereflex
Ohne Milchspendereflex gelingt das Abpumpen nicht. Eine Hebamme pflegte Müttern früher zu sagen: „Sie haben ja nur Wasser in der Brust, sehen Sie mal!" Dann drückte sie ein wenig auf die Areola (Warzenhof), wonach die Vormilch aus der Brust lief. Diese Milch war noch nicht „zugeflossen", sodass sie noch kein Fett enthielt; die Milch sah deshalb etwas wässrig aus. Viele Mütter haben damals wegen solcher unrichtigen Informationen mit dem Stillen aufgehört.

Das Milchspendereflexhormon muss einen langen Weg gehen. Von den Brustwarzen aus geht über die Blutbahn ein Signal zur Hypophyse im Hinterkopf. Dort wird das Hormon Oxytocin gebildet und wiederum über die Blutbahn zu den Brüsten geschickt. In dem Moment wird die Mutter sehen bzw. fühlen, dass die Milch fließt. Das Hormon Oxytocin ist auch als Nasenspray bei der Frauenärztin oder dem Hausarzt erhältlich. Es hilft manchen Müttern, den Milchspendereflex auszulösen. Es erfordert eine großzügige Anwendung. Manchmal tritt Gewöhnung ein, und dann wird der eigene Milchspendereflex blockiert. Beratschlage dich lieber immer mit einer Stillberaterin.
Eine tiefe Bauchatmung stimuliert das Auslösen des Milchspendereflexes; manchmal reichen ein oder zwei tiefe Seufzer (*Mutterseufzer*). Bei Müttern, die oft und lange stillen, kann die Milch bis zu acht Mal in einer Stillphase fließen. Du brauchst also nicht sparsam

mit deiner Milch zu sein, das wäre überflüssig, weil jede Viertelstunde neue Milch zur Brust fließt.

In einem alten Stillbuch steht die Geschichte einer Amme, die das Kind anderer stillt. Sie arbeitete in einem Krankenhaus. Sie stillte fünf Babys und machte den ganzen Tag nichts anderes als essen, trinken und stillen. Auch in heutigen Geschichten von Müttern, die Drillinge stillen, lesen wir, dass diese Mütter es schaffen, ihre Drillinge sechs Monate lang ausschließlich durchs Stillen zu ernähren.

Um den Milchspendereflex auszulösen, kannst du Folgendes machen:

- Trinke ein großes Glas warmes Wasser, es wirkt besser.
- Schaue dir dein Baby (bzw. ein Foto von ihm) an.
- Wärme die Brüste und Brustwarzen mit warmen Einlagen, zum Beispiel mit einem in warmem Wasser getauchten Waschlappen, einem Gel-Pad, einer warmen Baumwollwindel oder einer Einwegwindel (die halten die Wärme besser), die sich mit warmem Wasser vollgesaugt hat, oder alternativ mit deinen warmen Händen, denn Brustwarzen können mit beiden Händen warm gerieben werden.
- Massiere, streichle und schüttle beide Brüste gleichzeitig.
- Beuge dich nach vorn und lass die Brüste für einen Moment hängen.
- Mache zur Entspannung einen tiefen (Bauch-)Seufzer, wodurch das Blut das Hormon Oxytocin schnell von der Hypophyse zu den Brüsten transportiert.
- Massiere beide Brustwarzen und spüre nach, wo sich eine besondere Stelle auf der Brustwarze befindet.
- Wenn du zu Hause abpumpen willst, kannst du das Baby auf einem Kissen anlegen. Der Milchspendereflex macht es möglich, dass du gleichzeitig an der anderen Brust abpumpen kannst.

Milch mit der Hand abpumpen
Das manuelle Abpumpen ist die älteste Technik der Welt. Es geht so:

- Lege deine ganze Hand um die Brust.

- Drücke mit deinen Fingern, vor allem mit dem Daumen und Zeige-finger auf die Milchspeicherkanäle hinter der Brustwarze.
- Drücke anschließend mit Daumen und Zeigefinger zunächst kurz Richtung Rippen.
- Mache danach sanfte Wringbewegungen, wobei du auch nach vorn drückst, damit die Milch herausspritzen kann.

Sollte das auf diese Art und Weise nicht gelingen, gehe in die Still-beratung.

Wie lange dauert das Abpumpen?
Du kannst die Brust nicht in einem Arbeitsgang abpumpen. Es funk-tioniert am besten, wenn du folgende Zwischenschritte machst:

- Löse durch Wärmen, Massieren, Schütteln und Streichen beider Brüste den Milchspendereflex aus und seufze dabei.
- Pumpe fünf bis sieben Minuten an jeder Brust.
- Löse den Milchspendereflex erneut aus, wie oben beschrieben.
- Pumpe drei bis fünf Minuten an jeder Brust.
- Löse noch einmal den Milchspendereflex aus.
- Pumpe zwei bis drei Minuten an jeder Brust.

Auf diese Art und Weise dauert das Abpumpen an beiden Brüsten insgesamt etwa zwanzig bis dreißig Minuten.

Wie viel abpumpen?
Um die abzupumpende Milchmenge zu bestimmen, musst du wis-sen, wie viel dein Baby etwa trinkt. Normalerweise weißt du als Mut-ter nicht genau, wie viel dein Kind bei dir trinkt. Als Orientierungs-hilfe kannst du von den Mengen, die Hersteller künstlicher Nahrung angeben, ausgehen.

Die Hersteller künstlicher Nahrung verwenden folgende Faustfor-mel: 150-mal das Gewicht des Babys in kg ergibt die tägliche Milch-menge in ml.
    Ein Beispiel: ein 4,5 kg schweres Baby trinkt 4,5 x 150 = 675ml pro Tag. In Mahlzeiten umgerechnet sind das sechs Mahlzeiten von

etwa 112ml je Flasche. Das ist nur eine Orientierung, von der du gern abweichen kannst.

Übrigens: Weil ein Stillbaby oft 25 Prozent weniger Milch trinkt als ein Flaschenbaby, könntest du die Herstellerzahlen gegebenenfalls um 25 Prozent senken. Die Differenz hängt damit zusammen, dass die Stillmilch komplett aufgenommen wird, während künstliche Nahrung viele Reststoffe enthält, die das Baby nicht verdauen kann.

Stillberaterinnen rechnen mit folgenden Mengen beim Stillen:
- Ein junges Baby bis zu einem Monat hat ca. 150ml Milch pro Kilogramm Körpergewicht nötig.
- Mit zwei Monaten sind das 140ml.
- Mit drei Monaten sind das 130ml.
- Mit vier Monaten sind das 120ml.
- Mit fünf Monaten sind das 110ml.
- Mit sechs Monaten sind das 100ml pro Kilogramm Körpergewicht.

Ein Beispiel:
- Ein Baby von zwei Monaten wiegt zum Beispiel fünf Kilo. 5 x 140ml ergibt 700ml. Teile diese Zahl durch die Anzahl der Mahlzeiten, die das Baby an einem Tag trinkt, also acht bis zwölf Fütterungen am Tag. Bei zwölf Fütterungen am Tag trinkt das Baby abgerundet 60ml pro Fütterung.
- Ein Baby von vier Monaten wiegt zum Beispiel sieben Kilo, 7 x 120ml ergibt 840ml. Bei durchschnittlich zehn Mahlzeiten am Tag ergibt das abgerundet 85ml pro Fütterung.

Vergleiche nicht mit anderen Babys
Wenn ein Baby eine längere Zeit sehr große Portionen an Nahrung angeboten bekommt, kann *sein kleiner Magen sich ausdehnen und sich daran gewöhnen.*
Manchmal geht es hierbei um 250ml oder mehr. Die meisten gestillten Babys trinken viel weniger. *Frequente kleine Portionen sind besser für die Gesundheit und die Entwicklung deines Babys.* Du legst hiermit die Basis für ein gesundes Essverhalten im späteren Alter.

Deinem Baby muss nicht immer abgepumpte Milch angeboten werden, wenn du abwesend bist. Wenn du weißt, dass du bald wieder zu Hause bist, kannst du die Tagesmutter bitten, dem Baby etwas Wasser statt abgepumpter Milch zu geben. Wenn du etwas später wieder da sein wirst, kannst du dein Kind stillen.

10.2 Die Tagesmutter und die Kindertagesstätte (Kita)

Die anschließenden Tipps gelten auch für Mütter, die künstliche Nahrung geben.

Die Auswahl einer Betreuerin für dein Kind

Die Beziehung, die dein Baby mit der Betreuerin eingeht, soll vertrauensvoll sein und auch zu einer Bindung führen. Die Betreuerin wird eine Art Tante. Die Kinderpsychologin J. Stades-Veth sagt dazu, dass die Tante nicht einfach plötzlich wegbleiben darf, um von jemand anderem ersetzt zu werden. Eigentlich soll die Vertrauensbeziehung bleibend sein, auch später noch. Regelmäßige Besuche können diese Bindung aufrechterhalten. Marion Thomson, eine der Gründerinnen der Stillorganisation La Leche Liga, hat von der Forschung zum Stresshormon Kortisol bei Affen berichtet.

Bei Stress tritt dieses Hormon vermehrt auf. In einer Studie wurde bei Babyaffen, die von der Mutter getrennt wurden, der Stresspegel im Mundspeichel gemessen. Wie erwartet, wurde bei den Babyaffen, die von der Mutter weggeholt wurden und die keinen Kontakt zu einer Stellvertreterin hatten, ein hohes Maß an Stress gemessen. Überraschend war jedoch, dass die Äffchen, die von einer Ersatzmutter gehalten wurden, äußerlich ruhig erschienen und auf den ersten Blick keine Anzeichen von Stress zeigten. Im hormonellen Bereich waren sie allerdings genauso durcheinander wie die Babyaffen, die hysterisch kreischten, weil ihre Mütter weg waren.

Diese Geschichte sollte uns zu denken geben. Sie erzählt uns, warum es wichtig ist, langsam eine feste Bindung zur Betreuerin zu entwickeln.

Die beste Betreuerin ist die eigene Schwester oder die Mutter der Mutter. Sie haben oft eine ähnliche Stimme und ähnliche Augen und manchmal auch einen ähnlichen Geruch. Das Baby kann sogar die gleichen Gesten erwarten.

Die Schwiegermutter dagegen hat eher die Augen und die Gewohnheiten von Papa, die dem Baby natürlich auch geläufig sind.

Unter Anwendung natürlicher Normen lässt sich die Betreuung wie folgt einteilen:

- erste Betreuerin: die Schwester oder die Mutter der Mutter. Der Vorteil ist, dass sie häufig eine ähnliche Stimme, einen ähnlichen Blick, ein ähnliches Lächeln oder einen ähnlichen Geruch wie die Mutter haben.
- zweiter Betreuer: der Vater
- dritte Betreuerin: Schwiegermutter, Schwägerin, Bruder, Großvater.
- vierte Betreuerin: feste Babysitterin
- fünfte Betreuerin: Erzieherinnen in einer Kindertagesstätte

Es ist nicht immer einfach, eine gute Tagesmutter zu finden. Eine gute Methode ist das Anbringen eines Zettels im Kindergarten mit der Frage, ob eine Mutter auf dein Kind aufpassen möchte. Du kannst auch ein Inserat in der Regionalzeitung aufgeben oder vielleicht hast du eine Haushaltshilfe, die zusätzlich Babysitten will. Es gibt aber auch Vermittlungsagenturen für Tagesmütter und Babysitter.
Du kannst die Betreuerin aufgrund ihres Umgangs mit Kindern wählen. Du könntest fragen, ob die Tagesmutter liebevoll mit deinem Kind umgehen möchte, zum Beispiel, ob sie es nicht weinen lässt, es oft auf den Schoß nimmt, es nicht den ganzen Tag im Laufstall lässt usw.

Wie geht es dem Baby mit unterschiedlichen Betreuerinnen?
Oft finden Eltern es eine ideale Lösung, wenn zwei Großmütter babysitten, zum Beispiel an zwei Tagen Oma A und an einem Tag Oma B. Das ist für ein junges Baby allerdings sehr verwirrend.
Eigentlich kann ein junges Baby nur zwei Beziehungen verkraften: die mit der eigenen Mutter und dem eigenen Vater. Allmählich, so etwa mit neun Monaten, wenn das Baby mit dem Brabbeln anfängt, kann eine dritte Person dazukommen. Das junge Baby fühlt sich mit zwei unterschiedlichen Tagesmüttern sehr verwirrt. „Mit

wem soll ich jetzt eine Beziehung eingehen?" Vergleiche es mit einer Ehe. Nach einer wunderbaren Hochzeit kommt plötzlich ein Partner dazu. Das fänden wir auch unmöglich. Wenn man sich darüber ernsthaft Gedanken macht, kann man nachvollziehen, was das Kind empfindet.

Tipps für berufstätige Eltern mit einer Tagesmutter
Zum Schluss möchte ich an dieser Stelle die Tipps für berufstätige Eltern, die eine Tagesmutter für ihr Kind organisieren wollen, zusammenfassen. Die Tipps wurden von Isabelle Fox, Psychotherapeutin und Autorin des Buches *Being There – The Benefits of a Stay-at-Home Parent zusammengestellt*.

- Suche dir eine warmherzige Tagesmutter, die zwei bis drei Jahre bleiben wird.
- Bezahle die Tagesmutter überdurchschnittlich, und sage ihr eine Erhöhung nach zwei Jahren zu.
- Versuche, deine Arbeitsstunden zu reduzieren.
- Versucht als Eltern, die Arbeitszeit aufeinander abzustimmen, damit weniger Fremdbetreuung gebraucht wird.
- Bitte eine Freundin, während du abwesend bist, Kind und Tagesmutter zu besuchen, damit du ein Bild vom Alltag bekommst.
- Suche dir eine Teilzeitarbeit bzw. Arbeit mit flexiblen Stundenzahlen.
- Versuche, zu Hause zu arbeiten oder nur Teilzeit außer Haus.
- Versuche, in geringerem Abstand von zu Hause zu arbeiten. Das bedeutet weniger Fahrzeit oder vielleicht die Mittagspause zu Hause einzuplanen.
- Gib dein Kind im geeigneten Alter jeweils einen halben Tag in die Spielgruppe und danach zur Tagesmutter.
- Überlege dir noch mal deine Prioritäten. Verschiebe den Haus- bzw. Autokauf auf einen Zeitpunkt, wenn dein Kind älter ist.

Die Bedeutung der Kita für ein Kind
Viele Menschen denken, dass eine Kita sehr gut für die Entwicklung eines Kindes ist.

Viele meinen auch, dass das Kind durch das Besuchen einer Kita selbstständig wird. Viele Menschen sind sogar der Auffassung, dass eine Kita notwendig und unentbehrlich für das Kind sei.

Das stimmt jedoch nicht. Ein Kind nimmt über seiner Mutter seine Welt wahr – ohne sie fühlt es sich verloren. Es kann erst auf die Mutter verzichten, wenn es die wichtigsten Handlungen selbst beherrscht: sprechen, gehen, Türen öffnen und schließen und sagen, dass es Hunger oder Durst hat. Vorher fühlt es sich manchmal hilflos, wenn seine Mama sein Gefühl nicht umsetzen kann. Das Besondere ist, dass die meisten Kinder auch anfangen, durchzuschlafen, wenn sie oben genannte Fähigkeiten erworben haben. Die Kinderpsychologin J. Stades-Veth schreibt in ihrem Buch *Von Mutti verraten*, dass das Kind sich nicht ernst genommen fühlt, wenn die Mutter lachend weggeht, während es weinend zurückbleibt.

Eine Kita ist keine „Großfamilie", denn es gibt zu viele Kinder im gleichen Alter. Kinder unter drei Jahren spielen nicht zusammen, sondern allein. In der Kita passieren viele neue Dinge, die die Mutter mit dem Kind besprechen müsste, damit es sie versteht.

Ein kleines Beispiel: Eines Morgens lag ich mit meinem kleinen Sohn, der noch nicht sprechen konnte, im Bett, als er mir ins Gesicht schlug. Ich erschrak sehr und rief aus: „Aua, hör auf!" Da fiel mir ein, was er am Vortag zum ersten Mal im Leben gesehen hatte: Zwei Kinder, die sich hauten. Er versuchte, es zu imitieren, und wollte mich fragen: „Mama, was habe ich da gesehen? Wie geht so was? Mama, erklärst du es mir bitte?" Ich konnte ihm sagen: „Gestern hast du zwei Kinder gesehen, die einander geschlagen haben. Das sollen sie nicht, denn ein Kind fing an zu weinen und sieh: Mama muss auch weinen, wenn man sie haut. Nein, du sollst niemals hauen." Ich konnte dieses Theaterstück mit ihm spielen, weil ich wusste, welche Eindrücke er am Tag zuvor gesammelt hatte.

Kinder im gleichen Alter drücken einander weg. Wer am lautesten ruft, sitzt vorn. Die Leiterin der Kindertagesstätte hat nur einen Schoss.

Das „Okay-Gefühl"

In einer Familie gibt es Kinder unterschiedlichen Alters. Dadurch kann das Jüngste ein oder mehrere Jahre intensiven Kontakt zu seiner Mutter und seinem Vater pflegen und somit das Leben kennenlernen. Dadurch entwickelt es sein „Ich-bin-okay"-Gefühl: Ich bin wichtig, ich bin richtig, ich bin okay.

Später wird es dann weniger das Bedürfnis haben, andere Kinder zu mobben. Wenn ein Kind genug „Ich-bin-okay"-Gefühl mitbekommen hat, wird es sich nicht mobben lassen, sondern einen Mobber ignorieren oder in die Schranken weisen. Kinder, die mobben, machen das aus Eigeninteresse. So ein Kind fühlt sich dann stärker.

Kinder in der Kita in fast demselben Alter können enorm eifersüchtig werden und haben dann kein „Ich-bin-okay"-Gefühl. Ihnen fehlt der direkte Kontakt zu den Eltern, den sie gerade in *dem* Alter brauchen.

Wenn das Kind in einer Familie aufwächst, in der es anerkannt und respektiert wird, bekommt es von selbst die „Eigenmacht": ein angemessenes Empfinden der Selbstkontrolle. Es hat dadurch kein Bedürfnis, andere Kinder mit Macht zu unterdrücken (mobben). „Eigenmacht" bedeutet, ein gutes Gefühl über sich selbst zu haben und für sich selbst verantwortlich zu sein.

Auch in Familien, in denen Kinder kurz hintereinander geboren werden, kann ein Eifersuchtsgefühl aufkommen. Es kann zunächst nur im Hintergrund existieren, aber irgendwann zeigt es sich. Diese Kinder rivalisieren um Mutters Schoß, um ihre warmen Arme und um den Platz im Bett.

Mütter mit Zwillingen haben es auch nicht leicht. Wenn eine Mutter die Einprägung ihrer Zwillinge maximal entwickeln möchte, ist sie im ersten Lebensjahr den ganzen Tag mit den Kindern auf dem Schoß oder im Tragetuch beschäftigt. Dabei jedoch entwickeln diese Kinder das richtige „Ich-bin-okay"-Gefühl.

„Kinder sollen doch miteinander spielen lernen"

Ein häufig gehörtes Argument für die Kita ist, dass Kinder dort lernen, miteinander zu spielen. Dazu möchte ich etwas anmerken.

Wenn Kleinkinder miteinander spielen, tun sie das oft allein. Sich *gemeinsam* Dinge ausdenken und das Spielen miteinander, bildet sich erst ab dem dritten Lebensjahr aus; erst ab dann können Kinder gemeinsam eine Fantasiewelt kreieren. Bis zum dritten Lebensjahr spielen die Kleinen gern mit Erwachsenen, und es bedarf weniger des Spiels mit anderen Kleinkindern.

Krankheit in der Kita

Mütter, die ein Kind in die Kita bringen, werden merken, dass regelmäßig Infekte vorkommen, manchmal sogar mit Ohrentzündung, manchmal auch mit Durchfall. Wenn die Mutter stillt, hat das ganz viele Vorteile. Die Mutter atmet die Keime ein und bildet anschließend Antistoffe in ihrer Milch. Die Antistoffe gelangen innerhalb von vier Stunden in die Milch.

Am besten bleibt die Mutter etwa eine Viertelstunde in der Kita, damit sie die Bakterien oder Viren einatmen kann. Das geht zum Beispiel durch Stillen nach der Ankunft oder vor der Verabschiedung. Dein Kind wird dadurch weniger krank sein.

Eine Freundin von mir arbeitet in einer Kita. Ihre Vorgesetzten reagierten verärgert, als sie die obige Geschichte einer Mutter erzählte und sie einlud, eine Viertelstunde in der Kita zu bleiben. „Keine unerwünschten Beobachter", lautete die Devise. Sie müsse sich vorstellen, dass alle Mütter es sich wünschen könnten – das geht doch nicht. Dennoch hat jede Mutter das Recht, diese Viertelstunde für sich einzufordern.

Wenn dein Baby oder Kleinkind ständig verschnupft ist, könnte das an der Nahrung liegen (siehe Kapitel 15).

Es ist normal, dass ein Kind etwa drei Mal im Jahr Schnupfen bekommt. Der Kinderarzt F. Schoorel sagt, dass der Widerstand durch Stress, den das Kind verspürt, beeinträchtigt wird, das Kind bekommt dann leichter eine Erkältung. Wenn Kinder ganz oft Schnupfen bekommen, kann die Nahrung daran schuld sein. Manche Leute sagen: Ich habe keine Lust, das herauszufinden. Zum Glück gibt es auch andere, die dem gern auf die Spur kommen. Dadurch kann Krankheiten und Allergien vorgebeugt werden. Ich plädiere dafür, dass jedes Kind das Recht darauf hat, dass seine Mutter herausfindet, welche Nahrung es verträgt und welche nicht. Es gibt nur eine Person, die das machen kann: die Mutter. Und deshalb ist sie auch dafür verantwortlich (siehe dazu Kapitel 15).

Ich unterhielt mich einmal mit einer Mutter, die in einer Kita arbeitete und ihr Stillkind immer dabeihatte. Viele Kinder dort waren erkältet. Ihr Kind blieb stets gesund, dank des Stillens, der Antistoffe und des Stressmangels. Das war ihr bereits aufgefallen, aber durch unser Gespräch wurde es ihr deutlich.

Eine andere Mutter arbeitete im Hort. Ihr eigenes Baby brachte sie in eine Kita, weil es ihr nicht erlaubt war, es auf die Arbeit im Hort mitzubringen. Ich finde das merkwürdig und plädiere dafür, dass ein Baby in so einem Fall einfach im Tragetuch dabei sein kann. Selbst habe ich meine Familie mit fünf Kindern auch gemanagt mit dem Baby im Tuch. Die Kinder im Hort genießen das Baby und bekommen so das beste Vorbild. Man sollte das fördern.

Das Argument dagegen ist, dass die Mutter ihr eigenes Baby bevorzugen würde. Man könnte es auch so sehen, dass eine berufstätige Mutter mit Baby 25 Prozent weniger arbeitet, weil sie stillt. Diese 25 Prozent könnte sie während ihrer Arbeit im Hort nach Bedarf einsetzen. Eine Trennung zwischen Mutter und Kind sollte man auf keinen Fall für normal halten.

Ein Tag in der Kita dauert so lange
Die Ganztags-Kita ist für Kinder eigentlich zu lange. Halbtags wäre besser. Ein Kind kann dann beschließen, am Vormittag in der Kita viel zu schlafen, sodass es die Mutter nicht so sehr vermisst. Außerdem kommen dir halbe Tage als Mutter auch entgegen, weil du eigentlich 9 Monate im Wochenbett bist und somit schneller müde wirst. Du kannst dann mittags nach Hause kommen und zusammen mit dem Baby am Nachmittag Schlaf nachholen.

G. A. de Jonge empfiehlt, die ersten neun Monate keine Kita außer Haus zu wählen (in den Niederlanden zum Beispiel geht fast die Hälfte der Babys in eine Kita außer Haus). Außerdem hat er eine Studie zu den Folgen des Kitaaufenthalts ausgeführt: Trotz guter Fürsorge erhöhte sich in den ersten sieben Monaten während des

Kitaaufenthalts die Wahrscheinlichkeit des plötzlichen Kindstods signifikant.

Die Forscher vermuten, dass Stress beim Baby eine mögliche Ursache sei.

Auch Sachverständige schauen sich die Kitas an
In den Niederlanden wurde ein Lehrstuhl für Kitapädagogik geschaffen, den Marianne Riksen-Walraven innehat. Sie hat verschiedene Studien mit beeindruckenden Schlussfolgerungen durchgeführt. Sie forschte auf Bali über den Umgang mit Babys, die dort wie ein Geschenk Gottes betrachtet werden, mit denen man respektvoll umgehen sollte, sonst könnte sich es das Kind anders überlegen und in die göttliche Welt zurückkehren. Deswegen werden Kinder dort sieben Monate getragen und sollen auf keinen Fall weinen. Wenn eine Mutter kurz die Hände frei haben möchte, findet sich immer jemand, der das Kind halten und herumtragen mag.

Sie schreibt, dass Babys im Westen lange unterschätzt wurden. Ihnen fehlte also sehr viel. Die Wissenschaft hat Babys lange vernachlässigt, und so ist das Bild des hilflosen und passiven Säuglings entstanden.

Wichtig ist die Forschung an dreijährigen Kindern. Das Gehirn eines Dreijährigen verbraucht zweimal so viel Energie wie ein Erwachsenengehirn. Vor allem die Verbindungen zwischen den Gehirnzellen wachsen in den ersten zehn Jahre enorm schnell. Nach dem zehnten Lebensjahr nimmt die Zahl der Verbindungen bis zum achtzehnten Lebensjahr langsamer zu. Dann ist das Gehirn ausgewachsen.

Wenn Eltern viel mit ihrem Baby sprechen und lachen, kommen mehr Verbindungen im Gehirn zustande. Doch sobald Eltern ihre Aufmerksamkeit einstellen und ärgerlich auf ihr Kind reagieren, weil es sich zum Beispiel nicht beruhigen kann, und sie sich anschließend nicht mit dem Kind versöhnen, sterben diese Verbindungen teilweise wieder ab. So was ist „Gift" fürs Gehirn.

Stress ist also schlecht für das Babygehirn. Man hat gemessen, dass Stress die Verbindungen im Gehirn beschädigt und sogar Nervenzellen zerstören kann.

Marianne Riksen-Walraven bat Eltern von neun Monate alten Babys, drei Monate lang mit dem Kind zu lachen und zu reden, Augenkontakt zu pflegen und viel mit Antworten zu reagieren. Nach drei Monaten stellte sich heraus, dass sich diese Babys gegenüber der Kontrollgruppe verändert hatten. Sie waren unternehmenslustiger geworden, hatten mehr Selbstvertrauen und man konnte mehr Spaß mit ihnen haben.

Im Alter von zwölf Jahren war dieser Unterschied immer noch offensichtlich. Sie waren immer noch proaktiver, verfügten über mehr Selbstvertrauen und eine große Ich-Resilienz.

Marianne Riksen-Walraven schreibt, dass sich Babys in ihrem ersten Lebensjahr, nachdem sie beim Spielen in Aufregung geraten sind, nicht selbst beruhigen können. Ihr autonomes Nervensystem wächst zwar, um die Aufregung zu ermöglichen, aber noch nicht, um sie zu bremsen. Diese Fähigkeit entwickelt sich erst im zweiten Lebensjahr. Sie haben vor dem zweiten Lebensjahr einen Erwachsenen nötig und seine Arme oder seinen Schoss.

Sie untersuchte kindliches Verhalten in Kitas. Sie beobachtete, dass die Kinder dort oft zu wenig Aufmerksamkeit bekamen, um Selbstvertrauen zu bilden. Sie hat auch beobachtet, dass Kinder, die während der ersten fünfzehn Lebensmonate viele Stunden in der Kita verbringen, starke Stressreaktionen zeigen. In einer Kita ist viel Lärm, mehr als zu Hause. Für manche Kinder kann das zu viel sein. Oder die Babys empfinden Stress, weil sie lange auf ihren Vater oder ihre Mutter verzichten müssen. Riksen-Walraven berichtet aus einer US-amerikanischen Studie, dass Kinder, die längerfristig in einer Kita untergebracht waren, öfter Aggressionen zeigten. Selbst nenne ich diese Kinder immer „Ellbogenkinder". Wer am energischsten schiebt oder am lautesten brüllt, darf vorn stehen.

In den Niederlanden ist auch Louis Tavecchio tätig, der eine Sonderprofessur für Kitaforschung innehat. Er beobachtete den Umgang zwischen Erzieherinnen und Kindern. Er achtete darauf, ob die Erzieherinnen auf die Kinder eingehen oder eher automatisch handeln. Letztere unterhielten sich zum Beispiel beim Wickeln mit einer Kollegin über den Urlaub. Das ist aber nicht die richtige Art.

Tavecchio schreibt, dass eine Erzieherin in einer Kita auf nicht mehr als drei Babys aufpassen sollte. In der Praxis sind es jedoch zwei Erzieherinnen auf neun Babys. Gruppen mit zwölf Kindern und zwei Erzieherinnen sind ebenfalls zulässig. Drei von den Zöglingen dürfen dann Babys sein. Es kommt vor, dass nicht alle Erzieherinnen ein Zeugnis haben, auch gibt es viele Ersatzkräfte, Praktikantinnen und Erzieher, die nur stundenweise arbeiten. Zudem wechselt das Personal oft.

Louis Tavecchio betont auch, dass es *um die Entwicklung von Beziehungen geht*. Die kritischste Zeit für die Bildung von Gehirnverbindungen und somit für Beziehungen des Kindes liegt im Alter zwischen 9 und 18 Monaten. Aber ist das den Einrichtungen bekannt? Wissen die Behörden das auch? Gerade in diesem Zeitraum bedarf es einer intensiven affektiven Bindung zwischen Elternteil bzw. Erzieherin und dem Kind. Das ist der Reiz, der die emotionale Gehirnentwicklung fördert.

Die Kindertagesstätte – positive Erfahrungen
Einige meiner Freundinnen haben mir von ihren positiven Erfahrungen mit den Kitas, in denen ihre Kinder untergebracht waren, berichtet. Einige dieser positiven Erfahrungen möchte ich an dieser Stelle mit dir teilen.

Annick schreibt: „Ich habe festgestellt, dass es wichtig ist, den Erzieherinnen in der Kita mit Respekt entgegenzutreten und ihre Arbeit wertzuschätzen. So fühlst du dich freier, empfindlichere Themen in Bezug auf Pflege und Erziehung mit den Erzieherinnen in entspannter Atmosphäre zu besprechen. Ich bin nie in Eile, wenn ich meine Tochter in die Kita bringe, und nehme mir auch ruhig die Zeit, um zu besprechen, was das Trinken, Schlafen und die Befindlichkeit meiner Tochter betrifft. Und die Erzieherinnen nehmen sich auch die Zeit für mich. Meistens bin ich schon zehn bis fünfzehn Minuten dort. Wenn ich gehe, verabschiede ich mich mit: ‚Frohes Schaffen!‘ Die Erzieherinnen haben auch einen richtigen Job, und sie bemühen sich redlich, damit sie das Beste daraus machen können."

Mieke schreibt: „Die Erzieherinnen in der Kita widmen sich den wichtigen Meilensteinen. So findet ein kleines Nikolaustreffen statt und es wird eine Weihnachtsfeier organisiert. Viel wichtiger ist aber, dass sie die wesentlichen Entwicklungen der Babys gut beobachten und auch feiern. So wurde ich zum Beispiel einmal während der Mittagspause in der Arbeit von einer Erzieherin angerufen, weil meine Tochter zum ersten Mal selbstständig sitzen konnte. Super! In den Wochen darauf, als sie immer wieder aufzustehen versuchte, fiel sie ab und zu hart auf den Boden. Wenn sich so etwas ereignet hatte, wurde das immer dem Papa gemeldet, wenn er sie nachmittags abholte. Es gibt auch ein Album unseres Kindes, in das anlässlich dieser besonderen Tagen Fotos geklebt und kurze Texte dazu geschrieben werden. Dieses Album wird von den Erzieherinnen fortlaufend geführt. Wir, die Eltern, sind immer wieder total neugierig auf den nächsten Eintrag. Unsere Tochter ist jetzt zehn Monate alt und beginnt fast zu gehen. Sollte sie ihre ersten Schritte in der Kita machen, bekomme ich sofort einen Anruf, und ich komme dann gern rüber, um es mit ihr zu feiern. Für solche besonderen Momente nehme ich gern einen Nachmittag frei."

Für diese Eltern erweist sich die Kita als ausgezeichnete Lösung, weil beide Eltern, aus welchem Grund auch immer, ihre Jobs ganz oder teilweise behalten wollen und somit eine Bleibe für das Kind brauchen.

Weshalb diese Erzählungen über die Kita?
Meinungen über die Kindertagesstätte werden oft schnell geäußert. Viele Menschen sind einverstanden mit der Aussage: „Eine Krippe gehört dazu." Die Mütter, die sich dafür entscheiden, ihr Kind selbst zu erziehen, bekommen mitleidvolle Blicke, und man fragt sie ständig ganz interessiert, ob das Kind nicht in die Kita gehöre. Es werde das doch wohl brauchen? Es werde dadurch schneller selbstständig. Und das Muttersein habe eine abstumpfende Wirkung.

Meine Erfahrung ist, dass das eben Genannte absolut unrichtig ist. Auch möchte ich den Gefühlen des Kindes eine Stimme geben – ich habe mich zwanzig Jahre damit beschäftigt. Das Kind hat wenige Mitstreiter. Das Kind kann nicht für seine Interessen einstehen.

Ich wiederhole an dieser Stelle noch mal: Was du in dein Kind investierst, bekommst du immer wieder zurück. Manchmal kann man sogar denken: Was du in dein Kind investierst, bekommst du zehnfach wieder. Ein bekannter Spruch besagt: Eine verpasste Chance kann man nie wieder nachholen. Wenn dein Kind ständig in der Kita ist, verpasst du so viel von seiner Entwicklung.

Zu Hause lassen trotz Kita oder Tagesmutter

Eine Mutter erzählte mir, dass sie früher als geplant zu arbeiten begann, weil sie die Tagesmutter behalten wollte. Jahre später bereute sie es immer noch, dass es damals so gelaufen war.

Meine Auffassung ist, dass du dein Kind manchmal zu Hause lassen solltest, obwohl dein Kind in die Kita oder zur Tagesmutter geht – du solltest sie einfach weiter bezahlen. Auch zu Hause gibt es spezielle Ereignisse, für die das Kind dort sein sollte, damit es die besondere Atmosphäre mitbekommt, wie die Geburt eines neuen Babys, Geburtstage oder wenn Mama einfach zu Hause ist. Nicht die Betreuerinnen, sondern die Familie bilden die Basis.

Die berühmte Journalistin Iris Krasnow hat in ihrem Buch *Surrendering to Motherhood* beschrieben, wie sie sich dem Muttersein hingab. Sie interviewte verschiedene Frauen in Spitzenpositionen, wie Ehefrauen von Präsidenten und andere Führungspersonen verschiedener Länder. Sie stellte Fragen über das Muttersein, und immer wieder wurde von den Interviewpartnerinnen betont, dass sie das Muttersein für sehr wichtig hielten. Manche hatten die Erfahrung, dass die Mutter oder der Vater erst, als das Kind ausgezogen war, begriffen hätten, wie viel sie verpasst hatten. Leider konnten sie die Zeit nicht rückgängig machen.

Ein berühmter Künstler wurde mit siebzig noch mal Vater und sagte: „Jetzt werde ich mit vollen Zügen mein neues Kind genießen und diesem Kind meine ganze Zeit widmen; früher habe ich das nicht richtig gemacht."

Selbst habe ich festgestellt, dass man nur vierzehn Jahre intensiv mit seinem Kind umgeht. Danach entwickelt es einen starken eigenen Willen und eine eigene Meinung, dem und der es selbst folgen möchte. Als Elternteil kann man beobachten und gemeinsam Situationen verarbeiten, aber nicht länger bestimmen, was passiert.

Worauf achten bei der Auswahl einer Krippe?
Es gibt diverse Aspekte, auf die du bei der Auswahl einer Krippe achten kannst. Neben den gesetzlichen Standards gibt es bestimmt Bedingungen, die für dich und dein Kind sehr wichtig sind, wie:

- Wie gehen die Erzieherinnen mit einem weinenden Baby um?
- Sind die Erzieherinnen in der Lage, deinen Vorlieben für die Ernährung deines Kindes zu entsprechen?
- Was passiert, wenn eine Erzieherin fehlt?

Aber es ist aus meiner Sicht auch sehr wichtig, dass die Stimmung fröhlich ist, dass gelacht wird und die Erzieherinnen u. a. viel mit den Kindern singen. Das alles zusammen bestimmt die Atmosphäre in einer Kita, und die soll mit dem, was du für wichtig hältst, übereinstimmen.

Für alle berufstätige Mütter gilt: die Trennungszeit kompensieren
Ich beobachte, dass Kinder sich ändern, wenn die Mutter anfängt, außer Haus zu arbeiten. Ich sehe den Schreck in den Augen, den Stress und die Verlassensangst, die die Experten beschreiben. Ich empfehle jeder Mutter, die Zeit, die sie außer Haus arbeitet, irgendwie zu kompensieren. Es ist sehr wichtig, diese Trennungszeit zusammen mit deinem Kind nachzuholen. Das geht zum Beispiel, indem du dein Kind nachts bei dir hast. Ich kenne Mütter, die Vollzeit arbeiten müssen und die restliche Zeit immer zusammen mit ihrem Kind verbringen. Der Einsatz eines Familienbettes oder eines Tragetuchs ist dann sehr hilfreich.

Wenn diese Mütter nach Hause kommen, setzen sie sich ruhig hin und stillen. Danach nehmen sie das Baby ins Tragetuch und fangen an zu kochen. Während des Essens kann das Baby auch einen Schluck an der Brust trinken und, wenn es älter ist, von Mamas Teller mitessen.

In einem Buch über Neu-Guinea las ich, dass eine Mutter manchmal einen ganzen Tag ohne Baby unterwegs sein muss. Das Baby bleibt dann bei einer anderen stillenden Mutter, die das Baby ebenfalls stillt, weil Milchabpumpen oder Flaschennahrung dort nicht üblich sind. Am nächsten Tag ist die eigene Mutter wieder da, und danach folgt ein Kompensationstag für die verlorene Zeit. Um diese verlorene Zeit nachzuholen, kuschelt, stillt und tröstet die Mutter oft. Außerdem braucht sie das für den Milchfluss.

Ich habe gemerkt, dass sich viele Mütter allmählich angewöhnen, ihr Baby oder Kleinkind *nicht* mitzunehmen, wenn sie etwas erledigen müssen. Es ist so schnell und leicht, ohne Kind unterwegs zu sein. Emotional ist es aber für das Kind nicht angenehm. Es spürt: Mama geht schon wieder, ich darf nicht mit. Das Kind meiner Freundin trat gegen die Tür: Du sollst nicht gehen, ich möchte mitkommen.
   Das Kind verpasst eine lehrreiche Erfahrung, nämlich, wie alles im Leben geht: Wie Mama Menschen begrüßt, wie Mama sich mit Menschen unterhält, wie Mama sich verabschiedet, wie es Mama ergeht, wie Mama schaut. So kann ein Kind (im Tragetuch) einfach mit zum Zahnarzt, zum Hausarzt, zu Freunden, zum Einkaufen, ins Museum, in die Kirche. Ins Theater ist nicht so sinnvoll, denn beim Applaus wachen alle Kinder auf. Eine Freundin von mir singt im Chor, ihr Kind nimmt sie mit, wo es zu ihren Füßen schläft. Erst lag es im Tragetuch und als es älter wurde auf ihrem Mantel.

Der Kinderarzt William Sears erzählt, dass er seine Kinder dabeihat, wenn er Hausbesuche macht. Er ist dadurch etwas eingeschränkt, aber die Kinder sind beim Vater und lernen viel. Ich ging immer mit meinem Kind in die Töpferstunde. Ich konnte zwar keine großen Töpferstücke machen, aber es war dennoch sehr angenehm. Mein Baby schlief bei mir ein, und ich legte es mitten auf den Tisch zum Weiterschlafen. Später lag es auf meinem Mantel in einer Ecke. Die Leiterin nahm daraufhin auch ihr Kind mit, und als sie beide etwas älter waren, schliefen sie gemeinsam auf dem Mantel, während eine von uns Lieder sang oder ihnen die Rücken streichelte.

Unsere Kultur ist nicht auf Kinder, auf ältere Menschen oder auf Menschen mit Behinderungen eingestellt. Eigentlich sollten wir viel mehr auf die Barrikaden gehen und von der Politik fordern, dass unsere Kinder das Recht haben, gestillt zu werden und eine gute Erziehung zu bekommen. Unsere Kinder brauchen nicht wegge- steckt zu werden, sie lernen alles vom Nachahmen und vom Zuhö- ren bei den Eltern.

Oft habe ich Mütter berichten hören, dass, als sie außer Haus ar- beiteten, ihr Stillkind genau dann aufwachte, als sie in die Straße einbogen. Das hormonelle Signal hatte gewirkt. Außerdem habe ich Mütter erzählen hören, dass ihr Baby in der Kita viel schlief, zu Hause dagegen nicht. Ein Psychologe erklärte dazu, dass ein Baby das Leben ohne Mutter viel weniger interessant findet und deswe- gen in den Schlaf flüchtet. Wenn es dann wieder zu Hause ist, möchte es die Zeit nachholen und ständig bei seiner Mama sein, auch abends und nachts ist es dann oft wach.

Einen Schoßabend spendieren

Abends wirst du selbst von der Arbeit müde sein. Nimm doch ruhig den ganzen Abend dein Kind auf den Schoß und lass es dort schla- fen. Du kannst auch so oft stillen, wie du möchtest. Auf diese Art und Weise kannst du die Zeit, die du weg warst, kompensieren. Dein Baby gedeiht prächtig und du selbst ruhst dich richtig aus. Manche Babys lieben es, auf der Couch gegen deinen Oberschen- kel anzuliegen. Ich habe das ganz oft gemacht, es war bei uns ei- gentlich normal. Wenn das Kind etwas älter war, habe ich es hinter meinen Rücken auf die Couch gelegt. Damit vermittelte ich ihm: Du bist bei Mama sicher, schlaf ruhig weiter. Sobald ich länger als eine Viertelstunde aus dem Raum war, wachte mein Baby auf. Ich habe bereits abends um acht Uhr die Nachtwindel angelegt, damit es nicht mehr aufzuwachen brauchte.

Auch hier gilt die goldene Regel: Die Zeit, die du in dein Kind investierst, wird immer zurückgezahlt.

So machen es einheimische Kulturen

Der Schoßabend ist in anderen Kulturen ganz normal. Mansukh Patel und Helena Waters schreiben in ihrem Buch *Krisen sind Tore zur Freiheit* über Patels Beobachtungen in seinem Heimatland Kenia. Er erzählt, dass Massai-Frauen ihre Kinder immer auf dem Rücken tragen, bis sie zwei Jahre alt sind. In indigenen Kulturen weiß und begreift man intuitiv, dass die ersten Jahre die wichtigsten sind, weil das die Zeit ist, in der eine Bindung zwischen Mutter und Kind entsteht. Bei manchen Stämmen darf ein Kind während der ersten neun Lebensmonate nicht mal den Boden berühren. Die Botschaft der Mutter ans Kind heißt: „Ich bin ganz und gar für dich da." Durch diese Zuwendung wächst das Kind emotional stabil und sicher auf. Es bekommt die Kraft und die Sicherheit, dass man auf das Leben vertrauen kann, erzählt Mansukh Patel.

Beobachtungen berufstätiger Mütter

Ich habe beobachtet, dass sich eine Mutter von ihrem Kind entwöhnte. Sie brachte ihr Kind einige Tage pro Woche in die Kindertagesstätte. Kinder erleben immer wieder neue Entwicklungsschübe. Diese Mutter ist mit der Entwicklung ihres Kindes nicht mitgekommen und war verzweifelt. Sie verstand nichts mehr von ihm. Weshalb weint es jetzt schon wieder? Ihre Lösung war, das Kind noch öfter in die Kita zu bringen, denn dort kannte man sich mit ihrem Kind aus. Auch hat sie noch weitere Babysitter gesucht.

Abends auf dem Schoß:
ein Geschenk für dein Kind.

Eine andere Familie fuhr in den Urlaub. Das Kind fühlte sich dabei unglücklich. Das konnte nur so gelöst werden, indem man ein Foto von der Kita mit in den Urlaub nahm. Auf der anderen Seite brauchte das Kind in der Kita kein Foto der Mutter.

Eine andere berufstätige Frau war Ärztin und musste am Morgen pünktlich zur Sprechstunde da sein. Ihr kleiner Sohn rebellierte und lief auf die Straße. Er wollte nicht, dass die Mutter geht. Und er wollte auch nicht in die Kita. Letztendlich legt er sich unter ihr Auto. Die Mutter schaffte es nicht, ihn von dort wegzubekommen. Schließlich schrie sie verzweifelt: „Komm jetzt, ansonsten überfahre ich dich." Am Ende kam sie zu spät in ihre Sprechstunde.

Eine berufstätige Mutter kann nicht das Hier und Jetzt genießen. Sie ist ständig beim Organisieren und Planen. So rinnt ihr die Zeit durch die Finger. Zum Glück setzt das Stillen Hormone frei, die das Genießen des Hier und Jetzt möglich machen und verhindern, dass man sich zu viel mit seinen Sorgen beschäftigt.

Die berufstätige Mutter sollte am besten zusätzlich Zeit finden, um sich mit der Gesundheit ihres Kindes zu beschäftigen, zum Beispiel um Bücher über Allergien und Nahrung zu lesen. Auch ist es wichtig, dass sie sich für die Zubereitung gesunder Mahlzeiten oder sogar fürs getrennte Kochen für ihr Kind Zeit nimmt.

Ich würde Eltern außerdem empfehlen, immer wachsam zu sein gegenüber Zeichen, die auf eine Trennung zwischen Mutter bzw. Vater und Kind hinweisen. Sie können dann positive Lösungen finden, um die notwendige Nähe zwischen Eltern und Kind zu schaffen.

Kurze Zusammenfassung

Dass Frauen, die Mutter sind, wieder arbeiten gehen, ist Teil der Evolution. Die persönlichen Gründe für die Berufstätigkeit und die teilweise Übertragung der Pflege der Kinder an andere können sehr verschieden sein, wie finanzielle Notwendigkeiten, Karrierewünsche oder einfach der Spaß am Job. Aber auch fordert unsere Wirtschaft eine größere Arbeitsbeteiligung von Frauen – das ist der Grund vieler behördlicher Fördermaßnahmen.

Eltern, die außer Haus arbeiten und gleichzeitig ihre Kinder so natürlich wie möglich pflegen und erziehen möchten, rate ich zusammenfassend zu Folgendem:

- Wenn sie eine Tagesmutter für ihr Kind suchen, sollten sie eine finden, die zumindest zwei bis drei Jahre bleiben möchte.
- Wenn sie eine Krippe bzw. Kita suchen, sollten sie eine wählen, die ihre Auffassungen über das natürliche Elternsein respektiert.
- Die Zeit der Trennung zu kompensieren, indem sie das Baby beim Nach-Hause-Kommen auf den Schoß oder in ein Tragetuch nehmen.
- Das Kind nachts ins Bett zu nehmen oder, bei mehreren Kindern, die Kinder zusammen ins Bett zu legen.

- Das Kind immer mitzunehmen, wenn sie in ihrer Freizeit unterwegs sind.

11 Das Kleinkind und das Stillen

Das Stillen nach zwölf Monaten kommt zumindest in den Niederlanden selten vor. Etwa neunzig Prozent der Mütter haben bis zu diesem Zeitpunkt aus unterschiedlichen Gründen bereits abgestillt. Zur Unterstützung derjenigen Frauen, die weiterstillen wollen, schreibe ich ein gesondertes Kapitel. Und vielleicht öffnet es auch Beraterinnen im Gesundheitswesen die Augen.

11.1 Braucht das Kleinkind das Stillen noch?

Was genau heißt „länger stillen"?
In den Niederlanden sind neun Monate schon eine lange Zeit, wenn es ums Stillen geht. Ein Kleinkind an der Brust wird hier von vielen als anormal gesehen. In anderen Kulturen wird viel länger gestillt, so wie das früher auch bei uns der Fall war. Es gibt Schätzungen, dass die durchschnittliche Stillzeit weltweit 4,2 Jahre beträgt. Damit ist klar, dass wir hier eigentlich nur sehr kurz stillen.

Das Saugbedürfnis ist ein Grundbedürfnis. Dieses Bedürfnis verschwindet nicht nach sechs oder neun Monaten, Kinder haben einige Jahre lang das Bedürfnis, zu saugen.

Folgemilch oder Muttermilch?
In den Niederlanden kann man fürs ältere Baby und das Kleinkind Folgemilch kaufen. Das ist der Fall, weil Kuhmilch für sie nicht geeignet ist. Der Eiweißgehalt ist zu hoch und der Eisengehalt zu niedrig. Wie die künstliche Nahrung ist die Folgemilch ein Ersatzmittel für Muttermilch. Alle Argumente für die Folgemilch gelten im Grunde genommen genauso für die Muttermilch.

Muttermilch ist eine perfekte Milchnahrung für ältere Babys und Kleinkinder. Der Nährwert, die Zusammensetzung und die Verdau-

lichkeit der Muttermilch sind auf die Bedürfnisse des Menschenkindes, das allmählich auch andere Produkte isst, abgestimmt. Der Nährwert der Muttermilch bleibt jedoch der bestmögliche. Er ist nicht vom einen auf den anderen Augenblick plötzlich wertlos! Wenn das Baby nach und nach andere Nahrung zu sich nimmt und dadurch das Bedürfnis nach Stillen langsam abnimmt, passt die Muttermilch sich den geänderten Bedürfnissen des Kindes an. Der Eiweiß-, Salz- und Eisengehalt nimmt etwas zu, der Zink- und Laktosegehalt sinkt etwas ab, während der Fettgehalt gleichbleibt.
Muttermilch hat außerdem einen Bonus: Es ist eine lebendige Nahrung voller Antistoffe, die das Kleinkind zusätzlich gegen eine Reihe von Krankheiten schützen.

Im zweiten Lebensjahr sind die Immunstoffe Lysozym und IgA in erhöhter Menge in der Muttermilch vorhanden. Das hat Vorteile für das Kind, das in diesem zweiten Lebensjahr immer mehr mit Krankheitserregern in Berührung kommt. Die Laktose in der Muttermilch sorgt weiterhin für ein günstiges Darmklima. Der hohe Lactoferringehalt sorgt für eine optimale Eisenaufnahme aus der Nahrung.
   Auch wenn eine Mutter ihrem Baby im jüngeren Alter andere Nahrung anbietet, passt sich die Zusammensetzung der Muttermilch auf die oben genannte Art und Weise an. Es scheint, als würde die Natur den Babys, die weniger Muttermilch bekommen, übers Stillen eine Zusatzdosis Schutzstoffe schenken. Die WHO empfiehlt deshalb allen Frauen auf der Welt, *bis ins zweite Lebensjahr oder darüber hinaus* zu stillen, damit ihre Kinder eine optimale Milchnahrung und Immunität erhalten.

Vorteile des längeren Stillens
Alle Vorteile des Stillens, die ich zu Beginn dieses Kapitels genannt habe, treffen selbstverständlich auch für ein älteres Baby zu, das du stillst. Im Folgenden werden weitere Vorteile, die bisher noch nicht erwähnt wurden, aufgelistet.

Die Stillberaterin Elizabeth Horman (Mitglied von der International Board Certified Lactation Consultant) schreibt hierzu, dass Muttermilch intelligenter mache. Es wurde ein Vergleich gemacht zwischen zu früh geborenen Babys, die Muttermilch über eine Sonde erhielten, und denjenigen, die künstliche Nahrung bekamen. Der IQ von Babys, die Muttermilch bekamen, war durchschnittlich 10 Punkte höher, wobei angemerkt werden sollte, dass je länger die Kinder Muttermilch bekamen, desto höher der IQ-Wert war.

Einen zweiten Vorteil, den ich nennen möchte, ist, dass Kinder, die gestillt werden, dazu neigen, etwas weniger zu wiegen als diejenigen, die künstliche Nahrung bekommen. Die Fettreserven sind anders zusammengestellt, und aufgrund des natürlichen Sättigungsmechanismus lernen sie, ihren Appetit zu kontrollieren. Zudem stellte sich heraus, dass sich Haut und Muskeln von Stillkindern anders anfühlen.

Muttermilch hat eine einmalige bioaktive Zusammensetzung aus Immun- und Wachstumsfaktoren sowie Hormonen; diese Zusammensetzung sorgt dafür, dass ein gestilltes Kind einen anderen, besseren Körper bekommt als Kinder, die nicht gestillt werden. Muttermilch bleibt im ersten Lebensjahr, und oft auch darüber hinaus, das wichtigste Nahrungsmittel und die Quelle hochwertiger Kalorien, Proteine, Vitamine und Mineralien.

Kurz- sowie langfristig fördert die Muttermilch die Entwicklung und Steuerung des Immunsystems des Kindes und bietet Schutz gegen die Entwicklung von sowohl Autoimmunkrankheiten, Krankheiten der Koronararterien als auch von einer Reihe von Allergien. Allergien kommen in unserer Gesellschaft sehr häufig vor; ich kann nicht genug betonen, dass Muttermilch die Chance auf eine schwere Allergie verringert.

Untersuchungen haben außerdem ergeben, dass Muttermilch außer dem Schutz gegen Allergien auch Schutz bietet gegen: Haemophilus Influenza Typ B (bakterielle Entzündungen), Mittelohrentzündung, Lymphome (geschwollene Lymphen), Diabetes, Multiple Sklerose und Jugendrheuma.

Die biologische Verfügbarkeit von Vitaminen und Mineralien
Die Kalorien in der Muttermilch sind keine leeren Kalorien. Verschiedene Forscher haben dargelegt, dass Muttermilch auch die wichtigste Quelle von Eiweiß hoher Qualität, Vitaminen und anderen Nährstoffen bleibt. Auch deckt Muttermilch im zweiten Lebensjahr das Vitamin-A-Bedürfnis des Kindes zu 100 Prozent.

Und zum Vitamin-C-Gehalt: Eine tägliche Menge von 500 ml Muttermilch liefert 19 mg Vitamin C. Das entspricht 95 Prozent des Vitamin-C-Bedarfs von Kindern im zweiten Lebensjahr.

Gestillte Kinder verfügen also über mehr Vitamin A und C als Kinder, die mit künstlicher Babynahrung, Gemüse und Obst ernährt werden.

Für andere Mineralien gilt in etwa dasselbe. Von ihnen ist eine empfohlene Tagesmenge notwendig für den Aufbau des Körpers. Muttermilch liefert einen Großanteil dieser empfohlenen Dosierungen. Im zweiten Stilljahr enthält die Muttermilch immer noch 50 Prozent der empfohlenen Tagesmenge an Eisen, 44 Prozent der empfohlenen Tagesmenge an Calcium, 41 Prozent von Niacin, 26 Prozent von Folsäure und 21 Prozent von Riboflavin.

Eisen ist ein gutes Beispiel der biologischen Verfügbarkeit. Der Gehalt ist in Muttermilch zwar niedriger als in Kuhmilch, aber aus der Muttermilch wird etwa 70 Prozent in den Körper aufgenommen (verglichen mit 10 Prozent aus der Kuhmilch), sodass ein Stillkind mehr Eisen aufnimmt als ein nicht gestilltes Kind.

Immunfaktoren

Immunfaktoren sind nach wie vor wichtig. Früher hat man gedacht, dass nur das Kolostrum eine große Menge an Immunfaktoren enthalte und dass diese große Menge während des Stillens zurückgehe, bis sie nach sechs Monaten nicht mehr bedeutsam sei. Es hat sich genau das Gegenteil herausgestellt: Die Menge an Immunglobulin nimmt nach dem sechsten Monat als Reaktion auf die sinkende Milchproduktion zu. Und das ist genau die Phase, in der die Kinder mobiler werden: Sie rollen und krabbeln über den Boden, fangen an zu gehen und stecken sich alle möglichen fremden Gegenstände in den Mund. Sie brauchen dann den Immunschutz, den die Menge an Immunfaktoren in der Muttermilch bietet. Muttermilch enthält ausreichend Stoffe, die einen Angriff von Bakterien, Viren, Schimmelpilzen und Parasiten auf das Kind erfolgreich abwehren können.

Wie wichtig ist es, dass ein Kind über das Stillen diese Antistoffe aufnimmt? Dazu gibt es viele Studien, wobei gestillte und nichtgestillte Kinder miteinander verglichen wurden.

Ein Forschungsergebnis möchte ich an dieser Stelle erwähnen. Es handelt sich um eine kanadische Studie, in der eine Gruppe von 60 Oberstufenkindern während eines Zeitraums von 24 Monaten untersucht wurde. In Bezug auf drei oft auftretende Krankheiten wurden wesentliche Unterschiede zwischen gestillten und nichtgestillten Kindern festgestellt.

Atemweginfektionen traten mehr als zweimal so häufig auf bei künstlich ernährten Kindern als bei Stillkindern. Durchfall trat bei den nichtgestillten Kindern dreieinhalbmal so häufig auf. Und Mittelohrentzündungen traten sogar neunmal häufiger auf.

Muttermilch enthält bestimme Fette, die nicht in anderer Nahrung vorkommen. Diese haben einen positiven Einfluss auf die Gewebebildung im Körper. Das ist beim Kind vor allem an seiner glatten, seidenartigen Haut erkennbar. Ein Kleinkind braucht lediglich eine kleine Menge Muttermilch für diese herrlich samtene Haut. Einmal Stillen pro Tag reicht schon.

Stillen kann sogar dem Ausbruch leichter Formen von Ekzemen entgegenwirken. Eine eventuelle Anlage eines Kindes dafür wird erst nach dem Abstillen erkennbar.

Weitere Vorteile des fortgesetzten Stillens
Wie bereits bekannt, enthält Muttermilch zahlreiche Zersetzungsenzyme, die die Verdauung und die Nährstoffaufnahme aus (fester) Nahrung fördern. Stillen erhöht also auch den Wert der festen Nahrung. Deshalb gibt es reichlich Argumente, das Stillen auch nach dem ersten Geburtstag fortzusetzen.

Zwischen Monat 6 und 24 kann die Muttermilchmenge etwa 500 ml pro Tag/Nacht betragen. Die Muttermilch kann somit einen Großteil der Kalorien liefern, die ein Kind in diesem Alter braucht. Die Milchproduktion kann auch erhöht werden, deshalb kann ein Kind, das bereits Beikost bekommt, im Krankheitsfall wieder vollständig von Muttermilch ernährt werden.

Muttermilch liefert 70 kcal pro 100 ml – das ist zweimal der Energiewert eines Breis. Kinder, die im Alter von dreizehn bis achtzehn Monaten gestillt werden, bekommen 25 Prozent mehr Energie als nichtgestillte Kinder; über dieses Alter hinaus bekommen Kinder 17 Prozent mehr Energie.

Viele Kinder essen im zweiten Lebensjahr nur wenig. Sie haben einfach keine Zeit zum Essen, denn die Welt um sie herum ist viel interessanter. Auch aus diesem Grund kann die Muttermilch im zweiten Lebensjahr noch mehr Energie liefern; die Natur geht perfekt auf das Essverhalten des Kindes ein.

Wenn das Kind vor dem zweiten Lebensjahr abgestillt wird, braucht es viel mehr feste Nahrung als vorher. Weil die feste Nahrung ihm weniger Energie bringt als die Muttermilch, kann das Kleinkind deswegen einen Energiemangel entwickeln.

Stillen hat auch eine positive Auswirkung auf die Kieferbildung. Die Kiefer passen besser aufeinander. Insbesondere das langfristige Stillen hat große Vorteile bezüglich der Entwicklung des Kieferstandes. Gebissfehlstellungen, die zum Tragen einer Spange Anlass geben, kommen unter Flaschenkindern sowie unter Kindern, die weniger als ein Jahr gestillt wurden, häufiger vor.

Während der Kindermund wächst, hat das Kind beim Stillen die Brust im Mund und nimmt dann immer so viel Brustwarze bzw. Areola (Warzenhof) in den Mund, wie es zum richtigen Ausfüllen braucht. Dadurch wächst der Kiefer perfekt mit. Ein Sauger wächst jedoch nicht mit dem Mund des Babys mit, sodass beim Trinken Lücken im Mund entstehen, was ein weniger gutes Kieferwachstum verursacht.

Zudem stellte sich heraus, dass das Trinken an der Brust zu einer besseren Entwicklung der Gesichts- und Mundmotorik führt als das Trinken aus der Flasche. Und eine gute Gesichts- und Mundmotorik ermöglicht wiederum eine bessere Sprachentwicklung, was mitunter dazu führt, dass das Kind besser lesen lernt. So hängt alles mit allem zusammen.

Viele Kinder, die gestillt werden, trinken gern, auch wenn sie sonst keinen Appetit haben. Die Mutter braucht sich daher wegen des zurückgegangenen Appetits ihres Kindes keine Sorgen zu machen.

Manchmal ist eine Allergie ein Grund, ein Kind länger als ein Jahr zu stillen. Manche Kinder sind dann erst in der Lage, andere Nahrung als Muttermilch zu vertragen. Besonders Kindern, die keine Kuhmilch oder andere Milchprodukte zu sich nehmen können, nutzt eine längere Stillzeit.

Saugbedürfnis und Berührung
Die Stilberaterin Karin de Graaf (Mitglied von IBCLC) schreibt, dass das Saugbedürfnis ein fundamentales Bedürfnis ist. Saugen ist fürs Baby buchstäblich der einzige Halt. Ein Baby kann nur über den Mund Kontakt aufnehmen, die Arme kann es noch nicht kontrollieren, den Mund dafür umso mehr. Das Saugbedürfnis verschwindet nicht nach sechs, neun oder zwölf Monaten: Die meisten Kinder haben einige Jahre ein Saugbedürfnis, sodass das Bedürfnis nach Berührung automatisch befriedigt wird. Auch das ist ein Argument fürs längere Stillen.

Der emotionale Aspekt des längeren Stillens
Zu diesem Thema schreibt Norma Jane Bumgarner in ihrem lesenswerten Buch *Wir stillen noch ... über das Leben mit gestillten Kleinkindern*. Auf den ersten Blick erscheint es vielleicht etwas fremd, wenn ein Kind, das am Tisch mitisst und sogar selbst zum Kühlschrank geht und sich was holt, noch immer ein paar Mal am Tag bei seiner Mutter trinkt – und sogar nachts. Dennoch wirst du beobachten, dass das Nähren nur einen Teil des Stillens ausmacht. Bereits nach wenigen Minuten sieht man, dass sich der ganze Körper zu entspannen beginnt. Ein Kind, das sich wehgetan hat, fühlt sich danach besser. Ein aufgeregtes Kind beruhigt sich. Wie eine Mutter erzählte: „Sie kommt weinend zu mir und mag nichts sagen. Wir setzen uns hin, und sie trinkt etwas bei mir. Dann springt sie von meinem Schoß runter und ist wieder mein großes Mädel. Alles ist wieder in Ordnung."

Wenn wir uns das gut überlegen, ist der Vergleich, den jemand mal zwischen einem Stillkind und einem Drogenabhängigen machte, gar nicht so verfehlt. Stillen ist so was wie eine Droge für ein Kind, allerdings eine sehr gesunde. Sie macht nicht süchtig im negativen Sinne, sondern eher positiv. Manche Familien nennen die Muttermilch die „glückliche Milch". Gestillt werden ist so etwas wie die erste Tasse Kaffee oder Tee früh am Morgen. Es entspannt genauso gut wie ein schönes Glas Wein am Abend. Saugen wirkt beruhigend für kleine Menschen, die so schnell wachsen. Das merkt man auch daran, dass Kinder, die nicht gestillt werden, sich eine Alternative suchen. Das kann eine Flasche sein, ein Kuscheltier, der Daumen, die Finger, die Haare, eine Deckenspitze usw. Kinder behalten so ein Bedürfnis oft für lange Zeit, und daran merkt man, wie sehr sie den beruhigenden Effekt des Saugens brauchen. Sie sind so jung, so unfertig, so ohne Erfahrungen mit der Welt. Sie wachsen so unvorstellbar schnell und machen viele für sie unnachvollziehbare Erfahrungen.

Es ist einfach ein Segen für Babys und Kleinkinder, dass sie sich ab und zu in dieser Phase körperlichen und geistigen Wachstums, stärker als in der Pubertät, beruhigen dürfen. Sie wachsen innerhalb weniger Jahre von einer winzigen Frucht in der Gebärmutter bis zum ganzen Kleinkind! Kinder besitzen die Gabe, dass sie durchs Saugen beruhigt und getröstet werden können.

Stillen macht nicht nur Spaß, es ist auch ganz einfach. Wie oft während des Tages kommt ein Kind zur Mutter, weil es Angst hat, gestürzt oder müde ist? Zum Trösten kannst du das Kind hochnehmen, wiegen oder ihm etwas singen, aber nichts ist einfacher, als ihm kurz die Brust anzubieten. Es ist wie ein Zaubermittel: Kurz stillen und fertig, das Kind ist wieder glücklich.

Eigentlich ist das Stillen älterer Kinder viel einfacher. Das Stillen dauert meistens kürzer und das Kind sitzt halb im Liegen in deinen Armen. Alle Kissen und sonstigen Gegenstände brauchst du nicht mehr.

11.2 Wie ist das längere Stillen zu handhaben?

Muttersein ist einfacher mit dem Stillen

Muttersein lernst du von deinem Kind. Sein Saugbedürfnis ist so stark wie sein Mutterbedürfnis. Nicht die Norm anderer Menschen soll die eigene Norm werden. Viele Mütter haben gelernt, dass eine entspannte Einstellung ihnen die Geduld verschafft, die sie brauchen.

Geduld und Ruhe kommen über die Hormone Oxytocin und Prolaktin bei der stillenden Mutter an, und das ist ein angenehmer und wichtiger Effekt. Deswegen entscheiden sich manche Mütter dafür, so lange weiterzumachen, bis das Kind aufhören mag. Es markiert den Anfang der Entwicklung des Kindes im eigenen Tempo: wachsen, essen, schlafen, töpfchentrainiert sein, spielen, zurückbleiben, woanders übernachten usw. ...

Stillen ist eine Frage des gegenseitigen Gebens und Nehmens. Die Mutter gibt dem Kind und bekommt dafür Liebesbezeugungen zurück.

Eindrucksvoll schreibt meine Freundin Lisette über die Ambivalenz der Gefühle einer Mutter: „Meine achtmonatige Tochter möchte feste Nahrung, ich bin nicht so begeistert. Stillen find ich so toll, und jetzt soll es was dazu geben. Sie liebt die kleinen Bissen, sie nascht so richtig davon. Manchmal, wenn ich viel um die Ohren habe und alles schiefläuft und sie nur noch weint, sag ich: ‚Ich wechsle auf die Flasche um, einfach so. Ich leg dich dann ins Bett mit deiner Flasche, und du kannst zusehen.‘ Weinende Babys machen mich aggressiv. Aber dann fällt mir wieder die Prozedur des Flaschenauskochens und Essenzubereitens ein. Und dann das Chaos, wenn man plötzlich loswill. Dabei bringt das Stillen mir auch Vorteile. Carlijn macht beim Trinken solch zufriedene Geräusche, und sie streichelt mich oft über die Brust. Und es gibt noch ein wichtiges Plus: Ich muss mich hinsetzten oder hinlegen und ich muss mich entspannen, sonst schießt die Milch nicht gut ein. Auf diese Art und Weise zwingt mich die Natur, das zu tun, was notwendig ist: Mein Kind nehmen und die samtene Haut, diesen herrlichen Geruch und das zufriedene Geschnurre genießen. Und wie schnell vergeht die

Zeit! Carlijn ist ein richtiges Wolkenkind, ein molliges Baby, ein Ku-schelkind. Mit ihrem ganzen Körper bittet sie: Wer kuschelt mich denn mal? Da wird man oft weich, denn wenn ich sie sehe, kann ich sie nur liebkosen."

Schnell abgelenkt sein an der Brust

Zwischen zehn und dreizehn Monaten sind viele Kinder weniger an der Brust interessiert. Das Leben ist einfach *zu* schön. Nach unge-fähr dreizehn Monaten werden diese Kinder wieder aktive Trinker, die wieder mit Vergnügen trinken. Sie würden auch traurig werden, wenn die Milch alle wäre. Wenn du in dieser Zeit weiter Milch haben willst, nutze jede Gelegenheit, um dein Kind so oft es geht zu stillen.

Wenn du die Milch in Gang halten willst, kannst du im Schlaf stillen, wiegend stillen und zwischendurch einen ruhigen Platz aufsuchen. Die Mutter sollte am besten oft die Brust anbieten.

Das Händchen streichelt die andere Brustwarze

Das ältere Baby fängt an, die Mutter beim Stillen zu streicheln. Das ist ganz liebevoll. Danach sucht sich das Baby die andere Brust-warze. Das machen alle Babys auf der ganzen Welt. Sie streicheln die andere Brustwarze, um den Milchspendereflex, der nach eini-gen Monaten nachlässt, zu stimulieren. Dennoch ist es für die Mut-ter nicht immer angenehm, denn manchmal fühlt sie die Nägel in der Brustwarze. Einige Kinder kneifen auch in ihre Haut. Auch nachts zu schlafen, wenn das Babys die Hand an der Brustwarze hat, ist nicht angenehm. Mein Sohn nahm sich den Schlafanzug-knopf. Manchmal reicht eine weiche Puppe in der Hand als Lösung.

Eine andere Mutter erzählte mir, dass sie, sobald das Baby die andere Brustwarze anfasste, die Hand sofort sanft wegzog und dann sagte, dass es nicht angenehm sei oder es kitzele. Dann legte sie die Hand neben die Brust oder wo es okay war, zum Beispiel auf ihren Bauch. Das funktionierte immer ohne Probleme.

Etwas miteinander verabreden

Ab zwei Jahren kannst du einem Kind manchmal sagen: „Zu Hause darfst du an die Brust, aber bei Tante Marilou nicht." Wenn es ganz schwierig wurde, habe ich auf der Toilette gestillt oder bin früher nach Hause gegangen. Manchmal konnte ich mich einen Moment separat in ein (Schlaf-)Zimmer setzen, um mein Kind zu wickeln und zu stillen.

Geduld und Ruhe werden vom Still-
hormon erzeugt.
(Foto: Cathy Stibbe-Terleth)

Wenn die Mutter Freundinnen hat, die das Stillen nicht komisch finden, kann sie entspannt auf Besuch gehen. Dieses Verhalten sollte eigentlich normal sein, weil jeder weiß, dass Kleinkinder ein Saugbedürfnis haben.

Nichtsdestotrotz musst du damit rechnen, dass Gastgeber es nicht möchten, dass man – egal wie diskret – im Wohnzimmer stillt. Dann wirst du eine andere Lösung finden müssen, zum Beispiel früher gehen oder dich in einen anderen Raum im Haus zurückziehen. Hoffentlich hilft dir dieses Buch, eine positive Haltung zum Stillverhalten zu entwickeln.

Mit dem Stillen aufhören

Oft verwendet man den Begriff „abstillen", wenn man übers Aufhören mit dem Stillen spricht. Damit ist gemeint, dass das Kind von der Ernährung durch das Stillen entwöhnt wird, indem es Bissen fester Nahrung und jedes andere Getränk außer Muttermilch bekommt. Fürs Anbieten anderer Nahrung können die Tipps zur Beikost in diesem Buch hilfreich sein (siehe Kapitel 14).

Behörden wie UNICEF erklären, dass alle Kinder auf der ganzen Welt mindestens zwei Jahre gestillt werden sollten.

Wenn sie etwa zwei Jahre alt sind, fangen Kinder an, etwas mehr zu sprechen. Für ihre Emotionen brauchen sie jedoch nach wie vor das Saugen. Die Verbindungen des zentralen Nervensystems verlaufen durch den Mund am Gaumen, durch das Saugen wird der Gaumen massiert, wodurch sich das Kind beruhigt.

Manche Kinder entscheiden sich dafür, nach der Stillzeit an einer Flasche oder einem Schnuller zu saugen. Das erinnert sie an den warmen Kontakt zur Mutter.

Es wäre schön, wenn sie an der Flasche oder am Schnuller saugen und sich dabei an einen warmen Körper anschmiegen könnten. Nimm dein Kind deshalb, wenn es die Flasche, die Schnabeltasse oder den Schnuller bekommt, so oft wie möglich auf den Schoß, sodass es sich nicht allein zu fühlen braucht. Dasselbe gilt, wenn du deinem Kind eine Flasche Saft, Tee oder Wasser gibst. Saugen kann dann, wie es sein soll, gleichzeitig Schmusezeit bedeuten – auch beim Vater, bei der Großmutter oder bei anderen.

Bei einem unserer Kinder habe ich irgendwann das Stillen durch das Rückenstreicheln ersetzt. Jeden Abend, bis er etwa zehn Jahre alt war, wusste mein Sohn beim Schlafengehen: Mama streichelt mir noch einen Moment den Rücken. Er hat diesen warmen Kontakt immer sichtlich genossen.

Eigentlich könnte man sagen: Stillen ist ein Zusammenspiel zwischen Mutter und Kind, und es wäre das Beste, wenn das Kind entscheiden darf, wann es damit aufhören mag. Du kannst auch mit deinem Kind vereinbaren, wann es trinken darf und wann nicht. Du kannst zum Beispiel ausmachen, dass das Kind nicht um die Brust bittet, wenn du im Geschäft oder bei anderen zu Besuch bist. Du kannst deinem Kind dann versprechen, dass es trinken darf, sobald ihr wieder zu Hause seid. Dort angekommen, kann es sein, dass dein Kind es mittlerweile vergessen hat; du kannst dich dafür entscheiden, selbst dein Kind zu fragen, ob es noch trinken möchte. Das ist wichtig fürs gegenseitige Vertrauen.

Ein goldener Spruch lautet: „Was man mit Liebe aufgebaut hat, soll auch mit Liebe wieder abgebaut werden."

Wenn die Mutter das Kleinkind abstillen möchte, kann sie das wie folgt machen. Wenn das Kind darum bittet, gestillt zu werden, kann die Mutter ihm sagen: Du darfst zehn Schlucke trinken. Indem du langsam mitzählst, ist dein Kind vorbereitet und wird rechtzeitig aufhören. Bei einem der nächsten Male signalisierst du, dass das Kind weniger Schlucke trinken darf. Parallel wird auch die Milchproduktion zurückgehen und irgendwann ist das Kind ganz abgestillt.

Aus der natürlichen Perspektive betrachtet, wird die letzte Stillmahlzeit, um die ein Kind bitten wird, die Nachtmahlzeit sein. Nachts erscheint die Welt so anders und manchmal auch gruselig, besonders wenn das Kind aus einem Traum aufwacht. Die Nachtmahlzeit als letzte Stillmahlzeit ist im Westen eine befremdliche Idee. Familienberatungsstellen wollen Eltern im Rahmen der Beratung dabei helfen, das nächtliche Stillen schon bald einzustellen. Als die Beratungsstelle mich fragte, ob mein Kind bereits durchschlafe, sagte ich immer: Es schläft wunderbar. So kam ich jeder Menge Diskussionen zuvor.

Bei mir blieb die Milchproduktion stabil, wenn ich viermal am Tag stillte. Für andere Mütter funktionierte das Weiterstillen sogar mit weniger Stillmomenten pro Tag.

(Um das nächtliche Einschlafen zu fördern, gab eine Freundin ihrem Kleinkind Buchweizenbrei. Buchweizen ist eine beruhigende und müde machende Pseudogetreideart. Auch Haferbrei wirkt beruhigend.)

Das Kleinkind trinkt nachts noch oft

Eigentlich ist es ganz normal, dass ein Kleinkind nachts trinkt. Alle Emotionen, die ich in diesem Kapitel beschrieben habe, sind ein Grund für das Kind, nachts davon zu träumen und dazu eine beruhigende Saugbewegung zu machen. Die Muttermilch selbst enthält beruhigende Stoffe zum Wiedereinschlafen. Meine Kinder tranken nachts alle zwei bis drei Stunden. In Kapitel 6 zum Thema Schlafen kannst du alle Fakten dazu lesen.

Wer das nächtliche Stillen beim Kleinkind abbauen will, wird viel Mühe und Zeit investieren und tagsüber Kompensation anbieten müssen. Darüber reden hilft schon, wenn auch manchmal nur ein wenig, weil es sich um emotionales Trinken handelt. Ein Tipp: Besprich am Abend mit deinem Kind den Tag von hinten nach vorn. Eine Mutter kann alle Begebenheiten und Emotionen benennen; das macht die Verarbeitung einfacher.

Eine neue Schwangerschaft

Heutzutage wird man sich mehr und mehr bewusst darüber, dass eine neue Schwangerschaft oder ein neues Baby kein Grund dafür ist, dem Kleinkind die Brust zu verweigern. Die Mutter muss sich allerdings schon besonders gesund ernähren.

Meine eigene Erfahrung dazu ist: Als unser viertes Kind geboren wurde, stillte ich unsere jüngste Tochter noch. Sie war zwei Jahre und acht Monate alt. Sie wurde noch gestillt, weil sie es sichtlich genoss und es ihr guttat. Außerdem hatte sie keinen Grund, auf das neue Baby eifersüchtig zu sein. Ich fand es allerdings lästig, dass sie noch jede Nacht einmal trinken wollte. Ich legte erst das Baby ins Zustellbett und dann war mein Kleinkind dran. Nach sechs Wochen fehlte mir die Kraft, sodass ich ihr sagte: „Mama wird krank, wenn du nachts trinken möchtest. Mama muss schlafen und das Baby stillen. Du kannst dich dann an meinen Rücken anschmiegen, und wenn der Wecker klingelt, bekommst du auch was zu trinken." Nach drei Nächten hatte sie es akzeptiert, und es war danach kein Problem mehr.

Die Benutzung einer Stoppuhr in der Nacht
Es kann passieren, dass das Kleinkind in der Nacht ganz oft trinken will und die Mutter das nicht mehr verkraftet. Folgender Tipp aus dem Buch *Schlafen statt Schreien* von Elisabeth Pantley kann dann angewendet werden. Nimm ein kleines Lämpchen (Steckdosenlämpchen) und eine Stoppuhr. Es geht darum, dass du deinem Kind erzählst, dass es nicht trinken kann, während die Lampe brennt. „Dann schlafen die Brüste." Wenn das Licht aus ist, darf dein Kind wieder trinken. Die Mutter kann selbst die Zeit einstellen, zum Beispiel zwischen Mitternacht und drei Uhr. Es ist dabei wichtig, dein Kind darauf vorzubereiten, indem du tagsüber mehrere Male darüber erzählst und auch, dass du es schrittweise einführst.

Das plötzliche Verweigern der Brust durch das ältere Baby
Ein plötzliches Ablehnen der Brust durch das ältere Baby kann die Mutter und das Kind irritieren. Wenn sich herausstellt, dass das Kind das Stillen eigentlich noch brauchte, können folgende Tipps behilflich sein:

- Verstecke alle Schnuller und Flaschen.
- Lasse das Kind selbst essen, ohne es zu füttern.
- Dusche oder bade gemeinsam mit dem Kind.
- Setze dich neben das schlafende Kind, bevor es aufwacht, und lege es an, während es noch schläft. Schaukle ein wenig mit dem Kind an der Brust.
- Besuche andere Mütter, die ihre Kleinkinder stillen, sodass dein Kind es beobachten kann.

Wird es durchs Stillen ein Mamakind?
Manchmal haben Eltern oder das Umfeld Angst, dass längeres Stillen das Kind zum Mamakind machen. Weshalb meinen wir jedoch, dass das Kind nicht von selbst aus diesem Bedürfnis herauswächst? Warum sollten Kinder, die Liebe und Verständnis seitens ihrer Mutter bekommen, nicht früher oder später sich selbst abstillen? Unsere Erfahrung ist, dass sie das wirklich tun. Manche brauchen diese Beziehung länger als andere, aber alle wachsen da heraus. Es ist ein natürlicher Prozess und hat mit der Entwicklung zu Mamakindern nichts zu tun.

Und was sehr wichtig ist: Gestillt werden ist ein Bedürfnis, keine Angewohnheit.

Wenn Kinder länger gestillt werden wollen, ist das manchmal ein Zeichen von Überempfindlichkeit. Oft haben sie auch eine Nahrungsmittelallergie (siehe Kapitel 14 und 15). Gerade solchen Kindern nutzt der Schutz des Stillens. Im Buch *Wir stillen noch … über das Leben mit gestillten Kleinkindern* von Norma Jane Bumgarner erzählt die Autorin, dass der tapferste Admiral der britischen Flotte sieben Jahre gestillt wurde, bis ihm die Milchzähne ausfielen. Das Wort „Milchzähne" ist auch davon abgeleitet.

Eine Mutter berichtete mir, dass sie selbst ihr Kleinkind abgestillt hatte. Daraufhin veränderte sich das Kind. Zum Erschrecken der Mutter wurde das Kind aggressiver und weinerlicher. Es konnte die Umstellung nicht verkraften. Zum Glück war die Mutter dazu fähig, das Kind wieder an die Brust zu nehmen.

Das große Stillkind
Das große Stillkind kann so entzückt die Hände in den Ausschnitt der Mutter stecken, in ihren Pulli und zum Busen. Das passiert zum Beispiel, wenn du dich auf der Straße unterhältst und dein Kind auf dem Arm hast. Es ist ein Zeichen dafür, wie herrlich sich Mamas warme Haut anfühlt. Ein Flaschenbaby habe ich das leider nie tun sehen. Sie haben sich nicht an Mamas warme Haut gewöhnt. Ich empfinde das als einen Mangel.

Meine Freundin Ciel schrieb mir eines Tages Folgendes: „Unsere junge Katze verkroch sich regelmäßig in meinen Hausschuh, sobald ich ihn ausgezogen hatte. Als mein Sohn Jasper etwa acht Jahre alt war, machte er mal eine Bemerkung dazu und fragte mich, weshalb die Katze das täte. Ich erklärte ihm, dass die Katze meinen Hausschuh schön warm und wohlriechend findet. ,Ja', sagte mein Sohn daraufhin, ,so geht es mir auch, wenn ich dich rieche. Dann fühle ich mich sicher.'

Deshalb musste auch immer mein getragenes T-Shirt mit in den Koffer, wenn er woanders übernachtete. Das T-Shirt nimmt er zum Kuscheln. Jasper ist jetzt elf, und wenn er mal neben mir schläft, verschwindet seine Hand wie von selbst in meinem Kragen. Das passiert so gegen sechs Uhr morgens, ganz unbewusst. Dann macht er einen tiefen Seufzer und schläft weiter."

Das Kind mit achtzehn Monaten und darüber hinaus
Es gibt viele Gründe, weshalb ein Kind trinken möchte. Es kann hungrig oder durstig sein. Es kann sich wehgetan, einen Schreck bekommen haben, böse geworden sein, weil es etwas nicht durfte, beruhigt werden müssen oder einfach den Schoß der Mutter bzw. ihre Liebe brauchen. Es kann auch gestillt werden wollen, wenn es müde ist und einschlafen möchte, wenn es weinend aufwacht oder es in einer neuen Umgebung mit neuen Eindrücken ist. Eigentlich ist es ganz normal, dass ein Kind dann bei der Mutter trinken möchte, weil die Natur das so gemeint hat. Das Kind findet Vertrauen auf dem Schoß und baut so sein Selbstvertrauen und ein positives Selbstbild auf.

Viele Kinder verpassen das. Sie sitzen ganz allein im Kinderwagen, im Laufstall, im Maxi-Cosi oder im Bett, mit ihrem Daumen, ihrem Schnuller, ihrer Flasche oder ihrem Lappen als Halt. Sie bauen auf diese Weise kein positives Selbstbild auf, sondern das Selbstbild basiert auf dem Gedanken: Ich bin es nicht wert.

Im Buch *Körperkontakt* steht, dass eine Schafherde eine solide und sichere Gruppe ist. Wenn eine unbekannte Person sich nähert oder etwas Bedrohliches passiert, gehen die Lämmchen schnell zur Mutter und trinken. Das Jungtier beruhigt sich durch die Milch und die Mutter durch das Hormon des Milchspendereflexes. So kann die Menschenmutter ihr Kind in einer unbekannten Situation trinken lassen und fördert gleichzeitig auch ihre Ruhe und Geduld, durch die Hormone Oxytocin und Prolaktin. Und die Mutter eines Kleinkindes braucht Ruhe und Geduld mehr als alles andere.

Selbst sagte ich immer: „Die Brust hat was. Er trinkt ein paar Minuten und schon spielt er wieder voller Energie." Ich habe das immer als *die* Lösung gesehen!

Die Mutter mit einem Kind zwischen 18 und 24 Monaten
Wenn ihr Kind zwischen 18 und 24 Monaten alt ist, kann die Mutter schneller negative Gefühle bekommen. Das ist normal. Der Hormonspiegel senkt sich ein wenig, und sie möchte ihren Körper wiederhaben.

Es ist wichtig, dir regelmäßig mit dem Kind deine Ruhe zu nehmen. Das Kind wird sich ruhiger verhalten, wenn es regelmäßig auf dem Schoß sitzt. Und auch die Mutter braucht so einen Ruhepunkt. „Lass ruhig deine Augen zufallen", empfehle ich, „lass dir diesen Moment nicht nehmen."

Wenn die Mutter ihren Hunger mit Naschen stillt, wird sie immer schneller müde werden und in einen Teufelskreis geraten. Es ist besser, zusammen mit deinem Kleinkind den Hunger mit Obst oder Gemüse zu stillen.

Wenn die Milch schwer fließt, kannst du als Lösung ein paar Mal einen tiefen Bauchseufzer (den Mutterseufzer) machen. Der Kreislauf kommt in Gang, damit das Oxytocin zu den Brüsten fließt. Außerdem wirkt der Bauchseufzer beruhigend. Wenn meine Milch nicht fließen wollte, fing mein Kind an der Brust an, tief zu seufzen, um mich daran zu erinnern. Ich habe deutlich gespürt, wie das Beruhigungshormon Oxytocin in den Körper floss. Wenn ich müde war und mich mit meinem Kind aufs Bett setzte, um es in den Schlaf zu stillen, fühlte ich, wie die ganze Spannung von mir abfiel. Das war ein tolles Gefühl.

Das dreijährige und ältere Kind

Ab drei Jahren ist ein Kind in der Lage, auszudrücken, worüber es denkt. Es kann jedoch seine Gefühle noch nicht gut in Worte fassen. Die Mutter muss das so genau wie möglich fühlen, und das Stillen vereinfacht diesen Prozess.

Einer der wichtigsten Sätze, die ich bei der Stillorganisation La Leche Liga lernte, war: „Mama, erzähl *du* mir bitte, wie es *mir* geht." Wenn die Mutter das Gefühl ihres Kindes in Worte fasst, lernt es die Bezeichnungen:

- Du hast dich erschreckt, stimmt's?
- Du warst ganz allein, oder?
- Du magst es nicht, dass Papa jetzt geht.
- Du möchtest einen Spielkameraden, ja?
- Du magst nicht angezogen werden.

Thomas Gordon hat in seinem Buch *Familienkonferenz* beschrieben, dass das Benennen eines Gefühls sehr wichtig ist. Du kannst das tun, indem du das Gefühl des Kindes beschreibst oder einen Satz des Kindes wiederholst.

Hierzu ein Praxisbeispiel, aus dem hervorgeht, wie man mit etwas überlegen sehr viel Streit verhindern kann:

Mutter: „Kommt her, Kinder, wir gehen in den Schwimmunterricht."
Kind: „Ich mag nicht zum Schwimmunterricht."
Mutter (will böse werden, denn die Zeit drängt, aber sie wiederholt dennoch): „Du magst nicht in den Schwimmunterricht?" (Gordon-Methode)
Kind (langsam): „Dann muss ich immer vorn auf dem Fahrrad sitzen, und ich möchte lieber hinten und nicht vorn sitzen."
Mutter: „Okay, dann fragen wir deine Schwester, ob sie vorn sitzen möchte."

Langes Stillen kann man gemeinsam genießen. (Foto: Bionda Heringa)

Ein Beispiel, wie man die Brust als „Trostbrust" einsetzen kann:

Mutter: „Komm, mein Kind, zieh die Schuhe an, wir gehen in den Kindergarten."
Kind: „Ich mag nicht in den Kindergarten, ich möchte zu Hause bleiben."
Mutter: „Komm und trink zuerst was bei Mama."
Kind (nach dem Trinken, was ihm sehr gut schmeckte): „Gut, Mama, jetzt geh ich in den Kindergarten."
Ich glaube, mein Sohn war damals bei diesem Gespräch fünf Jahre alt.

Die glücklichste Kindheitserinnerung: Zwei Psychologiestudentinnen haben den Auftrag, sich gegenseitig über die glücklichste Jugenderinnerung zu interviewen.
Die eine sagte: „Die glücklichste Kindheitserinnerung ist, als ich gestillt wurde."
Die andere fragte: „Erinnerst du dich noch daran?"
„Ja, und die Wärme und die warme Milch machten mich zu einem sehr, sehr glücklichen Kind; meine Mutter roch auch so gut."

Das ist die Geschichte unserer Tochter, die jetzt Psychologin ist.

12 Die natürliche Erziehung des heranwachsenden (Klein-)Kindes

Erziehen von Herzen, mit Liebe und Geduld

Je älter dein Kind wird, desto öfter wirst du als Elternteil korrigierend einschreiten müssen. In ganz vielen Situationen kannst du allerdings deinem Kind spielerisch beibringen, wie es mit den Dingen des Lebens umgehen kann, ohne es ängstlich oder hinterlistig zu machen. Die natürliche Erziehung deines Kindes kostet viel Zeit, Mühe und Liebe. Und trotz alledem wird dein Kind aufständische und schwierige Momente erleben. Aber sei dir im Klaren, dass Kinder deine Liebe am meisten in den Augenblicken brauchen, in denen sie sie am wenigsten verdienen.

12.1 Praktische (Erziehungs-)Situationen mit dem Kleinkind

Fremdeln

Sobald ein Kind krabbeln, stehen und gehen kann, beginnt es auch zu fremdeln. Das Kind krabbelt ein wenig davon und entdeckt dann plötzlich, dass Mama weit weg ist. Es ruft dann, damit es hochgehoben wird. Es schiebt im Spiel die Tür zu und erschrickt, weil die Tür nicht mehr aufgeht. Sogar wenn die Mutter auf die Toilette geht, vermisst es sie. Um den Stress zu vermeiden, ist es besser, das Kind immer mitzunehmen. Stress blockiert, Lächeln lehrt.

Erst wenn das Kind alles selbst beherrscht (Treppen auf und ab steigen, sprechen, Türen öffnen und schließen), wird es sich auch von selbst von der Mutter entfernen, meistens mit etwa dreieinhalb Jahren. Wenn die Mutter einfach alles tut, was sie tun muss, und das Kind in ihrer Nähe hat, wird es ständig etwas von ihr abgucken können. Auf diese Art und Weise lernt das Kind sehr viel und wird geschickt.

Man sagt, wenn du ein Kind hast, dauert eine fünfminütige Arbeit fünf Stunden und eine fünfstündige Arbeit fünf Tage. Dennoch hast du während der ganzen Zeit viel Wichtiges erledigt.

„Vorsicht! Es ist scharf, es ist heiß!"

Das Kind nimmt eine Schere, ein Messer, eine Stecknadel, eine heiße Tasse Tee oder spielt mit dem heißen Wasser ... Ein Unfall ist leicht passiert. Dennoch können wir unseren Kindern schon sehr bald beibringen, wie sie mit diesen gefährlichen Dingen umgehen können.

Eine Möglichkeit ist das gemeinsame Entdecken der Gefahr, wie in einem Theaterstück, wobei das mehrmals wiederholt wird. Zum Beispiel: Die Mutter nimmt die Schere und pikst sich sanft in den eigenen Finger. Sie sagt dann dazu: „Schau mal, die Schere ist so scharf." Sie pikst mir in den Finger. „Aua! Und jetzt fühlen wir bei dir ... piks ...!" Und sie pikst ganz sanft in den Kinderfinger und ruft: „Aua! Jetzt fühl mal die Schere mit deinem Finger ... aua!" Dieses Theaterstück „Zusammen piksen, zusammen erschrecken" kannst du so oft wiederholen, wie du es für notwendig hältst.

So geht das auch mit einer heißen Tasse Tee. „Wollen wir zusammen fühlen, wie heiß die Tasse ist?" Mama fühlt mit ihrem Finger. „Aua!" Das Kind fühlt vorsichtig mit dem Finger und Mama ruft: „Aua!"
Bei einer heißen Tasse hatte ich immer einen Löffel, mit dem das Kind rühren durfte, während ich selbst den Henkel festhielt. Dies fand es immer lustig. So hatte es das Gefühl, dazuzugehören, und konnte einfach beim Teetrinken auf dem Schoß sitzen bleiben.

Auch mit Messern lief das sehr gut. Ich zeigte meinem Sohn ein Messer und sagte dann: „Lass uns gemeinsam das Messer ansehen, das ist nämlich scharf, schau mal." Dann gab es wieder das Theaterstück „Zusammen piksen, zusammen erschrecken".

Wenn du einem Kind beibringen kannst, dass es alles mit nur *einem* Finger anfasst, weiß es, dass es alles berühren darf, wie Mama, aber nicht mit der ganzen Hand. Kinder imitieren uns den ganzen Tag, nehmen zum Beispiel Sachen vom Tisch oder – im Geschäft – von der Theke.

Ein anderes Beispiel. Die Oma hatte schöne Gegenstände aus Porzellan. Wir berührten gemeinsam mit einem Finger eine Tasse oder Untertasse aus Porzellan. Ich hielt die Kinderhand fest und ließ es nur den Zeigefinger ausstrecken. Dazu sagte ich immer: „Schau mal, aber nur mit *einem* Finger." Oder: „Jetzt schau nur mit deinen Augen." Ich habe das wiederholt, bis dem Kind die Sache klar war. Meine Mädchen verstanden es bereits nach *einem* Tag, bei meinen Jungs dauerte es schon etwas länger, sie brauchten *einen Monat*. Aber danach hat die Warnung: „Sachte bitte, nur mit *einem* Finger!" immer gereicht.

Auch bei einem heißen Ofen oder Heizkörper kannst du dasselbe Theaterstück einsetzen. Du kannst deinem Kind erklären, wie heiß er ist, indem ihr euch gemeinsam dagegenstellt. Du kannst dann zum Beispiel sagen: „Mama traut sich nicht, den Ofen zu berühren, denn er ist sehr heiß und macht ganz doll aua." Das Kind wird an deiner ernsten Miene sehen können, dass es dir ernst ist. Kinder, die viel Aufmerksamkeit bekommen, werden diese Warnung verstehen. Diese Art des Umgangs mit empfindlichen oder gefährlichen Sachen verstehen Kinder schnell.

So wird ihnen die Vorsicht beigebracht. Das im Gegensatz zur Gewohnheit mancher Eltern, die dem Kind einen Klaps auf die Hand geben, wenn es etwas nicht anfassen darf. Das ist nicht schön. Auf diese Art und Weise lernt das Kind nicht, wie es sich verhalten kann und weshalb man etwas in Ruhe lassen soll. Außerdem beinhalten Schläge eine negative Botschaft, und so lernen Kinder, selbst auch zu schlagen. Außerdem bremst es den (späteren) Entwicklungsdrang des Kindes. Und das sollte nie die Absicht sein.

Vorsicht, das Wasser ist heiß.
(Foto: Judith Schakenbos)

Der Zwickreflex

Kinder lieben es, einen Hund oder eine Katze zu streicheln. Wenn ein kleines Kind eine Katze streicheln will, fangen die kleinen Finger automatisch zu kneifen oder zu zwicken an. Es meint das nicht so, es ist ein Reflex, der durch das Fell ausgelöst wird. Das Kind macht im Fell eine Faust. Aber sowohl für das Kind als auch für das Tier kann das unangenehme Folgen haben. Du kannst dem Kind beibringen, beim Streicheln die Hand gestreckt zu halten. Nimm seine Hand und halte die drei äußeren Finger in gestreckter Position fest. Mit Daumen und Zeigefinger in deiner eigenen Hand kann es zusammen mit dir das Fell streicheln.

Wenn dein Kind einen Hund streicheln möchte, ist es vernünftig, immer zunächst den Eigentümer um Zustimmung zu bitten; er kann dabei auch sagen, ob man dem Hund trauen kann. So erlebst du keine unangenehmen Überraschungen.

Kinder und Treppen

Kinder, die im Tragetuch sind, erleben regelmäßig, was passiert, wenn die Mutter die Treppe hoch- und runtergeht. Sie spüren den Höhenunterschied und schauen in die Tiefe. Sobald Kinder stehen können, fangen sie an, die Treppe hochzuklettern. Das kann man nicht verhindern.

Die Gefahr von Treppengittern ist jedoch, dass ein Kind sofort, wenn ein Erwachsener das Gitter auflässt, seine Chance wahrnimmt. Ich löste das wie folgt: Sobald unser Kind krabbeln und stehen konnte, wollte es die Treppe hoch, und ich lief hinterher. Ich brachte ihm bei, dass es auf der Treppe so laufen sollte, dass ihm nichts passiert. Abends wusste ich, dass es müde war und die Konzentration verlieren konnte. Dann durfte es nicht Treppen steigen. Ich blockierte die Treppe mit Taschen.

Die Treppe runterzugehen, lernte mein Kind wie folgt: Ich hatte am Anfang kein Gitter, und sobald es krabbeln konnte und sich auf den Stufenabgang zubewegte, sagte ich: „Wenn du runterschauen möchtest, musst du dich auf den Bauch legen." Und dann zog ich ihm die Knie weg, bis es in die Bauchlage ging. „Schau mal, so kannst du runterschauen."

Später habe ich dann doch ein Gitter hingestellt. Sonst hätte ich kaum auf die Toilette gehen können. Außerdem ist ein Treppengitter auch zum Schutz für Kinder, die zu Besuch sind, sinnvoll und notwendig.

Die Treppe runterzukrabbeln, kannst du mit dem Baby wie folgt üben: Bring ihm bei, sich zu drehen, sodass es mit den Füßen nach vorn runtergeht. Erkläre ihm, dass es auf dem breiten und nicht auf dem schmalen Teil runtergehen soll. Du kannst als Mutter so oft dabeibleiben, bis du das Gefühl hast, dass es das gemeistert hat. Aber pass auf: Abends sind Kinder müde.

Das Kleinkind weint, wenn die Mutter weggeht
Es ist ganz normal, dass dein Kleinkind weint und ruft, wenn du das Zimmer verlässt, um woanders in der Wohnung etwas zu erledigen oder zu holen. Das Kleinkind erlebt die „Trennung" als gefährlich, fühlt sich verlassen und einsam, und es versteht noch nicht, dass seine Mutter sofort wiederkommen wird. Die beste Lösung ist, dein Kind kurz mitzunehmen, auch wenn du nur etwas holen willst. Ein Tragetuch auf der Hüfte kann man dafür sehr gut einsetzen. Erst bei meinem dritten Kind verstand ich dieses Verhalten und lernte, meine Kinder immer dabei zu haben, auch auf der Toilette, auch in der Nacht. Irgendwann geht diese Zeit vorüber, und dann kannst du mit deinem Kind die Sache in Ruhe besprechen: Magst du mit oder bleibst du hier? Und die Mutter hat das Selbstvertrauen des Kindes gestärkt – etwas, was nur sie tun kann.

Filme gucken, spielen oder Kinderlieder hören
Heutzutage ist ein Wohnzimmer ohne Fernseher kaum noch vorstellbar. Viele Menschen sind mehr oder weniger davon abhängig geworden: Er wird morgens bereits eingeschaltet und bleibt bis spät am Abend an. Auch essen viele Menschen während des Fernsehens oder sie haben ihr Telefon oder ihren Laptop an. Dadurch wird der soziale Kontakt oberflächlicher, und wir kommen nicht mehr dazu, ein Buch zu lesen, Musik zu machen, zu spielen, uns zu unterhalten, zu raufen oder zu basteln. Eigentlich verarmt Fernsehen den Geist, und man wird außerdem mit ungewünschter Werbung überschwemmt. Viele Kinder macht diese Werbung unzufrieden; sie

fangen an zu betteln um all das, was sie gern hätten, was die Familie unter Spannung setzen kann. Viele Nachrichten im Fernsehen sind außerdem negativ und handeln von Katastrophen. In vielen Serien, auch Kinderserien, ist die Atmosphäre geprägt vom Schreien und Drohen. Kinder fangen an, das normal zu finden, und imitieren dieses Verhalten.

Das ist alles keine gute Atmosphäre für Kinder. Sie brauchen eine gemütliche, liebevolle Stimmung mit etwas Musik oder Kinderliedern. Eine ruhige Geräuschkulisse. Das Zuhören fördert die Kreativität, und wenn du keine Zeit zum Vorlesen hast, ist ein Hörbuch eine gute Alternative. Eltern entdecken, dass Babys sich die Lichtblitze des Fernsehers anschauen und setzen sie dann in einem Babysitz davor, damit sie ruhig bleiben. Der Bildschirm ist allerdings nicht ungefährlich. Insbesondere empfindliche Kinder können Probleme mit dem Nerven- bzw. Drüsensystem bekommen.

Kinder sitzen üblicherweise nur einen Meter vom Fernseher entfernt, sodass dessen Strahlung einen negativen Einfluss auf sie haben kann. Der Arzt Roy Martina schreibt, dass ADHS eher bei Kindern vorkommt, die viel fernsehen oder viel auf einem Computer, Telefon oder Tablet spielen. Auf jeden Fall brauchen sie eine Distanz von vier bis sechs Metern und nicht nur einen Meter! A. Vogel schreibt, dass in den USA Krankheiten entstanden sind, die eine ganz unangenehme Auswirkung auf die Nerven und die Psyche haben, was wiederum die Einnahme von Medikamenten nach sich zieht.

Ich habe ein Kind beobachtet, das so herrlich mit anderen Kindern draußen spielte. Plötzlich rief die Mutter das Kind zum Fernsehen herein. Das ist verkehrte Welt! Mit anderen Kindern draußen zu spielen, sollte ganz oben auf der Prioritätenliste stehen.

Eine andere Situation: Einmal hörte ich, dass eine Frau erzählte, sie wolle gern noch ein drittes Kind. Ihre Motivation war: Ich kann mir nichts Schöneres vorstellen als dieses Kind mit seinen Geschwistern auf der Couch zu sehen, gemütlich vor dem Fernseher mit einer Tüte Chips.

Man hat sich daran gewöhnt, beim Fernsehen zu naschen, um damit das ultimative Wohlbefinden zu kreieren. Aber die Gewohnheit, beim Fernsehen zu essen, fördert das gedankenlose Essen. Und wenn man dann unbedingt während einer Sendung etwas essen möchte, ist Obst die bessere Wahl.

Mit Kindern singen

Singen stärkt das Immunsystem, sagt ein deutscher Wissenschaftler. Es gibt Mütter, die während der Schwangerschaft singen oder in Bauchnähe eine Glocke aufhängen. Das erzeugt beim Kind nach der Geburt ein Wiedererkennen. Indem du für bzw. mit deinem Kind singst, lernt es alles über Tonhöhen und genießt die Vibrationen der Luft auf dem Körper. Mein fünf Wochen altes Baby reagierte auf die hohe Stimme meines größeren Kindes mit einem süßen Rachenlaut. Babys mögen hohe Stimmlagen. Solltest du als Mutter nicht hoch singen oder keinen Ton halten können, dann macht das nichts, dein Baby hat sich schon an deine Stimme gewöhnt und findet sie wunderbar. Auch Papas schwere Stimme macht ihm Spaß.

Ein älteres Baby übt seine Stimme durchs Kreischen. Es ist dann besonders aufmerksam, wenn die Mutter singend mitmacht. Ich kenne eine belgische Mutter mit Drillingen. Sie macht mit den Kindern alles singend: „Wo sind deine Schuhe … deine Schuhe …?" Und: „Wo ist deine Jacke … deine Jacke …?" In der Familie herrschen Frohsinn und kein Chaos. Diese Mutter hat es begriffen: Die Kinder hören aufmerksam zu.

Im Kindergarten und in der Schule wird leider immer weniger mit den Kindern gesungen. Es sollte eigentlich täglich auf der Tagesordnung stehen.

Deinem Kind vorlesen, in Verbindung mit Hautkontakt

Mit etwa zwölf Monaten kannst du für kurze Momente zusammen mit deinem Kind ein Buch lesen. Auf dem Schoß findet dein Kind das am schönsten. Kinder, die gestillt werden, bekommen automatisch den Schoß, auf den sie naturgemäß einen Anspruch haben. Wenn du nicht stillst, kann es allmählich passieren, dass du dein Kind weniger auf den Schoß nimmst. Zähl mal an einem Tag die

Minuten, in denen ein großes Baby, ein Kleinkind oder ein Kindergartenkind bei dir auf dem Schoß sitzt. Ganz wenig. Das Kind geht vom Boden in den Kindersitz, ins Bett und in den Kinderwagen oder Buggy. Mehr nicht. Wenn dir das klar wird, kannst du dich dafür entscheiden, dein Kind jedes Mal auf den Schoß zu nehmen, zum Beispiel zum Vorlesen oder sogar beim Essen.

Einem Kleinkind, Kindergartenkind oder Schulkind vorzulesen, ist eine schöne Tätigkeit. Kinder können entzückt zuhören oder Bilder anschauen. Kinder wollen dieselbe Geschichte immer wieder hören. Sie mögen es, wenn etwas Bekanntes immer wiederholt wird. Das hört sich vertraut und sicher an. Die Geschichte wächst mit ihnen zusammen.

Diese Momente sind auch ideal zum Berühren des Kindes. Nachdem ich das Buch *Körperkontakt* gelesen hatte, wurde mir bewusst, dass das Berühren des Kindes eine wertvolle Investierung bedeutet. Es füllt den emotionalen Tank auf, und das Kind fühlt sich stark genug zum Weitermachen, es gedeiht davon. Eine Mutter erzählt: „Während des Vorlesens streichle ich sanft über den nackten Rücken oder den Nacken. Aber am liebsten setze ich das Kind vor mich hin, und wir schauen uns gemeinsam das Buch an. So kann ich den Bauch und den Rücken streicheln. Ich kann mit der Hand in den Schlafanzug und den Bauch streicheln."

Das Berühren ist unentbehrlich, ein Lebensbedürfnis, und wir machen es zu wenig, wie ich bereits erwähnt hatte. Indem man den Körper des Kindes streichelt, stimuliert man seine Organe, und es wird gesünder. Die Hautnerven werden feiner angelegt. Kinder *und* Eltern beruhigt es ungemein. Es ist eine Lösung für Eltern mit mehreren Kindern. Oft stöhnen Eltern: Es ist so schwierig, mit dem Ältesten einen ruhigen Moment zu haben, weil er so hektisch ist. Vorlesen mit Hautkontakt ist in dem Fall *der ideale Weg* zum Beruhigen deines Kindes. Und zwischen den Knien ist dein Kind dir sehr nah, was auch das Gefühl, Eltern zu sein, stärkt. Kinder schlafen danach gesünder und entspannter. Wenn ein neues Baby dazugekommen ist, ist dieser intime Vorlesekontakt zum Mildern der Eifersuchtsgefühle ideal, und deinem Ältesten zeigst du, dass du es ebenfalls liebhast.

Unsere Kinder schliefen nach dem Vorlesen im Elternbett ein. Später, so gegen 23 Uhr, setzten wir sie noch auf die Toilette, und danach schliefen sie im eigenen Bett weiter. Bettgestelle und Hochbetten haben wir wegen des „einsamen Bettes" abgeschafft.

Wie lange soll ein Kind auf den Schoß?
Ein Kind soll eigentlich ganz oft auf den Schoß. Es kann nie lange genug dauern. Kindern wird der Schoß genommen durch alle möglichen „Hilfsmittel", die sich der Kommerz ausdenkt. Die Nebenerscheinungen sind dramatisch. Ich nenne sie „verwehte Kinder". Sie sind es nicht gewohnt, bei ihrer Mutter oder ihrem Vater Trost zu suchen. Zählungen haben ergeben, dass der Schoßkontakt stark zurückgeht. Es fängt schon damit an, ob ein Baby im Kinderwagen oder allein im Bett die Flasche bekommt anstatt im Arm oder auf dem Schoß. Ich beobachte das überall um mich herum, sogar, dass man das Baby sich selbst in den Schlaf nuckeln lässt.

Der Schnuller kreiert auch Abstand. Eltern ist kaum bewusst, dass der Schnuller eine einsame Lösung ist und dass das Kind in dem Moment Körperkontakt braucht. Ich glaube, dass es natürlicher ist, dein Kind einen Moment auf den Schoß zu nehmen, statt ihm einen Schnuller zu geben. Und wenn dein Kind dann bei dir auf dem Schoß sitzt, kann man das Zusammensein nutzen und gemeinsam ein Buch lesen, Lieder singen oder essen. Eigentlich soll ein Kind *alle zwei Stunden* einen Augenblick auf den Schoß. Das ist unentbehrlich für alle Ein-, Zwei- und Dreijährigen und manchmal ab und zu für ältere Kinder.

Vorlesen, wenn Kinder selbst lesen können
Vorlesen ist sehr gemütlich, auch wenn Kinder schon selbst lesen können. Die ganze Kindergarten- und Grundschulzeit ist wegen des Zusammenlesens sehr intim. Man kann gemeinsam die Bücher genießen, und das ist viel sozialer als gemeinsam fernzusehen. Ein Kinderbuch hat immer ein Happy End, selbst wenn traurige Dinge beschrieben werden. Dieses Happy End ist für die kindliche Entwicklung wichtig.

Vorlesen bleibt eine wichtige gemeinschaftliche Beschäftigung, auch wenn die Kinder älter sind und bereits selbst lesen können. Zusammen taucht man in das Abenteuer eines Buches ein. Als ich mal müde war, las mein kleiner Sohn mir vor, während wir gemeinsam in seinem Bett waren. Während der gesamten Grundschulzeit und darüber hinaus (bis sie etwa zwölf Jahre sind) kann man das machen. Zusammen mit meinem jüngsten Sohn haben wir auf diese Art *Herr der Ringe* gelesen. Was gemeinsam gemacht wird, prägt fürs ganze Leben.

Märchen oder Bibelgeschichten zu lesen, trägt zur Gewissensbildung bei. Kinder, die zu früh zum „Wissen" gedrängt werden, können später durch gewissenarmes Verhalten Probleme bereiten.

Der emotionale Tank
Wenn der emotionale Tank leer ist, so schreibt der Psychologe Ross Campbell in seinem Buch *In den Stürmen meines Lebens*, ziehen Kinder negative Aufmerksamkeit auf sich. Sie können dann nicht zuhören, nicht gehorchen, nicht mithelfen, nicht mitfühlen. Die Eltern können mit Augenkontakt den emotionalen Tank wieder auffüllen, indem sie zuhören und wiederholen, was das Kind erzählt, und indem sie es berühren. Dann wird das Kind wieder positiv; es kann wieder zuhören, gehorchen, mithelfen und mitfühlen.

Als mein Jüngster in den Kindergarten gehen sollte, rief er immer ganz laut nein und rannte weg. Als ich ihn dann eine Viertelstunde auf den Schoß nahm (und eventuell stillte), wurde er ruhiger und ging einfach in den Kindergarten. Es war nicht immer einfach, aber es funktionierte doch immer. Und es wirkt immer noch! Kuscheln, streicheln, Aufmerksamkeit schenken, es bringt ein widerspenstiges Kind immer zum Schmelzen.

In die Vorschule
In den Niederlanden können Kinder in die Vorschule gehen, um mit Altersgenossen zu spielen. Zwei Jahre und acht Monate ist das Einstiegsalter. Vor diesem Alter können Kinder sich nicht gut behaupten. „Sie sind dem noch nicht gewachsen", bestätigte eine erfahrene Erzieherin.

Negative Aufmerksamkeit

Manchmal beobachtet man, dass Kinder im Beisein des Vaters oder der Mutter negatives Verhalten zeigen, zum Beispiel indem sie etwas kaputt machen oder etwas von der Wand ziehen. So beobachtete ich ein Kleinkind, das Bilder von der Wand zog, während die Mutter sich zum Schreiben an den Tisch gesetzt hatte. Ein anderes Mal sah ich eine Mutter, die in einem Fotogeschäft mit dem Inhaber über ihre Kamera sprach. Ihr etwa fünfjähriger Sohn stand daneben; dann sah er einen Stapel Broschüren auf einem Tisch liegen, warf kurz einen Blick auf seine Mutter und fegte daraufhin in einer Bewegung diesen Stapel vom Tisch. Sogar der letzte Rest bekam noch einen Stups. Der ganze Boden war bedeckt.

Die Frage ist, wie man so etwas verhindert. Nun: Indem man das Kind häufig auf den Schoß nimmt, jeden Tag. Dann kann man dem Kind erklären, dass Papa und Mama so etwas auch nicht tun, also soll es so etwas ebenfalls nicht tun.

Ich habe den emotionalen Tank erwähnt, der immer wieder gefüllt werden soll. Wenn er leer geworden ist, fühlt das Kind sich unwohl, kann es aber nicht in Worte fassen. Die Mutter und der Vater sind aber in der Lage, es zu verstehen und es ihm zu erklären. Für berufstätige Eltern ist das eine anspruchsvolle Art der Erziehung, aber eigentlich die einzige. Jede Energie, die du in dein Kind investierst, bekommst du später zurück. Andernfalls hast du später die Probleme.

Kinder mögen auch nicht einkaufen gehen, denn es passt nicht zur Kinderwelt. Sie spielen lieber draußen mit ihren Freunden. Wenn du dennoch mit deinem Kind einkaufen gehen möchtest, kannst du es bitten, dir zu helfen, indem es bestimmte Sachen holt. Sei allerdings widerstandsfähig gegenüber den ganzen Süßigkeiten, die eigens für Kinder auf Augenhöhe in den Regalen liegen …

Zusammen spielen, zusammen lachen

Ich kenne ein Kind, das den ganzen Tag schlägt und haut und nervt. Ich erzählte diesem Kind, dass *zusammen* spielen nur Spaß macht, wenn man *zusammen* lacht oder wenn andere Kinder es *auch* toll finden. Das gilt auch, wenn es um Rauf- und Kampfspiele geht oder um andere wilde Spiele. Wenn nur ein Kind „Aua!" ruft, hörst du auf. Auch wenn ein Kind „Stopp" ruft oder zu weinen anfängt, hörst du auf. Dann macht das Spiel nicht mehr allen Spaß, und dann wechselt man das Spiel. Kinder lernen auf diese Art, den Gefühlen anderer gegenüber empfindlich zu werden und zu wissen, wie man sie respektiert. Ich habe das immer für eine der wichtigsten Lektionen des Lebens gehalten. In unserer Familie ist es eine goldene Regel.

Das oben genannte Kind hatte früher immer eine Schnupfnase und ist auch jetzt noch oft widerspenstig. Ich vermute eine Nahrungsmittelallergie, unter anderem eine Milchproduktallergie als Ursache für dieses Verhalten. In der Praxis habe ich beobachtet, dass empfindliche Kinder durch Kuhmilchprodukte widerspenstig und aggressiv werden und wieder ganz lieb und angepasst, wenn die Kuhmilch bzw. alle Kuhmilchprodukte weggelassen werden.

Zur Strafe auf den Schoß oder zur Strafe nahe bei Mama sein
Ein Kind kann auch auf dem Schoß eine „Strafe" absitzen. Die Eltern können ihm dann dabei den Rücken streicheln und sich mit ihm unterhalten. Man kann dann sagen: „Papa tut so was nicht, Mama tut so was nicht, also möchte ich, dass du so was auch nicht machst." Für ein Kind ist das sehr verständlich formuliert.

Wenn Kinder zu spielen anfangen, haben sie meist gute Laune. Nach einiger Zeit ist ihr Tank leer, und sie fangen dann manchmal an zu weinen oder zu quengeln. Oft sind sie dann hungrig oder müde. Zeit für die Eltern, tätig zu werden.
Wenn unsere Kinder sich untereinander geärgert haben, sagte ich meistens: „Komm mal eben zu Mama, hilf mir mal in der Küche." Wir haben dann zum Beispiel zusammen abgespült oder Gemüse vorbereitet, in einer lockeren Atmosphäre, während wir dabei etwas Gesundes gegessen haben. Ich habe so den emotionalen Tank wieder aufgefüllt. Danach konnte ich sagen: „So, jetzt gehst du wieder zu den Kindern zurück."

Im Urlaub habe ich eine Situation beobachtet, die wir bestimmt alle schon mal gesehen oder erlebt haben. Eltern mit drei kleinen Söhnen saßen auf einer Terrasse und tranken etwas. *Ein* Junge konnte

nicht still sitzen, warf den Saft um, stieß gegen den Tisch usw. ...
Sein Vater erinnerte ihn genervt daran, was abgesprochen worden
war, nämlich, dass sie still sitzen und ohne was zu verschütten ihren
Saft trinken sollen. Ich fühlte in dem Moment einfach, dass es auch
anders geht, zum Beispiel indem man ruhig sagt: „Setzt dich mal für
einen Moment auf meinen Schoß und trink deinen Saft aus, das find
ich gemütlich." Häufiges Berühren ist lebensnotwendig und beruhigt. Es füllt den emotionalen Tank auf. Berührung bestätigt und
stärkt den Kontakt.

Die Direktorin einer Kindertagesstätte besuchte einmal meine
Stillmuttergruppe. Sie war selbst Mutter geworden und das Stillen
machte ihr viel Spaß. Sie hörte sich meine „Zur-Strafe-auf-den-
Schoß"-Geschichte an und erzählte daraufhin: „Endlich höre ich
eine Geschichte, die mir aus dem Herzen spricht. Meine Augen haben sich geöffnet. Ich habe gespürt, dass es nicht gut war, Kinder
zur Strafe auf den Flur zu schicken. Sie fühlten sich einsam, verlassen und abgewiesen. Ich kam nicht auf die Idee, sie auf den Schoß
zu nehmen, ihnen zuzusprechen und sie dabei zu streicheln, damit
ihr emotionaler Tank sich wieder füllen kann. Vielen Dank für diesen
Tipp!"

Vielleicht kann das auch Familienberaterinnen die Augen öffnen.

Eine positive Botschaft an dein Kind

Eltern können manchmal die Vorahnung haben, dass das Kind sich
nicht ordentlich benehmen wird. In so einem Moment könnte man
seinem Kind eine positive Botschaft schicken. In Gedanken sagt
man ihm, dass man es liebhat und es sich beim Essen oder im Umgang mit anderen Kindern positiv verhalten soll. Ein guter Moment
kann sein, beim schlafenden Kind zu stehen, zum Beispiel eine drei-
viertel Stunde nachdem es in den Schlaf gefallen ist, und die Botschaft auszusprechen. Berühre dein Kind währenddessen ruhig.

Das kann man jeden Tag wiederholen, und Eltern haben es bestätigt: Es funktioniert!

12.2 Schöne Spielzeugideen

In Zeiten des elektronischen Spielzeugs ist es manchmal schwer für
Eltern, zu entscheiden, wie die Kreativität des Kindes von Anfang

an gefördert werden kann. Denn was ein Kind sich selbst ausdenkt und selbst lernt, wird ihm sein Leben lang nützlich sein. Kreativität brauchen wir immer, zum Beispiel bei der Gestaltung der Wohnung, beim Kochen, beim Organisieren von Veranstaltungen und vor allem später im Beruf.

Ich gebe anschließend einige Beispiele für einfache Spielmaterialien, womit Kinder sich stundenlang beschäftigen können.

Bauklötze
Bauklötze sind für Kinder fantastisch zum Bauen, um Straßen abzustecken, um ein Zimmer für die Puppe zu machen oder einfach zum Stapeln, bis sie wieder umfallen. Kinder können sich damit endlos beschäftigen. Mach es ihnen einfach vor!
Der folgende Schritt können Duplosteine sein.

Sand und Wasser, Mehl und Wasser
Sand und Wasser bilden zusammen ein ideales Spielzeug für alle Kinder, und sie sind immer vorhanden. Eine (kleine) Sandkiste im Garten oder auf dem Balkon ist ideal und einfach aufzustellen. Und lass die Kinder ruhig mal dreckig werden. Das finden sie herrlich.

Im Winter können die Kinder nicht in die Sandkiste. Eine Alternative ist, dass sie in der Wohnung mit Mehl und Wasser spielen dürfen. Wenn unsere Kinder mit der Kinderküche spielten, bekamen sie ein Schälchen mit Mehl und Wasser, und sie durften selbst Teig kneten und „kochen". Und später war alles im Nu wieder sauber.

Eine Rutsche
Ich habe für die Kinder ein herkömmliches und leicht federndes Brett mit einer glatten Oberfläche aus Sperrholz gekauft, etwa 1,80 m x 0,5 m. Man kann auch Klebefolie darüber ziehen, dann wird es ordentlich glatt. Eine Seite vom Brett legte ich auf einen Stuhl, und schon war die Rutsche fertig. Sie konnten selbst hinunterrutschen oder Autos runterfahren lassen. Genug Möglichkeiten für die Fantasie. Unsere Kinder wurden so geschickt, dass sie es sogar mit dem Hüpfball und dem Laufrad hinunterschafften. Und wenn das Spiel zu Ende ist, nimmt man das Brett und stellt es im Flur gegen die Wand.

Wurfspiele

Vor allem Jungs lieben Wurfspiele. Als ich meinem Sohn sagte: Bitte zieh die Socken an, warf er sie in die Luft, bis eine in der Lampe hing. Kinder machen nun mal gern aus allem ein Spiel. Gib ihnen diese Gelegenheit, und wenn du es geschickt vorbereitest, geht auch nichts kaputt. Ein paar aufgerollte Socken stellen für ein Kind bereits eine Art Ball dar.

Bastelspiele

Kinder entwickeln ganz viel Kreativität beim Basteln. Es kostet Eltern schon etwas Zeit, ihren Kindern verschiedene Möglichkeiten zu zeigen, aber es ist letztendlich sehr wertvoll. Man kann Kindern natürlich fertiges Spielzeug schenken, aber man kann genauso gut zusammen mit dem Kind mit Holz, Papier, Pappe, Baumwolle, Wolle, Schere und Leim arbeiten. Meine Tochter wollte zum Beispiel als Kind das *My-Little-Pony*-Schloss. Das fand ich damals zu teuer, und deshalb haben wir zusammen einen Karton gekauft und da selbst ein Schloss aus Papier und Pappe reingebaut. Anfänglich war sie sehr zornig, weil wir das Schloss nicht im Geschäft gekauft hatten, aber als wir es dann selbst gebaut hatten, war sie sehr stolz darauf. Diese Geschicklichkeit, die sie als Kind lernen, nützt ihnen später immer. Sogar meine inzwischen erwachsenen Töchter können alles in der Wohnung selbst machen: nähen, tapezieren, streichen, Schränke zimmern usw. Sie selbst sagen immer dazu, dass sie deswegen so handwerklich geschickt sind, weil daheim so viel gebastelt wurde.

Ein Zelt bauen

Nichts ist für Kinder spannender, als zu Hause ein Zelt bauen zu dürfen. Es ist sehr verführerisch, im Geschäft etwas zu kaufen, ein kleines Tipi oder ähnliches, aber selbst bauen macht Kindern viel mehr Spaß. Alles, was man braucht, sind ein paar Stühle mit Lehne, große Lappen oder Decken und Wäscheklammern, um alles zusammenzuhalten. Oft gilt dabei: Das Zusammenbauen macht mehr Spaß als das fertige Ergebnis.

Produkte aus der Natur
Wenn man Kastanien, Eicheln, schöne bunte Blätter oder besondere Steine sammelt, bekommen Kinder einen Bezug zur Natur und
entwickeln Liebe und Respekt zu ihr.

12.3 Weitere (Erziehungs-)Situationen

Grobe Sprache
Kinder können schon bald Dinge sagen, die du als Elternteil nicht
unbedingt hören möchtest, sie fluchen, nurtzen Schimpfwörter und
vulgäre Sprache. Wenn das passiert, musst du etwas dazu anmerken. Du solltest es auch vermeiden, deinem Kind Wörter wie
„Quatschkopf", „Schlafmütze" oder „Nichtsnutz" beizubringen.

Kinder kommen oft mit Wörtern nach Hause, die platt oder vulgär
sind. Ich sagte dann: „Ein Kind unserer Familie sagt so was nicht!
Papa und Mama sagen so was auch nicht, das sind Straßenwörter,
und die sollst du auch nicht sagen."

Wenn unsere Kinder einmal grob waren, nahmen mein Mann oder
ich sie an der Hand und erzählten ihnen, dass sie das auch anders
sagen könnten, zum Beispiel: Ich mag das nicht. Oder: Ich mag dich
nicht, weil … Ich versuchte immer, herauszufinden, weshalb sie
grobe Sprache verwendeten. Es ist wichtig, ihnen beizubringen, wie
sie das „Problem" lösen können, ohne grob zu werden. Nur sagen,
dass etwas verboten ist, reicht oft nicht aus und hilft wenig.

Zusammen Dinge erledigen
Eine meiner Freundinnen schrieb zwei schöne Episoden zum gemeinsamen Dinge erledigen mit ihrem Kind:

„Was ist dein Ziel beim Einkaufen? Du willst Produkte besorgen.
Was ist das Ziel des Kindes beim Einkaufen? Mit dir die Welt entdecken. Auch wenn das nicht mit deinen Wünschen übereinstimmt,
hat dein Kind dennoch den Drang, alles entdecken zu wollen.

Oder wenn ich in die Bibliothek gehe, will ich so schnell wie möglich mit einem neuen Buch rauskommen. Wenn ich meinem kleinen
Kind nichts zu tun gebe, kopiert es, was es bei anderen Menschen

sieht. Es zieht wahllos Bücher aus dem Regal, denn das ist genau das, was es bei anderen Menschen beobachtet. Und weil es erst zwei Jahre ist, stellt es die Bücher nicht ordentlich zurück ins Regal. Wenn ich also nicht möchte, dass ich hinter meinem Kind die Bibliothek aufräumen muss, sollte ich mein Kind im Auge behalten. Und ich muss meinem Kind beibringen, was in einer Bibliothek erwünschtes Verhalten ist: Nicht schreien, nicht rennen, respektvoll mit Büchern umgehen. Also nehme ich mir Zeit, ihm das beizubringen.

Und was ist einfacher, als ein Kind für dich ein Buch aussuchen zu lassen? In kürzester Zeit hatte mein Sohn verstanden, welches Symbol zu meiner Bücherwahl gehörte, und er lief bereits voraus, um jede Menge solcher Bücher aus dem Regal zu ziehen. Auf diese Art und Weise ist man gemütlich in der Bibliothek unterwegs, und das Kind begreift, welches Verhalten von ihm erwartet wird. Es verläuft alles friedlich und fröhlich.

Dasselbe kannst du im Supermarkt tun. Lass dein Kind deine übliche Müsli-Marke aus dem Regal holen und in den Einkaufswagen legen. Dann hat das Kind eine sinnvolle Aufgabe. Ein Kind möchte von Natur aus mitarbeiten und braucht dazu nur noch eine kleine Anregung. Das verhindert, dass das Kind vom ersten bis zum letzten Regal wegen Süßigkeiten quengelt."

Lästige Erziehungssituationen, über Schläge oder Stampfen
Es gibt oft lästige und unangenehme Momente in der Erziehung, aber darf man deswegen sein Kind schlagen? Natürlich können Kinder sehr nervig sein, aber Schläge kommen für mich nicht in Frage. Kinder werden durch Schläge nicht schlauer. Im Gegenteil: Die Wahrscheinlichkeit ist groß, dass sie dieses Verhalten übernehmen und anfangen, andere zu schlagen.

Regelmäßig sehen wir, dass Eltern ihren Kindern auf die Hand schlagen, wenn sie etwas nicht anfassen sollen. Ich habe schon vorhin erzählt, dass die Eltern lieber die Hand des Kindes nehmen und es mit *einem* Finger den Gegenstand streicheln lassen sollten. Oder sagen: Du darfst nur mit den Augen danach schauen.

Wenn Vater oder Mutter wirklich sehr wütend sind, ist *auf den Boden stampfen* eine Möglichkeit. Es erleichtert, wenn man ein paar

Mal stampft, und man braucht sein Kind nicht zu schlagen. Ich rief dazu ein paar Mal: „Ich *will* das nicht!"

Böse schauen finden Kinder auch ganz schlimm. Mein eigener Sohn brachte dann erschreckt heraus: „Mama, du darfst nicht böse schauen!" Ich konnte ihm dann erklären, dass er mit dem nervigen Verhalten aufhören sollte. Es hat nahezu immer funktioniert.

Kinder werden auch regelmäßig zur Strafe in ihr Zimmer geschickt. Ich glaube nicht, dass das eine gute Lösung ist. Es zeigt eigentlich nur, dass man als Eltern nicht mehr weiter weiß und dass das Kind darum aus dem Blickfeld verschwinden soll. Wenn ein Kind ungezogen oder widerspenstig ist, nimmt man es besser „zur Strafe" eine Viertelstunde auf den Schoß bzw. ganz zu sich in die Nähe. Bleib auf jeden Fall mit deinem Kind in Kontakt. Dadurch geht die Verbindung nicht verloren und deine Einstellung wird Einfluss auf dein Kind haben.

Das Theaterstück „Weinen"
Wenn du etwas, das dein Kind macht, ganz schlimm findest, kannst du auch das Theaterstück „Weinen" aufführen. Du kannst deinem Kind dabei in weinendem Ton erklären, wie schlimm du findest, was es gerade getan hat und was sich *ändern* muss. Das macht einen großen Eindruck, und oft ist dem Kind *schnell* sein Verhalten deutlich. Du solltest so ein Theaterstück jedoch nur gelegentlich aufführen.

Drohen und Schreien ist nicht kinderfreundlich
Drohen und Schreien ist eine kinderunfreundliche Erziehungsmethode. Leider wird es im Fernsehen ständig vorgemacht, sodass Menschen (insbesondere Pubertierende) meinen, dass Drohen und Schreien eine normale Umgangsart seien. Eine kinderunfreundliche Drohung ist zum Beispiel: „Wenn du nicht … machst, kommt in der Nacht ein Monster und nimmt dich mit." Oder: „Wenn du so weitermachst, wird dein Papa dich verprügeln, wenn er nach Hause kommt."

So macht man aus Menschen Duckmäuser! Wütendes Brüllen ist auch ein Zeichen der Ohnmacht. Ein großer Erwachsener brüllt auf ein Kind herunter. Es wäre besser, das Kind aufzuheben oder dich klein zu machen, sodass du sagen kannst, was du für notwendig hältst.

Eine besonders liebe Art ist es, dich klein zu machen und dann mit schräg gehaltenem Kopf zu reden. Achte mal darauf: Den Kopf schräg halten ist ein liebevolles Zeichen; Kinder machen das von Natur aus.

Wenn Kinder bestraft werden, fangen sie an, Dinge zu verheimlichen. Sie können anfangen, sich Lügen auszudenken, wodurch sich der Kontakt zwischen Kindern und Eltern verschlechtert. Versuche, alles in der Familie offen zu besprechen. Das kostet viel Zeit, verhindert aber später jede Menge Elend.

Totschweigen ist menschenunfreundlich und ein verkehrter Gebrauch von Macht. In manchen Familien schleift sich die Gewohnheit ein, dass ein Elternteil aus Wut eine Zeitlang nicht mit dem Kind redet. Manchmal passiert das sogar einige Tage lang. Das ist eine verheerende Methode. Das Kind zuckt zusammen und fühlt sich, als würde es immer kleiner werden. Mit Angst im Herzen schaut es Vater oder Mutter an: „Hast du mich noch lieb?"

Manchmal sagen Eltern: „Du weißt selbst, warum ich böse bin." Das ist undeutlich. Es ist erzieherisch besser, zu besprechen, was dich böse macht. Davon lernt das Kind, wie es sich ausdrücken muss.

Eine goldene Regel für dich und die Kinder (aber auch im Allgemeinen): Gehe nie im Streit ins Bett. Mache es immer am Ende des Tages wieder gut, sodass auch der neue Tag gut anfangen kann.

Lernblockade durch Stresshormone

Stresshormone blockieren das aktive Lernen. Bei Kindern degeneriert es zum „Überlebenshormon". Durch Stress reagiert ein Kind mit Fliehen, Kämpfen oder Furcht. Das Kind baut eine Mauer um sich, die für niemanden durchlässig ist. Es will nicht noch mal verletzt werden. Bei Erwachsenen sieht man manchmal, dass diese Mauer noch da ist. Und das ist sehr dramatisch.

Ein Buch zu diesem Thema ist *De onschuldige gevangene* (*Der unschuldige Gefangene*) von Ingeborg Bosch, Psychologin.

12.4 Es kommt ein zweites Kind

Eifersucht, wenn ein zweites Kind geboren ist

Wenn ein zweites Kind geboren ist, beginnt erneut eine sehr angenehme, aber gleichzeitig auch sehr hektische Zeit. Als bei uns das zweite Kind geboren war, bemerkte mein Mann, dass *eins plus eins gleich drei schien*. Und tatsächlich scheint die Zunahme der Hektik in der ersten Phase unverhältnismäßig. Eines der Probleme, denen man begegnen kann, ist Eifersucht.

„Lange habe ich meine kleine Schwester als Eindringling betrachtet. Ich wusste, dass ich nicht länger der einzige Liebling meiner Mutter war, und dieser Gedanke erfüllte mich mit Eifersucht. Meine Schwester durfte stets dort sitzen, wo ich gesessen hatte, bei meiner Mutter auf dem Schoß. Und sie schien alle Aufmerksamkeit und Zuwendung zu bekommen."

So lautet ein Zitat aus dem Buch *Brüder und Schwestern: Geburtenfolge als Schicksal* von Karl König. Es gibt eindrucksvoll den Gedankengang des ältesten Kindes wieder.

Eifersucht braucht es nicht zu geben.

Wie kann man die Eifersucht des ersten Kindes verhindern? Hier einige Tipps:

- Wenn du dein Baby badest oder wickelst, lass dein anderes Kind einfach dabei helfen, indem es Seife, Kleider usw. reicht. Akzeptiere, dass alles etwas länger dauert, wenn dein Kind mithilft, und alles nass wird, aber vermeide es, es ständig wegzuschicken, wenn du mit deinem Baby beschäftigt bist.
- Tu so, als würdest du Puppentheater spielen, und das (schlafende) Baby sei die „Puppe" und möchte mit dem älteren Kind spielen. Du sagst dann zum Beispiel: „Hallo, mein Kind, ich möchte mit dir spielen. Ich möchte dein Auto/deine Puppe anschauen." Du machst eine Babystimme, und das Baby schaut sich dann sozusagen das Spielzeug deines älteren Kindes an. Lass das Baby mit den Füßen den Ball „treten", mit den Händen die Puppe berühren oder „setze" es auf das Dreirad. Kinder bekommen nicht mit, dass es nicht wirklich passiert, so wie sie das beim Kasperletheater auch nicht mitbekommen, aber dein Kind hat dabei schon das Gefühl, dass es einen Spielkameraden gewonnen hat.
- Viele Kleinkinder wollen für einen Moment Baby sein, denn alle mögen Babys. Sag deinem Kind ruhig: „Ach, wie schön, jetzt habe ich zwei Babys."
- Du kannst dein Baby ins Wohnzimmer legen. Wenn das Baby immer da ist, gehört es für dein älteres Kind auch dazu. Ich habe schon beobachtet, dass Eltern das Baby einfach im Kinderwagen im Wohnzimmer stehen hatten.
- „Mama setzt sich mal zu dir." Wenn du ankündigst, dass du dich zu deinem Kind setzt oder mit ihm spielst, nimmst du automatisch immer das Baby mit. Nur sagst du das nicht ausdrücklich, es wird zur Selbstverständlichkeit. Setze dich eventuell zum Kind auf den Boden. Das Baby kann immer in deinen Armen oder im Tragetuch dabei sein, schlafend oder trinkend.
- „Wir haben das Baby so lieb, ja?" Wenn du zum Beispiel deinem Kind sagen würdest: „Du hast ja so ein schönes Kleid oder eine schöne Hose an", nimmt es das sofort von dir an, und es findet das dann auch schön. Also kann man auch gemeinsam das Baby lieb und schön finden.

- „Wie ungezogen/unartig das Baby schon wieder ist!" Du kannst das deinem anderen Kind sagen, wenn das Baby zum Beispiel schon wieder trinken mag oder an etwas gezogen hat.
- Was du lieber unterlässt, ist, das Baby immer als Ursache aller möglichen Handlungen oder Arbeiten zu erwähnen, zum Beispiel: „Wir müssen jetzt nach Hause, weil das Baby ..."
- Während du stillst, kannst du zusammen mit deinem anderen Kind lesen, Lieder singen, Türme bauen usw.
- Setze ein Kind ans Fußende des Babys, so kann es die Söckchen und Füße anfassen, und du vermeidest, dass es unabsichtlich den Kopf des Babys mit dem Auto oder dem Klotz in der Hand trifft.
- Du kannst zusammen mit deinem Kind seine eigenen Babyfotos anschauen.
- Vielleicht mag dein Kind auch mal die Milch an der Brust kosten (das gelingt gut, wenn die Milch gerade einschießt).
- Wenn das Baby immer getragen werden will, verwende ein Tragetuch, dann hast du die Hände für dein anderes Kind frei.
- Wenn du todmüde bist und kein Land mehr siehst, setzt euch gemeinsam ins Elternbett: dein Baby an der Brust, dein anderes Kind mit etwas Spielzeug. Vielleicht schläft es dann auch dabei ein.
- Lass eventuell dein größeres Kind nachts mit im Elternbett schlafen. Die neue Situation kann beim Kleinkind Angstträume auslösen.
- Nimm dein größeres Kind ein paar Mal am Tag eine Viertelstunde auf den Schoß, damit beugst du vielen Problemen vor.

12.5 Kinderkrankheiten

Kinderkrankheiten sind auch reinigend

In jeder Hinsicht sind Kinderkrankheiten reinigend fürs Kind. Die Viren räumen altes Eiweiß auf, was für ein Kind förderlich ist.

Durch liebevolle Pflege und Aufmerksamkeit, neben „lebendem" Essen und Trinken, wird das Kind die Krankheit besser überstehen und das Immunsystem wird dadurch gestärkt. Rote-Bete-Saft hat eine starke positive Wirkung und baut das kranke Kind wieder auf. Auch Schwitzen wirkt reinigend, weil es Giftstoffe eliminiert. Halte das Kind also warm. Gib ihm keine tierischen Eiweiße oder Zucker. Der Grund hierfür ist, dass sich Viren und Bakterien durch tierisches

Eiweiß fortpflanzen können. Es ist darum anzuraten, ungefähr drei Tage ausschließlich pflanzliche Nahrung zu essen. Von Zucker rate ich ab, weil er dem Körper Vitamine und Mineralien einzieht.

Kinderkrankheiten und Impfen
Einfach formuliert, lässt sich sagen, dass Kinder Kinderkrankheiten brauchen, um „unreine"" Stoffe im Körper loszuwerden. Jeder Körper bildet nach dem Kontakt mit einem Virus, einem Bakterium oder einem Pilz einen Antistoff namens Interferon, das eine Antitumorwirkung hat: Es bremst das Wachstum falscher Zellen und bleibt das ganze Leben lang im Körper aktiv.

Der Naturarzt Jaap Huibers schreibt in seinem Buch *Kranke Kinder ... gesundes Helfen* ausführlich über die Bedeutung der Interferonbildung im Kinderkörper. Er schreibt darüber: „Wenn wir alle Kinderkrankheiten wegimpfen, nimmt man dem Kinderkörper die natürliche Möglichkeit, Interferon zu bilden. Die viralen Kinderkrankheiten haben sich als lebenslänglicher Interferonschutz gegen Krebs und Leukämie erwiesen." Er rät Eltern, sich alle angebotenen Impfungen gut zu überlegen und selbst eine wohlüberlegte Entscheidung zu treffen.

Der Verein *Kritisches Impfen* bietet nützliche Informationen über Impfungen auf der Website:
www.impfkritik.de und www.impfo.ch
Bei einer Kinderkrankheit ist eine Schmerztablette schädlich, weil das Fieber eine Funktion hat (siehe hierzu Kapitel 12.6). Eventuell kann man Kamillenzäpfchen von Weleda geben.

Ich selbst habe unsere ersten vier Kinder impfen lassen. In der Zeit waren wir uns nicht aller Aspekte des Impfens bewusst, es gehörte einfach dazu. Die Kinder wurden immer ziemlich krank davon und mussten viel weinen. Es kamen auch andere Erscheinungen hinzu, wie ständige Schnupfnasen und Ekzeme. Ich war mir nicht sicher, ob das mit den Impfungen zusammenhing, aber es war schon auffällig. Bei unserem fünften Kind entdeckte ich, dass wir die freie Wahl hatten. Nach zwei Impfungen haben wir aufgehört.

Untersuchungen haben ergeben, dass Impfungen bei Stillkindern erfolgreicher sind als bei Flaschenkindern. Außerdem ist der Vorteil vom Stillen natürlich, dass die Muttermilch bereits viele Antistoffe enthält, aufgrund der Krankheiten, die die Mutter früher durchgemacht hat. Muttermilch enthält außerdem Interferon.

Wenn das Baby geimpft wird, kann die Mutter das Baby sofort anlegen, also während des Impfens oder sofort danach. Außerdem ist es ratsam, die gepikste Stelle sanft zu massieren, damit sich die Impfflüssigkeit schneller verteilt und die Impfung weniger schmerzt. Zu Hause kann man die Stelle mit einer Quarkkompresse pflegen.

Wenn du darüber nachdenkst, Impfungen auszulassen, rate ich dir, Kontakt mit einem Naturarzt oder einem Homöopathen zu suchen, damit er oder sie dein Kind kennenlernt. Außerdem ist es natürlich immer wichtig, sich gesund zu ernähren und viel Rohkost und Obst zu essen, um den Widerstand zu optimieren.

Impfungen

Homöopathen berichten, dass manche Kinder nach einigen Impfungen wegen Schnupfen, Mittelohrentzündungen, Bronchitis, Ekzemen, Asthma, Wachstumsstörungen usw. behandelt werden mussten. Wenn die Beschwerden nach Verabreichung des homöopathisch hochpotenzierten Impfstoffs zurückgehen, kann dies als Beweis dafür gelten, dass die Impfungen die Ursache waren.

Der Arzt und Homöopath Titus Smit nennt dies das Postimpfungssyndrom. Er hat darüber ein Buch mit 25 Beispielen geschrieben: eines für Eltern und eines für Ärzte. Die Einnahme von Thuja, wozu oft geraten wird, findet Smits nicht effektiv. Es wirkt nur beim Pockenimpfstoff; lieber gibt er vor der Impfung präventiv den potenzierten Impfstoff.

Behalte dein Kind die ersten 24 Stunden nach der Impfung im Auge. Bis zu achtzehn Tagen danach ist es eine empfindliche Zeit. Es ist ratsam, ein Tagebuch mit den Daten und Symptomen zu führen. Du wirst alles schneller, als du denkst, vergessen. Für eine homöopathische Behandlung bei eventuellen Impfschäden sind diese Daten enorm wichtig. Gib in dieser Zeit keine Schmerztablette, sondern gegebenenfalls ein Kamillenzäpfchen.

Die Gesellschaft für Kritisches Impfen hat eine Liste von Kontrain-
dikationen gegen Impfungen aufgestellt, wie Kuhmilch- bzw. Eiun-
verträglichkeit, Zuckungen, häufige Darmkrämpfe, Wimmern und
hohes Fieber, Infektionen, zu früh oder zu wenig wiegende geborene Babys.

Einige Impfstoffe werden unter anderem mit Hühnereiweiß ge-
züchtet, was an sich schon höchstallergen ist. In dem Konservie-
rungsmittel von Impfstoffen befindet sich eine Form von Aluminium
und manchmal auch Quecksilber, das bei einigen Kindern Schäden
verursachen kann.

Siehe auch Kapitel 15.3, aus dem ich hier vorweg Kristine Nolfi zitiere: „Lebende Nahrungsmittel schützen den Körper besser gegen
Infektionskrankheiten als Impfungen."

Vermeide auch die Verwendung von Zucker und zuckerhaltigen
Nahrungsmitteln, wie der Arzt Benjamin P. Sandler 1951 in seinem
Artikel *Diet Prevents Polio* (im Internet abrufbar) beschrieb. Er riet
zudem dazu, während der Epidemie auf Gluten zu verzichten.

Vitamin-D-Mangel
Unser Gesundheitssystem geht davon aus, dass Kinder zusätzliches Vitamin D brauchen, um Kalzium für die Knochen und Zähne
in den Körper aufnehmen zu können. Mangelerscheinungen können die Wohlstandskrankheiten Diabetes und manche Krebsarten
mitverursachen.

Vitamin D nehmen wir vor allem durch Sonnenlicht auf. Mangelerscheinungen entstehen durch zu wenig Sonnenlicht und zu wenig
Aufenthalt im Freien. Ein Mangel entsteht auch, wenn wir durch die
Verwendung von Seife die Fettschicht unserer Haut, in der sich das
Vitamin D gesammelt hat, abwaschen. Es ist besser, dieses Fett auf
der Haut zu lassen und Kinder nach einem sonnigen Tag nicht zu
baden, sondern erst am folgenden Tag. Auch ist es eine gute Idee,
die Kinder kurze Hosen und Röcke tragen zu lassen, sodass das
Sonnenlicht auf ihre Beine scheinen kann.

12.6 Natürliche Hausmittel bei diversen Beschwerden

Muttermilch ist ein sehr heilsamer Stoff, sie wird sogar als Medikament eingesetzt. Wundgelegenen Patienten wird es manchmal auf die Haut aufgetragen, um Wunden vorzubeugen oder sie zu heilen. Außerdem erweist sich Muttermilch als effektives Mittel gegen Krebszellen. Hautpapillome, ein gutartiges Vorstadium von Hautkrebs, wurden mit Muttermilch eingerieben. Bei 82 Prozent der Probanden verschwand das Papillom. Das Muttermilcheiweiß namens „Hamlet" zerstört verschiedene Arten von Krebszellen.

Im Gespräch mit Müttern über die heilende Wirkung von Muttermilch kamen wir auch auf andere Hausmittel für jede Art körperlicher Beschwerden. Es sind oft Mittel, die Mütter von ihren Müttern oder voneinander gelernt haben. Auch haben mir die Tipps von A. Vogel oftmals geholfen.
Ich möchte gern noch einige Hausmittel nennen, mit dem ausdrücklichen Hinweis, dass es bei jeglichem Zweifel immer empfehlenswert ist, einen Arzt zu Rate zu ziehen.

Ansteckung bei Grippe und Erkältung
Die Ansteckungsgefahr kannst du verhindern, indem du keine Gegenstände anfasst, die eine kranke Person angefasst hat, wie Tassen und Taschentücher. Solltest du sie doch angefasst haben, wasche dir danach immer die Hände. Trinke außerdem Kamillentee, der eine desinfizierende Wirkung hat. Gib deinem Kind Probiotika „Symbioflor 1" (für die Atemwege), dieses Mittel tötet Viren und Bakterien (siehe Erklärung bei Hausmittel „Bakterien und Viren").

Anstoßen, fallen, prellen
Für Stoß- und Fallverletzungen sowie Prellungen gibt es das Fallkraut bzw. Arnika. Es gibt Arnikasalbe für die Haut und Arnikatropfen für Prellungen, die bei inneren Schmerzen helfen.
Bei Prellungen hilft auch der Saft eines geknickten oder zerdrückten Kohlblatts. Lege ein zerdrücktes Kohlblatt auf die geprellte Stelle. Ziehe ein Stück Strumpfhose über das Bein oder den Arm oder verwende einen Verband, um das Blatt zu fixieren. Das ist

sinnvoll für die Nacht. Nach einigen Tagen spürst du ein positives Ergebnis.

Augenentzündung
Gib bei Augenentzündung ein paar Tropfen Muttermilch ins Auge.

Bakterien und Viren
Bakterien und Viren kommen unter anderem oft in den Atemwegen sowie in Magen und Darm vor. Es gibt zwei Probiotika, die Bakterien und Viren töten: Symbioflor 1 für die Atemwege und Symbioflor 2 für Magen und Darm.

Gib zehn Tropfen in ein kleines Wasserglas. Du kannst es gurgeln oder schlucken. Wenn du es gurgelst, werden auch die Bakterien und Viren in deinem Mund getötet. Gebrauche dies so oft, wie es nötig ist.

Von Symbioflor 1 kannst du einige Tropfen auf deiner Hand durch die Nase hochziehen oder bei deinem Kind in die Nase tropfen.

Der Hersteller geht bei einer angefangenen Flasche davon aus, dass sie drei Wochen haltbar ist. Meine Erfahrung ist, dass du sie danach noch sehr lange gebrauchen kannst. Bewahre sie am besten im Kühlschrank auf.

Bakterien und Viren pflanzen sich mithilfe von tierischem Eiweiß, Zucker und gezuckerten Produkten fort. Wenn du dich angesteckt hast, iss drei Tage lang kein tierisches Eiweiß und gezuckerte Produkte.

Bei einer ernsthaften Virusinfektion: Nimm tagsüber alle zwei Stunden 15 mg Zink, 5 mal Vitamin C während des Tages und nachts 1 mal und nimm täglich Vitamin D und Selen ein.

Beckeninstabilität
In alternativen Testen zeigt sich, dass durch einen Mangel an Kalzium, Magnesium und Zink eine Beckeninstabilität entstehen kann. In *Dr. Schüßler Zellsalztherapie – Arbeitsmappe für Therapeuten* von Dick, Ineke und Elke van der Snoek wird aufgeführt, dass es sich dabei um einen Mangel an Calcium fluoratum und anderen Sorten von *Kalken* handelt. Siehe hierzu die Website:
www.schuessler-salze-service.de

Bei einigen Frauen tritt Beckeninstabilität jedoch auch aufgrund einer Form von Nahrungsmittelallergie gegenüber von Milchprodukten und Gluten auf. Es ist dann ratsam, einen Test machen zu lassen, um herauszufinden, wie oft und wie viel sie davon essen können (siehe hierzu Kapitel 15).

Brandwunde

Halte eine Brandwunde circa zehn Minuten *direkt* unter leicht strömendes lauwarmes oder kaltes Wasser. Versorge die Wunde danach, indem du sie mit einem sterilen Verband, sauberen Tüchern oder Laken abdeckst. Die Brandblasen sollte, wenn möglich, ganz gelassen werden, das verhindert Schmerzen.
Eine Calendulasalbe wird unmittelbar den Schmerz lindern. Nicht auf die offene Wunde reiben! Ein Brei, zubereitet aus dem Zellsalz 8 (Natriumchlorat), hilft auch. Gurkenscheiben wirken kühlend, und einige schmieren auch After-Sun-Lotion auf eine Brandwunde.

Brennnnessel (Verbrennung durch)

Feuchte Brennnessel mit Essig an und trage eventuell eine Insektensalbe auf.

Brustentzündung

Statt Brustentzündung sollte es lieber „gestaute Milchdrüse" genannt werden, die du wie folgt behandeln kannst:
- Lege dir eine Wärmflasche auf die Brust oder nimm eine warme Dusche vor dem Anlegen, die Wärme erweitert die Milchdrüsen. *Fieber dauert 24 bis 36 Stunden.*
- Dein Baby ist die beste Medizin! Stille also mindestens alle zwei Stunden, lass das Baby nuckeln und an der Brustwarze einschlafen.
- Massiere die gestaute Stelle sanft zur Brustwarze hin, oder bitte jemanden, während des Stillens beim Massieren zu helfen.
- Fahre dein Tempo auf das langsame „Oma-Tempo" runter, oder ruh dich mit deinem Baby so viel wie möglich aus (am besten im Bett).
- Gegen Schmerzen zwischen den Stillzeiten hilft ein zerdrücktes Weißkohlblatt oder gib eine Handvoll kalten Quark auf die Stelle, die du mit einem Tuch zudeckst.

- Wenn das Baby es nicht schafft, die Verstopfung wegzutrinken, kann es einige Tage oder sogar Wochen dauern. Der Blutkreislauf lässt die Stauung allmählich zurückgehen.
- Lege Dein Baby auf ein Bett und hänge dich darüber, um zu stillen. Der Unterkiefer des Babys drückt auf die gestaute Milchdrüse. Die Schwerkraft wird mithelfen.
- Der Unterkiefer hat die stärkste Saugkraft. Lege deswegen das Baby an die gestaute Milchdrüse, bis du fühlst, dass der Druck nachlässt.
- Wenn möglich, setze dich in ein warmes Bad mit Wasser bis zum Kinn. Das Wasser sollte so warm sein, wie du es verträgst. Bleibe lange im Wasser, um die Blutgefäße optimal zu weiten. Vielleicht gelingt es dir, die warme Brust leer zu massieren.

Ekzeme
Im Fall von Ekzemen sollten alle aggressiven Eiweiße und Zucker weggelassen werden. Zum Einnehmen: Nachtkerzenöl, das Gammalinolensäure enthält, die auch in Muttermilch reichlich vorkommt. Teste, wie lange das Nachtkerzenöl heilsam ist (siehe Kapitel 15).

Entzündung auf der Haut oder dem Zahnfleisch
Bei Entzündung auf der Haut oder dem Zahnfleisch tropfst du ein bisschen Echinaforce auf die schmerzende Stelle oder gebrauchst du Echinaforcesalbe.

Bei Zahnfleischentzündung spülst du tagsüber deinen Mund mit reichlich Echinaforcetropfen in einem Wasserglas aus. Wiederhole den Vorgang so lange, bis die Entzündung abklingt.

Entzündung unter der Haut
Bei Entzündungen unter der Haut helfen Quarkkompressen. Lege alle zehn Minuten Quark auf die Stelle, anschließend lässt du die Stelle zehn Minuten frei. Decke den Quark mit einem Stofftaschentuch ab. Wiederhole diese Prozedur so lange, bis Linderung eintritt.

Erbrechen (Spucken) während der Schwangerschaft
Nimm im Fall von Erbrechen in der Schwangerschaft zusätzlich Vitamin B6; es liegt an einem Mangel von Ferrum Phosphoricum und

anderen Schüßler-Salzen (siehe Abschnitt 15.2). Iss öfter und kleine Portionen.

Ein Homöopath machte mich darauf aufmerksam, dass bei Erbrechen in der Schwangerschaft das Kind und die Mutter manchmal nicht gut aufeinander abgestimmt sind. Er beobachtete, dass sich das nach der Geburt fortsetzen kann. Ein homöopathisches Mittel kann dann für den „Klick" sorgen.

Erkältung/verstopfte Nase

Inhaliere bei Erkältung mit einem Dampfbad mit sehr warmem Wasser und (getrockneter) Kamille. Lege dir ein Tuch über den Kopf und atme den Dampf tief ein. Wenn ein Kind inhaliert, sollte ein Erwachsener dabeibleiben und die Schüssel festhalten. Durch sein spielerisches Verhalten kann ein Kind die Schüssel umstoßen, es besteht Verbrühungsgefahr! Sei also bitte vorsichtig!

Wenn dein Stillkind Schnupfen hat, kannst du ihm Muttermilch in die Nase tröpfeln. Das ist schleimlösend. Auch kannst du ein wenig isotonische Kochsalzlösung, die man in der Drogerie oder Apotheke erhalten kann, in die Nase tröpfeln. Außerdem kannst du etwas Kindermenthol unter deine Achseln reiben. Die Achsel erwärmt das Menthol, das das Atmen beim Stillen erleichtert. Menthol findet man in der Drogerie unter dem Namen Inhalationssalbe für Babys. Eine geschnittene Zwiebel neben dem Bett hilft auch. Zwiebelgeruch aktiviert die weißen Blutkörperchen. Du kannst selbst auch mit Emser-Salz Salzwasser herstellen.

Wenn du die Nase putzen willst, mache das am besten mit den Fingern. Das irritiert am wenigsten und schont die Haut.

Fieber

Fieber ist meistens sehr nützlich. Es tötet Bakterien und Viren. Je höher das Fieber, desto mehr Bakterien und Viren werden getötet. Der Körper kann Fieber bis zu 40,5 Grad vertragen. Durch das Fieber werden im Köper viele weiße Blutkörperchen produziert, die den Widerstand erhöhen. Paracetamol hingegen unterdrückt das Fieber und damit auch dessen reinigende Wirkung, ohne die sich das eigene Abwehrsystem des Menschen nicht ausreichend entwickeln kann.

Wenn du zu besorgt sein solltest, könntest du eventuell ein Kamillenzäpfchen geben.

Zitronensöckchen: Bei Fieber über 38,5 Grad ist es heilsam, dem Kind Zitronensöckchen anzuziehen. Dies verhindert, dass *der Hitzeschub zum Kopf* wandert. (In Deutschland macht man oft *Wadenwickel*.)

Die Zitronensöckchen machst du folgendermaßen:
- Prüfe, ob die Füßchen warm sind. Wenn nicht, musst du sie erst gut warm machen.
- Nimm eine Schüssel Wasser mit 37 Grad; schneide die Zitrone unter Wasser durch und mache Einkerbungen in die Schale.
- Drücke die Zitrone am Boden der Schüssel aus. Auch das Aroma der Schale muss im Wasser sein.
- Tunke Baumwolltücher oder ein Paar Kniestrümpfe ins Wasser und wickele sie um die warmen Füßchen bis zum Knie.
- Lege einen Wollstoff, Wollsocken oder deinen Wollpullover darüber bis zu den Knien.
- Lass die Zitronensöckchen mindestens 20 Minuten an den Füßen oder die ganze Nacht.
- *Wichtig*: Diese Prozedur nicht mit kalten Füßen machen!

Gelbes Baby
Ein Baby, das gelb aussieht, muss viel gehalten werden. Massiere die Lebergegend, rechts am Bauch. Stille ganz oft. So ein Baby ist dann sehr schläfrig. Bade das Baby nicht, so vermeidest du bei ihm Übermüdung.

Grippaler Infekt (Grippe)
Bei grippalen Infekten isst du am besten drei Tage lang keine tierischen Produkte und keinen Zucker, dafür aber viel Rohkost und Vitamin C. Viren und Bakterien gedeihen auf tierischen Produkten.

Kamillentee verhindert eine Ansteckung.

Nimm Echinaforce und Probiotikum Symbioflor 1 (siehe auch „Bakterien und Viren") ein.

Halsschmerzen

Im Fall von Halsschmerzen kannst du mit Salzwasser gurgeln. Mache das alle zwei Stunden. Eine ganz kleine Menge Salzwasser kannst du beim Schlucken den Rachen hinunterlaufen lassen.

Ernährung: Nimm drei Tage lang keine tierischen Produkte und keinen Zucker zu dir, dafür viel Rohkost, Vitamin C und pflanzliche Produkte. Kamillentee verhindert eine Ansteckung.

Nimm Echinaforce und Probiotikum Symbioflor 1 (siehe auch „Bakterien und Viren") ein.

Haut- oder Zahnfleischentzündung

Bei solchen Entzündungen tropfst du etwas Echinaforce auf die schmerzende Stelle oder verwendest Echinaforcesalbe.

Husten

Ein Kind hustet mehr, wenn es im Liegen schläft. Es im Sitzen schlafen zu lassen, ist eine Möglichkeit. Ich habe mich mit einer warmen Jacke ins Bett gesetzt und hielt das Kind sitzend an meinen Körper gedrückt. Ein Stillkind kann oft angelegt werden, weil Muttermilch schleimlösend wirkt und den Husten lindert. Zum Ende der Nacht lässt der Hustenreiz oft nach, sodass sich beide hinlegen können.

Es gibt einen guten Hustensirup aus Kiefernspitzen von A. Vogel, den du in Schlückchen einnehmen kannst. Bei festsitzendem Husten mit Schleim gibt es einen Hustensirup von A. Vogel mit Thymian und rundem Sonnentau.
Nimm drei Tage lang keine tierischen Produkte und keinen Zucker zu dir.
Nimm Echinaforce und Probiotikum Symbioflor 1 (siehe auch „Bakterien und Viren") ein.

Insektenstiche

Feuchte Insektenstiche mit Essig an und trage eventuell eine Insektensalbe auf.

Knochenbrüche

Gib deinem Kind bei Knochenbrüchen Urticalcin und Silicea zur Förderung raschen Genesens; beide sind homöopathische Mittel.

Kopfläuse

Läuse sterben beim Waschen mit Schmierseife. Reibe die Haare mit Schmierseife mit etwas Wasser verdünnt ein. Nach einer Viertelstunde kannst du sie ausspülen. Wenn du den Kopf mit lauwarmem Kokosöl einreibst, werden die Läuse auch getötet. Die Nissen lassen sich lösen, indem man die Haare mit lauwarmem Essig spült und ihn eine halbe Stunde einziehen lässt. Wenn du daraufhin die Haare mit einem Läusekamm auskämmst, kannst du alles entfernen.

Kontrolliere täglich die Haare mit einem Läusekamm. Die Tiere halten sich mit Vorliebe an warmen Stellen auf, wie am Hals und hinter den Ohren.

Reibe präventiv ein paar Tropfen Lavendelöl oder Teebaumöl in die Haare.

Legasthenie

Legasthenie kommt ganz oft vor. Meist ist es eine Reaktion auf Kuhmilch- und Weizenvollkornprodukte sowie andere glutenhaltige Nahrungsmittel. Du kannst das mit einem Nahrungsmitteltest prüfen. Es ist zu empfehlen, Omega 3, 6 und 9 einzunehmen. Omega-3-Fette spielen eine Rolle bei der Entwicklung des Nervensystems und des Gehirns. Omega 6 ist Linolensäure, was für den Stoffwechsel von Fettsäuren und Zellmembranen notwendig ist. Omega 9 ist eine ungesättigte Fettsäure. Sie trägt zum richtigen Verhältnis zwischen Omega 6 und 3 bei. Wie viel und wie oft du diese Nahrungsergänzungsmittel nehmen kannst, kannst du testen (lassen).

Magensäure während der Schwangerschaft

Magensäure in der Schwangerschaft kannst du begegnen, indem du auf Haferflocken kaust du und sie so lang wie möglich im Mund behältst.

Milchschorf

Milchschorf ist ein Ausschlag am Kopf des Babys aufgrund einer Reaktion auf Nahrungsmittel. Reibe die Stelle mit Öl oder verdünntem Apfelessig ein. Achte darauf, ob das Baby nach dem Verschwinden des Milchschorfs möglicherweise Erkältungssymptome zeigt, denn das weist noch stärker auf eine allergische Reaktion auf ein Nahrungsmittel hin.

Mundschmerzen
Kinder können sich im Mund verletzen, zum Beispiel an einem Stift. Zitronensäure-Glyzerin hilft gut dagegen. Es ist in Drogerien erhältlich.

Naschlust während der Schwangerschaft und danach
Wenn du während der Schwangerschaft Lust auf Naschen bekommst, nimm extra Zink, Chrom und gesunde Nahrung zu dir, eventuell süßes Obst (siehe auch „Hunger auf bestimmte Nahrung" unter 15.3).

Ohrenschmerzen
Tropfe bei Ohrenschmerzen ein wenig Ohrenöl oder Sint-Janskraut-Öl (nicht kalt) in das Ohr (in der Apotheke erhältlich). Man kann auch hinter dem Ohr eine fein gewürfelte Zwiebel oder fein gehackten Knoblauch in einem dünnen Waschlappen auftragen und darüber eine Wollmütze ziehen. Trage immer wieder eine frische Zwiebel bzw. frischen Knoblauch hinter dem Ohr auf.

Es gibt Ohrentropfen Plantago von A. Vogel.

Prämenstruelles Syndrom (PMS)
Viele Frauen haben prämenstruelle Beschwerden. Ich habe beim Befolgen dieser Tipps Linderung beobachtet:
- Bereite jeden Tag einen Salat aus feingeschnittenem Spitzkohl oder einer anderen Kohlsorte. Schneide viel Petersilie in den Salat oder iss die Petersilie einfach so (ein Bund in der Woche). Du kannst auch ein bisschen Fruchtsaft in den Salat geben, je nach Geschmack.
- Außerdem ist Alfalfa (Kresse) zu empfehlen. Alfalfa schmeckt auch lecker auf Brot.

Wenn du diese Produkte in der Woche vor der Menstruation isst, wird es dir besser gehen und du wirst weniger Beschwerden haben.

Probiotika als natürliche Hausmittel

Gegen Halsschmerzen, Husten, Schleimbildung und Atemwegsinfektionen wirkt Symbioflor 1. Dieses Probiotikum kannst du deinem Kind mehrmals am Tage geben. Meistens gebe ich so viele Tropfen entsprechend den Lebensjahren des Kindes, oder manchmal etwas mehr, in etwas Wasser aufgelöst, wenn das Kind bereits gurgeln und schlucken kann. Ergänzend kannst du die Lösung um die Nase aufbringen und auch ein paar Tropfen in die Nase einbringen, das tötet auch dort Bakterien und Viren. Ein Erwachsener selbst kann die Lösung aus der Handfläche durch die Nase hochziehen.

Für Darm- und Bauchbeschwerden, wie Spucken oder Durchfall, gibt es Symbioflor 2. Verwende es so, wie bei Symbioflor 1 beschrieben. In die Nase brauchst du es dann nicht zu geben. Nach meiner Erfahrung kann man es geöffnet lange im Kühlschrank aufbewahren (siehe auch „Bakterien und Viren" unter 12.6).

Sodbrennen während der Schwangerschaft

Sodbrennen während der Schwangerschaft kannst du bekämpfen, indem du auf Haferflocken kaust und diese so lange wie möglich im Mund behältst.

Soor

Soor ist ein Pilz im Mund oder auf der Brustwarze, der kleine Bläschen bildet. Dieser Pilz lebt von Süßem und stirbt durch Salziges und Saures ab.

Süß sind Muttermilch, künstliche Nahrung und Zucker.

Salzig (und somit heilend) ist Magensalz oder Natriumbikarbonat (in der Apotheke erhältlich).

Sauer (und somit heilend) ist Wasser mit einem kleinen Schuss Essig.

Sauer ist auch: Tannin in kaltem, starkem schwarzen Tee.

Du kannst den Mund des Babys mit einem Baumwolltuch in Salzwasser oder in kalten schwarzen Tee getunkt reinigen. Tupfe alles ab: die Innenseite der Wange, die Zahnleiste, die Zunge. Diese Reinigung musst du alle zwei Stunden wiederholen.

Soor hält sich am längsten hinten im Rachen, zum Beispiel in Form eines weißen Pickels. Dort kannst du nicht reinigen. Träufle mit einer Pipette ein paar Tropfen Magensalz oder starken schwarzen Tee in den Rachen. Die Brustwarzen kannst du mit essighaltigem Wasser abtupfen. Bei Schmerzen kannst du eine fetthaltige Salbe mit Wollfett oder Vaseline nutzen. Als Diät empfehle ich, keinen Zucker und keine Nahrungsmittel auf Schimmelbasis (wie bestimmte Käsesorten oder Hefebrot), keine Pilze und geräucherte Produkte zu essen; Sauerteigbrot ist dagegen gut.

Nachdem die Symptome verschwunden sind, musst du die Behandlung noch drei Tage fortsetzen.

Kokosöl (Caprylsäure) ist heilend, ebenso Kristallviolett (Gentiana violett), eine Lösung, die stark violett einfärbt (die Verfärbung geht wieder weg).

Soor beim älteren Kleinkind kannst du mit einer fettigen Säure namens Zitronensäure-Glyzerin (in der Drogerie erhältlich) behandeln. Du kannst deinen Finger eintunken und die Soorstellen abtupfen.

Soor ist unheimlich ansteckend. Passe also auf mit dem Teilen von Spielzeug oder Schnullern bzw. mit zwei Kindern, die gestillt werden. Soor hängt mit dem Weißfluss der Mutter zusammen. Soorkinder sind oft besonders empfindlich.

Sollte ein Arzt Medikamente verschreiben, ist es trotzdem sinnvoll, den Mund zusätzlich mit einem Baumwolltuch mit Magensalz zu reinigen. Lies auch das Buch *Pilze, Zucker und Allergie* der Ärztin Anna Kruyswijk-van der Heijden.

Verlangen nach bestimmten Nahrung
Siehe hierzu Teilkapitel 15.3.

Warzen
Warzen tupfst du mit der gelben Flüssigkeit aus der Schöllkrautpflanze oder Thuja (Chelidonium) ab. Dieses Unkraut wächst überall und überlebt sogar den Winter.

Wachstumsschmerzen

Gib dem Kind bei Wachstumsschmerzen Kalzium plus Magnesium. Arnikatropfen helfen auch.

Zahnen

Wenn dein Kind zahnt, lass es auf eine rohe Möhre beißen. Der Saft wirkt lindernd.

13 Familienplanung

Fruchtbarkeit und wann ein weiteres Kind kommen darf

In diesem Kapitel gehe ich auf die natürliche Familienplanung ein. Wie schnell nach der Geburt deines Kindes kannst du wieder schwanger werden, und wie kannst du verhüten? Auch das Erkennen der Fruchtbarkeit wird behandelt.

13.1 Eine neue Schwangerschaft aufschieben

Mütter sollten am besten 18 bis 23 Monate zwischen der Geburt des einen Kindes und der Schwangerschaft mit dem nächsten Kind abwarten, so schlussfolgern US-amerikanische Forscher aufgrund einer Studie nach 173.205 Geburten im Bundesstaat Utah zwischen 1989 und 1996. Daraus geht hervor, dass Babys, die früher als 18 Monate nach der Geburt des Geschwisterchens gezeugt wurden, eine 30- bis 40-prozentige höhere Wahrscheinlichkeit haben, zu früh oder zu leicht geboren zu werden als Kinder, die zwischen 18 und 23 Monaten geboren werden. Die zu früh gezeugten Babys haben wahrscheinlich mehr Probleme, weil die Mutter sich von der letzten Schwangerschaft noch erholen muss bzw. von der Pflege des zuletzt Geborenen noch gestresst ist.

Selbst wenn die Mutter nicht lange stillt, empfiehlt sich das Aufschieben einer neuen Schwangerschaft. Das bereits geborene Baby kann dann in dieser wichtigen Lebensphase ausgiebig auf den Schoß genommen werden und Aufmerksamkeit bekommen.

In der heutigen Gesellschaft sind junge Frauen länger mit Ausbildung und Studium beschäftigt. Sie ziehen es vor, zunächst einige Jahre zu arbeiten, zu sparen und durch die Welt zu reisen, ehe sie ihren Kinderwunsch in Erfüllung gehen lassen wollen. Wenn sie sich dann für ein Kind entschieden haben, „planen" sie manchmal zwei oder drei Kinder kurz hintereinander. Oft haben sie eine starke Motivation für das Muttersein und wollen auf natürliche Weise eine intime Verbindung zu ihrem Kind herstellen. Wenn sie nach der ersten

Entbindung aufgrund langen Stillens noch nicht fruchtbar sind, kommt ihre Familienplanung durcheinander. Allerdings ist das ein ganz natürlicher Vorgang: Der Frauenkörper ist erst für die nächste Schwangerschaft bereit, wenn das erste Baby seine natürlichen Bedürfnisse vollständig befriedigen konnte. Die eigene Planung der Eltern gerät mit der Planung der Natur in Konflikt.

Auch auf emotionaler Ebene ist es für das ältere Kind besser, wenn nicht sobald ein neues Baby kommt. Das ältere Kind könnte sich ansonsten immer mehr zurückziehen und immer weniger auf den Schoß wollen. Es tröstet sich dann mit einem Kuscheltier oder Schnuller. Und das ist meiner Meinung nach nicht der Sinn der Sache.

Das Zusammenwirken von Fruchtbarkeit und Stillen

Fruchtbarkeit und Stillen hängen eng miteinander zusammen. Auch das Baby „wünscht" sich nicht so bald ein Geschwisterchen. Ein Baby ist ein einmaliger Mensch, dem wir viel Aufmerksamkeit schenken sollten, damit seine Persönlichkeit vollständig erblühen kann. Kinder sind bis zum Alter von anderthalb Jahren Babys. Bei Naturvölkern beobachtet man oft, dass nur alle drei Jahre ein neues Kind geboren wird. Mit zwei Jahren kann ein Kind etwas sprechen, hat genug Zähne und entfernt sich etwas länger von der Mutter. Das Kind trinkt meistens weniger an der Brust, sodass weniger Prolaktin (das die Fruchtbarkeit unterdrückende Hormon) gebildet wird. Die Fruchtbarkeit kann sich wieder einstellen.

Außerdem ist die Chance auf Eifersucht erheblich geringer. Ich habe viele Familien beobachtet, in denen nach ungefähr einem Jahr ein zweites Kind geboren wurde. Diese beiden Kinder haben sich oft gestritten und neigten zur Eifersucht, was verständlich ist. Sie hatten unter anderem zu wenig „Schoßzeit" bekommen.

Experten schreiben manchmal, dass die Menstruation ein unnatürlicher Zustand der Frau sei. Das ist eine ganz neue Sichtweise, denn wir gehen davon aus, dass die Menstruation nicht ausbleiben soll. Eine Frau, die immer wieder zwei Jahre stillt und danach schwanger wird, menstruiert während ihres Lebens weniger.

Studien haben ergeben, dass das Stillen nur dann die Fruchtbarkeit unterdrückt, wenn Mutter und Kind oft zusammen sind und das

Baby uneingeschränkt an die Brust darf und dazu auch nachts trinkt. Meine eigenen Kinder tranken im Schnitt alle zwei Stunden, bis sie drei Jahre alt waren, natürlich waren es dann kurze Stillmomente.

Hierdurch sehen wir, dass nächtliches Stillen ganz natürlich ist. Ein Schnuller stört da nur. An anderer Stelle schrieb ich bereits, dass Nachtmahlzeiten fürs Baby gut sind. Das Kind fördert durch das regelmäßige nächtliche Aufwachen und Trinken das Wachstum seines Nervensystems. Meine Erfahrung ist, dass solche Kinder später starke Nerven haben.

Wenn ein Kind andere Nahrung oder einen Schnuller bekommt oder die Mutter viel außer Haus arbeiten muss, kann die Fruchtbarkeit schnell wiederkommen. Gerade indem das Kind oft genug gestillt wird, kann die Fruchtbarkeit der Mutter weiterhin unterdrückt werden.

Ein anderer Vorteil des Ausbleibens der Menstruation und des Blutverlustes ist es, dass die Mutter fitter bleibt und ein Eisenmangel (Blutarmut) nicht auftritt. Also ist der Aufschub der Menstruation für die Mutter vorteilhaft.

Manche Frauen bekommen keinen Eisprung, wenn sie nur einmal pro Tag stillen, manchmal sogar bis einige Zeit nach der Stillzeit. Erst dann stellt sich bei ihnen die Fruchtbarkeit wieder ein. Diese Phase dauert mitunter an, bis das Kind zwei oder drei Jahre alt ist.

James W. Wood hat das Wirkungsweise vom Stillen, von Hormonveränderungen und der Altersstruktur von Frauen in Neu-Guinea untersucht.

Beim Gainj-Stamm war es üblich, dass Kinder zwischen 0 und 48 Monaten alle 25 Minuten gestillt wurden, allmählich abnehmend bis alle 80 Minuten bei dreijährigen Kindern. Jede Stillmahlzeit, sowohl bei den jungen Babys als auch bei älteren Kindern, dauerte etwa drei Minuten. Die Blutproben dieser Mütter zeigten einen hohen Prolaktingehalt, das Hormon, das die Reifung der Follikel im Eierstock verhindert. Unter diesem Stillmuster blieb die Fruchtbarkeit fast immer für zwanzig Monate weg. Nur *eine* stillende Mutter wurde während des Untersuchungszeitraums schwanger.

Bei anderen Untersuchungen von James W. Wood in Afrika stellte sich heraus, dass Nomadenvölker auch unfruchtbare Zeiträume haben, unter anderem, weil sie einfache und natürliche Mahlzeiten zu sich nahmen. Bei afrikanischen Frauen, die sich auf westliche Weise ernährten, das heißt, mit vielen Proteinen und Zucker, stellte sich die Fruchtbarkeit schon während der Stillzeit ein.

Die Fruchtbarkeit unterdrücken

Bei Naturvölkern beobachtet man, dass Kinder dreißig- bis vierzigmal pro Tag trinken. Das ist *die Methode* schlechthin, um Fruchtbarkeit zu unterdrücken. Während einer Studie in Mittelafrika hat man die auf dem Land lebenden Mütter untersucht. Sie hatten ihr Baby immer dabei, und 75 Prozent von ihnen wurden erst nach 24 bis 29 Monaten erneut schwanger. Bei nomadischen Völkern werden die Mütter im Schnitt erst nach 35 Monaten wieder schwanger.

Hier im Westen hat man sich ausgedacht, dass Kinder alle drei bis vier Stunden an der Brust trinken sollten. Anfang des 20. Jahrhunderts, während der Industriellen Revolution, arbeiteten viele Frauen in Fabriken, und da wurde das Stillen nach der Uhr (zu festen Zeiten) populär. Auch nahm das Wissen der Ärzte schnell zu, weil viel über neue Heilmethoden und Medikamente geforscht wurde. Also gingen die Mütter zum Arzt, wenn sie wissen wollten, wie das Kind schlafen sollte oder wie sie es stillen sollten. Sie hörten nicht mehr auf ihre Intuition oder auf das Motto „Mutter werden lernst du von deinem Kind".

Kälber trinken etwa alle vier Stunden bei der Kuh. Künstliche Nahrung wird aus Kuhmilch hergestellt und war eigentlich fürs Kalb gedacht. Weil diese Milch für die Menschen schwer verdaulich ist, soll ein Flaschenbaby alle vier Stunden gefüttert werden.

Wenn westliche Mütter das natürliche Elternsein leben wollen, können sie im Durchschnitt nach vierzehn Monaten wieder schwanger werden.

Wie merkst du, dass du fruchtbar wirst?

Eigentlich ist das erste Signal, dass du wieder Lust auf Sex bekommst! Sei in dem Fall also vorsichtig. Manchmal hast du keine vollständige Menstruation, sondern nur ein paar Tropfen Blutverlust, auch Schmierblutung genannt. Diese Phase der gelegentlichen Schmierblutung kann manchmal ziemlich lange andauern.

Wenn dein Kind krank wird oder aus einem anderen Grund öfter trinken will, kann die Menstruation wieder ausbleiben. Das hat mich damals stark verunsichert, und ich fing wieder an zu rechnen: Wann waren die letzten Tage? Wann hatte das Baby Fieber und trank dabei öfter? Bin ich jetzt schwanger oder ist es eine aufgeschobene Menstruation? Ich habe regelmäßig einen Schwangerschaftstest gekauft, damit ich die Sorge loswurde.

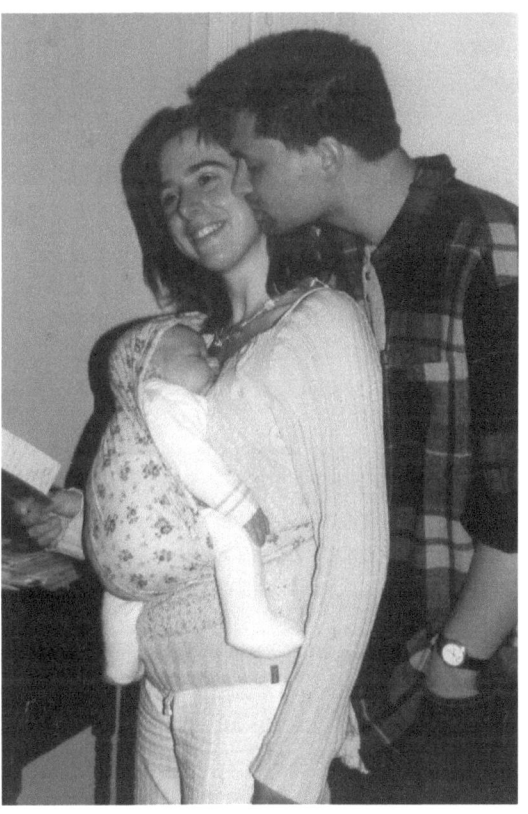

Bei einer von fünf Müttern gibt es vor der ersten Menstruation auch einen Eisprung. Die Chance, schwanger zu werden, ist jedoch noch geringer und beträgt lediglich sechs Prozent. Manche Frauen menstruieren zwar einige Monate lang, haben aber keinen Eisprung. Der Körper ist noch nicht bereit für eine neue Schwangerschaft.

Zeit füreinander zu finden, ist unheimlich wichtig.

Wenn sich die fruchtbare Zeit ankündigt, scheidet die Gebärmutter Schleim aus. Wenn du zur Toilette gehst, kannst du diesen Schleim im Toilettenpapier sehen. Wenn du das Papier zusammenfaltest und dann öffnest, kannst du manchmal sehen, dass der Schleim klar und faserig ist, was bedeutet, dass die fruchtbare Zeit begonnen hat. Diesen Fruchtbarkeitstest nenne ich die Schleimmessungsmethode. Es ist eine praktische Methode für Frauen, die schwanger werden wollen.

Auch ist der Muttermund während der fruchtbaren Zeit geöffnet. Wenn die fruchtbare Zeit, die etwa vier Tage dauert, vorbei ist, wird der Muttermund kleiner und schließt sich ein wenig. Es kann dann keine Befruchtung mehr stattfinden.

Zum Thema natürliche Familienplanung kann man sich bei der Arbeitsgruppe NFP (Natürliche Familienplanung) beraten lassen. Für mehr Information siehe die Website:

http://www.natuerliche-familienplanung.de/

und das Buch *Natürlich & sicher: Das Praxisbuch.*

Welche Tage sind in Zusammenhang mit der Fruchtbarkeit wichtig?

Wenn du wissen willst, welche Tage im Zusammenhang mit der Fruchtbarkeit wichtig sind, musst du zurückrechnen. Zwischen jedem Eisprung und der nächsten Menstruation gibt es fast immer einen Zeitraum von fünfzehn unfruchtbaren Tagen. Also bei einem durchschnittlichen Zyklus von 27–30 Tagen liegt der Eisprung wahrscheinlich zwischen dem zwölften und fünfzehnten Zyklustag. Weil die männlichen Samen nach dem Erguss noch etwa zwei Tage leben, ist die Schwangerschaftswahrscheinlichkeit zwischen dem zehnten und siebzehnten Zyklustag gegeben. Meistens wird empfohlen, noch einen Sicherheitstag hinzuzurechnen, sodass die fruchtbare Phase zwischen dem neunten und achtzehnten Tag liegt.

Wenn du einen kürzeren Zyklus hast, musst du also vom nächsten zu erwartenden Menstruationstermin zurückrechnen. Wenn der Zyklus eine Schwankung von drei Tagen hat, muss sie auch miteingerechnet werden. Wenn du in deinem Kalender darüber Buch führst, wie lange deine Zyklen sind, lernst du ihn allmählich kennen.

Ab dem Eisprung erhöht sich die Körpertemperatur um 0,3 bis 0,5 Grad. Manche Frauen verwenden diese Methode der Morgentemperaturmessung, aber wenn dein Kind bei dir im Bett schläft, ist das eine unpraktische Methode.

Zwischenblutungen

Manche Frauen erleben zum Zeitpunkt des Eisprungs einen Blutverlust. Das kann sich um so viel Blut handeln, dass sie meinen, es sei die Menstruation. Man nennt es in der medizinischen Sprache auch Zwischenblutung. Auch wenn du die Pille nimmst, kann es Zwischenblutungen geben. Wenn du deinen Körper und deinen Zyklus gut kennst, wird es dich nicht groß verunsichern. Aber Vorsicht: Du bist dann also gerade sehr fruchtbar. Das kannst du mit Sicherheit an der Schleimausscheidung erkennen, die klare und geschmeidige Fäden im Toilettenpapier bildet.

Muttermilch während Menstruation oder Fieber

Diese Geschichte wird immer wieder erzählt: „Ich hatte meine Tage, und mein Kind mochte die Muttermilch nicht mehr." Ich selbst habe das nicht gemerkt, meine Vermutung ist, dass es eher der Geruch der Mutter ist, der sich verändert. Ich habe schon gemerkt, dass ich weniger Milch hatte und mein Kind öfter trinken musste. Auch können die Brustwarzen während der ersten Tage der Menstruation beim Saugen empfindlicher sein. Eigentlich verträgt der Körper die Doppelbelastung nicht so gut: Stillen und zu gleicher Zeit menstruieren, kosten den Körper viel Energie.
Dasselbe Problem offenbart sich bei Frauen, die Fieber haben. Auch sie haben deutlich weniger Milch. Wenn die Mutter jedoch weiter anlegt, stellt sich die Milchmenge nach dem Fiebern wieder ein.

Während der Menstruation oder einer Krankheit braucht man nicht unbedingt zusätzlich die Flasche zu geben oder abzustillen. Nach einigen Tagen ist meistens alles wieder wie gehabt.

Solltest du dich fragen, ob du auch während der neuen Schwangerschaft weiterstillen kannst, lautet die Antwort ja. Auch das gleichzeitige Stillen eines Kleinkinds und eines Babys kommt regelmäßig vor. Wir nennen das Tandemstillen.

Wenn du mehr darüber wissen willst, melde dich dann bei einer Still-beratungsstelle. In Den Haag haben wir schon mehr als 35 Jahre lang eine monatliche Zusammenkunft von Müttern, die sogenannte „Haagse Borstvoedingsgroep" (Hager Stillgruppe), siehe hierzu auch:

www.ouderschapvanuitjehart.com

Wie sich die Pille auf das Stillen auswirkt

Wenn du immer die Pille genommen hast, bekommst du von deinem Gynäkologen oder Hausarzt manchmal zu hören, dass die Pille dem Stillen nicht schadet. Leider ist das nicht richtig. Die Pille kann zur 50-prozentigen Verarmung der Zusammensetzung der Mutter-milch führen: weniger Proteine, weniger Fett, weniger Laktose und weniger Kalzium und Phosphor. Dadurch nimmt also der Nährwert ab.

Die Milchmenge kann sich auch verringern, wodurch das Baby weniger wächst. Ich habe beobachtet, dass Babys in solchen Fällen zweimal so viel trinken wollten, damit sie diesen Mangel an Nähr-stoffen kompensieren. Und das gelingt auch.

Es gibt noch ein anderes Problem, nämlich, dass die Hormone der Pille in die Muttermilch geraten können und somit ins Baby gelan-gen.

Ich habe Mütter gekannt, die mit der Pille anfingen, als das Baby sechs Monate alt war und mit Obst und Gemüse zugefüttert wurde. Das war für sie eine geeignete Lösung.

In diesem Fall: Eine Pille mit ausschließlich Progesteron, ohne Östrogene, hat weniger Nebenwirkungen.

Wenn die Eltern miteinander schlafen

Wenn Papa und Mama miteinander schlafen, wacht das Baby auf! Nun ja, das Baby spürt, dass es aufwachen muss, denn Mama geht fremd … „Sie denkt nicht an mich, sondern an Papa, und ich kann noch nicht ohne sie."

Mein Mann und ich haben das folgendermaßen gelöst: Das Kind schlief, bis es etwa drei Jahre alt war, meistens im Wohnzimmer, und mein Mann und ich hatten dort Sex miteinander. Sobald unser Kind aufwachte, hörten wir auf. Ich habe dann gestillt, und mein

Mann brachte die anderen Kinder zur Toilette. Danach hatten wir wieder unsere Freiheit. Auch haben wir einen Stuhl vor die Tür gestellt. Wenn wir ein Schieben hörten, wussten wir Bescheid: Ein Kind stand vor der Tür.

In einem Buch über Zwillinge hatte ich seinerzeit einen Tipp gelesen: Wenn deine Babys schlafen, entscheide dich sofort für Sex und warte nicht zu lange. Dieser Tipp ist eigentlich für jedes Elternpaar sinnvoll. Du profitierst von der ersten Tiefschlafphase des Kindes, und deine Brüste sind noch nicht so voll und schwer. Für die Frau ist das manchmal eine verwirrende Sache. Den ganzen Tag bist du mit dem kleinen Menschen beschäftigt und hast sein Bild noch auf der Netzhaut, wenn du Sex hast. Dein Mann erscheint dann so groß … Dieses Gefühl ist ganz normal.

13.2 Verhütungsmittel

Außer der vorher genannten Schleimmessungsmethode gibt es folgende Verhütungsmittel:

Das Diaphragma
Das Diaphragma ist eines der ältesten Verhütungsmittel. Es ist eine schalenförmige Kappe aus weichem Latex oder Silikon mit einer biegsamen Metallfeder im verdickten Rand. Du führst es im zusammengedrückten Zustand ein, wobei es in der Höhle hinter dem Schambein zu liegen kommt. Es deckt den Muttermund ab, sodass kein Samen eindringen kann. Es gibt viele Größen und muss sorgfältig angepasst werden. Bei einer Gewichtszunahme bzw. -abnahme von mehr als drei Kilogramm muss das Diaphragma erneut angepasst werden, auch nach einer Geburt oder Abtreibung. Wenn es gut sitzt, spürst du nichts und dein Partner auch nicht. Du führst es vor dem Sex ein, zusammen mit einem Spermizid.

Die FemCap
Die *FemCap* oder Portiokappe ist ein Verhütungsmittel, das mit dem Diaphragma vergleichbar ist. Es ist eine Kappe, die die Frau in die Scheide einführt und über den Muttermund schiebt. Der Weg zur

Gebärmutter wird von der Kappe abgeschlossen. Dadurch können zwar Samenzellen in die Scheide, aber nicht in die Gebärmutter gelangen. Weil sie die Eileiter nicht erreichen können, wird einer Befruchtung entgegengewirkt.

Die Spirale
Die Spirale ist ein ankerförmiger, einige Zentimeter großer Gegenstand aus Kunststoff, der in der Gebärmutter platziert wird. Am vertikalen Ende des Ankers befindet sich ein Kupferdraht, der die verhütende Wirkung hat, an dessen Ende hängt ein dünner Nylonfaden etwa bis zur Höhe des Muttermundes, den man nicht spürt. Das Kupfer verhindert die Einnistung der befruchteten Eizelle. Außerdem schwächt es die Samenzellen. Sollte dein Mann gegen Kupfer allergisch sein, kann das zu Ekzemen führen. Meine Erfahrung war, dass die Menstruation so heftig wurde, dass sie meinen Körper schwächte und die Milchproduktion deutlich zurückging. Aus dem Grund musste ich mit viel Verdruss aufs Flaschenfüttern umsteigen.

Es gibt noch eine zweite Art Spirale. Diese enthält keinen Kupferdraht, sondern ein Hormon, das den Schleimpfropfen des Muttermundes verdichtet. Der Hormonanteil ist sechzig- bis hundertmal geringer als in der Anti-Baby-Pille. Dadurch wird der Zyklus nicht durcheinandergebracht. Die Blutungen werden allerdings deutlich weniger oder hören sogar vollständig auf.

Das Kondom
Ein Kondom ist eine dünne Latexhülle, die der Mann auf sein Glied schiebt. In den Schulen spricht man offen über die Vor- und Nachteile der Verwendung von Kondomen.

Die Vorteile des Kondoms sind mannigfaltig: Sie schützen gegen Geschlechtskrankheiten und HIV, sind leicht zu beschaffen, zum Beispiel in Supermärkten, in Cafés und Restaurants, in denen sich Kondomautomaten befinden. Außerdem gibt es Kondome in vielen Variationen. Ein Nachteil ist, dass die Empfindsamkeit beim Sex zurückgehen kann.

Das Femidom

Das Femidom (*Frauenkondom*) ist eine Art durchsichtige „Tüte" von 17 cm Länge aus einem strapazierfähigen Material mit einem Innen- und Außenring, die die Frau in die Scheide einführt und dabei auch die Außenseite umschließt.

Für allgemeine Informationen über Verhütungsmittel kannst du folgende Website besuchen:
http://publikationen.sexualaufklärung.de/index.php?docid=202

*Genieße die gemeinsame Zeit mit eurem Kind.
(Foto: Stockxpert.com]*

Das Stimulieren der Gebärmutter

Eine Hebamme hat mir beigebracht, dass eine Frau ihre Gebärmutter zum Zusammenziehen anregen kann, indem sie mit beiden Händen in grobe Kämme kneift. Die Zinken des Kamms werden in die Handfläche und auf die Innenseite der Finger gedrückt. In der ganzen Hand, von den Fingerspitzen bis zum Handgelenkt, verlaufen Meridiane, die mit der Gebärmutter in Verbindung stehen.
Durch das Kneifen in grobe Kämme werden diese Meridiane gereizt, sodass die Gebärmutter anfängt, sich zusammenzuziehen. Diese Methode kann von Frauen angewendet werden, die kurz vor der Entbindung sind, aber zu wenig Wehentätigkeit haben, zum Beispiel bei einem vorzeitigen Blasensprung. Wenn sie in grobe

Kämme kneifen, wird die Wehenkraft verstärkt. Du kannst darüber in *Zone Therapy* von Anika Bergson und Vladimir Tuchak lesen.

Auch habe ich festgestellt, dass Frauen durch das Tragen von schweren Taschen während der letzten Wochen der Schwangerschaft die Handmeridiane reizen können, wonach sie spüren, dass die Wehen ausgelöst werden.

Der Gebrauch von Kämmen, wie hier beschrieben, kann auch Frauen helfen, deren Menstruation überfällig ist; er stimuliert die Gebärmutter und damit auch den Beginn der Menstruation.

14 Das Baby und das Kleinkind und alles über andere Nahrung

Hier findest du viele Ratschläge zur Ernährung deines Kindes

In diesem Kapitel erkläre ich, wie man ein Baby nach sechs Monaten mit Beikost füttern kann. Das ist oft ein spannender Moment für die Eltern. Dieses Kapitel beschäftigt sich sowohl mit Stillkindern als auch mit Kindern, die künstliche Nahrung bekommen.

14.1 Wann fängt das Baby mit Beikost an?

Für viele Eltern geht es nicht nur um die Frage, wann das Baby Beikost, also feste Nahrung, bekommt, sondern auch darum, mit welcher Beikost man anfangen kann.

Bis sechs Monate brauchen Babys nichts außer Muttermilch. Sie können andere Nahrung kaum verdauen. Solltest du einem Baby *vor* diesem Alter bereits ein Gläschen Babynahrung geben, würdest du den Inhalt anschließend mehr oder weniger unverändert in der Windel wiederfinden. Wenn schon früher auf andere Nahrung als Milch (Muttermilch oder künstliche Nahrung) gewechselt wird, wäre das möglicherweise sogar gesundheitsschädigend fürs Baby. Es könnte zum Beispiel eine Allergie oder einen Eisenmangel (Blutarmut) entwickeln.

Kinder unter sechs Monaten haben allerdings sehr wohl das Bedürfnis, etwas festzuhalten, wenn sie andere essen sehen. Es reicht dann, ihnen zum Beispiel einen Deckel oder einen Löffel in die Hand zu geben. Meine eigene Erfahrung war, dass Kinder unter einem Jahr das Essen als *Spiel* betrachten.

Nach sechs Monaten kann ein Baby selbst etwas in der Hand halten und zum Essen in den Mund stecken. Fang zum Beispiel mit einer rohen Karotte an. Dies hat den zusätzlichen Vorteil, dass der freigesetzte Saft lindernd wirkt, wenn die Zähne gerade durchkommen. Ein nächstes Mal kannst du ein Stück Salatgurke, längs durch-geschnitten, geben. Das Baby saugt den Saft heraus. Probiere dann eventuell ein Stückchen Reiswaffel. Gib noch keine ganze Reiswaffel, denn das könnte zu Verstopfung führen. Auch kannst du es mit einem Stückchen Birne versuchen; eine Einkerbung in die Birne sorgt für einen besseren Griff. *Warte mit Gluten, bis das Baby neun Monate alt ist.*

Nahrung ab neun Monaten
Wenn das Baby etwa neun Monate alt ist, kannst du mit den folgen-den Gemüse- und Obstsorten anfangen:

- gekochte Blumenkohl- oder Brokkoliröschen
- gekochte Rote Bete
- Scheibchen rohe Kartoffel (das wird sogar Magenpatienten empfoh-len)
- rohe Tomate zum Aussaugen des Safts, gegebenenfalls kannst du die Tomate häuten
- Mandarinenstücke in dünne Scheibchen geschnitten, das Baby kann diese selbst mit zwei Fingern nehmen
- Bananenspitze mit Schale, säubere die Schale zunächst gut unterm Wasserhahn, schneide dann zwei Zentimeter Schale weg. Das Baby saugt die Banane heraus
- Schäle einen kleinen Apfel und entferne das Gehäuse mit einem Apfelausstecher. Der Apfel passt so auf das kleine Däumchen. Das könntest du auch mit einer kleinen Birne machen.
- helle Weintrauben, enthäutet und entkernt, das Baby kann sie selbst mit zwei Fingern greifen
- Melonenstück mit Schale, säubere die Schale zunächst gut unterm Wasserhahn und schneide das Melonenstück entzwei
- einige geschnittene Blätter einer gekochten Endivie
- ein festes Salat- oder Chicoréeblatt, Sellerie, Mohrrübe oder Gurke
- eine Scheibe gekochte Zucchini
- einige ungekochte Alfalfa
- gekochter Maiskolben oder Maiskörner
- gekochte Karotte
- gekochte Schnittbohne
- gekochte Erbsen

- gekochte (Süß-)Kartoffel
- Scheibchen rohes Radieschen, dünn geschnitten. Zusätzlicher Vorteil: Radieschen haben eine reinigende und stärkende Wirkung (auch für Erwachsene). Täglich ein paar Radieschen zu essen, verringert die Chance, krank zu werden, und eine Extraportion Radieschen während der Krankheit beschleunigt den Heilungsprozess (als sei es ein Antibiotikum).

Der Saft der rohen Karotte lindert Schmerzen beim Zahnen.
(Foto: Stockexpert.com)

Folgendes Gemüse sollte *niemals* roh angeboten werden: grüne Bohnen, Schnittbohnen und Rote Bete. Dieses Gemüse ist in roher Form unverdaulich, das Baby bricht sie gegebenenfalls wieder aus.

Der *Milchstuhl* ist dünnflüssig. Das ist angenehm, wenn Babys sich im Liegen erleichtern müssen. Wenn ein Baby noch nicht stehen kann, ist ein dünner Stuhl das Beste. Wenn ein Baby kräftig mitisst, wird der Stuhl dicker. Wenn ein Kind bereits stehen kann, ist das kein Problem, es kann sich dann im Stehen erleichtern.

Wenn ein Kind von zwölf Monaten zweimal die Woche ein wenig Gemüse isst, ist das vollkommen in Ordnung. Der belgische Rohkostexperte Jan Dries hat folgende Richtlinie formuliert:

- 0–12 Monate: ausschließlich Muttermilch
- 12–18 Monate: Muttermilch und Obst(-Saft), weil Obst(-Saft) in der Zusammensetzung der Muttermilch am ähnlichsten ist
- 18–24 Monate: feste Nahrung plus Muttermilch, so lange Mutter und Kind das wollen

So siehst du, dass es unterschiedliche Auffassungen zum Thema Beikost für ältere Babys gibt. Achte aber immer auf dein Kind, es zeigt selbst an, wie und welche Nahrung du anbieten solltest.

Manchmal trinkt ein Baby tagsüber zu wenig Milch, weil ihm zu viel feste Nahrung angeboten wird. Gemüse und Früchte haben viel weniger Kalorien als Milch, und dein Baby kann sie noch eine ganze Zeitlang nicht gut verdauen. Milch ist das gesamte erste Lebensjahr der wichtigste Energielieferant.

Ich selbst fand Gemüse sanfter als Obst, weil in unserer Familie ziemlich häufig Obstallergien vorkommen. Dennoch bleibt genug Obst übrig, das keine Probleme verursacht. In der Nahrungsliste im Teilkapitel 14.2 sind milde Nahrungsmittel aufgeführt.

Kinder haben erst etwa mit zwei Jahren alle Schneide- und Backenzähne und können dann einigermaßen gut kauen.

Nahrung ausprobieren

Wenn die Mutter nur *einmal in fünf Tagen* ein neues Nahrungsmittel ausprobiert, kann sie feststellen, ob es vom Kind angenommen wird oder nicht. Nach *dreimaligem Testen* weiß die Mutter, ob das Kind mit der Nahrung Probleme hat oder nicht.

Es ist wichtig, jedes neue Nahrungsmittel getrennt zu testen. Jede Veränderung, die auftritt, ist ein schlechtes Zeichen, wie ein roter Po, Husten, Schleimbildung, Schnupfen, Fieber, Milchschorf, Pickel, Ekzem, Mittelohrentzündung und Ohrenschmalz. Sogar ein anderer Schlafrhythmus kann auf eine Überempfindlichkeit der Nahrung hindeuten.

Nahrungsmittelallergien sind die Grundlage vieler Allergien und Krankheiten! Sie verändern einen Teil des Körpers und verursachen unterschiedliche Beschwerden, wie Bronchitis, Asthma und Milbenallergie, überdrehtes Verhalten, geschwollene Mandeln, Pickel und Ekzeme.

Jede Veränderung, die am Körper auftritt, ist nicht gut und sollte ernst genommen werden. Gib das neue Nahrungsmittel jeden zweiten Tag, also am ersten, dritten und fünften Tag, damit du prüfen kannst, ob es für das Kind gut ist. Wenn eine Veränderung auftritt, warte mindestens fünf Tage, bis du etwas Neues ausprobierst. Der Körper braucht fünf Tage zur Reinigung.

Wenn die Haut befallen ist, zum Beispiel mit Ekzemen oder Pickeln, dauert es *zehn Tage*, bis der Ausschlag verschwunden ist. In diesem Fall ist das Weglassen des Nahrungsmittels mindestens *zehn Tage* lang zu empfehlen (siehe dazu Kapitel 15).

Muttermilch schmeckt nach allem, was die Mutter isst

Weil die Muttermilch nach dem schmeckt, was die Mutter selbst gegessen hat, „essen" Babys genauso abwechslungsreich wie die Mutter. Künstliche Nahrung schmeckt hingegen einseitig und nicht so variantenreich wie Muttermilch. Früher vertrat man die Meinung: Das Baby muss zugefüttert werden, damit es sich an andere Geschmäcker gewöhnt. Diese Meinung ist hinfällig.
Wie schnell der Geschmack der Nahrung in der Muttermilch zu schmecken ist, kannst du in Absatz 2.5 nachlesen.

Mit den Fingern essen

Für ein Kind ist es herrlich, Essen in die Hand zu nehmen und so in den Mund zu stecken. Es soll sogar später einen psychologischen Vorteil in Zusammenhang mit unbefangener Sexualität haben. Etwa mit vierzehn Monaten können Babys das Essen mit *einer* Hand auf den Löffel legen und mit der anderen Hand den Löffel in den Mund stecken. Zweitgeborene lernen früher essen als Erstgeborene, weil sie ihr Geschwisterchen imitieren. In dieser Phase ist es möglich, dass sie die Brust verweigern, worüber sie später wieder traurig sind.

Gill Rapley hat diese Fingermethode vorgestellt.

Mit den Fingern essen
(foto: Stockexpert.com)

Das Baby verschluckt sich

Viele Menschen haben Angst, dass das Baby sich verschluckt. Einer der Vorteile des Stillens ohne Schnuller ist, dass das Kind eine gute Mundmotorik entwickelt und sehr gut spürt, was geht und was nicht. Es ist aber wichtig, immer in der Nähe deines Kindes zu sein, wenn es an etwas knabbert. Der Schluckreflex muss bei ihm schon entwickelt sein.

Du kannst dein Kind in Bauchlage auf ein Tuch auf den Boden legen: Dann fallen die Stückchen, die sich im Mund verirrt haben, heraus. Muttermilch tötet viele Bakterien, die das Baby evtl. über den Boden aufgenommen hat. Du kannst dein Kind auch auf den Schoß nehmen oder im Tragetuch halten, während es etwas im Mund hat.

Sollte das Baby sich verschlucken, lernt es daraus. Du kannst das Kind sofort kopfüber halten und auf den Rücken klopfen. Dann fliegt das Stückchen wieder raus. Danach wird das Baby sich nicht mehr so leicht verschlucken. Dennoch wird es das selbstständige Essen und das Selber-Tun genießen können.

Sollte ein Kind sich dennoch oft verschlucken, gibt man ihm besser weiches, gekochtes oder püriertes Essen ohne Stückchen.

Selbst das Essen wählen

Die meisten Kinder ab zwölf Monaten können selbst wählen, was gut für sie ist, vorausgesetzt, es wird ihnen in purer und natürlicher

Form angeboten. Es empfiehlt sich sicherlich nicht, gesüßte, gesalzene oder mit Geschmacksverstärkern versetzte Speisen anzubieten. Die verderben den Geschmackssinn des Kindes und schwächen den Darm und damit das Immunsystem. Ein Kind weiß genau, ob es heute etwas Grünes, Rotes, Gelbes oder Weißes essen soll, weil sein Körper das signalisiert. Oder ob es sich für Eiweiß, Gemüse oder Obst entscheiden sollte. Wenn das Kind die Nahrung verweigert, ist das manchmal auch ein Zeichen dafür, dass es sie nicht verträgt.

Indem Kinder ihre Nahrung selbst wählen können, regulieren sie ihre eigene Gesundheit. So essen sie vielleicht einige Tage etwas Bestimmtes, und danach wollen sie es für einige Tage nicht mehr. Ihre Toleranz für dieses Nahrungsmittel ist dann vorübergehend erschöpft.

Wenn das Essen pur schmeckt, können sie schmecken, ob es ihnen guttut; entweder schlucken sie es oder spucken es wieder aus.

Mein Kind will nichts essen, sondern nur gestillt werden
Wenn dein Kind plötzlich nur noch an der Brust trinken will und ansonsten nichts essen mag, kannst du davon ausgehen, dass es etwas „ausbrütet", was durch das Stillen und die Antistoffe *nicht* ausbricht. Dieses Nicht-Essen-Wollen kann zwei bis drei Wochen andauern. Dennoch wird die Krankheit nicht ausbrechen, obwohl sie im Körper vorhanden ist. Die Muttermilch bietet einen fantastischen Schutz und das Kind wird auch nicht abnehmen.

Essen vom Teller von Vater oder Mutter
Heute ist es nicht mehr üblich, vom Teller der Eltern zu essen. Die meisten Kinder bekommen einen eigenen Teller oder werden gefüttert. Wohingegen das Essen von Vater oder Mutters Teller sehr intim ist. Das Kind kann währenddessen auf dem Schoß sitzen, was wiederum gut für den Hautkontakt ist. Du kannst es als eine weitere Investierung in die Zukunft ansehen, wenn du dein Kind auf deinen warmen Knien sitzen lässt oder es in deinen sicheren Armen hältst.

In diesem Zusammenhang ist das Tragetuch sehr nützlich. Du kannst es einmal um dich wickeln und dann unter den Achseln des

Kindes durchziehen. Während des Essens kannst du deinem Kind zum Beispiel erzählen: „Dieses Stückchen Blumenkohl ist für dich, und das ist für Mama. Das ist deine Kartoffel und von Mama oder Papa." Dadurch fängt das Kind nicht an, in deinen Teller zu greifen. Erkläre ihm alles, was erlaubt ist und was nicht. Zum Beispiel: „Nicht mit dem Löffel auf Mamas Teller häufeln. Auf diesem Brettchen darfst du das schon." So bietest du ihm Alternativen, und das Kind hört den Unterschied auch im Geräusch.

Kindern lernen auf diese Art und Weise bald, dass ein Teller voller Essen nicht zum Umwerfen bzw. keine Trommel ist. Du kannst das deinem Kind deutlich sagen. Zudem kann das Kind im Tragetuch sich auch für die Brust entscheiden, während die Mutter weiterisst.

Dein Kind füttern

Manche Leute möchten ihr Kind gern füttern, sollten aber darauf achten, ihm nicht zu viel zu geben. Unsere Kinder wollten dann gefüttert werden, wenn ich zu oft vom Tisch wegging. Sie brauchten Aufmerksamkeit und weigerten sich, weiterzuessen. So weit es geht, schenke deinem Kind, während es isst, deine Aufmerksamkeit.

Warmes Essen fürs Kind um fünf Uhr nachmittags

Es hat sich herausgestellt, dass um fünf Uhr nachmittags für viele Kinder die beste Zeit für eine warme Mahlzeit ist. Viele Mütter beklagen sich über ihr Kind, das um sechs Uhr schlecht isst. Kinder haben ein perfektes System bzw. einen perfekten Rhythmus. Nach meiner Erfahrung ist fünf Uhr nachmittags die beste Essenszeit. Ich fing immer um viertel vor fünf an, einige Kartoffeln und etwas Gemüse zu kochen. Das Essen verlief dann angenehm, denn die Kinder sind um diese Uhrzeit noch nicht zu müde zum Kauen oder zum Essen.

Danach kochte ich für meinen Mann und mich, und die Kinder, die das wollten, durften noch etwas am Tisch mitessen, wie Apfelmus und Obst. Es wurde nicht gequengelt und viel gelacht.

Wenn Kinder wirklich gefüttert werden wollen, genießen sie die Aufmerksamkeit der Mutter oder des Vaters. Es ist durchaus vertretbar, dein Kind beim Essen ein Puzzle machen zu lassen oder sich zusammen ein Buch anzuschauen.

Bekommt dein Kind Eisenmangel, wenn es nicht isst?
Bei der Geburt ist die Nabelschnur mit ihrem eisenhaltigen Blut äußerst wichtig. Wenn die Nabelschnur die Gelegenheit bekommt, vollständig zu Ende zu pulsieren, fließt jedes verfügbare Eisen in den Körper des Babys und es wird genug Eisen haben, bis es dreimal sein Geburtsgewicht erreicht hat. Wenn die Nabelschnur vorzeitig getrennt wird, fließt weniger Eisen zum Baby.

Aus der Muttermilch wird das Eisen vollständig vom Kind aufgenommen. Der Eisenbedarf ist für Babys mit künstlicher Nahrung höher, weil durch Darmirritationen bzw. kleine Blutungen Eisenmangel auftreten kann. Das Geben von künstlicher Nahrung ist heutzutage so selbstverständlich geworden, dass wir nicht mehr wissen, wie ein vollgestilltes Baby bzw. Kleinkind auf Eisenmangel reagiert.

Interessanterweise bilden auch Gemüse, Obst und Getreide für junge Babys keine Eisenquelle. Studien haben gezeigt, dass aus Gemüse zwei bis zehn Prozent des Eisens aufgenommen werden kann, aus tierischem Eiweiß zehn bis dreißig Prozent.

Aus der Muttermilch wird alles Eisen gut aufgenommen. Ich habe bemerkt, dass sich die Gesundheit von Babys, wenn sie etwa *ein Jahr* alt sind und ein paar Mal in der Woche Gemüse essen, bestens entwickelt. Ich denke dabei an gekochte Rote Bete, Endivie, Alfalfa, Schnittbohnen, Karotten, Süßkartoffeln und Brokkoli (siehe auch Kapitel 15).

Wie das Baby Wasser und Saft zu trinken lernt
Ein sechs Monate altes Baby kann zum ersten Mal mit dem Wassertrinken in Berührung kommen, wenn es beim Baden aus einem sauberen Waschlappen Wasser saugt. Mit etwa neun Monaten kann die Mutter eine ganz kleine Plastiktasse aus einem Puppenservice verwenden. Sie gibt einen Zentimeter Wasser in die Tasse, damit das Baby üben kann. Auf Dauer ist es das Beste, wenn man Wasser in einer Tasse bereitstellt, sodass das Kleinkind immer Zugang hat. Es lernt dann, aus einer richtigen Tasse zu trinken.

Eine Schnabeltasse mit Deckel und Saugverschluss macht das Kind ungeschickt, weil es sich daran gewöhnt, alles schräg zu halten.

Saft habe ich nur bei Partys angeboten. Du kannst frischen Orangensaft auspressen, sodass das Kind frische Vitamine trinkt. Außerdem kann man einen Kinderkräutertee anbieten.

Wachstumsvariationen

Ein gesundes Baby nimmt gewöhnlich 100 bis 200 Gramm pro Woche zu. Allerdings gibt es Babys, die weniger wachsen und trotzdem sechs Mal pro Tag/Nacht eine nasse Windel haben. Wenn die Mutter das Baby oft anlegt, kann sie davon ausgehen, dass dies dem Wachstumsmuster des Babys entspricht. Nichtsdestotrotz möchte ich noch auf die Möglichkeit der Nahrungsmittelallergie als Ursache des Nichtgedeihens hinweisen. Das Baby spürt: Wenn ich mehr Muttermilch zu mir nehme, werde ich krank.

Manche Babys wachsen 500 Gramm pro Woche und mehr. Das ist kein Problem. Wenn sie lange gestillt werden, werden sie von selbst wieder schlank. Gerade Beikost kann zu einer Fettsucht beitragen. Kinder, die künstliche Nahrung bekommen, können mit zwei Jahren schwerer sein als zweijährige Stillkinder, aber trotz des zusätzlichen Gewichts öfter krank sein.

Nach dem ersten Geburtstag können sie 100 bis 200 Gramm im Monat zunehmen. Manchmal können Gluten, das in Weizen, Roggen, Hafer und Gerste enthalten ist, sowie Kuhmilchprodukte Übergewicht verursachen.

14.2 Nahrungsmittel, zwischen denen „ein Zusammenhang" besteht

Zum Abschluss dieses Kapitels füge ich eine Liste mit Nahrungsmitteln an, zwischen denen größtenteils „ein Zusammenhang" besteht, also im Sinn einer *Kreuzallergie*. Das heißt, wenn ein Nahrungsmittel aus einer bestimmten Kategorie Empfindlichkeitssymptome auslöst, verursachen andere Nahrungsmittel aus der gleichen Kategorie *möglicherweise* auch Beschwerden. Das gilt sowohl für das, was das Baby oder Kleinkind selbst isst, als auch für das, was es über die Muttermilch zu sich nimmt.

Mütter, die ihr Baby mit fester Nahrung beginnen lassen, ist anzuraten, mit der Gruppe „milde Nahrung" zu beginnen. Auch Mütter, die ihr Kind selbst füttern und deren Baby viel weint (möglicherweise verursacht durch die Nahrung der Mutter über die Muttermilch) ist ebenso anzuraten, dem Kind Nahrung aus der Gruppe „milde Nahrung" anzubieten.

Milde Nahrung
- Familie der Wurzeln: Karotten, Petersilie, Fenchel, Dill, Pastinake, Anis, Kümmel, Sellerie, Stangensellerie und Knollensellerie. Möhre ist etwas weniger mild.
- Familie der Gurkengewächse: Salatgurke, Zucchini, saure Gurke, Melone, Wassermelone und Kürbis (die beiden Letzteren sind aufgrund der Farbe weniger mild)
- Salatfamilie: Chicorée, Endivie, Löwenzahn, Sonnenblume (das Öl, die Kerne, die Paste), Artischocke, Zichorie, Estragon
- Weißes Gemüse ist aufgrund der Farbe milder als grünes Gemüse.
- sonstiges mildes Gemüse: Chinakohl (enthält keinen Schwefel; Schwefel kann Reaktionen auslösen), Schnittbohnen (haben wenig Samen), Rote Bete (das Rot ist kein allergener Farbstoff, sie ist mit Spinat verwandt), Süßkartoffel (Batate, ein tropisches Gemüse, rosa oder weiß)
- mildes Obst: Melone (siehe oben), Aprikose, Pfirsich, Kirsche (dieser Kategorie gehören auch Nektarinen und Pflaumen an, die wegen der Apfelsäure weniger mild sind; Mandeln gehören auch dazu,

sind aber nicht mild), helle Weintraube, Rosinen (dunkle Weintrauben sind wegen ihrer Farbe, genau wie Korinthen, weniger mild)
- milde Kräuter: Gartenkräuter, wie Petersilie (ist ein natürlicher Geschmacksverstärker), Sellerieblatt, Stangensellerie, Dill, Fenchel, Kümmel, Anis, Brennnessel(-Tee)
- milde Mehlarten, glutenfrei: Reis, Hirse, Buchweizen, Mais, Teff, Amarant, Kartoffel (in gebackener Form am mildesten)
- milde Bindemittel: Maizena, Kartoffelmehl, Pfeilwurzelmehl, Tapioka
- milde Eiweiße: Muttermilch, Reisdrink (ohne Vanille), Alfalfa, weiße Fischarten, Lachs, Thunfisch, Forelle, Pute, Maishuhn, Lamm, Taube, Ziege, Kalb
- milde Samen (auch Eiweiße): Sonnenblume, Pinie, Sesam (am wenigsten mild), Kürbis (als Kerne, Paste und Öl)
- Süßstoff: gekochte und gemahlene Rosinen und Aprikosen (biologisch), Traubensaft (weiß)
- Backtriebmittel: Sauerteig, Natriumbikarbonat (Magensalz), Weinstein.
- Keime: Alfalfa, Brokkoli

Etwas weniger milde Nahrung
- Kohlfamilie: Blumenkohl, Brokkoli, Spitzkohl, Weißkohl, Wirsing, Rotkohl, Rosenkohl, Grünkohl, Radieschen, Rettich, Senf (Kohlsorten enthalten Schwefel; nach langem Kochen kann Schwefel eine Reaktion auslösen), Stielmus, Steckrübe, Kohlrabi, Kresse
Milde Nahrung ist ein Schälchen geriebener Spitzkohl, aufgeweicht mit Öl, Zitronensaft, Traubensaft und getrockneten Salatkräutern.
- Zwiebelfamilie: alle Zwiebelarten, Porree, Schnittlauch, Spargel, Knoblauch (manchmal ist Porree mild und Zwiebel nicht)
- glutenhaltige Getreidefamilie: Dinkel (das mildeste Getreide), Roggen, Hafer (glutenarm), Gerste, Kamut, Quinoa (es gibt spezielle Haferflocken ohne Gluten)
- Kokosnussfamilie: Kokosnuss, Dattel
- Familie der Erdbeere: Erdbeere (manchmal lösen die Kerne eine Reaktion aus), Himbeere, Brombeere
- Familie der Mango: Mango, Cashewnuss, Pistazie
- Gemüse: Spinat, Portulak, Stielmus, grüne Bohne, Flageolettbohne (eine Art weiße Bohne)

- Eiweiße: Ziegenmilch, Ziegenkäse (Ziegenfeta ist die mildeste Form), Ziegenjoghurt, Schafsmilch, Schafsjoghurt (enthält halb so viel Eiweiß wie Kuhmilch), Sago (ein Bindemittel)
- Süßstoff: Rohrzucker, Honig (Babys unter einem Jahr nie Honig geben; Sonnenblumenhonig ist die mildeste Sorte), Laktose (Milchzucker), Ahornsirup, Agavensirup
- Lorbeerfamilie: Lorbeer, Avocado, Zimt
- Kräuter: Pfefferminze, Minze, Oregano, Salbei, Thymian, Bohnenkraut, Lavendel, Muskatnuss

Nichtmilde Nahrung
- Apfelfamilie: Apfel (weltweit die am stärksten allergene Frucht, vor allem Granny Smith), Birne (ist weich und enthält Apfelsäure), Hagebutte, Nektarine, Quitte, Pektin (Säure in Marmeladen)
- Banane: kann mild sein, enthält aber Histamin (das ist ein Stoff, der Allergien verursachen kann), wenn du Histamin verträgst, ist die Banane mild
- Kiwi
- Zitrusfrüchte: Mandarine (die mildeste), Orange, Grapefruit, Zitrone
- Getreide: Weizen (die Urweizenarten wie Dinkel und Kamut sind schon mild, Sauerteigweißbrot ist manchmal auch mild), Lupinenmehl
- Familie der Hülsenfrüchte: braune Bohne, alle Erbsensorten, Soja, alle anderen Bohnensorten (außer Flageolett), Linsen (die mildesten Hülsenfrüchte), Kakaobohne (Schokolade), Erdnuss, alle Nusssorten, Sojasprossen (aus Mungbohnen), Carob (Johannisbrot), Lakritze, Kaffee, Süßholz
- Proteine: Kuhmilch und ihre Produkte, wie Käse, Joghurt, Pudding, Molkenpulver, Trockenmilch, Kasein, Rahmbutter, Ghee (Butterschmalz), Schlagsahne (ist die mildeste Form, weil sie wenig Eiweiß enthält), Eier, Schweinefleisch, roter Fisch (außer Lachs und Thunfisch), Schalentiere, Muscheln, Leber ist ein Abfallprodukt und kann heftige Reaktionen hervorrufen
- Nachtschattenfamilie (die Blätter sind schädlich, die Früchte nicht): Tomate, Paprika, Aubergine, grüne Peperoni, rote Peperoni (Cayenne). Tomaten enthalten Histamin. Die Kartoffel ist mit der Tomate verwandt, gehört dennoch zum etwas milderen Gemüse.

- Hefeprodukte: Hefe, Pilze, geräucherte Fleischware, geräucherte Fischarten, Sauerteig ist mild
- Margarine: alle Sorten können eine Reaktion auslösen, vor allem bei täglichem Gebrauch, ein Schuss Oliven- oder Sonnenblumenöl in die warme Mahlzeit kann Margarine ersetzen. Du kannst Olivenöl auch auf das Brot schmieren.
- Süßstoff: raffinierter weißer und brauner Zucker, Aspartam (in *Light*-Produkten) ist sehr ungesund
- Gewürze: Nelke, Zimt, Koriandersamen, Kardamom, Lebkuchen- und Spekulatiusgewürze, Vanille
- Keime: Sojasprossen (aus Mungbohnen)
- Bindemittel: Flohsamen, Chiasamen, Agar-Agar, Seetang

15 Allergien, Nahrungsmittelintoleranzen und (gesunde) Ernährung

Allergische Symptome: erkennen, vorbeugen und damit umgehen

In diesem Kapitel erläutere ich, dass Ernährung eng mit der Entstehung und dem Andauern von Allergien und anderen Krankheitssymptomen bei Kindern zusammenhängt. Das gilt sowohl für Stillkinder als auch für Kinder, die künstliche Nahrung bekommen. Die meisten Informationen sind allgemeiner Art und gelten für alle Altersstufen.

Bei den Stillgruppen bin ich oft Müttern mit allergieanfälligen Kindern begegnet. Dies war der Anlass, um für diese Mütter Extratreffen zu organisieren, unseren monatlichen Allergievormittag. Dabei habe ich selbst viel gelernt.

15.1 Allergien und Intoleranzen

Wie eine Allergie entsteht

Jeder dritte Mensch im Westen ist allergisch. Die Ursachen von Allergien sind sehr unterschiedlich. Sie können durch Mangelerscheinungen im Körper entstehen, durch genetische Divergenz im Lauf der Evolution und selbstverständlich mit Umweltverschmutzung und Lebensstil zusammenhängen.

Körperliche Mangelerscheinungen entstehen, weil unsere Pflanzen durch die Verwendung von Kunstdünger einen schnellen Wachstumsprozess durchlaufen und somit arm in der Nährstoffzusammensetzung sind. Für den *biologischer Pflanzenbau* wird kein Kunstdünger, sondern allein natürlicher Dünger verwendet. Die Pflanzen wachsen dadurch weniger schnell, dies ist allerdings der Grund dafür, dass biologische Nahrungsmittel mehr Mineralien, Spurenelemente und Vitamine enthalten und mehr Geschmack haben.

In unserer westlichen Welt sind besonders im Laufe des letzten Jahrhunderts Menschen unterschiedlicher Abstammung aufeinandergetroffen. So wurden auch unterschiedliche körperliche Konstitutionen vererbt, die nicht durchweg für die westliche Ernährung gerüstet sind (zum Beispiel kann das Verdauungssystem von Menschen asiatischer Herkunft nicht mit Milchprodukten umgehen). Der berühmte Naturarzt A. Vogel schreibt in *Der kleine Doktor*: „Ich habe viele Völker in der ganzen Welt besucht, aber ich habe noch nie Allergien beobachtet bei Menschen, die das essen, was am Boden wächst, wo sie zu Hause sind."

Auch die Umwelt und der Lebensstil spielen bei Allergien eine Rolle: Die körperliche Anlage für Allergien wird durch Stress, Umweltverschmutzung, Elektrosmog, den Snack zwischendurch und Nahrungszusätze in Lebensmitteln verstärkt. Außerdem spielt die Einnahme von Antibiotika, die das Pilzwachstum fördern, eine Rolle. Es läuft letztendlich darauf hinaus, dass sich unser Körper gegen bestimmte Nahrungsmittel wehrt; wir werden sogar krank davon.

Eine Nahrungsmittelallergie geht nie vorbei. Erfahrungsgemäß verbleibt sie im Körper, und immer wieder ist ein neuer Teil im Körper oder ein Organ von Krankheit und Beschwerden befallen. Wenn das Kind älter wird, ist es zwar widerstandsfähiger, aber auch dem sind Grenzen gesetzt.

Von Ärzten bekommen Eltern zu hören, dass die Kuhmilchallergie nach ein paar Jahren vorbeigeht. Der Hautarzt wird den Eltern dann gratulieren, dass die Hautkrankheit vorbei ist und das Kind hinausgewachsen ist. Diese Ärzte sehen aber nicht, dass sich die Symptome verändern – aus dem Hautausschlag werden zum Beispiel Bronchitis oder Asthma, Ohrenentzündung, Rückenbeschwerden, Akne, unruhiges Verhalten oder sogar autistische, legasthenische und depressive Beschwerden. Die Eltern müssen dann mitunter zu einem anderen Arzt, zum Beispiel zum Lungenarzt, der manchmal nichts von Lebensmittelallergien versteht und die Ursache nicht erkennt.

Meine Tochter hatte Taubheitserscheinungen und bekam Röhrchen in die Ohren. Sie wurde getestet und reagierte auf Kuhmilchprodukte, Soja, Zucker, Schokolade, Nüsse und Erdnüsse. Ich ging auf die Suche und in einem Kräuterladen empfahl man mir, ihr Glechoma und Juglans zu geben: Glechoma, um Feuchtigkeit abzuleiten, das sich hinter dem Trommelfell angesammelt hatte, und Juglans, um die Schleimabsonderung zu zügeln. Nach sechs Wochen konnte sie wieder normal hören, auch ihr Ekzem war verschwunden.

Wiederkehrende Babyallergie im späteren Alter

Im 30. oder 35. Lebensjahr kommen Babyallergien zurück. Der Mensch wird dann schwächer, der Körper fängt langsam an, abzubauen. Nahrungsmittelallergien bleiben Ursachen von allerlei Beschwerden. Mein allergischer Sohn wurde mit zwanzig Jahren von einem Homöopathen getestet. Neben der bereits bekannten Nahrungsmittelallergie hatte er eine Tuberkulosebelastung von vorhergehenden Generationen, die ihn anfälliger machte und durch die er ständig eine verstopfte Nase hatte. Der Homöopath konnte glücklicherweise ein Gegenmittel finden.

J. Beunk, ein Arzt und Homöopath aus Haarlem, hat eine beeindruckende Liste von Beschwerden, hervorgerufen durch Kuhmilcheiweiß, zusammengestellt. Es geht um körperliche Beschwerden, wie Arthritis, Diabetes, Herz- und Kreislauferkrankungen, Leukämie, Krebs, Multiple Sklerose und Osteoporose, sowie um Verhaltensstörungen, wie das Hören von Stimmen und ADHS. Außerdem nennt er Früh- und Fehlgeburt.

In welcher Menge und wie häufig verträgt man ein Lebensmittel?

In der Schulmedizin wird zum Beispiel getestet, ob man Erdnüsse verträgt. Wenn lange Zeit keine Erdnüsse gegessen werden, kann der Körper beim Test keine allergische Reaktion zeigen. Der Tester könnte daraus schließen, dass keine Allergie gegen Erdnüsse besteht. Wenn du daraufhin wieder Erdnüsse isst und der Körper doch allergisch reagiert, suche einen Spezialisten auf, der eine genaue Diagnose stellen und dir sagen kann, *wie viele* und *wie oft* du Erdnüsse verträgst.

Symptome von Nahrungsmittelallergien
Symptome von Nahrungsmittelallergien bei Babys sind:

Winde lassen	Husten und Röcheln
Schluckauf während der Schwangerschaft	Frühgeburt
Erbrechen (spucken), mühsames Aufstoßen (Bäuerchen)	zu dünner Stuhl
Rötungen im Windelbereich	grüner Stuhl
geröteter After, Penis oder Scheide	Schleim oder Blut im Stuhl
übelriechende Winde	schmerzende Augen
Pickel	Verstopfung
raue Stellen	Verweigern der Brust
trockene Haut	nicht richtig an der Brust saugen
Niesen	schnalzen mit der Zunge
Erkältung	nicht wachsen
unruhiges Verhalten	zu viel Schleim im/aus dem Mund
viel weinen	Haare, die aufrecht stehen
	schlecht schlafen
	Übergewicht, Neigung zu Übergewicht

Später, bei Kleinkindern, Kindern und Erwachsenen (oder wieder-
zufinden bei Eltern):

Asthma	Allergie gegen Tiere/Staub/Wolle
Bronchitis	rinnende oder verstopfte Nase
Heuschnupfen	Bettnässen
Ekzem	übermäßiges Schwitzen
Ohrenentzündung, Ohrenschmalz	unruhiges Verhalten
Flüssigkeit hinter dem Trommelfell	Aggressives Verhalten, Depression
Mandelentzündungen	Müdigkeit
Migräne	zu starkes Größenwachstum
Rheuma	Beckeninstabilität
Überbeweglichkeit von Gelenken	Legasthenie, ADHS, Autismus
Bandscheibenvorfall	Blasenentzündungen
Akne	Angina
Schweißfüße	Glatzköpfigkeit, Haarausfall, frühes Er-grauen
Eisenmangel	Epilepsie

Außerdem zählen die Symptome, die für Babys angeführt sind, dazu.

Obenstehende Symptome können oft vermieden oder gemildert werden, wenn von bestimmten Nahrungsmitteln Abstand genommen wird.

Unterschied zwischen Sommer und Winter
Im Sommer vertragen die meisten allergischen Kinder und Erwachsenen mehr an allergischen Nahrungsmitteln als im Winter. Die gute Zeit ist meiner Meinung nach von Juli bis Ende Dezember. Die empfindliche Zeit von Januar bis Ende Juni. Ab Oktober kann es draußen frieren, und viele Kinder werden krank. Das braucht nicht einzutreten, wenn das richtige Obst und die richtige Menge an Eiweiß verzehrt werden. Außerdem ist Zucker ein Vitaminräuber, der besser vermieden werden sollte.

Schreibabys und Allergie
Wenn jemand in der Verwandtschaft eine Allergie hat, wie Asthma, Bronchitis, Heuschnupfen, Hautausschlag, Migräne, Rheuma, Staubaallergie, Allergie gegen Tiere, Akne usw., dann bekommst du möglicherweise ein Schreibaby. Kinderarzt William Sears bevorzugt die Bezeichnung *high-need baby*, womit er Kinder meint, die viele Bedürfnisse haben.

Während Schwangerschaft und Stillzeit kann die Mutter testen, was sie essen darf und was nicht. Zum Testen kann sie *Touch for Health* oder eine der anderen später in diesem Kapitel beschriebenen Methoden verwenden.

Oft ist das falsche Eiweiß die Ursache für die Allergie. Es geht dabei um Kuhmilch-, Soja-, Hühner-, Weizeneiweiß (Gluten) und das Eiweiß in Nüssen und Schokolade. Ein Allergieexperte riet mir, ab einem Monat vor der Empfängnis kein Kuhmilcheiweiß mehr zu mir zu nehmen.
   Bestimmte Früchte oder andere Nahrungsmittel, wie Hefe, Zucker, bestimmte Farbstoffe oder bestimmtes Gemüse, können allergen sein. Auch ein Zinkmangel während der Schwangerschaft kann

einen allergisch wirkenden Effekt haben. Durch die Einnahme von zusätzlichem Zink (fünfzehn mg oder mehr) kann man dieses Problem vermeiden. Im nächsten Abschnitt komme ich darauf zurück.

Außerdem ist es ratsam, das Baby ausschließlich zu stillen. Jeder Schluck künstliche Nahrung oder Glukose wird eine später festgestellte Allergie verschlimmern. Im Notfall kann man hyperallergene Babynahrung geben, ausschließlich Muttermilch ist in jedem Fall besser.

Eine Mutter mit einem Schreibaby kann versuchen, so viel wie möglich aus der Gruppe „milde Nahrungsmittel", wie im vorigen Kapitel beschrieben, zu essen. Oft ist das eine wirksame Lösung bei Beschwerden.

Wenn eine Allergie zu vermuten ist, weil das Baby auf die Muttermilch negativ reagiert, solltest du mit dem Testen beginnen. Manchmal verträgt das Baby jedoch eine bestimmte Menge eines spezifischen Nahrungsmittels. Durch den Test sollte auch herausgefunden werden, *wie viel* und *wie oft* die Mutter etwas essen darf. Zum Beispiel: Haferflocken – zweimal die Woche hundert Gramm; Reisdrink – vierzehn Mal die Woche fünfzig Gramm (also zweimal täglich fünfzig Gramm).

Nach dem Testen wird die Mutter feststellen, dass sie zum Beispiel viermal in der Woche Apfel essen kann, ohne dass das Baby nach dem Stillen negativ darauf reagieren wird. Das Baby wird allerdings eher Reaktionen zeigen, wenn die Mutter die Apfelsorte Granny Smith isst statt einer milderen Sorte wie Jonagold oder Santana.

In meinem Fall gab ein Test an, dass ich maximal dreißig Gramm Eiweiß pro Tag zu mir nehmen durfte und drei Stück Obst, allerdings keine tropischen Früchte. Das Baby reagierte allergisch, wenn ich an einem Tag größere Mengen zu mir nahm.

Um bestimmen zu können, auf welche Nahrungsmittel das Baby reagiert, ist es wichtig, zu wissen, wie schnell ein Nahrungsmittel in die Muttermilch gelangt (siehe Kapitel 2.3).

Kuhmilcheiweiß ist Allergieauslöser Nummer eins

Kuhmilch ist für Kälber, und ein Kalb trinkt drei Monate bei der Mutter. Wenn wir unser ganzes Leben lang fünfmal am Tag Kuhmilchprotein zu uns nehmen (auch verborgenes Kuhmilcheiweiß), dann ist das übermäßig, und wir geraten aus dem Gleichgewicht. Durch das gestörte Gleichgewicht reagiert der Körper allergisch auf Staub, Tiere, Pollen und viele andere allergene Stoffe. Gleichzeitig ist sie der Impuls für Allergien, die ich in der Liste der Symptome aufgeführt habe.

Wenn mehrere aufeinanderfolgende Generationen zu viel Kuhmilcheiweiß zu sich genommen haben, sind wir völlig aus dem Gleichgewicht. So kann sich die Allergieveranlagung verschlimmern. Kuhmilch enthält dreißig Arten von Eiweiß, Ziegenmilch und Schafmilch hingegen die Hälfte, also ungefähr fünfzehn Arten. Deshalb vertragen einige Menschen Ziegen- oder Schafsmilch besser. Soja kann manche Menschen richtig krank machen, während andere es wiederum problemlos essen oder trinken können, zum Beispiel Menschen asiatischer Herkunft.

Die Ernährung während der Schwangerschaft bestimmt, ob die Allergie sich verschlimmert. Außerdem kann künstliche Nahrung für Kinder unter einem Jahr die Allergie doppelt so stark hervortreten lassen. Ein Fläschchen künstliche Milch von zehn ml kann die Ursache für eine heftige lebenslange Allergie sein. Glücklicherweise gibt es heutzutage hypoallergene Babynahrung. Wenn also nach der Geburt künstliche Nahrung notwendig ist, frag im Krankenhaus oder bei der Hebamme nach hypoallergener Babymilch oder finde heraus, ob du Spendermilch bekommen kannst.

Das Testen von Nahrungsmitteln – wie oft und wie viel verträgst du von einem Nahrungsmittel?

Das Testen von Nahrungsmitteln kostet viel Zeit. Du kannst das eventuell im Krankenhaus vornehmen lassen. Manchmal kommt ein Ergebnis dabei heraus, aber manchmal auch nicht. Ein Kinderarzt erzählte mir, dass Bluttests bei Kindern unter drei Jahren nicht gut funktionieren. Die Allergie hat sich noch nicht „niedergelassen".

Am besten testet die Mutter selbst oder mithilfe eines Alternativ-
mediziners. Es gibt unterschiedliche Möglichkeiten für das Testen.
Ich zähle einige auf:

Mit *Touch for Health* bzw. *Kinesiologie* kann man durch einen Mus-
keltest am Arm testen, ob Nahrungsmittel vertragen werden und ob
Emotionen mitspielen, die Symptome erzeugen. Der Körper kann
durch Kinesiologie auch korrigiert werden. Das ist für jeden durch
einen Kursus oder aus einem Buch erlernbar. Es gibt auch Ärzte,
die Kinesiologie anwenden.

Mit *Touch for Health* kann getestet werden, welche Nahrungsmittel vertragen werden bzw. *wie oft* und *wie viel*.

In der *Bioresonanztherapie* verwendet man einen Apparat, mit dem
man die elektromagnetischen Schwingungen des menschlichen
Körpers und seiner Organe messen kann. Es können auch Korrek-
turen vorgenommen werden, vor allem bei kleinen Kindern. Manchmal sind die Therapeuten bereit, zu testen, wie viel und wie oft Nahrungsmittel vertragen werden. Es gibt Krankenkassen, die diese
Therapie in ihre Leistungen aufgenommen haben.

Die *Biophotonentherapie* stimmt mit der Bioresonanztherapie
überein.

In der *QUANTEC-Methode* wird der Test mithilfe eines Haarbü-
schels oder einer Urinprobe vorgenommen.

Einem *Pendel* kann eine Frage gestellt werden, wobei durch die
Ja- bzw. Nein-Reaktion des Pendels die Antwort gedeutet werden
kann. Manchmal kann eine Mutter diesen Test selbst ausführen: Ihr
Körper weiß die Antwort, nur ihr Kopf kennt sie nicht.

Bei Tests kann auch herauskommen, dass Emotionen eine Rolle
spielen.

Der wichtigste Test ist jedoch: In welcher *Häufigkeit* und *Menge* ist
ein Nahrungsmittel (direkt gegessen oder über das Stillen) heilsam
für das Kind? Das kann durch Kinesiologie und/oder mit dem Pendel getestet werden. Die anderen Methoden können diese Fragen
nicht immer beantworten.

Im Internet kannst du Kontakte finden, wo du Tests durchführen lassen kannst.

Zur Illustration möchte ich eine Erfahrung teilen.

Eine *Touch-for-Health*-Therapeutin hatte mich wieder ins Gleichgewicht gebracht. Danach begann sie, die Auswirkungen von Kuhmilch auf mich durchzutesten. Sie fand heraus, dass ich wieder Kuhmilchprodukte vertrug. Ich fragte sie, *wie oft* und *wie viel*. Das Ergebnis war ein Teelöffel pro Tag.

Allergien gegen bestimmtes Eiweiß

Es ist auffällig, wie viele Kinder gegen bestimmte Arten von Eiweiß und raffinierten Zucker allergisch sind. Wenn auch nur in einer Familie von den Eltern geringfügig Allergien vorkommen, kann ein Kind hierauf reagieren. Übersensible oder empfindliche Kinder reagieren oft im Bereich der Ohren mit Entzündungen oder Taubheit. Ebenso können die Luftwege angegriffen werden, was sich durch Erkältungen, Schleimbildung, Husten, Bronchitis, Asthma, Mandelentzündungen, Nasennebenhöhlenentzündungen, Fieber und Hautprobleme äußern kann.

Außerdem können diese Eiweißarten Verhaltens- und Schlafstörungen hervorrufen (siehe auch die Liste mit Symptomen von Nahrungsmittelallergie in diesem Kapitel).

Ich selbst habe meinen letzten drei Kindern nie Kuhmilchprodukte gegeben. Kein Hühnerei bis sieben Jahre, danach ein halbes Ei pro Woche oder besser gar keins. Soja musste ich ganz weglassen, so wie alle Nüsse und Hülsenfrüchte.

Zu Kuhmilchallergie las ich von einem Internisten, der Mitglied eines Vereins zur Krebsbekämpfung ist, Folgendes: „Es fällt mir auf, dass ich beim Durchchecken von Krebs- und Leukämiepatienten oft eine Allergie gegen Kuhmilchprotein entdecke. Der Körper kann dadurch wirklich aus dem Gleichgewicht geraten." Ich stimme dem zu, und es scheint mir nützlich, dass diese Zusammenhänge in Zukunft gründlich untersucht werden.

Wie viel Eiweiß braucht ein Kind?

Der alternative HNO-Arzt R. N. Koppen sagte in einem Interview: „Eltern von empfindlichen Kindern rate ich, nicht mehr Proteine zu verabreichen, als sie *wirklich* brauchen. Dafür gibt es einfache Regeln. Ein Kind von null bis zwei Jahren braucht täglich 2,5 Gramm Eiweiß pro Kilo Körpergewicht, und Kindern von zwei bis zehn Jahren reichen zwei Gramm pro Kilo."

Diese Aussage bot mir viel Unterstützung. So lange ein Baby gestillt wird, auch ein Kleinkind, bekommt es keinen Eiweißmangel. Kleinkinder können alle zwei Stunden gestillt werden. Außerdem trinken sie sehr schnell. Wenn wir viel Eiweiß zu uns nehmen, benötigen wir in der Regel nur drei Mahlzeiten pro Tag.

Schwer verdauliches Eiweiß ist in Fleisch-, Ei- und Milchprodukten, dunklem Brot, Erdnüssen, Hülsenfrüchten und Soja enthalten. Leicht verdauliches Eiweiß haben Fisch sowie leichte und glutenfreie Körner und Samen.

Die Mutter wird fitter durch die Diät des Babys

Die Nahrungsmittel, die beim Baby oder Kleinkind eine allergische Reaktion hervorrufen, sind sicherlich auch bei der Mutter oder dem Vater sichtbar, auch wenn diese anders oder weniger auftreten. Deshalb sind sich die Eltern einer Nahrungsmittelallergie bei sich selbst oft nicht bewusst. Wenn sie aber wegen des Babys auf solche Nahrungsmittel verzichten, werden sie sich selbst auch gesünder fühlen. Allerlei kleinere Beschwerden, an die sie sich seit Langem gewöhnt haben, verschwinden dann, wie Kopfschmerzen, Verstopfung, verstopfte Nase, Husten, Niesen, Schläfrigkeit, Müdigkeit, Ringe unter den Augen, Schmerzen in den Beinen oder Magenschmerzen.

Wenn die Eltern selbst die Verantwortung für die Ernährung ihres Kindes übernehmen und gut darauf achten, welche Nahrungsmittel es nicht verträgt, können sie auch ihre eigene Gesundheit verbessern. Es werden Beschwerden verschwinden, von denen die Eltern nicht wussten, dass man dagegen etwas machen kann.

Weizen ist ein auffallend allergenes Produkt

Mir fallen Dutzende von Krankheiten ein, die mit dem Genuss von Weizen in seiner heutigen Form zu tun haben. Wenn du Erfahrungen mit der Blutgruppendiät des Naturarztes Peter D'Adamo hast, kannst du beobachten, dass Menschen mit bestimmten Blutgruppen keinen Weizen vertragen.

Gemeinsam mit der Stillberaterin Janneke van Dijk haben wir die folgende Liste von Krankheiten zusammengestellt, die auf einer Weizenallergie basieren: Ekzem und Hautausschlag, Babys mit übelriechenden Winden, Asthma, Nervosität, Depression, Kopfschmerzen, Legasthenie, ADHS, autistisches Verhalten, Wachstumsstörungen, Übergewicht, Hypermobilität, unruhiges Verhalten und zu viel Schleim im Mund, widerspenstiges Haar und bei älteren Kindern auffallend glattes Haar.

Einige Laktationsberater berichten, dass Gluten die Ursache für Nahrungsmittel- oder Kuhmilcheiweißallergien seien. Gluten macht Därme porös.

Darüber hinaus enthält Vollkornbrot Phytinsäure, die dem Körper, gemeinsam mit Hefe, Mineralien entzieht. Kalzium, Zink, Magnesium und Eisen werden dadurch schlecht aufgenommen, schreibt Jan Dries. Wird das Brot allerdings mit Sauerteig gebacken, wird die Phytinsäure größtenteils ausgeschaltet. Es ist deshalb gesünder, Sauerteigbrot zu essen.

Kleine Kinder, die Weizen vertragen, sollten helleres Brot essen, weil es weniger Phytinsäure und außerdem ein leichter verdauliches Eiweiß enthält als dunkles Brot. Kinder, die keine Lust auf dunkles Brot haben, signalisieren dadurch vielleicht, dass sie es eigentlich nicht vertragen.

Viele Menschen essen dreimal am Tag Weizen in Form von Brot, Kuchen, Spaghetti, Makkaroni, Couscous, Bulgur, Pizza und Tacos (heutzutage oft aus Weizen statt aus Maismehl bestehend). Das ist keine gute Angewohnheit.

In Fällen von Überempfindlichkeit sind folgende Produkte eine Alternative: Brötchen und Baguette (sind manchmal weniger allergen), Buchweizenflocken (bzw. -brei), Hirse(brei), Reis(brei) und

Kartoffeln sowie zusätzlich Reiswaffeln, Buchweizen- und Kastaniencräcker und Brot aus Mandel- oder Dinkelmehl (enthält weniger Gluten). Manchmal ist glutenfreies oder Teffbrot möglich sowie Brötchen oder Kekse aus Mandelmehl. Wenn du Reis- oder Dinkelbrot isst (in Dinkelbrot ist Gluten enthalten), mach dich schlau, ob womöglich auch Weizen mitverarbeitet wurde. Wenn ja, ist es besser, das Brot nicht zu essen, wenn man empfindlich auf Weizen reagiert. Es gibt auch speziell bearbeitete glutenfreie Haferbreiflocken. Es kann eine mühselige Suche nach Alternativen werden.

In weniger starken Fällen von Weizenallergie sind Roggenbrot oder normaler Haferbrei gut möglich. Brei bereitest du zu, indem du kochendes Wasser oder Reisdrink (ohne Vanillegeschmack) auf die Flocken gießt.

Jan de Vries, Alternativmediziner an der Universität Edinburgh, schreibt über Gluten (Proteine, die u. a. in Weizen vorkommen), Kasein (Proteinanteil der Milch) und die dramatische Zunahme von Autismus. Er bestätigt hiermit Royen McDougall, der auch Schizophrenie damit in Zusammenhang bringt. Ich selbst sehe, dass viele heranwachsende Kinder, von denen ich weiß, dass sie früher eine Kuhmilch- und Weizenallergie hatten, eine Legasthenie entwickeln. Aus diesem Grund gab ich meinem Jüngsten lieber Hirse- und Buchweizenbrei, Teff-, Dinkel-, Mais-, Roggen- und Weißbrot und Haferbrei. Wenn er viel Weizenbrot isst, bekommt er Ekzeme und kann schlecht lesen (Legasthenie). Lästige Krankheiten können also durch Nahrungsmittel mitverursacht werden.

Du kannst folgende Einteilung vornehmen
- Getreide- und Pflanzensorten mit Gluten: Weizen, Roggen, Hafer, Gerste, Dinkel, und Kamut
- glutenfrei: Reis, Mais, Hirse, Buchweizen, Amarant, Teff, Mandeln, Kastanie, Lupine, Soja, Quinoa sowie die Bindemittel Kartoffelstärke, Maizena, Tapioka, Sago und Pfeilwurz

Brot mit Gluten bleibt fest (Gluten ist ein Kleber), Brot aus glutenfreiem Mehl zerfällt und benötigt deshalb ein Bindemittel.
Dinkel ist ein Urweizen, den viele Allergiker vertragen. Die Mystikerin Hildegard von Bingen schrieb: „Dinkel macht glücklich."

Außerdem könnte man sich fragen, warum Allergien gegen Weizen so weit verbreitet sind. Meiner Meinung nach hat das mit unserem heutigen Lebensstil zu tun. Früher mussten alle auf dem Bauernhof schwer arbeiten, und da brauchte man schwere Kost. Heutzutage leben wir in einer Denkkultur. Wir brauchen nicht mehr schwer zu arbeiten und unseren Körper nicht mehr mit schwerer Kost zu ernähren. Unsere Kinder haben sich bereits weiterentwickelt. Sie vertragen nur noch „Denkernahrung": leichte Proteine, wie Reis, Gemüse, Fisch und Obst.

Astrids Geschichte: Warum sie keinen Kontakt zu ihrem kleinen Sohn bekommt

Die Geschichte von Astrid aus Den Haag veranschaulicht das Verhalten von Kindern im Zusammenhang mit Allergien. „Ich mühte mich schon monatelang mit meinem dreijährigen Sohn ab. Wenn ich mir es recht überlege, eigentlich schon viel länger. Aber als Mutter versuchte ich immer, sein Verhalten zu verteidigen und zu rechtfertigen. Und wenn es dann wieder eben mal gut ging, schob ich die Suche nach Unterstützung auf. Mein kleiner Sohn zeigte folgende Symptome: Er konnte nicht spielen und nicht auf mich hören. Ich hatte den Eindruck, gegen eine Wand zu reden. Wenn ich mich niederhockte, schaute er weg. Ich konnte nicht zu ihm vordringen. Und doch merkte ich, dass er meine Aufmerksamkeit suchte. Die versuchte er, durch schlechtes und übermütiges Benehmen zu bekommen. Das einzige, was er wollte, war, gemeinsam mit Mama ein Fläschchen trinken und Bücher lesen. Wenn ich nahe bei ihm saß, fühlte ich seine Nervosität. Er schüttelte dann oft seinen Kopf und machte komische Geräusche, wobei er eine Ecke im Zimmer anstarrte. Reden half überhaupt nicht!

In der Erziehungsberatungsstelle bekam ich den Rat, strenger und deutlicher zu sein. Diese Art Ratschlag bewirkte allerdings genau das Gegenteil und schadete meinem Selbstvertrauen. Dadurch, dass das Problem auf mich geschoben wurde, begann ich zu zweifeln, ob ich eine gute Mutter sei. Der Hausarzt verschrieb daraufhin homöopathische Globuli, deren Wirkung ich bezweifelte.

Nachdem ich einen Nahrungsmitteltest hatte machen lassen, stellte sich heraus, dass mein Sohn, abgesehen von einer Intoleranz gegen Kuhmilch, auch kein Gluten vertrug. Also keinen Weizen, Roggen, Hafer und keine Gerste. Nur Buchweizen, Reis, Mais und Hirse. Auch die Kombination von Getreide und Zucker erwies sich als sehr schlecht, ebenso die Kombination von Getreide und Obst. Allerdings vertrug er Gemüse in Verbindung mit Getreide gut.

Nachdem wir diese Diät ungefähr zwei Monate gehalten hatten, hat sich mein Sohn in das allerliebste dreijährige Kind verwandelt. Es ist unglaublich, dass er nun auf mich hören, mithelfen und spielen kann. Ich habe ihn jetzt auch viel lieber und habe auch mehr Selbstvertrauen als Mutter bekommen."

Vielleicht konnte diese Mutter autistischem Verhalten zuvorkommen. In den Niederlanden hat im Durchschnitt eins von hundert Kindern autistische Symptome. Mehr und mehr spricht man über den Zusammenhang von Kuhmilchprodukten, Gluten, falschen Nahrungsmittelkombinationen und einem Mangel an bestimmten Fetten, Vitaminen und Darmbakterien. Huub Savelkoul, Zellbiologe an der Universität Nijmegen, forscht auf diesem Gebiet ebenso wie Frits Muskiet, Professor für Pathophysiologie und Klinisch-Chemische Analyse. Auch gibt es Berichte zu Nebenwirkungen bei Impfungen. Nimm Kontakt zu einem Homöopathen auf, wenn du das vermutest.

Allergische Kinder haben viele Qualitäten, sie sind sehr sensibel

Am Ende dieses Abschnitts über Allergien und allergische Kinder möchte ich gern noch etwas meiner Erfahrungen mitteilen. Meiner Meinung nach sind übersensible oder allergische Kinder in dieser harten Welt auch empfindlicher, was Stimmungen und Haltungen angeht. Sie zeigen uns, wieder gefühlvoller miteinander umzugehen – durch die Art, wie sie Kontakte eingehen, durch ihre Spiritualität oder ihre Musikalität. Sie können meistens gut zeichnen, malen, singen oder schauspielern. Sie sind kreativ und bringen die Kunst in die Welt. Außerdem zeigen sie uns, auf unser Herz zu hören, statt sich auf die finanziellen und sachlichen Aspekte des Lebens zu konzentrieren. Eigentlich sind sie auf diese Weise für uns unentbehrlich.

Diese sensiblen Kinder können später keinen Krieg mehr führen!

15.2 Alles über Mineralstoffe, Spurenelemente, Vitamine und Zellsalze (Schüßler-Salze)

Nährstoffmangel steigert (Über-)Empfindlichkeit

Ein Mangel an Mineralstoffen oder Spurenelementen und Vitaminen kann eine Überempfindlichkeit im Körper verursachen oder verschlimmern. Nicht umsonst wird in der Schwangerschaft die Empfehlung gegeben, Folsäure einzunehmen.

Folsäure kommt in Blattgemüsen, wie Endivie, Spitzkohl, Grünkohl, Palmkohl, Blattsalat, Chicorée und Spinat vor, außerdem in Gartenbohnen, Rosenkohl, Brokkoli, Blumenkohl, Erdbeeren, Mandeln, Knollensellerie, Weizenkeime und Kichererbsenmehl. Möglicherweise wird zu wenig davon gegessen oder das Gemüse enthält nicht mehr ausreichend Nährstoffe wie Folsäure.

Es gibt kaum Untersuchungen zum Thema Mangel in unserer Nahrung. Die Erforschung von Mangelerscheinungen und die Wirkung von Vitaminen und Mineralstoffen sind nicht gerade beliebt. Wissenschaftliche Forschung muss finanziert werden, und das Thema eignet sich nicht für Patentierungen. Es wirft keinen Gewinn ab. Der Naturarzt Jaap Huibers hat seinen eigenen Urin untersucht, nachdem er drei Tage lang herkömmlichen Chicorée und Tee sowie drei Tage biologischen Chicorée und Tee zu sich genommen hatte. Er erschrak über die Mangelerscheinungen, die er nach dem Verzehr von herkömmlichem Chicorée feststellte.

Außerdem ist die Darmflora oft in schlechtem Zustand aufgrund der Verwendung von Farbstoffen, künstlichen Geruchs- und Geschmacksstoffen, Zucker, Konservierungsmitteln und anderen Zusatzstoffen. Dadurch nimmt die werdende Mutter aus der Nahrung nicht ausreichend Nährstoffe für die gute Entwicklung des Kindes auf. Auch die Einnahme von Antibiotika stört die Aufnahme. Du kannst in dem Fall Probiotika einnehmen, um die Funktion des Darms wieder zu verbessern.

Es gibt eine finnische Untersuchung zu Probiotika mit einem sehr guten Ergebnis. Schwangere Frauen, in deren Familie Ekzeme vorkamen, wurden gebeten, während der ersten sechs Monate der Schwangerschaft Probiotika einzunehmen. Das Ergebnis zeigte fünfzig Prozent weniger Fälle allergiebedingter Ekzeme bei Kindern im Alter von zwei Jahren. Ich vermute, dass auf diese Weise auch andere allergiebedingte Beschwerden bei Kindern verringert werden könnten.

Es gibt einen Joghurt mit Probiotika im Handel. Weil fast jede allergische Veranlagung auf einer Allergie gegen Kuhmilchprodukte basiert, ist dieses Produkt aber nicht empfehlenswert. Es gibt verschiedene Sorten Probiotika auf dem Markt, also ist das Ausprobieren die beste Idee.

Ein Bluttest hat keinen Sinn, weil sich Mineralstoffe zu neunzig Prozent in den Körperzellen befinden und nur zu zehn Prozent im Blut. Wenn die Blutwerte gut sind, heißt das nicht, dass es auch auf der Ebene der Zellen zutrifft. Dies steht in allen Ärztebüchern, wird aber oft verschwiegen.

Ein Mangel an Zellsalzen (Schüßler-Salze) kann auch Überempfindlichkeiten hervorrufen. Schüßler, Begründer der „biochemischen Heilweise", machte vor hundert Jahren eine interessante Entdeckung. In der Asche von verstorbenen gesunden Menschen fand er zwölf Mineralsalze. In der Asche von verstorbenen kranken Menschen fand er hingegen weniger Mineralsalze, nämlich zehn oder gar nur acht. Er schloss daraus, dass solche Mangelerscheinungen den Körper krank machen. Mineralsalze bestehen aus bestimmten Formen von Kalzium, Kalium, Natrium, Magnesium und Kieselsäure. Die sogenannten Schüßler-Salze werden aus organischen Stoffen gewonnen; man kann sie als Nahrungsmittel betrachten. Das Buch *Rundum gesund mit Schüßler-Salzen* von Dick van der Snoek bietet mehr Information zu diesem Thema. Von Interesse zu diesem Thema ist auch das Buch *Gesichtsatlas*. Zudem ist darin eine eindrucksvolle Beschwerdeliste mit dem jeweils damit verbundenen Mineralsalzmangel als mögliche Ursache zu finden. Schüßler-Salze sind auch für Kleinkinder geeignet.

Schüßler-Salze sind für Allergiker empfehlenswert. Das Immunsystem wird dadurch gestärkt und die Beschwerden verringern sich.

Außerdem verbessern sie den Gemütszustand der Mutter. Ich gebe diese Information weiter, weil ich sehr positive Ergebnisse bei Kindern, jungen Müttern und anderen Erwachsenen beobachtet habe.

Zusätzliche Mineralstoffe und Vitamine in der Schwangerschaft und Stillzeit

Der Naturarzt J. Huibers hat viele werdende Mütter beraten, um das Risiko einer Allergie beim Kind zu verringern. Neben einer gesunden und abwechslungsreichen Nahrung rät er Folgendes:

- Vitamin B: nimm jeden Tag zweimal Vitamin-B-Komplex für Kinder, Stärke „für Kinder" (in der Apotheke erhältlich), Marke: Huibers Faron
- Magnesium: nimm jeden Tag 500 mg Magnesium-orotat ein Magnesium wird vom Körper schwer aufgenommen, wodurch etwa neunzig Prozent der Menschen im Westen einen Magnesiummangel auf der Zellebene haben (also nicht auf der Blutebene)
- Vitamin C: nimm während der Schwangerschaft ein wenig zusätzliches Vitamin C ein (zweimal täglich 250 mg)
- Kalzium: nimm zusätzliches Kalzium in der Form von Calciumcitratpulver ein, zweimal täglich einen Teelöffel mit einem Glas Wasser
- Milch und Käse: verzichte auf Milch und Käse; Joghurt (mit gesunden Bifidus-Bakterien) ist ab und zu möglich
- Zucker: verwende wenig Zucker oder zuckerhaltige Nahrungsmittel. Rohrzucker und Honig in Maßen
- Nachtkerzenöl: nimm zweimal täglich eine Kapsel reines Nachtkerzenöl ein, das Gammalinolensäure (GLA) enthält; normalerweise sollte Gammalinolensäure im Darm gebildet werden, aber dafür muss man eine außerordentlich gut funktionierende Darmflora haben, was bei den meisten Menschen (leider) nicht der Fall ist, Gammalinolensäure bildet gemeinsam mit Linolsäure (aus Nahrungsmitteln wie Öl und pflanzlicher Margarine) das unverzichtbare Prostaglandin E.

In Muttermilch kommt auch sehr viel Gammalinolensäure vor. Dieser Stoff ist von essenzieller Bedeutung für den Aufbau des Immunsystems. Wenn die Muttermilch genügend Gammalinolensäure enthält, kann vielen Allergien vorgebeugt werden. Oft rate ich schwangeren Frauen, Nachtkerzenöl während der letzten drei Schwangerschaftsmonate zu verwenden. Dann enthält die erste Muttermilch ausreichende Mengen dieser notwendigen Säure.

In der Praxis hat sich erwiesen, dass sowohl viele stillende Mütter als auch ihre Kinder bestens gedeihen, wenn sie diesen Ratschlägen gemäß Jaap Huibers Buch *Kranken Kindern helfen* folgen.

Ich selbst möchte noch Folgendes hinzufügen: Verwende Nachtkerzenöl, falls das Risiko einer Allergie besteht (siehe hierzu Kapitel 15.3).

Im Fall keiner Allergie kann auch Omega-3-Öl verwendet werden, das zum Beispiel in Leinsamen-, Hanf- und Fischöl vorhanden ist. Verwende Vitamin-E-Öl zur Geschmeidigkeit des Körpers – in Kapseln oder Ölform erhältlich. Weizenkeimöl und Avocado besitzen auch Vitamin E.

Und nimm auch täglich Zinkcitrat ein, fünfzehn mg oder mehr.

Zink, ein unverzichtbares Spurenelement
Zu Eisen wird oft berichtet, zu Zink weniger. Zink kommt in Muttermilch vor, das Kind bekommt also genug davon. Zink ist ein Genesungsmineral, das Reparaturen in unserem Körper vornimmt. Durch Bluttests kann man nicht feststellen, ob man genug Zink hat, weil es keinen festen Platz hat. Es kommt in den Organen vor und kann entweder mittels eines Haartests oder mittels alternativer Testmethoden festgestellt werden. Bei einer Untersuchung zu Schnupfen sind die Testpersonen, die Zink einnahmen, früher genesen.

Weiterhin hat sich herausgestellt, dass Personen, die wegen Blutarmut Eisen einnehmen, Zink verlieren, aber: Wer Zink einnimmt, hält seinen Eisenspiegel besser und hat weniger Aussicht auf Blutarmut. Das ist eine großartige Nachricht für viele Schwangere mit Eisenmangel.

In Vitamintabletten für Schwangere sind oft 5 mg Zink enthalten. Das ist zu wenig, 15 mg Zinkcitrat ist eine gute Menge. Es muss aber weißes Zink sein. Das grüne Zink mit Tang kann Hyperaktivität verursachen.

Johan E. Sprietsma schreibt in seinem Buch über *Zink und den Stoffwechsel,* dass die Mutter am Ende der Schwangerschaft 20 mg Zink täglich braucht und in der Stillzeit 25 mg. Ein Zinkmangel kann unter anderem Allergien, postpartale Depression und Naschlust während der Schwangerschaft verursachen. Ich habe oft beobachtet, dass nach einer langen Stillzeit mit dem ersten Kind ein Zinkmangel auftreten kann. Das zweite Kind wird dann viel empfindlicher oder allergischer als das erste. Wenn dir eine Allergie zu schaffen macht, solltest du auf Zink achten oder einen Homöopathen aufsuchen.

Zink kommt in tierischem Eiweiß, Hülsenfrüchten, Milchprodukten, Brot, Haferflocken, Nüssen, Gemüse, Obst und Kartoffeln vor.

Zinkverlust wird hervorgerufen durch: viel Sport, Schwitzen, raffinierte, wertlose Nahrungsmittel, Zuckerkonsum, zu hohen Ballaststoffanteil in der Nahrung, zu viel Teekonsum, zu viel Oxalsäure (in Rhabarber, Spinat etc.), durch Schwangerschaft und Stillen.

Ein Zinkmangel äußert sich durch: geringe Fruchtbarkeit, hohen Blutdruck und Diabetes während der Schwangerschaft, postpartale Depression, angeborene Fehlbildungen, offenen Rücken, niedriges Geburtsgewicht, Fettsucht, höheres Allergierisiko und vieles mehr.

Eisenreiche Nahrung bei niedrigem Eisenwert und Blutarmut

Während der Schwangerschaft und nach der Geburt haben viele Frauen einen niedrigen Eisenwert im Blut. Der Arzt spricht dann über einen niedrigen Hb-Wert (Hämoglobin). Die roten Blutkörperchen enthalten Hämoglobin, das dem Blut die rote Farbe verleiht. Es ist eine Art Eiweiß, in dem Eisen enthalten ist. Es befördert den Sauerstoff von der Lunge in den restlichen Körper. Wenn zu wenige dieser roten Blutkörperchen im Blut sind, funktioniert der Sauerstofftransport nicht optimal und es treten Ermüdungserscheinungen auf.

Wenn der Hb-Wert nicht allzu stark vom Normalbereich abweicht, kannst du mit dem Verzehr von eisenreichen Nahrungsmitteln recht weit kommen. Die Eisentabletten, die der Arzt meist verschreibt, können als Nebenwirkung Verstopfung auslösen; der

Stuhl wird davon hart und dunkel. Außerdem kann Zinkverlust auftreten.

Eisenreiche Nahrungsmittel sind unter anderem (gemeinsam mit Vitamin C):
- grünes Gemüse: Kresse, Brunnenkresse, Spinat, Stielmus, Brennnessel, Zucchini, Endivie, Petersilie, Portulak, Feldsalat, Mangold, Rote Bete, Grünkohl und Rosenkohl. Bereite dir daraus zum Beispiel einen grünen Smoothie mit grünen Blättern (nicht mit Kohlsorten) (siehe weiter Grüne Smoothies)
- gekeimte Saat: Mungbohnen (aufgepasst: in Belgien und anderen Ländern gibt man diesen auch den Namen Sojasprossen, das ist irreführend für Menschen mit Sojaallergie), Linsen, Roggen, Weizen, Kresse, Alfalfa und Bockshornklee
- Mandeln, Haselnüsse (in Maßen), Sesam und Sonnenblumenkerne, Cashewnüsse (in Maßen)
- Trockenobst: Aprikosen, Feigen
- Wurzelgemüse: (Winter-)Rettich, Radieschen, Kürbis, Meerrettich
- Obst: allerlei Beeren, Himbeeren
- Vollkorn: Weizen, Gerste, Roggen (Roggenbrot), Hafer (Haferflocken), das Korn wird besser vom Körper aufgenommen, wenn man es erst 12 bis 24 Stunden einweicht (dies gilt auch für rohe Nüsse), außerdem: gekochte Hirse, Quinoa und Amarant
- Hülsenfrüchte: gekochte Bohnen, Erbsen, Linsen (auch erst einweichen), Soja (Tofu)
- rotes Fleisch: Beefsteak, Roastbeef, Leber (in Maßen)
- außerdem ist Eisen in Eigelb, Muscheln und Austern enthalten
Gutes Kauen fördert die Verdauung und damit auch die Aufnahmen von Nährstoffen und Eisen.

Kalzium
Auf Anraten meines Hausarztes nehme ich seit der Stillzeit noch immer Kalzium, und zwar Calciumgluconat in Pulverform. Dieses Pulver wird vom Apotheker immer als Füllmittel verwendet, um Puder herzustellen. Es ist ein sehr gutes Produkt, in der Apotheke erhältlich und wird vom Körper sehr gut aufgenommen. Die empfohlene Menge ist zwei bis drei Mal eine Messerspitze pro Tag. Man

kann es für Kinder auch gut in eine warme Mahlzeit einrühren. Und wer abends sein Kalzium einnimmt, schläft besser!

Fluor

Fluoride sind ein Abfallprodukt von Stahl- und Aluminiumfabriken sowie anderen Industrien. Es handelt sich um sehr giftige Stoffe, die nichts in unserem Körper zu suchen haben. Muttermilch enthält in sehr geringem Maß Fluoride. Lange Zeit hat man empfohlen, Babys und Kindern täglich Fluortabletten zu geben. Die sollten die Zähne kräftiger machen. Zum Glück ist man davon abgekommen.

Heutzutage ist Fluorid in vielen Zahnpastasorten enthalten. Kleine Kinder verschlucken Zahnpasta zu einem Drittel; also gelangt auf diese Weise Gift in den Körper. Auch bei Fluoridspülungen kommt eine hohe Dosis in den Körper. Im Laden findest du Kinderzahnpasta von null bis fünf Jahre und für Kinder von sechs bis zehn Jahren. Sie enthalten auch Süßstoffe wie Sorbitol. Es ist ratsam, eine Zahnpasta ohne Süßstoffe und Fluoride zu suchen, zum Beispiel aus dem Reformladen.

Eine Untersuchung aus China hat erwiesen, dass Fluorid ab der frühen Kindheit zurückbleibende Intelligenz zur Folge hat. Ein Forschungsergebnis aus England durch Luke hat eine raschere Verkalkung der Zirbeldrüse erwiesen. Dadurch tritt die Pubertät ein. Kinderärzte sind schon nicht mehr erstaunt, wenn ein Mädchen mit acht Jahren sekundäre Geschlechtsmerkmale hat. Luke bringt das mit einer erhöhten Fluoriebelastung von Kindern in Zusammenhang. In Amerika setzt man dem Trinkwasser Fluorid zu. Dort hat man laut der Ärzte J. de Vries und G. H. Moolenburgh ein vierzig Prozent höheres Risiko auf Krebs im Jugendalter und Störungen der Schilddrüse.

Es geht bei Zahnfäule nicht so sehr um die Sorte Zahnpasta, sondern um eine gute Putztechnik und selbstverständlich auch um das Vermeiden von klebrigen Süßigkeiten und süßen Getränken.

Eine elektrische Kinderzahnbürste macht die Zähne gut sauber. Einige Kinder finden solch eine Zahnbürste prima.

15.3 Gesunde Nahrung

Die Bedeutung von basischen Nahrungsmitteln

„Lebendige Nahrung (Rohkost und Obst) hat einen hohen Basenüberschuss", schreibt Kirstine Nolfi. „Wenn unser Körper einen Basenüberschuss hat, glaube ich nicht, dass er für Krankheiten anfällig ist. Lebendige Nahrung stärkt den Köper mehr gegen Infektionskrankheiten als Impfungen. Als Ärztin kam ich mit vielen Patienten in Berührung, und seit dem Beginn meiner Rohkostzeit bin ich nicht krank geworden, nicht einmal erkältet, obwohl ich oft ansteckenden Krankheiten ausgesetzt bin. Lebendige Nahrung gibt uns Kraft und Durchhaltevermögen bei schwerer körperlicher Arbeit. Bei geistiger Arbeit erhöht sie unseren Antrieb und unsere Vitalität."

Auch Bircher-Benner schreibt über die Bedeutung von basischer Kost: „Ich glaube, dass viele unerklärliche Krankheiten ihre Ursache in falschen Ernährungsgewohnheiten haben, auch in jenen früheren Generationen. Lebendige Nahrung führt den Instinkt zurück auf den richtigen und sicheren Weg, wodurch wir besser fühlen werden, was wir brauchen. Krankheit macht viele Menschen unglücklich und arm. Lebensenergie kommt aus der Sonne über die lebende Pflanze."

Der russische Arzt Kouchakoff hat entdeckt, dass bei lebendiger Ernährung, also auch durch Muttermilch, das Blut 7.000 weiße Blutkörperchen pro mm³ enthält. Bei gekochter und gebackener Nahrung allerdings beinahe zweimal so viel, nämlich 12.000 pro mm³, um Entzündungen zu bekämpfen.

Beim Verzehr von Zucker beinhaltet das Blut zweieinhalbmal so viele weiße Blutkörperchen, nämlich 17.000 pro mm³, um Entzündungen abzuwehren. Dies nennt man Leukozytose. Man fühlt sich weniger fit und hat weniger Energie.

Kirstine Nolfi schreibt weiter: „Eine werdende Mutter, die eine saubere Rohkostdiät hält, wird eine leichte Geburt haben, die schnell und fast schmerzlos verläuft. Auch Menstruationsbeschwerden gehen bei einer Rohkostdiät stark zurück." Für die Stillzeit empfiehlt sie einige Löffel gekeimten Weizen. Die bekommst du, wenn du

336

Weizenkörner in Wasser legst, bis sie keimen. Das ist sehr nähr-reich. Außerdem solltest du Rohmilch vom Bauernhof nehmen, weil pasteurisierte Milch tot ist. Im Westen wird Milch pasteurisiert, um Bakterien zu töten und die Haltbarkeit von Milch zu verlängern.

Über Kinder schreibt Nolfi: „Kinder essen gern Rohkost, beson-ders wenn Vater und Mutter das vormachen. Rohkostkinder sind lebendiger, glücklicher, zufriedener, nicht krank oder erkältet, nicht reizbar oder hyperaktiv, nicht zu dick und nicht zu mager. Der Stuhl-gang ist in Ordnung."

Alles über Rohkost

Menschen, die jeden Tag Rohkost essen, haben oft eine gesunde Gesichtshaut und im Alter wenige Falten. Sie haben eine geschmei-dige, gesunde Erscheinung.

Rohes Gemüse, Obst und Keime kann man als lebendige Nah-rungsmittel voller Sonnenenergie betrachten. Sie enthalten noch alle Baustoffe Vitamine, Mineralien und Spurenelemente, die der Mensch braucht, um seinen Körper frei von Krankheiten zu halten. Was die werdende Mutter isst, bestimmt die Verfassung ihres Kin-des. Und was das Kind isst, wirkt sich auf die folgende Generation aus. Kirstine Nolfi hat in Dänemark eine Rohkostklinik geleitet und heilte dort viele Krankheiten, wie Krebs, Asthma und Diabetes. Dar-über schrieb sie 1944 das Buch *Levend voedsel – de betekenis van rauwkost voor de gezondheid* (im Deutschen erschienen unter: *Ge-heilt durch lebendige Nahrung – Gesundheit biologisch gesteuert* von Karl O. Gläsel/Kirstine Nolfi).

In Belgien veröffentlicht der Ernährungskundige Jan Dries Werke zum Thema Rohkost und Gesundheit.

Die heute im Westen übliche Ernährungsweise mit verarbeiteten Nahrungsmitteln und Zusatzstoffen ist verarmt und bildet eine Grundlage für Krankheiten.

Rohkost kannst du zubereiten, indem du sie fein schneidest oder einen (Hochgeschwindigkeits-)Blender verwendest. Füge Öl hinzu, damit sie weich und gut verdaulich wird. Verwende dann zum Bei-spiel Traubensaft als Süßungsmittel und füge Zitrone und etwas Sa-latkräuter hinzu.

Insbesondere sind alle Arten von Kohl auf diese Weise gut zuzubereiten, und sie enthalten sehr viel Kalzium. Wenn Kohl lang gekocht wird, wirkt der Schwefel auf negative Weise, wodurch Überempfindlichkeit und Kalziumverlust ausgelöst werden können. Du kannst das Kochwasser des Gemüses trinken wegen des Kalkes und der Vitamine. A. Vogel bezeichnet rohen Kohl und Wurzelgemüse als wichtige Nahrung für Diabetespatienten.

Im Buch *Fit fürs Leben – Fit for Life* von Harvey und Marilyn Diamond lesen wir, dass Müdigkeit und ein Gefühl von Kränklichkeit verschwinden können, wenn man morgens beginnt, Obst zu essen. Viele Menschen, die das tun, genießen tatsächlich eine hohe Vitalität. Ich kenne Familien, die morgens mit einem großen Teller Obst beginnen, und sehe dort ausgeglichene und vitale Kinder aufwachsen.

Von mildem Obst kannst du am besten die Schale mitessen, und auch zum Beispiel die Kerne von Apfel und Birne. Die enthalten unentbehrliche Stoffe, die nirgendwo anders vorkommen. Die Schale muss aber gut abgebürstet werden oder die Früchte müssen aus biologischem Anbau kommen. Vom Verzehr der Pfirsichschale wird abgeraten.

Weintrauben enthalten viele gesunde Nährstoffe, sie ähneln der Muttermilch, weil sie viele gleiche Stoffe enthalten. (Helle) Weintrauben sind Grundnahrungsmittel.

Dr. Kirstine Nolfi schreibt: „Die besten Nahrungsmittel sind naturbelassen und in keiner Weise behandelt. Kochen vernichtet die Lebenskraft der Nahrung und hat meist einen fatalen Einfluss auf die so wichtigen Nährstoffe, nämlich Vitamine, Enzyme und Mineralien. Rohes Gemüse, Kartoffel, Obst und Nüsse haben noch weiteren Nutzen. Sie regen Magen und Darm an und sorgen für eine gute Ausscheidung von Reststoffen. Diese können den Organismus vergiften, wenn sie zu lang im Darm faulen. Normalerweise ist der Stuhl geruchlos und weich.

Der Wert von Nahrung wird oft in Kalorien gemessen. Lebendige Nahrung muss in Lichteinheiten gemessen werden. Die wohltuende Wirkung von lebendiger Nahrung wird durch die Fülle an Licht, Sonnenenergie, Erdenergie und Leben entfacht."

Wenn man keine Rohkost verträgt, kann man sie einige Minuten kochen. Anbraten in Öl geht auch, aber es ist vernünftig, Gemüse nur ganz kurz zu braten.

Manche Babys unter drei Monaten reagieren mit Bauchschmerzen, wenn die Mutter Rohkost isst. Das kommt glücklicherweise sehr selten vor.

Mit frischem Gemüse aufwachsen
(Foto: Stockxpert.com)

Ein kalziumreicher Kohlsalat und grüne Smoothies mit Kohl
Einen sehr gesunden und einfachen Kohlsalat, der viel Kalzium enthält, bereitest du folgendermaßen zu: Zerkleinere ein Stück rohen Kohl, zum Beispiel Spitzkohl, Weißkohl, Wirsing, Rot-, China- oder Grünkohl in einer Küchenmaschine. Schneller geht es, wenn du geschnittenen Kohl aus dem Laden verwendest. Danach machst du den Kohl so wie Salat an, und eventuell kannst du ihn mit weißem Traubensaft süßen. Ein bisschen Öl macht ihn weich. Schneide ein bisschen Petersilie dazu (einen Bund pro Woche). Petersilie enthält beinahe alle Vitamine, unter anderem Vitamin B12.
Lasse das ganze eventuell zwei Minuten blanchieren. Dieser Salat passt auch wunderbar zu einer Brotmahlzeit.

Wenn stillende Mütter gekochten Kohl essen, bekommt das Baby durch den freigesetzten Schwefel manchmal Bauchkrämpfe. Chinakohl enthält überhaupt keinen Schwefel. Eine kleine Schüssel roher Kohl ruft meist keine Reaktion hervor, führt aber viel Kalzium zu. Auch kleine Kinder nehmen gern ein Paar Bissen fein zerkleinerten Kohlsalat mit Fruchtsaft.

Kohl enthält viele gute Stoffe, besonders für Menschen in unseren kalten Breitengraden. Jede Kohlsorte hat andere wertvolle Stoffe, wie Kalzium, Magnesium, Silicium und Vitamin B6. Abwechslung ist empfehlenswert.

Mit einem Blender kannst du grüne Smoothies machen (siehe unten). Nutze dafür von den Kohlsorten allein den Grünkohl und den Palmkohl, und mixe diese mit Früchten und Wasser. Die anderen Kohlsorten verursachen in der Kombination mit Früchten Gärung im Bauch (bei der Mutter und im Fall des Stillens beim Säugling).

Grüne Smoothies
Ein grüner Smoothie verfügt über sehr viele gesunde Nahrungsstoffe. Die Basis hierfür sind grüne Blätter, Früchte und Wasser. Die Zusammenstellung kann sein: eine Tasse Blattgemüse, eine Tasse Früchte und eine Tasse Wasser. Damit enthält der grüne Smoothie Ballaststoffe, Proteine, Vitamine, Aminosäuren, Kohlenhydrate und essenzielle Fettsäuren, wie Omega 3, Mineralien und Spurenelemente. Das ist eine wunderbare Möglichkeit, um den Körper gut zu versorgen und nebenbei noch allerlei Beschwerden loszuwerden.

Durch den Gebrauch eines Mixers mit hoher Geschwindigkeit kommen durch das Zerkleinern alle Stoffe frei. Du kannst den Smoothie auch eine Weile im Mund zerkauen, um so die Verdauungssäfte anzuregen.

Grüne Smoothies werden häufig von Menschen zubereitet, die kein Gluten oder wenige Kohlenhydraten verwenden, aber eigentlich sind sie für jeden gesund. Und außerdem sind sie einfach zuzubereiten.

Kinder finden Smoothies sehr lecker, obwohl sie zum Abendessens Blattgemüse oft nicht essen wollen.

In ihrem Buch *Grün für das Leben* erklärt Victoria Boutenko das Prinzip der grünen Smoothies, wobei sie sich auf viele Forschungsergebnisse beruft. In ihrem Buch *Grüne-Smoothies-Revolution* kannst du viele Rezepte finden, für Kinder ab sechs Monaten und für Erwachsene.

Verlangen nach bestimmter Nahrung

Viele Frauen geben zu, dass sie ein übermäßiges Bedürfnis an bestimmten Lebensmitteln haben.

Das kann mit langem andauerndem Stillen, Schwangerschaft, Stress, starker Übermüdung oder sogar Bequemlichkeit zu tun haben. Es können also Mangelerscheinungen im Körper entstanden sein.

Hier folgt eine Liste von möglichen Ursachen, die ich in meinen 35 Jahren Erfahrung bestätigen kann. Wenn du zu viel Lust hast, auf:

- **Schokolade**: Dann hast du einen Mangel an Magnesium. Um das das zu vermeiden, iss extra: Gemüse, Früchte, Nüsse, Samen, Datteln und Feigen.
- **Süßes und Zucker**: Dann hast du einen Mangel an Chrom, Kohlenstoff, Phosphor, Schwefel, Tryptophan (Aminosäure). Iss extra: Fisch, Fleisch, Kohlsorten, Trauben, Eier, Milchprodukte, Nüsse, Gemüse, Preiselbeeren, Radieschen, Spinat, Süßkartoffeln.
- **Brot, Pasta, Kohlenhydrate**: Dann hast du einen Mangel an Stickstoff. Iss extra: Eiweiß (wie Fisch und Fleisch), Nüsse, Samen, Bohnen und Chiasamen.
- **fette Nahrungsmittel**: Dann hast du einen Mangel an Kalzium. Iss extra: grünes Blattgemüse, Käse, Avocado, Milchsorten.
- **Salz**: Dann hast du einen Mangel an Chlor (in der Salzsäure des Magens) und Silizium (Silicea). Iss extra: Samen, (Cashew-)Nüsse, Ziegenmilchprodukte, Hirse, Fisch, Spargel, Zwiebeln, Spinat, Artischocken, Aprikosen, Rote Bete, Erbsen und Kohl.

Quelle: Lux Coaching & Weight Management
siehe auch:
http://consciouslifenews.com/unhealthy-food-cravings-sign-mineral-deficiencies/1180393/

So machst du Weizenkeime und Weizengrassaft

Lasse Weizenkeime in einem Glasschälchen oder auf einem Teller zwölf Stunden in reichlich Wasser einweichen. Dann gießt du das Wasser ab und lässt die Saat ohne Wasser zwölf weitere Stunden stehen. Anschließend spülst du sie mit kaltem Wasser ab und lässt sie wieder ohne Wasser stehen. Das wiederholst du alle zwölf Stunden, bis die Keime ungefähr eineinhalb Zentimeter lang ist. Dann isst du die Keime mit Wurzel und Schale. Diese supergesunde Nahrung gibt Müttern, Kindern und selbst Krebspatienten Energie und Kraft. Sie enthält viel Kalium, das die Qualität des Bluts bestimmt, das Herz stärkt und die Muskeln kräftigt.

Wenn du die Keime jetzt auf eine dünne Schicht Erde pflanzt, wird sich daraus Weizengras entwickeln. Ist das Gras circa acht Zentimeter lang, kannst du daraus mit einem (langsamen) Entsafter Saft pressen. So machst du dein eigenes Weizengras.

(siehe für mehr Information zum Beispiel: www.rawsuper-foods.com)

„Ich brauche doch Milch und Käse wegen des Kalziums.“

Viele Menschen sprechen so ihre Verwunderung aus, wenn ihnen geraten wird, weniger oder gar keine Milchprodukte zu verwenden. Für die Aufnahmen von Kalzium braucht man Milch und Käse nicht. Es gibt viele Völker, die niemals Kuhmilchprodukte essen oder trinken und trotzdem keinen Kalziummangel haben, zum Beispiel in Asien, Südamerika und teilweise in Afrika.

Seit zum Beispiel in Japan Kuhmilch verwendet wird, werden die Menschen dort im Durchschnitt zehn Zentimeter länger, und die Mädchen bekommen viel früher ihre Menstruation – das schreibt Jan de Vries, Professor für Homöopathie. Wie schon an früherer Stelle erwähnt, schreibt auch der Arzt J. Beunk, dass das Wachstumshormon in der Kuhmilch durch die Pasteurisierung nicht zersetzt wird und deshalb das Wachstum des Menschen intensiviert. Es verursacht schlaffe Muskeln und Bänder.

Abgesehen von Käse, Joghurt, Milch, Buttermilch und Quark nehmen wir Kalk aus allen grünen Gemüsesorten, Sesam und Sonnenblumenkernen, Getreide, Kohlarten, Keimen, Trockenfrüchten und frischen Früchten auf. Viel Kalzium enthalten Orangen (die Säure entzieht auch Kalzium), Brombeeren, Feigen, Himbeeren, schwarze Johannisbeeren, Kiwi und Brennnessel(-tee).

Das Kalzium in unserer Nahrung wird seine Wirkung *gut* im Körper entfalten durch:
- täglichen Aufenthalt an der frischen Luft, wodurch Vitamin D aufgenommen wird, oder durch zusätzliche Einnahme
- Bewegung, wobei die Muskeln die Knochen anregen, zum Beispiel beim Radfahren, Wandern, Tanzen und beim Tragen des Babys

Das Kalzium in unserer Nahrung wird *schlecht* vom Körper aufgenommen durch:
- zu viel (auch tierisches) Eiweiß, wer zum Beispiel viel Fleisch isst, nimmt auch Phosphor auf, dieser verbindet sich mit dem Kalzium und wird durch die Nieren ausgeschieden
- zu viel Fett, ein Zuviel an Fett verhindert die Wirksamkeit von Vitamin D, Käse zum Beispiel enthält viel Fett, andererseits kann Vitamin D im Körper ohne Fett auch nicht gut seine Wirkung entfalten
- Zucker, auch Rohrzucker, durch Koffein im Tee und Kaffee, durch Alkohol und Saccharose, die Nierenfilter werden weit geöffnet, und das Kalzium geht über den Urin verloren
- Natrium, zum Beispiel in Tafelsalz, es regt die Nierenfilter ebenfalls zur Öffnung an, und das Kalzium geht verloren
- Erfrischungsgetränke (u. a. Cola), enthalten viel Phosphorsäure, die sich wie beim Fleisch mit dem Kalzium verbindet, wodurch es über die Nieren ausgeschieden wird
- zu viel Säure, wie in zu viel Spinat, Portulak, Rhabarber, Schokolade und Orangensaft, die Säure verbindet sich mit dem Kalzium, das dann ausgeschieden wird
- Paranüsse, Walnüsse und Mandeln enthalten auch viel Phosphor, du solltest sie schon essen, aber lediglich ein paar pro Tag oder Mahlzeit

Wie wir alle wissen, enthalten Milch und Milchprodukte viel Kalzium. Aber Milch und Käse enthalten viel tierisches Eiweiß und gesättigte Fettsäuren, die teilweise die Ausscheidung des Kalziums verursachen.

Auch ohne Milchprodukte kann man viel Kalzium aufnehmen. Obst enthält viel Kalzium. Gemüse enthält viel Kalzium, besonders alle Kohlarten und jedes grüne (Blatt-)Gemüse, wie Garten- und Brunnenkresse, Grünkohl, Rauke, Chinakohl, Schwarzrettich, Brokkoli, Fenchel und Kohlrabi.

Verschiedene Milchsorten

Kühe, Ziegen und Schafe essen das Gleiche: Gras. Man könnte meinen, dass ihre Milch dieselbe Zusammensetzung hat. Jedoch enthalten Ziegen- und Schafsmilch von vielen Stoffen, die in der Kuhmilch vorhanden sind, lediglich die Hälfte. Deshalb vertragen einige empfindliche Menschen Ziegen- und Schafsprodukte.

Wer kein Kuhmilcheiweiß verträgt, ist gut beraten, Produkte aus Ziegen- und Schafsmilch in Maßen zu verwenden, zum Beispiel einmal in fünf Tagen.

Für die Zubereitung schmackhafter Mahlzeiten werden oft Milchprodukte verwendet, schau dir mal ein Rezeptbuch an. Aber ein Milchprodukt muss nicht immer ein Kuhmilchprodukt sein. Es gibt Alternativen zu Kuhmilch, wie Ziegenmilch, Schafsmilch, hypoallergene künstliche Nahrung auf Kuhmilch- oder Maiseiweißbasis, Pferdemilch, Sojadrink, Kokosdrink, Mandeldrink, Reisdrink, Haferdrink und Haferrahm. Wusstest du, dass man Crème Fraîche auch mit Haferrahm und Zitrone herstellen kann? So kann man noch viel mehr Beispiele in Rezeptbüchern finden.

Ob man Milch bzw. welche Art von Milch man verträgt und *wie viel bzw. wie oft*, kann man am besten durch Tests herausfinden.

Wie viel Zucker brauchen Kinder?

Viele Menschen meinen, dass Zucker für die Deckung des Energiebedarfs oder das Hirnwachstum notwendig sei. Auch verabreicht man Kindern gern Süßwaren, damit sie „süß bleiben".

Der beste Süßstoff ist in Muttermilch enthalten. Die Laktose bzw. der Milchzucker, hat eine einmalige Qualität und ist ganz anders als die Milch in künstlicher Nahrung. Die Muttermilchlaktose ist besonders geeignet für den Schutz des Fetts in den kindlichen Nervenfasern. Wenn die Nerven unzureichend vor diesem Fett geschützt werden, kann später unter anderem Multiple Sklerose (MS) entstehen, wie Jan de Vries in seinem Buch *Mutter und Kind* beschreibt.

Der zweitbeste Süßstoff ist frisches Obst oder frisches süßes Gemüse wie Karotten (lebendige Nahrung) und Rote Bete (aber nicht roh). Viele Kinder und Erwachsene haben nach der Mahlzeit das Bedürfnis, etwas Süßes zu essen. Das ist eigentlich ein Signal des Körpers, dass es Zeit für süßes Obst ist. Um einer Darmgärung vorzubeugen, wäre es gut, eine halbe Stunde nach der Mahlzeit Obst zu essen.

Nichteuropäer können eine Laktoseintoleranz haben. Sie bekommen Bauchkrämpfe und Durchfall von Kuhmilchzucker. Wenn ein Europäer eine Laktoseintoleranz hat, hat er sein Verdauungssystem von nichteuropäischen Vorfahren geerbt.

Zucker ist wie Hypnose
Wenn Kinder Bonbons und andere Süßigkeiten auf dem Tisch sehen, werden sie nicht mehr motiviert sein, Gesundes zu essen; es ist für sie wie eine Hypnose. Kinder wissen nach *einem Mal*, wo alles steht, und werden jeden unbeobachteten Moment nutzen, um Süßigkeiten zu „erobern". Es ist einfach besser, Bonbons und andere Süßigkeiten nicht einzukaufen.

Zucker hat folgende Nachteile:
- Die Nierenfilter weiten sich mehr, sodass Kindern und Erwachsenen Kalzium, Mineralien und Vitamine verloren gehen.
- Zucker bindet sich an das Kalzium, das für die Knochen und Zähne gebraucht wird. Es wird dann ausgeschieden, sodass ein Kind einen Kalziummangel entwickeln kann. Kalzium wird auch für den Transport von Mineralien im Blut gebraucht. Durch Kalziummangel verschlimmern sich Allergien.
- Zucker kann im Darm Gärung auslösen und somit Pilze aktivieren. Diese Pilze schaden der Darmflora und bilden eine Krankheitsquelle für Adoleszente und Erwachsene. Weil Zucker unter anderem den Transport von Sauerstoff zu den Zellen hemmen kann, wird leicht Müdigkeit ausgelöst und das Immunsystem geschwächt. Zur Erläuterung sage ich manchmal: Zucker verstopft die Organe und die Haut.

Das Buch *Pilze, Zucker und Allergien – Irre Dich nicht!* der Ärztin Anna Kruyswijk klärt darüber auf.

- Zucker ist wie „Doping". Man fühlt sich für eine bestimmte Zeit fit, danach aber doppelt so müde. Honig ist für Kinder unter ein bis zwei Jahren nicht gut und kann Botulismus (Lebensmittelvergiftung) auslösen. Später kann Honig manchmal gesund sein, manchmal auch nicht. Er ist für den Darm und die Nieren zu süß und kann auch Allergien auslösen. Rheumapatienten vertragen keinen Honig, weil er die Säureproduktion fördert. Das Beste ist Fruchtsaft ohne Zucker, selbstgemachter Fruchtsaft aus frischem Obst oder Gemüsesaft. Erst ab vierzehn Jahren vertrug mein Sohn Honig.
- Der erhitzte Honig (aus dem Supermarkt) ist zudem ein totes Nahrungsmittel. Der kalt geschleuderte Honig (Reform/Bio) ist noch voller Vitamine und Mineralien, darunter auch Vitamin K. Dieses Vitamin tötet schädliche Bakterien im Körper; früher verwendete man Honig sogar zur Desinfektion von Wunden. Außerdem hilft Honig gegen Eisenmangel und senkt Bluthochdruck.
- Überempfindliche Kinder vertragen oft keine Süßstoffe wie Getreide-, Mais-, Ahorn- oder sonstige Sirupe. Das kommt daher, weil sie in den Fettstoffwechsel eingreifen und dadurch den Körper ungesund machen. In solchen Fällen verbleiben leider nur Frucht- und Gemüsesäfte.
- Zucker unterstützt Entzündungen im Körper. Der Körper reagiert darauf insofern, als dass er zweieinhalb Mal so viele weiße Blutkörperchen produziert wie sonst. Die vielen weißen Blutkörperchen greifen die Vitalität einer Person an.

Zucker kann die Ursache vieler Allergien und von Asthma, Ekzemen, Hyperaktivität sowie übermäßigem Wachstum sein und löst darüber hinaus noch viele andere negative Reaktionen aus. So kann zum Beispiel eine zuckersüchtige Frau ein überempfindliches Kind bekommen.

Letztendlich möchte ich noch anmerken: Zucker fördert das Wachstum von Krebszellen.

Stevia: ein natürlicher Süßstoff

Stevia ist ein Süßstoff, der aus einer Pflanze aus Südamerika gewonnen wird. Sie ist im Handel erhältlich, hauptsächlich in Biomärkten. Stevia hat auch eine heilende Wirkung und ist dreihundert Mal süßer als bearbeiteter Zucker. Er wird normalerweise gut vertragen.

Zucker ist überall drin

Wenn du im Supermarkt einkaufst und die Etiketten liest, wirst du sehen, dass fast alle Produkte Zucker enthalten. Glukosesirup ist das gleiche wie Zucker. Auch herzhaften Produkten ist Zucker hinzugefügt worden, ebenso Suppen, Zwieback, Paniermehl, Mayonnaise, manchen Brotsorten, Erdnussbutter, Chips und verpacktem Hackfleisch. Sogar die Dose Katzenfutter und das Futter für den Goldfisch enthalten Zucker!

Zucker und Süßigkeiten verderben den Geschmack, vor allem den kindlichen. Wenn eine Mutter wüsste, wie schlecht Zucker für ihr Kind ist, würde sie dafür sorgen, dass es sich nicht daran gewöhnt.

Babys Zuckerwasser, Glukose, zu geben ist ganz schlecht. Das Baby wird müde, schläfrig und allergisch und interessiert sich nicht mehr für die Brust.

Wenn du Kindern die Wahl zwischen Rohkost und Obst oder Süßigkeiten lässt, werden sie sich in der Regel für das Zuckerhaltige entscheiden: Zucker wirkt oft hypnotisierend. Für Erwachsene, die negativ auf Zucker reagieren, ist ein wenig Rohrzucker oder Ahornsirup nicht unbedingt immer schlecht.

Wie viel Fett brauchen Kinder?

Milde, oder besser gesagt, wenig allergene Fette sind Sonnenblumenöl, Olivenöl und Leinöl, die sehr gesund sind. Sie können leicht in einer warmen Mahlzeit verarbeitet werden. Fett fördert die Entwicklung des Nervensystems. Tierische feste Fette verengen die Blutgefäße und können später Herzprobleme auslösen; sie sind somit weniger gesund. Fischöl bildet die Ausnahme. Dieses Öl und manche pflanzlichen Öle sorgen für ein Gleichgewicht von Omega-3- und Omega-6-Fettsäuren. Lein- und Hanföl enthalten diese Fettsäuren, und zwei Gramm pro Tag würden laut Jan de Vries ausreichen.

Muttermilch enthält alle guten Fette im richtigen Verhältnis. Kinder brauchen eigentlich ganz wenig Fett. Ich kenne viele Menschen, die kein Fett mögen: keine Margarine, Butter oder Fleischsauce.

Unser kleiner Sohn bekam oft Bauchschmerzen von Fett, denn darauf reagiert die Leber. Ich habe mir die Zusammensetzung aller Margarinen angesehen, und mein Sohn reagierte wegen des Sojaöls, der Palmfette, der Kokosfette oder des Erdnussöls, die in Margarinen verarbeitet wurden. Nur die Margarine mit Olivenöl war kein Problem. Weil Butter aus Kuhmilch hergestellt wird, kam sie auch nicht in Frage.

Unsere Kinder reagierten auch auf Chips, die in nicht näher spezifiziertem pflanzlichem Öl gebacken wurden. In diesem Fall war Sojaöl das allergene Produkt. Zum Glück verbleiben immer noch andere Öle. Es gibt auch Chips auf Sonnenblumenölbasis oder Maischips auf Maisölbasis im Handel.

Erhitzte Fette können Abfallprodukte im Körper hinterlassen. Wenn jemand eine Entzündung hat, ist das Essen vorzugsweise zu kochen oder zu schmoren. Ich sage immer: Iss drei Tage keine tierischen Eiweiße, nichts Gebratenes, keinen Zucker. Jede Entzündung wird dann abklingen und verschwinden. Wenn man übermäßig viele Chips und andere fette Snacks zu sich nimmt, verliert der Körper Vitamin E. Vitamin-E-Mangel kann unter anderem zu Herzproblemen führen. Leider ist in unserer Kultur der Verzehr von großen Mengen Chips und fetten Snacks normal geworden. Vitamin E ist in Weizenkeimöl enthalten.

Ein Mangel an Omega-3-Fettsäuren (und eventuell auch an Omega 6 und 9) kann Konzentrations-, Lern- und Schlafprobleme verursachen.

Nachtkerzenöl
Für eine gute Konstitution von Mutter und Baby wird Nachtkerzenöl empfohlen. Nachtkerzenöl enthält Gammalinolensäure (GLA). Diese Fettsäure könnte bei Babys, die viel weinen, und bei Kindern und Erwachsenen mit atopischen Ekzemen in zu kleinen Mengen vorkommen. Solch ein Mangel kann ebenso bei Menschen mit

Akne, trockener Haut, Allergien und chronischen Atemwegs- oder Nasennebenhöhlenentzündungen vorkommen. Nachtkerzenöl hilft auch Frauen mit prämenstruellen Beschwerden und Beschwerden in den Wechseljahren. In diesem Zusammenhang habe ich bei Frauen und Kindern in meiner Umgebung viele positive Wirkungen beobachten können. Es ist allerdings empfehlenswert, zu testen, wie lange du Nachtkerzenöl verwenden kannst.

Eine Mutter, die auf Flaschennahrung umgestiegen war, schrieb mir Folgendes: „Meine Tochter hat ein Ekzem bekommen, als ich abgestillt hatte. Jetzt spritze ich jeden Abend den Inhalt einer Nachtkerzenölkapsel in ihre Flasche, und das Ekzem ist verschwunden."

Gesundes Naschen

Gesundes Naschen bedeutet: Salatgurkenwürfel, Karotten, Rettich (außer der Spitze, die ist scharf), Paprika, Reiswaffeln, kernlose helle Weintrauben. Eingefrorene helle Weintrauben schmecken wunderbar, genauso Melonenwürfel oder Mandarinenscheiben.

Wenn ich auf einem Kindergeburtstag eine Schüssel voller Karotten hinstelle, ist sie im Nu leer. Die meisten Kinder genießen sie so richtig. Oder du gibst ihnen Popcorn aus der Pfanne; einfach mit einem kleinen Schuss Öl gepufft. Leicht gesalzene Kekse mögen Kinder auch sehr, aber lieber keine Chips; die sind zu fettig und zu salzig. Auf unseren Kindergeburtstagen gab es keine Versteckspiele mit einer Bonbontüte. Wir versteckten Bananen, Luftballons, Murmeln und anderes kleines Spielzeug. Das machte einen Riesenspaß!

Gesundes Naschen. Das kostet nur etwas mehr Mühe beim Zubereiten.
(Foto: Stockxpert.com)

Gesundes Eis
Zur Herstellung von gesundem Eis kannst du Trockenaprikosen (biologische) quellen lassen, kochen, pürieren und dann in Eisförmchen stecken. Auch gesund ist ungesüßter Obstsaft in Eisförmchen oder weiche Mango.

Gesunde Getränke
Wasser ist gesund. Auch kannst du selbst gepressten Mandarinen- oder Orangensaft mit Wasser mischen. Hellen Traubensaft kannst du als Süßungsmittel verwenden, auch im Salatdressing oder in anderen Mischungen. Für Kinder gibt es Kindertee in Bioläden zu kaufen.

(Einigermaßen) gesunde Backwaren
Butterfreier Blätterteig mit Apfelstücken oder gequollenen Rosinen ist einigermaßen gesund, sowie Blätterteigstäbchen mit ein wenig Kräutersalz und Sesamsamen.

Carob (Johannisbrot) (statt Schokolade)

Schokolade ist ein sehr populäres Nahrungsmittel, aber unheimlich allergen und süchtigmachend. Ein guter Ersatz ist Carob (Johannisbrot): Es schmeckt einigermaßen nach Schokolade, ist aber viel weniger allergen und macht gar nicht süchtig. Es gibt verschiedene Carobprodukte im Handel. Man nennt es auch die Schokolade der Armen.

Gewürztes Essen

Kräuter und Gewürze sind für kleine Kinder eigentlich tabu. Nur die ganz milden Gartenkräuter, wie Petersilie, Sellerieblatt und Schnittlauch, verursachen keine Probleme. Kräutersalz kann man verwenden, aber wirklich in kleinen Mengen. Gewürztes Essen schmeckt zwar gut, kann aber auch Allergien auslösen; Kinder können von gewürztem Essen Mittelohrentzündungen oder Milchschorf auf ihrer Kopfhaut bekommen. Außerdem verderben Kräuter und Gewürze den Urgeschmack des Kindes. Es wird dann alles Mögliche essen, was es eigentlich nicht verträgt. So kann man zum Beispiel bei einer Nudelsauce gar nicht mehr herausschmecken, was darin verarbeitet worden ist.

Insbesondere möchte ich erwähnen, dass Spekulatiusgewürze unheimlich allergen sind, und zwar für Jung und Alt. In Spekulatiusgewürzen wird eine Kombination an Gewürzen zusammen mit Kardamom verwendet. Diese Gewürzmischung verursacht oft Probleme. Man sollte sie nur ganz gelegentlich genießen.

Gesunde Ernährungstipps für alle

Ernähre dich abwechslungsreich! Ein alter Spruch heißt: Iss Knollen, Kohle, Stängel und Blätter. Iss auch alle Farben: grün, rot, orange, weiß, gelb und braun.
Früher gab es einen festen Tag für eine bestimmte Nahrungsmittelart: montags Blattgemüse, dienstags Kohl (in allen Sorten, Chicorée usw.), mittwochs Knollen (Sellerie, rote Beete, Rübchen, Karotten usw.), donnerstags Stängel (Portulak, Stangensellerie, Lauch), freitags Hülsenfrüchte usw.

Wenn man heutzutage fragt: „Was isst du?", nennen die meisten die Fleischsorte, nicht das Gemüse. Das ist für die Gesundheit eine Verarmung.

Problematische Nahrungskombinationen

Falsche Kombinationen können bei Babys und Erwachsenen eine negative Reaktion auslösen, wie Ekzeme oder Mittelohrentzündungen. Das hängt damit zusammen, dass Verdauungssäfte für Eiweiße anders wirken als Verdauungssäfte für Kohlenhydraten. Die Nahrung beginnt dann zu gären, wodurch ältere Menschen einen dicken „Hefebauch" bekommen. Die richtigen Kombinationen sind:
- Obst für sich
- Gemüse mit Fleisch oder einem anderen Eiweiß
- Gemüse mit Kohlenhydraten wie Reis, Brot und anderen Getreidesorten, Kartoffeln und Nudeln

Tomate wirkt im Körper wie Gemüse, obwohl sie botanisch gesehen zum Obst gehört. Buchweizen ist kein Getreide, sondern ein Blütenmehl. Es lässt sich mit allem kombinieren.

Interessanterweise erkennt der Körper Apfel- bzw. Birnenkraut nicht als Obst, sondern als gesundes Süßmittel. Die Kombination Brot mit Apfel- bzw. Birnenkraut gibt also keine Probleme, während Brot mit Marmelade, aus Obst hergestellt, problematisch sein kann.

Ich habe Babys beobachtet, die Rosinenbrötchen aßen; das ist Getreide mit Obst. Sie bekamen davon einen starken Ausschlag oder eine Mittelohrentzündung. Die Probleme verschwanden, wenn sie die richtigen Kombinationen aßen.

Wenn das Baby nach zwölf Monaten die Beikost verweigert

Wenn ein Baby von zwölf Monaten oder älter die Beikost verweigert, bedeutet das möglicherweise, dass es ihm schon schwerfällt, Muttermilch zu verdauen. Ich habe das oft beobachtet. Das wird womöglich dadurch verursacht, dass die Mutter Kuhmilchprodukte, Schokolade, Erdnussbutter oder andere allergene Nahrungsmittel isst. Es macht das Baby zwar nicht krank, aber weil ihm die Verdauung schwer fällt, wird es intuitiv andere Nahrung verweigern. Äße es das nämlich, würde es womöglich erkranken. Babys spüren das intuitiv.

Die Mutter könnte in dem Fall testen (lassen), welche Nahrungsmittel sie lieber nicht anrührt, und das Baby wird nach dem Einhalten dieser Diät meistens zu essen anfangen.

Mein zweites Kind wurde mit vier Monaten abgestillt, weil es immer die Brust verweigerte. Später stellte sich heraus, dass es gegen manche Nährstoffe, die es über die Muttermilch aufnahm, allergisch war. Auch nach der Stillzeit aß es allerdings so wenig, dass es nach einem halben Jahr ein halbes Kilo abgenommen hatte. Außerdem hatte es oft Mittelohrentzündungen und Nasenbluten. Ich bekam jede Menge Ernährungsempfehlungen, aber die Ursache des Verweigerns wurde mir erst nach einigen Nahrungsmitteltests beim Kinesiologen klar. Mein Sohn bekam danach keine Kuhmilchprodukte, Zucker oder Hefe mehr, und ab diesem Zeitpunkt ging es ihm viel besser.

Mein letztes Baby habe ich gestillt, und ich gab ihm Gemüse und Reiswaffeln. Ab und zu bekam es Vollkornreis mit ein bisschen Leinsamen, weil Reis stopft.

Bis zum dritten Geburtstag wurde mein Kind zu achtzig Prozent gestillt, und sonst gab es Gemüse, Reis, Kartoffeln und Melone. Viel, viel später gab ich ihm etwas Rindfleisch oder Huhn.

Vom Fleisch stank sein Urin derart, dass ich das oft lieber wegließ und meinen Sohn stattdessen stillte und ihm später vegetarisches Essen gab. In der Pubertät konnte er noch immer nicht zu viel Fleisch essen, denn sonst stank sein Schweiß zu sehr.

Er aß aber Brot mit Wurst. Von Kuhmilch und Soja bekam er sofort Akne und Schleim in der Nase, im Hals und in den Ohren (Taubheitsgefühl). Ein halbes Hühnerei gab ich ihm nur ganz gelegentlich nach sieben Jahren, aber er bekam dennoch Schnupfen. Doch frische helle Weintrauben konnte er während des ganzen Jahres essen, und das machte ihn stark.

Gesunde Nahrung
Die gesunde Nahrung hat unserer Familie sehr genutzt. Einmal hat die ganze Schule einen Laufwettbewerb gemacht, ein paar Mal um

die Schule. Die Klasse meines Sohnes legte begeistert los, und als die ganze Truppe wieder um die Ecke kam, seufzte und stöhnte die Klasse durchweg; die Kinder waren völlig kaputt. Aber mein Sohn lief wie eine Feder, er winkte: „Hallo, Mama" und fing fröhlich die nächste Runde an. Er war so fit wie ein Turnschuh.

Einmal waren wir mit meinen Kindern und einigen ihrer Freunde im Schwimmbad. Als sie sich langweilten, schlug ich einen Laufwettbewerb auf dem Rasen vor. Die Kinder, die immer um Süßigkeiten und Chips gebeten hatten, kamen ganz außer Puste zurück. Meine Kinder, die Zucker und Süßigkeiten nicht vertrugen, rannten voller Energie rauf und runter und waren nicht kaputt zu kriegen.

Ich habe gesehen, dass ich alles, was ich investiere, auch zurückbekomme!

Wenn allergische Kinder woanders spielen
Überempfindliche Kinder können, wenn sie woanders zu Besuch oder auf einem Geburtstag sind, vom angebotenen Essen krank werden. Ich habe deshalb eine Liste zusammengestellt, in der die Nahrungsmittel, die mein Kind essen konnte, an oberster Stelle standen, und die Nahrungsmittel, die es nicht essen konnte, darunter. Das überreichte ich der Gastgeberin. Da waren genug leckere Sachen drauf.

Das ruhige allergische Kind
Ein Kind mit Hautbeschwerden, wie Ekzemen, ist oft ein ruhiger Typ. Das gilt auch für Erwachsene. Die Haut ist der Fühler des Nervensystems. Reaktionen auf Nahrung zeigen sich oft über die Haut. Wenn die Haut mit Medikamenten behandelt wird, kann so ein Kind unruhig werden. Das Nervensystem sucht eine andere Ausdrucksweise. Sobald das Ekzem erneut erscheint, wird das Kind wieder ruhiger. Es ist also wichtig, Nahrungsmittel zu testen, damit man herausfindet, in welchen Mengen *und* wie oft es vertragen wird.

16 Zu guter Letzt: Goldene Sprüche und Weisheiten

In diesem letzten Kapitel möchte ich gern noch einigen aussage-kräftigen Sprüchen und Weisheiten über Kinder meine Aufmerk-samkeit schenken – sowie den universellen Kinderrechten, die ich ganz wichtig finde.

Goldene Sprüche und Weisheiten

Die folgenden Beispiele habe ich im Lauf der Zeit gesammelt und aufgehoben. Es sind Aussprüche und Anmerkungen meines Man-nes, von Freunden, Freundinnen und anderen. Sie geben in präg-nanter Weise einen bestimmten Wert oder ein Gefühl in Bezug auf ihr Kind wieder. Wer weiß, vielleicht kannst du auch noch eine Aus-sage von dir selbst hinzufügen …

Kinder brauchen deine Liebe am meisten, wenn sie diese am we-nigsten verdienen.

Ich brauchte zwei Kinder, um das Muttersein zu erlernen.

Weinen ist nicht notwendig. Lachen aber schon! Das Weinen kannst du nicht immer verhindern, trösten kannst du aber immer.

Für den Umgang mit deinen Kindern brauchst du ein Gläschen Weisheit, ein Fass Verständnis und ein Meer von Geduld.

Ein Baby ist alle 52 Wochen im Jahr anders.

Wenn du ein Kind hast, dauert eine Arbeit von zwei Minuten zwei Stunden und eine Arbeit von zwei Stunden zwei Tage.

Was wir verpasst haben, können wir nicht mehr nachholen.

Akzeptiere, dass du dich veränderst, wenn du Mutter oder Vater wirst.

Trau dich, auch inkonsequent zu sein.

Entwicklung passiert nicht durch Bewegung im Laufstall, sondern durch Bewegung mit der Mutter.

Erledige im Haus das Allernotwendigste, und lege dann die Brille ab.

Perfektion dauert nur ein paar Tage.

Ziehst du um? Lasse dir alles abnehmen, außer dein Baby.

Gehe nie im Streit schlafen; versöhne dich immer, wenn der Tag zu Ende geht.

Vom Shopping wirst du unzufrieden.

Wenn die Wurzeln krank sind, wächst der Baum nicht in voller Kraft und Stärke. Der Baum ist dann weniger gehaltvoll.

Was ein Kind erlebt, behält es sicher. Was es hört oder sieht, behält es vielleicht.

Dein Kind ist nie zu alt für eine Umarmung.

Ein Kind entwickelt sich besser, indem es seinen freien Willen gebraucht als durch ständigen Gehorsam.

Die rosa Wolke: Die junge Mutter erwartet, mit ihrem Kind in eine „rosa Wolke" zu kommen. Das kann zu einer Enttäuschung führen. Nenne es lieber „eine weiße Wolke mit einem rosa Rand". Und genieße dann von diesen Momenten.

Die Rechte des Kindes

Ich habe dieses Buch aus meiner tiefsten Überzeugung geschrieben, dass jedes Kind auf dieser Erde ein Recht auf Eltern hat: Eltern, die sorgen, trösten, Liebe und Aufmerksamkeit schenken und das Kind auf seinem Entwicklungsweg (bis ins Erwachsenenalter) beschützen und begleiten.

Zum Abschluss meines Buches möchte ich noch gern die universellen Rechte des Kindes erwähnen, die am 20. November 1989 durch die Vereinten Nationen verabschiedet worden sind. Einige Beispiele für Kinderrechte:

Jedes Kind ist gleich
Recht auf Liebe
Recht auf Spiel
Recht auf Trost und Aufmerksamkeit
Recht auf Gesundheit
Recht auf Bildung
Recht auf Schutz und Sicherheit
Recht auf Meinungsfreiheit
Recht auf Religionsfreiheit

Also nicht:
psychische Misshandlung, wie zum Beispiel durch: anherrschen, schreien, totschweigen
Kinderarbeit
körperlicher und sexueller Missbrauch
einsperren

Nachwort

Mit großer Freude habe ich meine Erfahrungen aus mehr als dreißig Jahren Elternsein niedergeschrieben. Ich bin überzeugt, dass Eltern ermutigt werden können, so natürlich wie möglich mit ihren Kindern umzugehen.

In diesem Buch wollte ich mit anderen teilen, wie ich einem Kind begegne, das auf die Welt kommt.

Wenn Kinder Respekt lernen sollen, muss man ihnen zuerst Respekt zeigen.

Wenn Kinder bedingungslose Liebe und das Leben wertschätzen lernen sollen, dann muss man ihnen zuerst helfen, zu begreifen, dass sie wertvolle Menschen sind, sie geliebt werden und dass das Leben ein Geschenk ist.

Wenn Kinder mit Vertrauen aufwachsen sollen, dann werden Eltern Vertrauen vorleben und beweisen müssen.

Mein Dank gilt den Hunderten von Frauen, mit denen ich so viele Erfahrungen ihres Elternsein teilen durfte. Wir haben uns viel ausgetauscht, einander auf gute Bücher hingewiesen und viel Spaß zusammen gehabt. Auch unsere Kinder haben diese Freude geteilt.

Ich wünsche mir, rundum viele glückliche Eltern und viele glückliche Kinder zu sehen.

Lida van Ruijven-Bank

Stichwortverzeichnis

Fluor 150, 278, 335
Folgemilch 232
Folsäure 235, 329
fremdeln 252
Fruchtbarkeit 36, 78, 120, 289, 290, 291, 292, 294, 333
Fruchtwasser 19, 20
Frühgeburt 75, 218
füttern 308

Gebissfehlstellung 194, 237
Geburtshelferin 24
Geburtstag 78, 86, 196, 224, 236, 310, 349, 354
gedeihen 49, 133, 282, 310, 332
gelbes Baby 282
Gelbwerden des Baby (Gelbsucht) 22, 35
Geruch der Hebamme 18
Geruch der Mutter 19, 20
Geruch des Fruchtwassers 20
getrennte Zeit 112, 230
Gewicht 46, 49, 50, 99, 111, 211, 309, 310, 333
Gleichgewicht 54, 82, 86, 96, 98, 110, 321, 323, 347
Gleichgewichtsorgan 85
Gluten 28, 36, 51, 137, 279, 284, 302, 310, 312, 319, 326, 340
Grippe 277, 282
grüner Smoothie 340

Halsschmerzen 283, 286
Hausfrau 173
Haustiere 116, 132
Haut des Babys 19
Hautkontakt 46, 75, 120, 132, 138, 258, 307
Hinterkopf, flacher 110, 209
Hintermilch 39, 50, 78, 137, 140
Hochbett 132

Probiotika 277, 278, 286, 329, 330
Prolaktin 184, 185, 202, 240, 248, 290, 291
Proteine 36, 296, 313, 324, 326, 327

Rauchen 60, 113
Rebirthing 165, 179
REM-Schlaf 58, 66, 67, 120, 128
Rheuma 234, 318, 319, 346
Rohkost 146, 275, 282, 283, 336, 337, 339, 347
Rückenmuskeln, Formung 87
Rückenlage 63, 77, 116, 118, 130

sabbern 142
Saugbedürfnis 51, 60, 61, 74, 129, 232, 238, 240, 263
Saugproblem 203
Saugverwirrung 36, 77, 88, 144
Schaffelle 115
scharfes Messer 95
Schaukelwiege 91
Schere 253
Scheu 60, 186
Schlafprobleme 58, 125, 348
Schlafsack 116, 126
Schläge 268
Schokolade 36, 137, 313, 317, 319, 341, 351, 352
schreien 55, 114, 122, 163, 246, 257, 268, 269, 357
Schulpflicht 135
Schüßler-Salze 122, 147, 281, 329, 330
Selbstvertrauen 8, 10, 57, 76, 90, 121, 126, 140, 157, 160, 162, 198, 221, 248, 256, 327
Sexualität 170, 192, 195, 292, 296
Silicea/Silizium 122, 150, 283, 341
singen 63, 141, 149, 225, 239, 258, 260, 273, 328
Soor 28, 46, 286, 287
Spekulatiusgewürze 314, 351

Übermüdung/erschöpft sein 21, 67, 116, 135, 145, 282, 341
Übergewicht 32, 108, 280, 293

Verlangen nach bestimmter Nahrung 341
verschlucken 27, 306, 335
verstopfte Nase 281, 317, 318, 324
Verweigern (der Brust, Nahrung) 36, 37, 77, 138, 141, 245, 246, 305, 318, 352
verwöhnen 65, 83, 155, 195
Virus/Viren 218, 235, 273, 274, 277, 278, 281, 282, 283, 286
Vitamin A 235
Vitamin B (-Komplex) 331
Vitamin B3 178
Vitamin B6 178, 280, 340
Vitamin B12 178, 338
Vitamin C 44, 178, 235, 278, 283
Vitamin D 28, 39, 139, 178, 276, 278, 343
Vitamin E 16, 332, 348
Vitamin K 35, 39, 139, 346
Vitamine 40, 44, 45, 146, 177, 179, 234, 274, 310, 315, 319, 328, 329, 332, 337, 338, 340, 345
vorlesen 132, 185, 257, 258, 259, 260, 261

Vorschule 261

Waage 180
Wachstum 24, 37, 38, 49, 51, 52, 57, 67, 74, 120, 141, 165, 200, 234, 239, 274, 310, 315, 318, 342
Wachstumshormon 110, 342
Wachstumsschmerzen 288
Wachstumsschub 37, 68, 141
Wadenwickel 282
Warzen 287
weinen 17, 31, 36, 39, 52, 54, 55, 64, 83, 89, 90, 94, 112, 121, 156, 176, 225, 263, 269, 318
Weizen 284, 310, 313, 319, 325-329, 332, 334, 336, 342, 348

Literaturliste und Internetadressen

Bücher
Ashley Montagu: Körperkontakt
Desmond Morris: *Liebe geht durch die Haut*
Desmond Morris: *Babywatching – die Körpersprache des Babys*
M. und N. Samuells: *The Well Baby Book*

Jean Liedloff: *Auf der Suche nach dem verlorenen Glück*
Ashley Montagu: *Körperkontakt*
Joseph Chilton Pearce: *Die magische Welt des Kindes*
William Sears: *Schlafen und Wachen: Ein Elternbuch für Kindernächte*
James J. McKenna: *Sleeping With Your Baby: A Parent's Guide to Co-Sleeping*
Sue Gerhardt: *Die Kraft der Elternliebe: Wie Zuwendung das kindliche Gehirn prägt*
Elizabeth Pantley: *Schlafen statt Schreien: Das liebevolle Einschlafbuch*
Jean Shinoda Bolen: *Göttinnen in jeder Frau*
Arthur Janov: *Das befreite Kind. Grundsätze einer primärtherapeutischen Erziehung*
Frédérick Leboyers: *Geburt ohne Gewalt*
Jaap Huibers: *Postnatale depressie* (postnatale Depression)
Jaap Huibers: *Kranke Kinder … gesundes Helfen*
Pieter Langedijk: *Strelen, masseren en aanraken*
Karl König: *Brüder und Schwestern: Geburtenfolge als Schicksal*
Karen Kerkhoff Gromada: *Mothering Multiples: Breastfeeding & Caring for Twins or More!*
Tine Thevenin: *Familienbett: Geborgenheit statt Isolation*
Ross Campbell: *In den Stürmen meines Lebens*
La Leche Liga: Handbuch für die stillende Mutter
Isabelle Fox: *Being There – the Benefits of a Stay-at-Home Parent*

Mansukh Patel und Helena Waters: *Krisen sind Tore zur Freiheit*
Norma Jane Bumgarner: *Wir stillen noch … Über das Leben mit gestillten Kleinkindern*
Thomas Gordon: *Familienkonferenz*

Ingeborg Bosch: *De onschuldige gevangene (Der unschuldige Gefangene)*
Anna Kruyswijk-van der Heijden: *Pilze, Zucker und Allergie*
Arbeitsgruppe NFP: *Natürlich & sicher: Das Praxisbuch*
Anika Bergson und Vladimir Tuchak: *Zone Therapy*
A. Vogel: *Der kleine Doktor*
Dick van der Snoek: *Rundum gesund mit Schüßler-Salzen*
Johan E. Sprietsma: *Zink und der Stoffwechsel*
Karl O. Gläsel/Kirstine Nolfi: *Levend voedsel – de betekenis van rauwkost voor de gezondheid (Geheilt durch lebendige Nahrung – Gesundheit biologisch gesteuert)*
Harvey und Marilyn Diamond: *Fit fürs Leben – Fit for Life*
Victoria Boutenko: *Grün für das Leben*
Victoria Boutenko: *Grüne-Smoothies-Revolution*

Literatur
M. L. Boyesen: Nachforschungen: Artikel: *Babys und Alpha*
Elisabeth Kübler-Ross: Artikel in der Jubiläumsausgabe *Verbinden en heelmaken (Verbinden und Genesen)* der Kübler-Ross-Stiftung
Benjamin P. Sandler: Artikel: *Diet Prevents Polio* (im Internet abrufbar)
Ineke Dick und Elke van der Snoek: *Dr. Schüßlers Zellsalztherapie – Arbeitsmappe für Therapeuten*

Internetadressen
www.impfkritik.de
www.impfo.ch
www.schuessler-salze-service.de
www.natuerliche-familienplanung.de
http://publikationen.sexualaufklärung.de/index.php?docid=202
www.ouderschapvanuitjehart.com
http://consciouslifenews.com/unhealthy-food-cravings-sign-mineral-deficiencies/1180393/
www.rawsuperfood.com